中华经典名著

全本全注全译丛书

中华经典名著

方勇◎译注

墨 子

中华书局

图书在版编目(CIP)数据

墨子/方勇译注. —2 版. —北京:中华书局,2015.3
(2025.1 重印)
(中华经典名著全本全注全译丛书)
ISBN 978-7-101-10754-8

Ⅰ.墨… Ⅱ.方… Ⅲ.①墨家②《墨子》-译文③《墨子》-
注释 Ⅳ.B224

中国版本图书馆 CIP 数据核字(2015)第 036821 号

书 名	墨 子
译 注 者	方 勇
丛 书 名	中华经典名著全本全注全译丛书
责任编辑	周梓翔
装帧设计	毛 淳
责任印制	韩馨雨
出版发行	中华书局

(北京市丰台区太平桥西里 38 号 100073)
http://www.zhbc.com.cn
E-mail:zhbc@zhbc.com.cn

印 刷	北京盛通印刷股份有限公司
版 次	2011 年 10 月第 1 版
	2015 年 3 月第 2 版
	2025 年 1 月第 19 次印刷
规 格	开本/880×1230 毫米 1/32
	印张 19 字数 500 千字
印 数	143001-153000 册
国际书号	ISBN 978-7-101-10754-8
定 价	42.00 元

目　录

前　言

墨子是墨家学派的创始人，鲁人（另说宋人或楚人），生于公元前468年左右，卒于公元前376年左右。

墨家与儒家曾并称显学，与儒家相似的是，墨家一派的起源与仪礼文化也有一定的关系。《汉书·艺文志》称"墨家者流，盖出于清庙之守"，《吕氏春秋·当染》中的记载大概可以证明这一点："鲁惠公使宰让请郊庙之礼于天子，桓王使史角往，惠公止之。其后在于鲁，墨子学焉。"墨子与孔子都生活在人文气息浓厚的鲁国，其学术渊源相近也就可以理解。所以《淮南子·主术训》说，"孔丘、墨翟修先圣之术，通六艺之论"；《淮南子·要略》也说："墨子学儒者之业，受孔子之术。"

然而，儒、墨两大显学却是同源而异流的。墨子"以为其礼烦扰而不悦，厚葬靡财而贫民，服伤生而害事，故背周道而用夏政"（《淮南子·要略》）。由于出身的不同，这就使儒、墨两派的关注点彼此分离并针锋相对。墨子出身低贱，曾做过木工，生存权是墨子一系最为关注的问题，即由于"饥者不得食，寒者不得衣，劳者不得息"（《非乐上》）等三大社会难题，思想也就更偏重于实用，而忽略理想中的各种繁文缛节，逐渐背离了郊庙之学。孔子出身于贵族，衣食无忧，出于对礼崩乐坏的社会的忧虑和恐惧，便致力于周代礼乐制度的恢复，偏于理想主义。这样，墨家最终走到了儒家的对立面，出于儒而非儒，对儒家学说进行了激烈的批驳。《公孟》记载，墨子对儒家之徒程子说："儒者之道，足以丧天下者，四政焉。"具体如下：

第一，"儒以天为不明，以鬼为不神，天鬼不说，此足以丧天下"（《公孟》）。墨子一针见血地指出了儒家既不信鬼神却又重祭祀的矛盾，认为儒家"执无鬼而学祭礼"纯粹是"犹无客而学客礼也，是犹无鱼而为鱼罟也"（同上）。墨子是敬天信鬼神的，他认为天与鬼神都具有意志力，能够赏善惩恶。墨子所谓的"天"并非天命，而是人格化、有意志力的统治者，拥有比天子更高的主宰地位和裁决权力，"顺天意者，兼相爱，交相利，必得赏。反天意者，别相恶，交相贼，必得罚"（《天志上》）。墨子又认为今之天下之所以混乱，就是因为"皆以疑惑鬼神之有与无之别，不明乎鬼神之能赏贤而罚暴也"（《明鬼下》）。即天的意志不可违背，鬼神无处不在、明察秋毫，所以使天下治的方法就是"上尊天，中事鬼神，下爱人"（《天志上》）。

第二，"厚葬久丧，重为棺椁，多为衣衾，送死若徙，三年哭泣，扶后起，杖后行，耳无闻，目无见，此足以丧天下"（《公孟》）。对此，墨子主张"节葬"，他认为在"力不足，财不赡，知不知"的情况下厚葬久丧，"实不可以富贫众寡、定危理乱"，"此非仁非义、非孝子之事也"（见《节葬下》）。这是因为，如果实行厚葬，则会使匹夫贱人倾家荡产，使诸侯穷尽家赏，更甚者，"天子杀殉，众者数百，寡者数十；将军大夫杀殉，众者数十，寡者数人"（《节葬下》）；如果推行久丧，则会使王公大人不能早朝，使农夫不能早出夜入、耕稼树艺，使百工不能修舟车、为器皿，使妇人不能夙兴夜寐、纺绩织纴。总而言之，"细计厚葬，为多埋赋之财者也；计久丧，为久禁从事者也。财以成者，扶而埋之；后得生者，而久禁之。以此求富，此譬犹禁耕而求获也，富之说无可得焉"（同上）。与节葬相辅而行的是墨子的节用思想，他认为节俭是立国之本，"俭节则昌，淫佚则亡"（《辞过》），君主更要以身作则，效法圣人垂范天下，因为"圣人为政一国，一国可倍也；大之为政天下，天下可倍也。其倍之，非外取地也,因其国家去其无用之费,足以倍之"(《节用上》)。对于日常消费,墨子以经济实用为标准,反对奢华,并假托圣王对当下之主的奢侈之行提出批评,还对各种消费设立限度和标准。

第三,"弦歌鼓舞,习为声乐,此足以丧天下"(《公孟》)。儒家对礼乐是非常重视的,孔子说过"兴于诗,立于礼,成于乐"(《论语·泰伯》)。而墨子却认为当务之急是利天下、利百姓,与此无关的事则不做。在他看来,虽然大钟鸣鼓、琴瑟竽笙之声好听,刻镂文章之色好看,刍豢煎炙之味好吃,但这些上不中圣王之事,下不能解决民之三患(即"饥者不得食,寒者不得衣,劳者不得息"),又不能制止"强劫弱,众暴寡,诈欺愚,贵傲贱,寇乱盗贼并兴",反而"废丈夫耕稼树艺之时"、"废妇人纺绩织纴之事",所以对于"厚措敛乎万民,以为大钟、鸣鼓、琴瑟、竽笙之声"(见《非乐上》)等等,要大力予以非难。

第四,"以命为有,贫富寿夭、治乱安危有极矣,不可损益也。为上者行之,必不听治矣,为下者行之,必不从事矣。此足以丧天下"(《公孟》)。儒家是信天命的,孔子声称"畏天命"(《论语·季氏》),"不知命无以为君子也"(《论语·尧曰》),说自己"五十而知天命"(《论语·为政》)。针对儒家信"命定"之论,墨子批评道,如果人人信命,会消解工作的积极性,"吏不治则乱,农事缓则贫,贫且乱政之本,而儒者以为道教,是贼天下之人者也"(《非儒下》)。墨子明确指出,天下的治与乱不在于命,而在于君主的作为,"此世未易,民未渝,在于桀、纣则天下乱,在于汤、武则天下治"(《非命上》)。

墨子在非儒的同时,也明确提出了自己的主张。儒墨之争在于"礼",儒家推之以礼,墨家化之以"兼"。如果说,礼是儒家的核心思想,那么"兼"则在墨子的思想中占据主导地位,墨子的很多主张均由此衍生出来,最为著名、也最具有影响力的便是"兼爱"之说。

在墨子看来,天下之乱起于不相爱。盗贼只爱其室而不爱异室,故窃人以利己;大夫各爱其家而不爱异家,故乱异家以利其家;诸侯各爱其国而不爱异国,故攻异国以利其国。消除祸乱的办法就是推行兼爱,即"兼相爱、交相利"(《兼爱中》),"视人之国,若视其国。视人之家,若视其家。视人之身,若视其身。是故诸侯相爱,则不野战。家主相爱,则不相篡。人与人相爱,则不相贼。君臣相爱,则惠忠。父子相爱,则慈孝。兄弟相爱,则和调。天下之人皆相爱,强不执弱,众不劫寡,富不侮贫,贵不敖贱,诈不欺愚。凡天下祸篡怨恨,可使毋起者,以相爱生也"(同上)。

墨子的"兼爱"是建立在实际利益基础上的,具有互利性。"若我先从事乎爱利人之亲,然后人报我爱利吾亲乎? 意我先从事乎恶贼人之亲,然后人报我以爱利吾亲乎? 即必吾先从事乎爱利人之亲,然后人报我以爱利吾亲也"(《兼爱下》)。实际上,"兼而爱之"就是"从而利之","兼相爱"等于"交相利",人与人相互帮助,不损人利己、自私自利,恰如我们今天所倡导的"与人方便,与己方便"、"互利互惠",等等。在墨家思想中,利与义是一致的,重利就是贵义。墨子的"兼爱"还具有平等性,不分等级出身,即所谓"使天下兼相爱,爱人若爱其身"(《兼爱上》),"为其友之身若为其身,为其友之亲若为其亲"(《兼爱下》)。君爱臣,父爱子,兄爱弟,谓之兼爱;反过来,臣爱君,子爱父,弟爱兄,也是兼爱。这就与儒家之爱有很大不同,因为孔子所讲的"仁者爱人",是以礼为标准,是分亲疏厚薄的。

既然主张"兼爱",就不能相互攻伐,"非攻"的思想也就由此直接衍生出来。墨子在《兼爱》篇中说过,战争之起就是因为人们交相别,而不是兼相爱。匹夫庶民只爱其家,便会贼人之家;诸侯君王只爱其国,则会攻人之国。墨子一针见血地指出,统治者都知道入人园圃取其桃李是不义的,也知道入人栏厩取人马牛是不义的,更知道杀无辜夺衣裘取戈剑是罪恶的,然而他们攻城掠地,杀人盈野,却不以为非。在兼并战争频仍的春秋战国时代,出身下层的墨子对战争给百姓带来的灾难和痛苦体验深刻,并深恶痛绝。战争不仅耽搁了农业正常的耕种和收获,更使"百姓饥寒冻馁而死者,不可胜数"(《非攻中》)。战争还耗费了大量的物质财富,牛马粮草、甲盾矛戈去而不返。为了攻占三里之城、七里之郭,却杀人成千上万,结果却是村墟无人住、土地无人耕,牺牲有限的人口来夺取多余的土地,纯粹是"弃所不足,而重所有余"(同上)。

墨子不仅在理论上对战争进行激烈的反对和抨击,还经常采取实际行动制止侵略战争。《墨子·公输》记载,墨子闻知公输盘造云梯助楚攻宋后,立即从鲁国赶了十天十夜的路到楚国,先是舌战公输盘和楚王,使之理屈辞穷,又与公输盘比赛攻守器械而胜之,并告诉楚王自己已派弟子禽滑釐等三百人守于宋城之上。从而,在道义上、武器上、守备上都彻底粉碎了楚王攻宋的图谋。墨子十分重视战争的防御,尤其是小国更应该做好反侵略的准备,因为在他看来,"库无备兵,虽有义不能征无义。城郭不备全,不可以自守。心无备虑,不可以应卒"(《七患》)。墨家后学还对防御战及相关的武器装备有更多的论述,如《备城门》、《备高临》、《备水》、《备突》等,其应对措施之详尽皆几乎与兵书无异。

《墨子》中值得重视的还有"尚贤"、"尚同"等思想。墨子认为王公大人为政,国家不得富而得贫,不得众而得寡,不得治而得乱,是因为不能尚贤事能。并且,他还指出对贤士要"富之贵之,敬之誉之"(《尚贤上》),这样才可以汇集天下之俊,而选拔贤才要公正公平,不分亲疏远近,不党父兄,不偏富贵,不嬖颜色,以才能为标准,"虽在农与工肆之人,有能则举之"(同上)。更可贵的是,墨子还提出了"官无常贵,而民无终贱,有能则举之,无能则下之"(同上)的光辉主张,要求唯才是举、能上能下、打破终身制,这在当今社会仍是具有积极意义的。

与"尚贤"相呼应的是"尚同"的思想。墨子认为,最初,人各怀其义,彼此不同,都以其义为是而以他人之义为非,矛盾冲突也就由此产生。他指出,解决办法就是选天下贤者为天子,逐级下设三公、分诸侯,再辅之以卿之宰和乡长家君,这样自上而下形成了一套较为完备的国家机构,天子及其以下各层官员作为表率,要百姓向他们看齐,以此使众人之义得以一致。"国君之所是,必皆是之。国君之所非,必皆非之。去若不善言,学国君之善言。去若不善行,学国君之善行"(《尚同上》)。下级对上级并非绝对地服从,要择其善而从之,学其善言善行,上级若有错误,下级也可以予以纠正,所谓"上有过则规谏之"(同上)。同时,下面的情况要及时通报上级,"上下情请为通",则可以"上有隐事遗利,下得而利之。下有蓄怨积害,上得而除之"(《尚同中》)。上下同义,也使得赏罚分明,天下之人都希望得到赏誉而害怕惩罚,否则"上之所赏,则众之所非","上之所罚,则众之所誉"(《尚同上》)。总之,上下同义,天下就治而不乱了。

墨子一派出身于下层手工业者,对实用技术十分重视。《墨子》中有《经》上下、《经说》上下、《大取》、《小取》六篇,后人称之为《墨经》或《墨辩》,其中记载了大量的自然科学知识,是墨家学派在生产实践中的经验总结,内容涉及力学、光学、几何学、宇宙观及时空观。《墨子》中还详细介绍了很多种御敌攻城器械的制造方法和使用细节,并记载墨子自己曾做过一个可以在空中飞三天三夜而不落的木鸢,说明墨家重视自然科学和手工技术,在先秦诸子中是独树一帜的。

《墨子》的文章在先秦散文发展史上起到了承前启后的作用,体现了由语录体向专论体的过渡。《尚贤》等二十篇文章,多由墨子的若干语录连缀而成,或自问自答,或假设对方诘难,再加以解答,而不像《论语》、《孟子》中的语录只是随意组合在一起,缺乏必要的联系。《墨子》中每一篇文章都有中心思想,并冠之以鲜明的题目,如《兼爱》、《非攻》等,不像《论语》、《孟子》只是取首章首句两三字作题目。《墨子》文章结构严密,有首有尾,层次分明,还有意识地运用形式逻辑来说理。《墨子》中的逻辑思想丰富而系统,主要集中在《墨经》中,明确提出了"类"、"故"、"悖"、"辟"、"援"等逻辑概念和方法。在《墨子》中,这些方法的运用可谓比比皆是。如《非攻》上篇采用类比法展开驳论,先从"入人园圃，窃人桃李"说起，然后是攘人鸡犬、取牛马、杀无辜取戈剑，天下人都以为非，而攻人之国却从而誉之。接着又说杀一人、杀十人、杀百人，皆知有罪，攻人之国杀人无数反谓之义，从而揭露其荒谬之处。文章由小到大，由近及远，层层推进，先把问题依次上升到一定的公理范畴之内，形成"知类"；再批驳君王不辨义与不义，使之陷入矛盾的境地，即是"悖"。《墨子》不但在先秦逻辑史上有突出的贡献，对论说文如何正确使用形式逻辑也提供了有益的经验，后世的《荀子》、《韩非子》在逻辑思想和写作技巧上都与《墨子》有着不可分割的联系。

"三表法"是《墨子》中常用的论述方法。所谓"三表"，是指"本"、"原"、"用"。"本"是"上本之于古者圣王之事"，"原"是"原察百姓耳目之实"，"用"是"观其中国家百姓人民之利"。《非命》中篇就用"三表法"来论证命的有无。先列举"古者圣王之事"，以为天下的治乱与天命无关，而主要在于帝王的作为；其次，"原察百姓耳目之实"，自古至今，未曾有人见命之物、闻命之声，因此命是不存在的。最后，以"用"验之，若人皆信命，那势必使王公怠于行政，匹夫妇人怠于耕织，那样天下将大乱。经过层层的论证和批驳，天命之说被驳得体无完肤，无立足之地。然而，"三表法"作为墨子认识论的重要方法虽有其突出意义，但过于依赖感性经验而忽略实践，其作为唯物论中的经验论，只能是检验真理的一种初级形式，适用范围有限，并带有严重的直观性和片面性。比如说，墨子根据人们对鬼的传闻而断定鬼是存在的，就暴露了片面相信感觉经验的局限性。

墨子的美学思想是实用至上的，他对音乐等艺术形式进行了彻底否定。反过来，这种极端实用的美学思想对其文章也造成了不良影响。荀子批评墨子"蔽于用而不知文"（《荀子·解蔽》），刘勰认为《墨子》"意显而语质"（《文心雕龙·诸子》）。的确，《墨子》质朴无华，行文不够流畅，有时前后重复，语句呆板不活泼。作为由语录体向专论体的过渡形式，《墨子》上不及《论语》的言简意赅、耐人寻味，不及《孟子》的富于气势、生动明快,下不如《荀子》、《韩非子》的思辨精审、绵密严谨,以至于唯一欣赏墨子的韩非都以其为"言多而不辩"(《韩非子·外储说左上》)。但是,我们不得不承认《墨子》在文学史上的地位,其不成功甚至失败的经验,仍不失为后来专题论文的有效启发和借鉴。

墨家与儒家并称显学而盛极一时。然而自秦汉以降,墨家逐渐衰微,到了东汉竟"废而不传"(王充《论衡·案书》)。墨家从一代显学到湮没不传是有其深层次原因的。首先,就墨家的思想主张而言,儒、墨虽并称显学,却是根本对立的。礼乐是儒家的核心思想,而墨子正是因为礼教过于烦琐才脱儒自立的,墨子"兼爱"、"非乐"等主张实际上就是对儒家礼乐的否定和取消。所以,儒、墨两家在根本思想上是势同水火、难以调和的。在独尊儒术的后世,自然不会有墨家的位置。道家虽然也反对礼教,但在人格修养上与儒家形成互补的关系,其黄老之术也每为统治者所采用。法家的法术为统治者所欣赏,与儒家互为表里,即所谓的"阳儒阴法"。因此,道、法两家能够与儒学并存,虽不得独尊却也可以历久不衰。其次,就内部的组织关系而言,墨家对其领袖即"巨子"的依附性太强,而不像儒家那样重视文化教育和思想传递。墨家师徒奔走各地参加防御战争,为此牺牲的人也不在少数,一旦巨子不存,知识的传递也就随之消亡。最后,墨子之学主张苦行,要求过于苛刻,虽然他自己以身作则,但"短褐之衣,藜藿之羹,朝得之,则夕弗得"(《鲁问》)的生活难以让后学坚持下去。墨子之后,墨家逐渐向游侠和名辩两个方向转型,而这两者都处于社会的边缘,墨子后学便相继消亡了。

墨家的辉煌虽然没有持续多久,但作为一代显学,早在战国时期已受到广泛关注。孟子攻击墨家提倡"兼爱"便是"无父","是禽兽也"(见《孟子·滕文公下》)。《庄子·天下》认为,墨子之学使人悲苦难以学成,"恐其不可以为圣人之道,反天下之心,天下不堪",但也肯定墨子兼爱的精神,称许墨子为"才士"。荀子反对墨家"上功用,大俭约,而僈等差"(《荀子·非十二子》)之论,认为墨家"蔽于用而不知文"(《荀子·解蔽》)。《韩非子·显学》对墨家流派及其丧葬说的优劣作了评说。秦汉之际的《孔丛子》有《诘墨》一篇,逐一反驳《墨子·非儒》对儒家的非毁。西汉的《淮南子·齐俗训》不赞成墨家"三月之服",《要略》指出墨学出于夏政。《史记·太史公自序》引《论六家要指》说,墨家之学"俭而难遵"、"尊卑无别"。《汉书·艺文志》对墨家思想源流作出总结,谓墨家出于"清庙之守",其兼爱、尚贤、右鬼等主张皆与之有关;尚俭以至非礼,兼爱而不别亲疏,则为其流弊。东汉王充的《论衡》有《订鬼》、《薄葬》、《书案》等篇,对墨子的鬼神观进行了批评。魏晋时期,盛行清谈,后期墨家的名辩逻辑思想受到重视,阮籍、嵇康等人都曾谈论墨学。西晋鲁胜作《墨辩注》。《隋书·经籍志》总结墨家之道为"强本节用之术","上述尧、舜、夏禹之行",乃"清庙之守"之流职。隋代的乐壹曾注《墨子》三卷,已佚。韩愈作《读墨子》,认为墨子的兼爱、尚同、尚贤、明鬼皆与孔子相通,故"孔子必用墨子,墨子必用孔子,不相用,不足为孔墨",还以为儒墨之辩乃孔墨后学之争。此说在后世引起极大反响。北宋的欧阳修对墨子有所肯定,王安石则以墨子远于道而抑之。南宋人对墨子非议颇多,如朱熹、陈振孙、高似孙都认为墨学乃"矫伪之说"。元人黄震针对孔墨的异同作了具体比较,得出孔墨不相为用的结论,从而否定了韩愈之说。马瑞临以墨子为似是而非,故"不容不深锄而力辩之"(《文献通考·墨家考》)。明代宋濂非常欣赏墨子节用的主张,以之为强本节用之术。焦竑肯定墨子兼爱与儒家兼济之道相似,也指出其弊病是"见俭之利而因以非礼,推兼爱之意而不殊亲疏"(《澹园集·经籍志论》)。陆稳同意韩愈的评价,认为孟子辟墨是为了防其流弊,而白贲柄则认为孟子辟墨有些过分。李贽的《墨子批选》极为推崇墨子的救世之道,很多观点也很大胆,并批驳孟子的非墨言论。到了清代,墨学呈现复兴的局面,展开了热烈的讨论,《墨子》的校注整理工作也取得了很大成就。毕沅对墨学作出重大贡献,他第一个为《墨子》全书作注,并为墨子公开辩护,肯定韩愈所谓儒墨之辩生于末学,还认为《墨子》中少数篇目为墨翟自著。孙星衍进一步论证墨家的兼爱、节葬、节用、明鬼等思想主张皆出自夏礼，乃大禹遗教，以此来提高墨家的地位。在清代，汪中对墨子的评价最高，他把墨家提升到与儒家同等的高度，认为"其在九流之中，惟儒足与之相抗，自余诸子，皆非其比。"(《述学·墨子序》)同时，翁方纲、张惠言对墨子大加攻伐，其观点基本上还是延续孟子的辟墨论，如此还有俞正燮、黄式三等。近代以来，西学东渐，人们对《墨子》的价值也开始有新的认识，《墨子》中自然科学知识和逻辑学知识逐渐受到重视，很多学者为此著书论述，如邹伯奇《学计一得》、陈澧《东塾读书记·诸子书》、殷家俊《格朮补笺》、张自牧《瀛海论》、《蠡测卮言》等等。

《墨子》一书基本上不是墨翟自著，而是由门人后学记录辑集而成，大约成书于战国后期，略晚于《孟子》。《汉志》著录"《墨子》七十一卷"，《隋书·经籍志》作十五卷。今本《墨子》十五卷，五十三篇，赖《道藏》收录得以保存。清代乾嘉以来，《墨子》的校注取得重大进展，集大成之作是孙诒让的《墨子间诂》。其他如毕沅《墨子注》、王念孙《墨子杂志》、张惠言《墨子经说解》等，都各具特色。今人的著作如杨俊光《墨子新论》、孙中原《墨子通论》、谭家健《墨子研究》等也很有影响。

《墨子》原为七十一篇，现存五十三篇。众所周知，今所传《墨子》各篇，脱漏错乱之处很多，甚至往往不堪卒读，所以本书在注释过程中，尽量借鉴了前人的研究成果，如毕沅的《墨子注》、洪颐煊的《读墨子丛录》、王念孙的《墨子杂志》、苏时学的《墨子刊误》、俞樾的《墨子平议》、王树枏的《墨子三家校注补正》、陶鸿庆的《读墨子札记》、吴汝纶的《墨子点勘》、孙诒让的《墨子间诂》、王闿运的《墨子注》、曹耀湘的《墨子笺》、尹桐阳的《墨子新释》、刘昶的《续墨子间诂》、张纯一的《墨子集解》、于省吾的《墨子新证》、高亨的《墨子新笺》、吴毓江的《墨子校注》、王焕镳的《墨子集诂》等，皆在借鉴之列。

本次注释以中华书局1986年版《新编诸子集成》所收孙诒让的《墨

子间诂》为底本,并广泛参考了古今许多人的研究成果。博士生和硕士生宋健、谢国利、金琳、汪培、杨芳芳参与了本书部分稿子的撰写工作,而以盛敏慧、孙逊二弟子帮助最多。学识有限,贻笑大方,望广大学人、读者不吝赐教。

方　勇

2011 年 3 月于上海

亲士

【题解】

亲士，是《墨子》的第一篇，讲的是要亲近和任用贤良的人，才能成就霸业，治理好国家。文中以晋文公、齐桓公、越王勾践为例，说明一时亡国之辱并不可怕，只要能发现并任用国中的贤能之人，就一定能忍辱负重，重新建立霸业。相反，即使建立了一个国家，如果不能发现和使用贤人，这个国家也是不会长久的。

在墨子看来，任用贤人就要宽容地对待他们，允许他们直言进谏，决不能因为他们说了逆耳的忠言而以为忤，只有这样才能广开言路，否则就会偏听偏信，遭到蒙蔽，最终招致杀身亡国的灾祸。

本文极言贤士之重要性，甚至认为"归国宝，不若献贤而进士"，也就是将贤士提到了至高的、最可宝贵的地位。所以，即使"良才难令"，也一定要想方设法使各样的人才为己所用，才能实现"尊王之道"而长生保国，反之就会呆板局限，不能推恩广大。

入国而不存其士①，则亡国矣。见贤而不急，则缓其君矣②。非贤无急，非士无与虑国③。缓贤忘士，而能以其国存者，未曾有也。

【注释】

①入：疑"乂(yì)"之形误。《尔雅·释诂》："乂，治也。"存：恤问。

②缓：怠慢。

③虑：谋思。

【译文】

治理一个国家而不恤问国中的士人，那么就要亡国了。发现贤能的人而不急于任用，那么贤能的人就会怠慢他们的君主。不把任用贤人作为急迫的事情，不是贤能的士人就不能与之商量国家大事。怠慢贤者，轻视士人，却能够长久地保全自己的国家，这样的事情是从来没有过的。

昔者文公出走而正天下①，桓公去国而霸诸侯②，越王勾践遇吴王之丑③，而尚摄中国之贤君④。三子之能达名成功于天下也，皆于其国抑而大丑也⑤。太上无败，其次败而有以成，此之谓用民。

【注释】

①文公：晋国国君，名重耳。曾遭迫害，逃亡国外十九年，因善于用人，后终于回国即位，称晋文公。

②桓公：齐桓公，名小白。曾被迫离开自己的国家，后回国即位，重用管仲，成为诸侯的霸主。

③勾践：春秋末年越国国君，曾被吴国夫差所败，后卧薪尝胆，终于灭吴而成一霸。丑：耻。

④摄：当与"慑"通，敬畏。中国：中原地区的国家。

⑤抑：压抑，忍耐。

【译文】

从前,晋文公出逃避难而最终匡正天下,齐桓公逃离国家而最终称霸于诸侯,越王勾践遭受吴王的羞辱却仍然成为威慑中原各国的贤能之君。这三位君王之所以能够取得成功,扬名于天下,都是因为他们在国家中能够忍受奇耻大辱。最上等的是从不失败,其次是失败以后仍然能够有所成就,这就是能够用人。

吾闻之曰:"非无安居也,我无安心也;非无足财也,我无足心也。"是故君子自难而易彼①,众人自易而难彼。君子进不败其志,内究其情,虽杂庸民,终无怨心,彼有自信者也。是故为其所难者,必得其所欲焉;未闻为其所欲②,而免其所恶者也③。

【注释】

①自难:自己勤于做难做的事。

②所欲:疑为"所易",与上文"所难"相对。

③所恶:与上文"所欲"相对。

【译文】

我听说:"我不是没有安适的居处,而是我的心不能安定;不是没有足够的财富,而是我的心不能知足。"所以,君子总是自己做困难的事情,而让别人做容易的事情,一般的人却总是自己做容易的事情,却让别人做困难的事情。君子上进的时候,不会挫败他的志向,退缩的时候,就考察他的实际情况,即使夹杂了一些平庸的民众,也始终没有怨恨之心,那就是有自信的人。所以,君子做那些难做的事情,就一定能得到自己想要的东西;从没有听说过做容易的事情,却能避免他所厌恶的结果的。

　　是故偪臣伤君①，谄下伤上。君必有弗弗之臣②，上必有诤诤之下③。分议者延延④，而支苟者诤诤⑤，焉可以长生保国。臣下重其爵位而不言，近臣则喑⑥，远臣则吟⑦，怨结于民心，谄谀在侧，善议障塞，则国危矣。桀纣不以其无天下之士邪？杀其身而丧天下。故曰：归国宝不若献贤而进士⑧。

【注释】

①偪（bī）臣：权重之臣。

②弗：通“拂”，违背。

③诤（è）：争辩。

④分议：指不同的意见。延延：指长久地论辩。

⑤支苟：“支”当作“交”（孙诒让说），“苟”当作“苛”。交苛，即相互苛责。

⑥喑（yīn）：不能言。

⑦吟：古谓嗟叹为吟。

⑧归：通“馈”，馈赠。

【译文】

　　所以，权力大的臣子会损害到君主，阿谀奉承的臣子有害于主上。君主必须有敢于矫正君主过失的臣子，君上必须有直言争辩的臣下。持有不同观点的人敢于长久地坚持自己的意见，相互争辩的人也敢于直言不讳，只有这样，君主才可以长生生民并且保全国家。如果臣子都看重自己的爵位而不敢直言进谏，左右亲近的大臣都缄默不语，远处的臣子也都只能嗟叹无言，那么就会在百姓中产生怨言，而身边全是阿谀奉承之人，正确的建议就会被阻塞，那么国家就危险了。桀纣不正是因为失去了天下贤人的辅佐而招致杀身之祸，最后失去了天下吗？所以说：与其赠送国家稀有的宝贝，不如推举贤人、进荐能士。

今有五锥，此其铦①，铦者必先挫②；有五刀，此其错③，错者必先靡④。是以甘井近竭，招木近伐⑤，灵龟近灼，神蛇近暴⑥。是故比干之殪⑦，其抗也；孟贲之杀⑧，其勇也；西施之沉，其美也；吴起之裂⑨，其事也⑩。故彼人者⑪，寡不死其所长，故曰：太盛难守也⑫。

【注释】

①铦（xiān）：锋利。

②挫：折断。

③错：磨。

④靡：通"磨"，消磨。

⑤招木：木之美者。

⑥神蛇：一种传说会兴云作雨的蛇，古人曝晒它以求雨。暴：同"曝（pù）"，晒。

⑦比干：商纣的叔父，因屡次进谏而被剖心而死。殪（yì）：死。

⑧孟贲（bēn）：战国时卫国的勇士，能力拔牛角，后为秦武王所杀。

⑨吴起：战国时期的军事家，被车裂而死。

⑩事：功业。

⑪彼人：指上述比干等人。

⑫太盛难守：太兴盛了难以保全，这里指有特长的人难以保全自己。

【译文】

现在有五支锥子，其中有一支是最尖锐的，那么这支一定是最先被折断的；有五把刀，其中有一把是磨得最快的，那么这把刀必定最先被损坏。所以，清甜的井总是最先干枯，美好的乔木最先被砍伐，灵验的龟最先被灼烧用以占卜，神异的蛇最先被曝晒用以求雨。所以，比干的死，是因为他的刚直不屈服；孟贲被杀，是因为他的勇气；西施被沉江，是因为她的美貌；吴起被车裂，是因为他的功业。可见，这些人很少不是因为他们的过人之处而死，所以说：太兴盛了就难以保全。

　　故虽有贤君，不爱无功之臣；虽有慈父，不爱无益之子。是故不胜其任而处其位^①，非此位之人也；不胜其爵而处其禄，非此禄之主也。良弓难张，然可以及高入深；良马难乘，然可以任重致远；良才难令，然可以致君见尊^②。是故江河不恶小谷之满己也，故能大。圣人者，事无辞也，物无违也，故能为天下器^③。是故江河之水，非一源之水也；千镒之裘^④，非一狐之白也^⑤。夫恶有同方取不取同而已者乎？盖非兼王之道也。是故天地不昭昭^⑥，大水不潦潦^⑦，大火不燎燎^⑧，王德不尧尧者^⑨，乃千人之长也。其直如矢，其平如砥^⑩，不足以覆万物。是故谿陕者速涸^⑪，逝浅者速竭^⑫，垸埆者其地不育^⑬。王者淳泽^⑭，不出宫中，则不能流国矣^⑮。

【注释】

①处：这里有"拥有"的意思。

②见：被。

③天下器：这里指人才。

④镒(yì)：古代计量单位，二十两或二十四两黄金为一镒。裘：皮衣。

⑤一狐之白：狐狸腋下的皮，纯白而轻软，但十分难得，所以制为皮衣，十分名贵。

⑥昭昭：明亮的样子。

⑦潦潦：《说文》：水大的样子。

⑧燎燎：火大的样子。

⑨尧尧：道德高尚的样子。

⑩其直如矢，其平如砥（dǐ）：出自《诗·小雅·大东》："周道如砥，其直如矢。"砥，磨刀石。

⑪谿（xī）：小溪。陕：狭隘。

⑫逝：川流。

⑬墝埆（qiāo què）：土地坚硬而不生五谷。

⑭淳：厚。泽：恩泽。

⑮流：流传。这里可引申为推恩。

【译文】

　　因此，即使是贤明的君主，也不会喜欢没有功劳的臣子；即使是慈爱的父亲，也不会喜欢没有作为的儿子。所以，不能胜任他的工作却占据那个职位，就不是该处于这个位置的人；不能胜任他的爵位而领取俸禄，就不是该获得这些俸禄的人。好的弓难于拉开，但可以射得高射得远；好马难于驾驭，但可以背负很重的东西走很远的路；贤能之人难以驱使，但可以使君主受到人们的尊敬。因此，江河不会厌恶小河来注满自己，所以能够变得大而无边。圣人勇于任事，不敢怠慢贤能之士，所以能成为天下的大人物。因此，江河的水，并不是只有一个源头；价值千金的裘皮大衣，不是只用一只狐狸腋下的毛就能做成的。哪有和自己意见不同就不任用，而只用和自己意见相同的人的道理呢？那就不是兼爱天下的君王所该有的做法了。所以，天地不以昭昭为光明，大水不以潦潦为盛大，大火不以燎燎为炎热，君王不以自己的德行为高不可攀，才能做千万人的统治者。好像箭一样笔直，像磨刀石一样平坦，这样就不足以包容万物。所以，太狭窄的溪流就会很快干枯，太浅的溪流很快就会枯竭，坚硬贫瘠的土地就会没有物产。如果君王淳厚的恩泽只限于宫廷之内，那么就不能遍及全国。

修身

【题解】

此篇强调君子必须修养身心品德，认为这才是为人的根本，也是治理好国家的根本。

文章先以作战、守丧、学习为例，说明其根本不在于阵列、礼节、才学，而分别在于勇气、哀伤、德行，而先王治天下的方法则在于"察迩来远"，也就是明察左右的人，招徕远方的君子，认为只有招徕有修养的君子，才能影响远近的人，使他们都随之效之，不会去诋毁中伤别人。

那么，具体的修养方法是如何的呢？墨子接着提出了"君子之道"，即"贫则见廉，富则见义，生则见爱，死则见哀"，并指出对这四者都能很好实践的唯有圣人，所以他便提出了"慧者心辩而不繁说，多力而不伐功"、"言无务多而务为智，无务为文而务为察"等切实可行的修身标准，认为只有这样才能不立虚名，成为真正扬名天下的贤士。

君子战虽有陈①，而勇为本焉；丧虽有礼，而哀为本焉；士虽有学，而行为本焉②。是故置本不安者③，无务丰末④；近者不亲，无务来远；亲戚不附，无务外交；事无终始，无务多业；举物而暗⑤，无务博闻。是故先王之治天下也，必察迩来远。君子察迩而迩修者也。见不修行，见毁，而反之身者也,此以怨省而行修矣⑥。谮慝之言⑦,无人之耳;批扞之声⑧,无出之口;杀伤人之孩⑨,无存之心,虽有诋讦之民⑩,无所依矣⑪。故君子力事日强⑫,愿欲日逾,设壮日盛⑬。

【注释】

①陈:同"阵",指打仗时的队列。

②行:德行。

③置:立。本:根本。者:疑为衍文(俞樾说)。

④务:追求。末:细枝末节。

⑤暗:不明事理。

⑥省:减少。

⑦谮慝(zèn tè)之言:诽谤的言语。

⑧批扞(hàn):诋毁。

⑨孩:通"荄(gāi)",草根。这里当指心中的意念。

⑩诋讦(jié):攻人之阴私。

⑪依:仿效。

⑫力事:勤勉地做事。

⑬设壮:疑作"饰壮"(毕沅说),谓勤行之道。

【译文】

君子作战的时候虽然有阵列,但勇猛才是根本的;守丧虽有礼节,但哀伤才是根本的;士人虽有才学,但德行才是根本的。因此,根基不牢固的,就不能希望枝繁叶茂;不亲近左右的人,就不能希望能招徕远方的贤人;亲戚不能依附的,就不能希望能致力于外交事务;做事不能善始善终的,就不能希望从事很多的事业;对一件事物都不能明白它的道理,就不能希望做到见闻广博。所以,先王治理天下,必定明察左右的人,招徕远方的贤人。君子明察左右的人,就能使左右的人也修养自己的品行。发现自己的品行修得不够好,被人诋毁,就反省自己,这样别人的怨言就减少了,自己的品行也得到了修养。诽谤的恶语不进入耳朵,诋毁人的话不说出口,杀人伤人的念头不存在于心中,这样,即使有喜欢诋毁别人的人,也就无处可依了。所以,君子每天更加勤勉地做事,理想日益远大,他的品行也就日益完善。

　　君子之道也,贫则见廉①,富则见义,生则见爱,死则见哀,四行者不可虚假,反之身者也。藏于心者无以竭爱②,动于身者无以竭恭,出于口者无以竭驯③。畅之四支,接之肌肤④,华发隳颠而犹弗舍者⑤,其唯圣人乎!

【注释】

①见:同"现"。

②无:发语词,无义。

③驯:通"训",谓典雅之言。

④接:达。

⑤隳颠(huī diān):谓秃顶。

【译文】

　　君子所应遵循的原则是,贫穷的时候就表现出清廉,富裕的时候就表现出好义,对生者表现仁爱,对死者表现哀悼,这四种品行不能有虚情假意,而是要发自内心。存在心中的都是仁爱之意,身体的举止都是恭敬的行为,嘴里说出来的都是合理之善言。能够让这些畅达于四肢,接触于皮肤,直到白发落尽也不放弃的人,大概只有圣人吧。

　　志不强者智不达,言不信者行不果。据财不能以分人者①,不足与友;守道不笃、徧物不博、辩是非不察者②,不足与游。本不固者末必几③,雄而不修者其后必惰④,原浊者流不清,行不信者名必耗⑤。名不徒生,而誉不自长,功成名遂,名誉不可虚假,反之身者也。务言而缓行,虽辩必不听;多力而伐功⑥,虽劳必不图。慧者心辩而不繁说⑦,多力而不伐功,此以名誉扬天下。言无务为多而务为智,无务为文而务为察。故彼智无察,在身而情⑧,反其路者也。善无主于心者不留⑨,行莫辩于身者不立。名不可简而成也⑩,誉不可巧而立也⑪,君子以身戴行者也⑫。思利寻焉⑬,忘名忽焉⑭,可以为士于天下者,未尝有也。

【注释】

①据:拥有。

②徧:通"辨",辨识。辩:通"辨"。察:明察。

③几:危。

④雄:勇。惰:疑当作"堕"。

⑤耗(hào):败。

⑥伐功:夸耀自己的功劳。

⑦心辩:心中明白。繁:多。

⑧情:当为"惰",形近而误。

⑨主于心:在心中起主导作用。

⑩简:怠慢,傲惰。

⑪巧:虚浮不实,伪诈。

⑫戴:载。

⑬寻:重。

⑭忽:倏忽。

【译文】

意志不坚强的人,他的智力也不会高;说话不讲信用的人,他的行为也不会有结果。有钱财而不愿分给别人的人，不值得与他交朋友；遵守道义不专一、辨别事物不能从大处着眼、辨别是非不清楚的人，不值得与他交往的。根基不牢固必然危及枝节；霸道而不自我修养的人最终必然会失败，源头混浊的河水必然不清澈，做事不讲信用的人名声必然受到损害。名声不会无端地获得，声誉也不会自行地生长，有了功劳以后才会有名声，名誉是不可以虚得到，而要向自身去寻求。只会说好听的话却行动迟缓，即使能言善辩也没有人会听从；出力很多却自我夸耀，即使辛劳，也无所可取。聪明的人心里明白却不多说，出力多却不自我夸耀，因此才能够名扬天下。说话不在于多而在于有道理，不追求有文采而求能明察是非。因此，如果既没有智慧又不能明察，而自身又十分懒惰，那么就要背离正道了。善良的品行如果不在心里起主导作用，就不能长久保持；善良的行为如果不是从自身加以辨识，就不能树立。名声是不会轻易形成的，声誉不能靠取巧而获得，君子是身体力行地表现自己的品德的人。图谋利益之心长久地存在，而保持名节之心却短暂而很快地忘却，这样的人能成为天下的贤士，是从来没有过的。

所染

【题解】

　　开篇以染丝设譬，说明"染于苍则苍，染于黄则黄"，即所谓"近朱赤，近墨黑"的道理，以此引出"染不可不慎"，引申之，也就是要慎重地选择周围亲信的人，才能给自己有利的影响、受到好的熏陶。然后，以舜、禹、汤、武王染于各贤士忠臣而国治，桀、纣、幽、厉染于小人奸佞而国亡为例，另有齐桓、晋文、楚庄、阖闾、勾践，范吉射、中行寅、夫差、知伯摇、中山尚、宋康等人的例子，说明"国亦有染"。下文又论"士亦有染"，反复论证，极言"必谨所堪"的道理。

　　全文以正论反论相结合，详细说明慎其所染的益处和不慎所染的害处，结构极为周密，说服力极强。

　　子墨子言见染丝者而叹①，曰：染于苍则苍②，染于黄则黄，所入者变③，其色亦变，五入必④，而已则为五色矣。故染不可不慎也！

【注释】

①子墨子：墨子的弟子对老师的尊称。言：疑为衍文。
②苍：青。

③所入者：指染物的染水。

④必：读为"毕"，全部。

【译文】

　　墨子看到染丝的人就感叹说：丝用青色染就成为青色，用黄色染就变成黄色，所用的颜色变了，丝的颜色也就变了，五种颜色都放入了，就染成了五色的丝。所以染色不能不谨慎啊！

　　非独染丝然也，国亦有染①。舜染于许由、伯阳②，禹染于皋陶、伯益③，汤染于伊尹、仲虺④，武王染于太公、周公⑤。此四王者所染当，故王天下⑥，立为天子，功名蔽天地⑦。举天下之仁义显人⑧，必称此四王者。夏桀染于干辛、推哆⑨，殷纣染于崇侯、恶来⑩，厉王染于厉公长父、荣夷终⑪，幽王染于傅公夷、蔡公毂⑫。此四王者，所染不当，故国残身死，为天下僇⑬。举天下不义辱人，必称此四王者。

【注释】

①染：这里指受到影响。

②许由：传说为唐尧时的隐士。伯阳：传说是舜的七友之一，贤人。

③皋陶：原为禹的继承人，因早死，未即位。伯益：因帮助禹治水有功，成为禹的继承人。

④仲虺(huǐ)：汤时的大臣。

⑤太公：姓姜，吕氏，名尚，年老遇文王，后辅佐武王伐纣，封于齐。

⑥王(wàng)：称王。

⑦蔽：盖。

⑧举：推举。

⑨干辛：桀时的谀臣。推哆(chǐ)：也是桀时的大臣。

⑩崇侯：名虎，纣时的谀臣。恶来：也是纣时的谀臣。

⑪厉王：周厉王，因其统治暴虐，国人发难，出逃而亡。厉公长父：不详。荣夷终：厉王时卿士。

⑫幽王：周幽王，西周时的最后一位君王，实行暴政，宠爱褒姒，被杀于骊山下。傅公夷：不详。蔡公毂：不详。

⑬僇(lù)：辱。

【译文】

并不只是染丝是这样，国君也会有所染。舜受到许由、伯阳的感染，禹受到皋陶、伯益的感染，汤受到伊尹、仲虺的感染，武王受到太公、周公的感染，这四位君王所受到的感染是恰当的，所以能够称王于天下，被拥立为天子，他们的功业名声盖过天地。要列举天下因为仁义而声名显赫的人，必定会称举这四位帝王。夏桀受到干辛、推哆的感染，殷纣受到崇侯、恶来的感染，厉王受到厉公长父、荣夷终的感染，幽王受到傅公夷、蔡公毂的感染。这四位君王受到的感染是不恰当的，所以国家残破、自己身亡，被天下人所耻笑。要列举天下不仁义而可耻的人，必然会提到这四位君王。

齐桓染于管仲、鲍叔①，晋文染于舅犯、高偃②，楚庄染于孙叔、沈尹③，吴阖闾染于伍员、文义④，越勾践染于范蠡、大夫种⑤。此五君者所染当，故霸诸侯⑥，功名传于后世。范吉射染于长柳朔、王胜⑦，中行寅染于籍秦、高强⑧，吴夫差染于王孙雒、太宰嚭⑨，知伯摇染于智国、张武⑩，中山尚染于魏义、偃长⑪，宋康染于唐鞅、佃不礼⑫。此六君者所染不当，故国家残亡，身为刑戮，宗庙破灭，绝无后类⑬，君臣离散，民人流亡。举天下之贪暴苛扰者，必称此六君也。

【注释】

①管仲：管敬仲，名夷吾，齐桓公时的贤相，被尊称为"仲父"。鲍叔：鲍叔牙，齐国的贤臣，推举管仲为相。

②舅犯：狐偃，字子犯，晋文公之舅，所以称为舅犯，帮助晋文公回国夺取政权。高偃：就是郭偃，也就是晋大夫卜偃。

③楚庄：春秋时楚国的国君，为春秋五霸之一。孙叔：孙叔敖，官居令尹。沈尹：沈县的大夫，名茎。

④阖闾（hé lǘ）：春秋时吴国的国君。伍员：名员，字子胥，吴国的大夫。文义：春秋时吴国的大夫。

⑤范蠡：字少伯，越国的大夫，帮助越王勾践灭吴。大夫种：姓文，字子禽，越国的大夫。

⑥霸：称霸。

⑦范吉射：春秋末年晋卿范献子士鞅之子，在晋卿内讧中为赵简子所败。长柳朔：范吉射的家臣。王胜：也是范吉射的家臣。

⑧中行寅：就是荀文子，春秋末年晋卿中行穆子之子，在晋卿内讧中为赵简子所败。籍秦：中行寅的家臣。高强：也是中行寅的家臣。

⑨夫差：春秋末年吴国的国君，曾败越，后为越王勾践所败，自杀而亡。王孙雒：吴王夫差之臣。太宰嚭（pǐ）：就是伯嚭。太宰是官名。

⑩知伯摇：就是智襄子，也叫智伯。春秋末年，晋为六卿专权，其中智伯势力最大。智国：就是智伯国，智伯的家臣。张武：就是长武子，也是智伯的家臣。

⑪中山尚：中山国君。魏义、偃长：皆不详。

⑫宋康：就是宋王偃，谥号康。唐鞅：宋康之相。佃不礼：曾为宋臣。

⑬绝无后类：意为断绝后代。

【译文】

齐桓受到管仲、鲍叔的感染，晋文受到舅犯、高偃的感染，楚庄受到孙叔、沈尹的感染，吴阖闾受到伍员、文义的感染，越勾践受到范蠡、大夫种的感染。这五位君王，所受的浸染是恰当的，所以能够称霸于诸侯，功名流传于后世。范吉射受到长柳朔、王胜的感染，中行寅受到籍秦、高强的感染，吴夫差受到王孙雒、太宰嚭的感染，智伯摇受到智国、张武的感染，中山尚受到魏义、偃长的感染，宋康受到唐鞅、佃不礼的感染。这六位君王，所受的感染是不恰当的，所以国家残破灭亡，自身遭受刑戮，宗庙毁坏破灭，后世子孙断绝，君臣分离失散，百姓逃亡流离。凡是要列举天下贪婪暴虐苛刻侵扰人民的人，必定会提到这六位君主。

凡君之所以安者，何也？以其行理也，行理性于染当^①。故善为君者，劳于论人^②，而佚于治官；不能为君者，伤形费神，愁心劳意，然国逾危，身逾辱。此六君者，非不重其国、爱其身也，以不知要故也^③。不知要者，所染不当也。

【注释】

①性：当作"生"。

②论：择。

③要：要领。

【译文】

大凡国君是怎样来保持安定的呢？是因为他做事合乎道理，做事合乎道理就要得到恰当的感染。所以善于做国君的人，辛劳地选拔人才，而轻松地治理政务；不善于做君王的人，即使劳身费神，心中担忧辛苦劳作，然而国家的危难反而更多，自身所受的耻辱也更多。这六位国君,不是不重视自己的国家,也不是不爱惜自己的身体,只是不知道治理国家的要领罢了。而不知道要领,正是因为他们所受到的感染不恰当。

非独国有染也,士亦有染。其友皆好仁义,淳谨畏令,则家日益,身日安,名日荣,处官得其理矣①,则段干木、禽子、傅说之徒是也②。其友皆好矜奋③,创作比周④,则家日损、身日危、名日辱⑤,处官失其理矣,则子西、易牙、竖刀之徒是也⑥。《诗》曰"必择所堪,必谨所堪"者⑦,此之谓也。

【注释】

①理:道理。

②段干木:姓段干,名木,魏文侯之师。禽子:就是墨子的弟子禽滑釐。傅说(yuè):传说为殷高宗的贤臣。原为版筑的奴隶,后被举为大臣。

③矜:骄傲。奋:振作。

④创作:这里指滋生事端。比周:结党营私。

⑤损:减少。

⑥子西:春秋时楚大夫斗宜申。易牙、竖刀:都是齐桓公的大臣。

⑦必择所堪,必谨所堪:所引不见于今本《诗经》,疑为逸诗。堪,当做"湛",浸渍。

【译文】

不仅国君会受到感染,士人也会受到感染。如果他的朋友都喜好仁义,淳朴谨慎,敬畏法令,那么他的家就会一天比一天更加富有、身体就会一天比一天安康、名声就会一天比一天显著,做官合乎道理,就像段干木、禽子、傅说这些人一样。如果他的朋友都喜好骄傲夸耀,结党营私,那么他的家产就会一天比一天减少、身体就会一天比一天危险、名声就会一天比一天受辱,做官不合乎正道,就像子西、易牙、竖刀这些人一样。《诗经》说"必须谨慎地选择染料,必须谨慎地对待浸染",说的就是这个道理。

法仪

【题解】

所谓法仪，就是法规准则。墨子认为天下所有的人做所有的事情都有必须遵循的法则，将相百工都不能例外。如果没有法则，就会一事无成，而天子诸侯治理天下国家就更会无法可依。

那么，有什么是可以作为准则的呢？墨子认为父母、学者和国君都不足以作为"法"，可以为"法"的只有天，因此要"天之所欲则为之，天所不欲则止"，也就是"欲人之相爱相利，而不欲人之相恶相贼"，这也是墨子的一个核心思想。而墨子得出这一判断的根据是上天对人的一视同仁，平等地给予他们食物，因此所有人也都为上天准备酒食祭品，所以天下人也要遵循上天的意志，为"兼爱"之道。在墨子看来，禹汤文武正是这样的典范，而桀纣幽厉是兼恶而失天下、需要引以为戒的反面例子。

子墨子曰：天下从事者不可以无法仪①，无法仪而其事能成者，无有也。虽至士之为将相者，皆有法；虽至百工从事者②，亦皆有法。百工为方以矩③，为圆以规④，直以绳⑤，正以县⑥。无巧工不巧工，皆以此五者为法。巧者能中之⑦，不巧者虽不能中，放依以从事⑧，犹逾己。故百工从事，皆有法所度。今大者治天下，其次治大国，而无法所度，此不若百工辩也⑨。

【注释】

①法仪：法度。

②百工：各种行业。

③以：用。矩：古代画方形的工具。

④规：用来画圆的工具，也就是圆规。

⑤绳：绳墨，就是木工用来画直线的工具。

⑥县：通"悬"，用绳子悬一重物以测定是否垂直的工具。

⑦中（zhòng）：符合。

⑧放：同"仿"。依：依照。

⑨辩：通"辨"，明辨。

【译文】

墨子说：天下所有做事情的人，都不可以没有法度，没有法度而事情可以做成的，是没有的。即使是做了将相的人，做事也都是有法度的；即使是从事各种行业的人，做事也都是要有法度的。百工用矩来画方，用规来画圆，以绳墨来画直线，以悬着重物的绳子来测定物体的斜正。不论有技巧的工人还是没有技巧的工人，都要以这五者作为法度。有技巧的工匠可以符合标准，没有技巧的工匠即使不能符合标准，但模仿着去做，还是要胜过他原来的水平。所以百工做事，都有法度可以衡量。现在大到治理天下，其次治理大国，反而没有法度来衡量，这是还没有百工明白事理啊。

然则奚以为治法而可①？当皆法其父母奚若②？天下之为父母者众，而仁者寡，若皆法其父母，此法不仁也。法不仁,不可以为法。当皆法其学奚若③？天下之为学者众,而仁者寡,若皆法其学,此法不仁也。法不仁,不可以为法。当皆法其君奚若？天下之为君者众,而仁者寡,若皆法其君,此法不仁也。法不仁,不可以为法。故父母、学、君三者,莫可以为治法。

【注释】

①奚:什么,何。

②当:通"尝",尝试。奚若:怎么样。

③学:指自己的师长。

【译文】

既然这样,那么用什么作为治理天下或国家的法度是适合的呢？如果都效法自己的父母会怎么样呢？天下为人父母的很多,但有仁义的很少,如果都效法他们的父母,那么就是效法不仁义的人。效法不仁义的人,是不可以作为法度的。如果都效法自己的老师会怎么样呢？天下为人师长的很多,但有仁义的很少,如果都效法自己的老师,那么就是效法不仁义的人。效法不仁义的人,是不可以作为法度的。如果都效法自己的国君会怎么样呢？天下为国君的很多,但有仁义的很少,如果都效法自己的国君,那么就是效法不仁义的人。效法不仁义的人,是不可以作为法度的。所以,父母、老师和国君这三种人,都是不可以作为治理天下的法度的。

然则奚以为治法而可？故曰莫若法天。天之行广而无私①,其施厚而不德②,其明久而不衰,故圣王法之。既以天为法,动作有为必度于天③,天之所欲则为之,天所不欲则止。

【注释】

①行：道。

②施：给予恩惠。不德：不自以为有功劳。

③度：取法。

【译文】

　　既然这样，那么以什么作为法度才是可以的呢？所以说：还不如效法天。天的行为广大而没有私心，它给予的恩惠很深厚却不自以为有功，它的光明长久存在而不衰竭，所以圣人效法它。既然以天作为法度，那么想要有所作为，就必须都以天作为衡量准则，天所希望的就做，天所不希望的就不做。

　　然而天何欲何恶者也？天必欲人之相爱相利，而不欲人之相恶相贼也①。奚以知天之欲人之相爱相利，而不欲人之相恶相贼也？以其兼而爱之、兼而利之也②。奚以知天兼而爱之、兼而利之也？以其兼而有之、兼而食之也。今天下无大小国，皆天之邑也；人无幼长贵贱，皆天之臣也③。此以莫不犓羊、豢犬猪④，絜为酒醴粢盛⑤，以敬事天，此不为兼而有之、兼而食之邪？天苟兼而有食之，夫奚说以不欲人之相爱相利也⑥？故曰：爱人利人者，天必福之；恶人贼人者，天必祸之。曰杀不辜者，得不祥焉。夫奚说人为其相杀而天与祸乎？是以知天欲人相爱相利，而不欲人相恶相贼也。

【注释】

①恶（wù）：厌恶。贼：残害。

②兼：全。

③臣：臣民，包括大臣和百姓。

④刍(chú)羊：当作"刍牛羊"（毕沅说）。刍，用草料喂牲口。豢
　（huàn）：以谷物养牲口。

⑤絜：通"洁"。醴（lǐ）：甜酒。粢（zī）：稻饼。盛：指装了祭品的器皿。

⑥也：通"邪"。

【译文】

　　那么上天所希望的是什么,所厌恶的又是什么呢? 上天一定希望人们相互友爱相互给予利益,而不希望人们相互厌恶相互残害。怎么知道上天希望人们相互友爱相互给予利益,而不希望人们相互厌恶相互残害呢? 因为上天兼爱一切人、给所有人以利益。怎么知道上天兼爱所有的人、给所有人以利益呢? 因为所有的人都为上天所有,它给所有人以食物。现在天下不论大国小国,都是天的国家;人不论年幼年长高贵低贱,都是天的臣民。因此天下人都用草料来饲养牛羊、用谷米来喂养猪狗,干干净净地置备好酒食祭品,恭敬地侍奉上天,这不正表明上天拥有所有的人、给所有的人以食物吗? 如果上天拥有所有的人,并给所有的人以食物,又怎么能说天不希望人们之间相互友爱相互给予利益呢? 所以说:爱人利人的人,上天必然赐福给他;厌恶人残害人的人,上天必然降下灾祸给他。所以说:杀害无辜的人会招致不祥。否则怎么会说人们相互残害,上天就会给予他们灾祸呢? 因此可以知道上天是希望人们相互友爱相互给予利益的,而不希望人们相互厌恶相互残害。

　　昔之圣王禹汤文武,兼爱天下之百姓,率以尊天事鬼,其利人多,故天福之,使立为天子,天下诸侯皆宾事之①。暴王桀纣幽厉,兼恶天下之百姓,率以诟天侮鬼②,其贼人多,故天祸之,使遂失其国家③,身死为僇于天下,后世子孙毁之,至今不息。故为不善以得祸者,桀纣幽厉是也;爱人利

人以得福者,禹汤文武是也。爱人利人以得福者有矣,恶人
贼人以得祸者亦有矣。

【注释】

①宾:敬。

②诟:骂。

③遂:通"坠",失掉。

【译文】

　　以前圣明的君王大禹、汤、文王、武王,兼爱天下的百姓,带领百姓尊敬上天、侍奉鬼神,给人的利益多,所以上天赐福给他们,让他们成为天子,天下的诸侯都恭敬地侍奉他们。而暴虐的君王夏桀、商纣、周幽王、周厉王,憎恨天下的百姓,带领百姓谩骂上天、侮辱鬼神,他们残害的人很多,所以上天降下灾难给他们,使他们失去自己的国家,死了以后还要被刑戮以示众于天下,后世的子孙对他们的责骂,到现在也没有停止。所以做了不好的事而招致祸害的,就像夏桀、商纣、周幽王、周厉王;爱人给人利益而得到赐福的,就像大禹、汤、文王、武王。爱人给人利益而得到赐福的人是有的,厌恶人贼害人而招来祸害的人也是有的。

七患

【题解】

此篇主要分为两大部分。第一部分详细讲述了造成国家灾难的七种祸患,即边境不守、邻国不和、滥用民力、君主专断、臣子不忠、赏罚不明、国库空虚,认为有此七种情况存在,则国家必危必亡,故称为"七患"。第二部分则具体论述了应如何从根本上杜绝这七种祸患,也就是要加强生产、节约用度,即"食不可不务"、"地不可不力"、"用不可不节",认为年岁饥馑、用度不足,就会有种种表现,而国君和士大夫也应有相应的措施来解救百姓的灾难,这样才能保全国家。反之,如桀、纣一般,有富贵却不为备,竭民力财用而为车马宫室之好,厚葬台榭之费,使百姓苦其役,就会身死亡国。

此外,本篇还论述了库之备兵、城郭备全、心之备虑在防患上的重要作用,加之前已论述的仓库备粟,共同构成了国之"备"。

子墨子曰:国有七患。七患者何?城郭沟池不可守①,而治宫室,一患也;边国至境②,四邻莫救,二患也;先尽民力无用之功,赏赐无能之人,民力尽于无用,财宝虚于待客,三患也;仕者持禄,游者爱佼③,君修法讨臣④,臣慑而不敢拂⑤,四患也;君自以为圣智而不问事,自以为安强而无守备⑥,四邻谋之不知戒,五患也;所信者不忠,所忠者不信,六患也;畜种菽粟不足以食之⑦,大臣不足以事之,赏赐不能喜,诛罚不能威,七患也。以七患居国,必无社稷⑧;以七患守城,敌至国倾。七患之所当⑨,国必有殃。

【注释】

①城:城墙。郭:外城。沟池:护城河。

②边:疑为"敌"。

③佼:通"交"(王念孙说)。

④讨:征讨,声讨,讨伐。

⑤拂:违背。

⑥安:安定。

⑦菽:豆类。粟:小米。

⑧无社稷:指国家灭亡。

⑨当:存在。

【译文】

墨子说:国家的祸患有七种。是哪七种呢? 城墙和护城河不足以守卫国家,却修建宫室,这是一患;敌国攻到了边境,四周的邻国却没有人来救援,这是二患;用尽百姓力量来做没有用的事情,赏赐那些没有才能的人,百姓的力量被用尽在无用的事情上,财宝因为待客而空虚无存,这是三患;做官的人只求保住俸禄,游谈的人只图结交朋友,君主制定法令来讨伐臣下,臣下因为害怕而不敢对君王有丝毫的违背,这是四患;君王自以为圣明有智慧而遇事不询问别人的意见,自以为国家安定强大而不知设置防备,被周围的国家谋划进攻却不知道戒备,这是五患;所信任的人不忠于自己,忠诚的人却得不到信任,这是六患;种植和储备的粮食不够食用,大臣不足以委以重任,赏赐不能使人感到欢喜,惩罚也不能使人感到威慑,这是七患。国家中要是有了这七种祸患,国家必定会灭亡；守城池的时候要是有这七种祸患，敌人到来就会导致国家倾覆。这七种祸患存在于哪个国家，那个国家就必定会有灾祸。

　　凡五谷者，民之所仰也①，君之所以为养也。故民无仰则君无养，民无食则不可事②。故食不可不务也，地不可不力也，用不可不节也。五谷尽收③，则五味尽御于主④，不尽收，则不尽御。一谷不收谓之馑⑤，二谷不收谓之旱⑥，三谷不收谓之凶⑦，四谷不收谓之馈⑧，五谷不收谓之饥⑨。岁馑，则仕者大夫以下皆损禄五分之一⑩；旱，则损五分之二；凶，则损五分之三；馈，则损五分之四；饥，则尽无禄，禀食而已矣⑪。故凶饥存乎国，人君彻鼎食五分之五⑫，大夫彻县⑬，士不入学，君朝之衣不革制⑭，诸侯之客，四邻之使，雍食而不盛⑮，彻骖騑⑯，涂不芸⑰，马不食粟，婢妾不衣帛，此告不足之至也⑱。

【注释】

①仰：依靠，依赖。

②事：当作"使"（于省吾说）。

③尽收：丰收。

④御：饮食入于口称为"御"。

⑤馑（jǐn）：饥荒。

⑥旱：疑为"罕"，稀少（俞樾说）。

⑦凶：庄稼收成不好。

⑧馈：通"匮"，乏。

⑨饥：谷不熟为饥。指饥荒，五谷没有收成。

⑩损：减少。

⑪稟食：指稍有食而无禄。

⑫彻：去掉。

⑬彻县：停止奏乐。县，同"悬"，指悬挂的乐器。

⑭革制：更制新衣。

⑮雍食：当做"饔飧（yōng sūn）"（王念孙说）。指饭菜。盛：丰盛。

⑯骖騑（cān fēi）：指车两边的马。

⑰涂：道路。芸：锄草，这里指修理。

⑱至：极，最。

【译文】

　　五谷是百姓所赖以生存的东西，也是君王得以供养的东西。所以，如果百姓失去了赖以生存的五谷，那么君王也就无法供养；百姓如果没有了食物，就不能让他去做事。所以粮食不能不加以重视，土地不能不努力耕种，使用财物不能不节俭。如果五谷都获得丰收，那么国君就可以享用各种食物；如果五谷没有获得丰收，那么国君就不能享用各种食物。一种谷物无收叫做馑，二种谷物无收叫做旱，三种谷物无收叫做凶，四种谷物无收叫做馈，五种谷物无收叫做饥。遇到馑年，那么大夫以下的官员都要减去五分之一的俸禄；遇到旱年，就要减去五分之二的俸禄；遇到凶年，就要减去五分之三的俸禄；遇到馈年，就要减去五分之四的俸禄；遇到饥年，就完全没有俸禄，只是供给饮食罢了。所以国家中有凶饥的时候，君主就会撤去鼎食，大夫就会停止欣赏音乐，读书人就会不入学读书，君主的朝服不再更换新制；诸侯的宾客，邻国的使者，不以丰盛的饭菜来款待，四匹马驾的车子减去旁边的两匹马，道路不加以修整，马匹不以谷物喂养，婢妾不穿丝绸的衣服，这些都是用来表明粮食的短缺已经是严重到了极点。

　　今有负其子而汲者①，队其子于井中②，其母必从而道之③。今岁凶、民饥、道饿④，重其子此疚于队⑤，其可无察邪？故时年岁善⑥，则民仁且良；时年岁凶，则民吝且恶。夫民何常此之有⑦？为者疾⑧，食者众，则岁无丰。故曰：财不足则反之时⑨，食不足则反之用。故先民以时生财⑩，固本而用财⑪，则财足。

【注释】

①负：背。汲：从井里打水。

②队：当为"坠"。

③道：当为"导"，引救。

④道饿：指路上有饿死的人。

⑤疾：忧苦，内心痛苦。

⑥善：相对于"凶"而言，指年成好。

⑦此：指上文民之"仁且良"或"吝且恶"。

⑧疾：当作"寡"（俞樾说），少。

⑨反：反省。时：农时。

⑩先：导。

⑪本：基础。古代以农业为本。

【译文】

现在有人背着孩子去井里打水，不慎把孩子掉进井里，他的母亲必定会想办法把他从井里救出来。现在遇到凶年，百姓饥饿，道路上有饿死的人，这比把孩子掉进井里更为严重，怎么可以毫无察觉呢？所以当年岁好的时候，百姓就仁义而且贤良；当年成不好的时候，那么百姓就会吝啬而凶恶。百姓仁良或吝恶的品性怎么会是固定的呢？耕作的人少，而食用的人多，那么就不会有丰收。所以说：财用不足的时候就要反省是否抓住了农时，食物不足的时候就要反省是否注意了节俭。所以古代的贤君引导百姓按时令进行生产，创造财物，巩固作为根本的农业生产，并且节约地使用财物，那么财用就会充足了。

故虽上世之圣王，岂能使五谷常收，而旱水不至哉①？然而无冻饿之民者，何也？其力时急②，而自养俭也。故《夏书》曰"禹七年水"③，《殷书》曰"汤五年旱"，此其离凶饿甚矣④，然而民不冻饿者，何也？其生财密，其用之节也。故仓无备粟，不可以待凶饥；库无备兵⑤，虽有义不能征无义。城郭不备全，不可以自守；心无备虑，不可以应卒⑥。是若庆忌无去之心⑦，不能轻出。

【注释】

①旱：旱灾。水：水灾。

②力：力争。

③《夏书》：亡佚的古书。下文《殷书》同。

④离：同"罹（lí）"，遭受。

⑤兵：兵器。

⑥卒：通"猝（cù）"，突然，这里指突发事件。

⑦是：这。若：好像。庆忌：吴王僚之子，阖闾篡其位，出奔卫。

【译文】

因此，即使是上古圣明的君王，又怎么能保证五谷时常丰收，并且旱灾和水灾都不发生呢？然而却没有受冻挨饿的百姓，这是什么原因呢？就是因为圣君能急迫地按照时令生产，并且自己十分节俭。所以《夏书》说"大禹在位的时候七年发大水"，《殷书》说"汤在位的时候五年大旱"，他们遭受凶年的饥荒十分严重，但百姓却没有受冻挨饿，这是为什么呢？因为他们生产的财物很多，而使用的时候却十分节俭。所以仓库中没有储备的粮食，就不能抵御凶年的饥荒；兵库中没有准备足够的兵器，就算是出于正义的目的也不能去讨伐不道义的国家。城墙修建得不完好，就不能自我保全；心里没有防备于未然的考虑，就不能应付突发的事件。这就好像庆忌没有戒备之心，就不该轻易出走一样。

夫桀无待汤之备^①，故放^②；纣无待武之备，故杀。桀、纣贵为天子，富有天下，然而皆灭亡于百里之君者，何也^③？有富贵而不为备也。故备者国之重也^④，食者国之宝也，兵者国之爪也^⑤，城者所以自守也，此三者国之具也。

【注释】

①待：御敌。

②放：驱逐，流放。

③百里之君：指小国的国君。

④重：重要的事情。

⑤爪：爪牙。

【译文】

夏桀没有抵御商汤的准备，所以被流放；商纣没有防御武王的准备，所以被杀戮。桀、纣贵为天子，富有天下，然而都被只有方圆百里的小国的国君所灭，这是为什么呢？就是因为他们虽然富有而尊贵却不知道防备。所以做好准备是国家最重要的事情，粮食是国家的财宝，兵器是国家的爪牙，城池是国家用以自守的东西，这三样东西都是一个国家所必须具备的。

故曰：以其极赏以赐无功^①；虚其府库以备车马衣裘奇怪^②；苦其役徒以治宫室观乐^③；死又厚为棺椁^④，多为衣裘；生时治台榭，死又修坟墓。故民苦于外，府库单于内^⑤，上不厌其乐，下不堪其苦。故国离寇敌则伤，民见凶饥则亡^⑥，此皆备不具之罪也。且夫食者，圣人之所宝也。故《周书》曰：
"国无三年之食者，国非其国也；家无三年之食者，子非其子
也。"此之谓国备。

【注释】

①极赏：指最高的赏赐。

②奇怪：珍稀的玩物。

③观乐：指可供观乐之物。

④椁(guǒ)：棺材外的套棺。

⑤单：通"殚"，竭尽。

⑥见：遭受。

【译文】

所以说：把最高的奖赏给予没有功劳的人；用尽国库中的财物去置
备车马、衣服和奇异的珍宝；让役卒奴隶劳苦来修建宫室和游玩的地
方；死了以后又花费很多的财物准备多重的棺椁和很多的衣物；活着的
时候修建亭台楼阁，死了以后又修造坟墓。所以百姓在外面受苦受难，
国库内的财宝被用尽，上面的人不满足于他的享乐，下面的人不能忍受
他所承受的苦难。所以国家遇到敌人寇乱就会有损伤，百姓遇到凶年
的饥荒就会死亡，这都是准备不足的罪过啊。并且，粮食是圣人视为宝
贝的。所以《周书》上说："国家中没有足够吃三年的粮食，国家就不能
成为国家；家中没有储备三年的粮食，子孙就不是那家里的子孙了。"这
就是所谓的国家的根本储备。

辞过

【题解】

　　此篇虽以《辞过》为名，但全篇所说的是为宫室、城郭、衣服、饮食、舟船和蓄私要有所节制，因此有研究者认为与《节用》上、中篇内容相近，主张将此篇视为《节用》的下篇。

　　本篇从为宫室、城郭、衣服、饮食、舟船和蓄私五个方面来说明必须使用有度。墨子并不是反对这些，而是认为应有所节制。因为如果君王追求奢华享受，那么远近之臣就会争相效仿，这样必将使百姓的负担加重，生活更加窘迫，所以墨子认为，在当时百姓生活还不能完全得到保障的时候，君主和士大夫应节制自己的欲望，才能使国家"节俭"而昌，否则必将引起百姓不满和反抗，从而使国家陷入混乱，甚至社稷不保，此即所谓"淫佚"而亡。

　　子墨子曰：古之民未知为宫室时，就陵阜而居[①]，穴而处。下润湿伤民[②]，故圣王作为宫室[③]。为宫室之法，曰："室高足以辟润湿[④]，边足以圉风寒[⑤]，上足以待雪霜雨露[⑥]，宫墙之高足以别男女之礼。"谨此则止[⑦]。凡费财劳力，不加利者，不为也。役，修其城郭，则民劳而不伤；以其常正，收其租税，则民费而不病。民所苦者非此也，苦于厚作敛于百姓。是故圣王作为宫室，便于生，不以为观乐也⑧；作为衣服带履，便于身，不以为辟怪也⑨。故节于身，诲于民，是以天下之民可得而治，财用可得而足。当今之主，其为宫室则与此异矣，必厚作敛于百姓，暴夺民衣食之财，以为宫室台榭曲直之望、青黄刻镂之饰⑩。为宫室若此，故左右皆法象之⑪。是以其财不足以待凶饥⑫，振孤寡⑬，故国贫而民难治也。君实欲天下之治而恶其乱也，当为宫室不可不节⑭。

【注释】

①就：依傍。陵阜：山丘。

②下润湿：地下潮湿。

③作：兴起。为：建造。

④辟（bì）：避免。

⑤边：四周。圉（yǔ）：抵御。

⑥待：承受。

⑦谨："仅"的假借字。

⑧观乐：观赏享乐。

⑨辟怪：特殊的癖好。

⑩望：景观。青黄：指彩色。

⑪法象：效法摹仿。

⑫凶饥：凶年饥岁，谷物无收的年份。

⑬振：救济。

⑭当：犹"则"（王引之说）。

【译文】

墨子说：古代的百姓还不会建筑房屋的时候，依傍着山冈居住，住在洞穴里。地下的湿气会损害人的身体，所以英明的圣王开始建筑宫室。建造宫室的原则是："地基的高度足以避免潮湿，四面的墙壁足以抵挡风寒，上面的屋顶足以抵挡雪霜雨露，墙壁的高度足以符合男女有别的礼节。"仅仅如此就可以了。凡是劳民伤财，又没有更多好处的事是不做的。按照常规的劳役去修筑城郭，那么百姓虽然劳累，但不会伤害到根本；按照常规征收租税，那么百姓虽然有所耗费，却也不会因此而困苦。百姓所感到困苦的不是这些，而是苦于过度的横征暴敛。因此圣王建造房屋，只是为了便于居住，不是为了观赏和享乐；制作衣服、腰带、鞋子，是为了有利于保养身体，而不是用来满足特殊的癖好。所以圣明的君主自己很节俭，并且也这样教导民众，所以天下的百姓就可以得到治理，财物用度也可以得到满足。现在的君主，他们建造宫室和上述的做法是不一样的，必定要向百姓横征暴敛，强夺民众的衣食财用来修建宫室、亭台楼阁的曲折回转的景观，以及各种色彩和雕刻的装饰。君王像这样修建宫室，所以近臣都效法他。所以，国家的钱财就不够用来应付饥荒，救济孤儿寡妇，因此，国家就贫困，而百姓就难以治理了。如果国君真想天下得到治理而憎恶天下混乱，那么建造宫室就不能不节俭。

　　古之民未知为衣服时，衣皮带茭①，冬则不轻而温，夏则不轻而清②。圣王以为不中人之情，故作诲妇人治丝麻③，梱布绢④，以为民衣。为衣服之法："冬则练帛之中⑤，足以为轻且暖；夏则绤绤之中⑥，足以为轻且清。"谨此则止。故圣人之为衣服、适身体，和肌肤而足矣，非荣耳目而观愚民也⑦。当是之时，坚车良马不知贵也，刻镂文采不知喜也。何则？其所道之然。故民衣食之财，家足以待旱水凶饥者，何也⑧？得其所以自养之情，而不感于外也⑨。是以其民俭而易治，其君用财节而易赡也⑩。府库实满，足以待不然⑪，兵革不顿⑫，士民不劳，足以征不服，故霸王之业可行于天下矣。当今之主，其为衣服，则与此异矣。冬则轻暖，夏则轻凊，皆已具矣。必厚作敛于百姓，暴夺民衣食之财，以为锦绣文采靡曼之衣⑬，铸金以为钩⑭，珠玉以为珮⑮，女工作文采⑯，男工作刻镂⑰，以为身服。此非云益煖之情也⑱，单财劳力，毕归之于无用也⑲。以此观之，其为衣服，非为身体，皆为观好⑳。是以其民淫僻而难治，其君奢侈而难谏也。夫以奢侈之君御好淫僻之民，欲国无乱，不可得也。君实欲天下之治而恶其乱，当为衣服不可不节。

【注释】

①带：佩带。茭：草绳。

②凊（qìng）：凉。

③故作：据下文疑当为"故圣人作"（王焕镳说）。

④梱（kǔn）：当为"稇"（毕沅说），编织。

⑤练：白色的熟绢。中：中衣。

⑥绤（chī）：细葛布。绤（xì）：粗葛布。

⑦荣：这里指感觉华美。观：被观看。

⑧家：据上下文，疑衍。

⑨感：这里指受影响。

⑩赡：富足，充足。

⑪不然：这里指突发的事件或变故。

⑫革：用革制成的甲胄。顿：坏。

⑬锦：有彩色花纹的丝织品。绣：刺绣品，可引申为华美漂亮。靡：细。曼：柔美，细长。

⑭钩：带钩。

⑮珮(pèi)：系在衣带上作装饰用的玉。

⑯作文采：这里指从事刺绣之类的工作。

⑰刻镂：雕刻。

⑱云：《尔雅·释诂》："云，有也。"益：更加。煖：同"暖"。情：实。

⑲单：通"殚"，尽。毕：全。

⑳观：外观。好：漂亮。

【译文】

古代的百姓还不知道做衣服的时候，穿着兽皮，系着草绳，冬天既不轻便也不暖和，夏天既不轻便也不凉快。圣人认为这样不符合人的本性，所以，教妇女生产丝麻，纺织布匹，用来制成百姓的衣服。做衣服的法则是这样的："冬天穿丝制的衣服，就可以既轻便又暖和；夏天穿细葛布缝制的衣服，就可以既轻便又凉快。"仅仅是这样就停止了。所以圣人缝制衣服，只是让身体舒适、肌肤暖和就足够了，并不是为了让百姓们看起来觉得美观。在那个时候，人们不知道坚固的马车和驯良的马匹是很贵重的，也不因为雕刻得很有文采而感到高兴。为什么会这样呢？因为他们所接受的引导是这样的。所以百姓的衣食财用，足以应付水旱之灾和凶年饥荒，为什么呢？因为百姓懂得自给自足的道理，而不受到外物的影响。所以百姓节俭就容易管理，君王的用度节俭就容易富足。国库充实，足以应付突发的事件，兵器甲胄没有损坏，士兵百姓不劳顿，足以征服不顺从的国家，所以能够在天下成就霸业。现在的君主，缝制衣服却和上述的不一样。冬天的衣服轻便暖和，夏天的衣服轻便凉快，这些都具备了，必定还要向百姓征收很重的赋税，强行夺取百姓用于衣食的财产，来缝制华美柔软的锦绣衣服，用黄金做成衣服的带钩，用珠宝玉器来做佩饰；让女工刺绣文采，让男工装饰雕刻，来作为自己的衣服。这样做并不是为了更加暖和，耗尽人力财力，都是用在了没有实际用处的事情上。照这样看来，他们所做的衣服，不是为了身体的舒适，而都是为了外观的好看。所以他的百姓邪恶不正难以治理，国君也生活奢侈而难以进谏。以这样奢侈的国君来管理这样邪恶不正的百姓，如果希望国家不发生混乱，是不可能做到的。如果国君真的希望天下得到治理而厌恶混乱，那么缝制衣服就不能不节俭。

古之民未知为饮食时，素食而分处①，故圣人作，诲男耕稼树艺，以为民食。其为食也，足以增气充虚，强体适腹而已矣。故其用财节，其自养俭，民富国治。今则不然，厚作敛于百姓，以为美食刍豢②，蒸炙鱼鳖，大国累百器③，小国累十器，前方丈，目不能遍视，手不能遍操④，口不能遍味。冬则冻冰，夏则饰饐⑤。人君为饮食如此，故左右象之⑥，是以富贵者奢侈，孤寡者冻馁⑦，虽欲无乱，不可得也。君实欲天下治而恶其乱，当为食饮不可不节。

【注释】

①素食：素，当为"索"（王闿运说）。索食，就是寻找食物。

②刍豢：指家禽。

③累：积累。器：盛食物的器皿。

④操：拿着，握在手里。

⑤饰饐(yì)：指食物变味。饰，疑当为"餲"，《尔雅·释诂》："食饐谓之餲。"饐，《说文》："饭伤湿也。"

⑥象：仿效。

⑦馁：饥。

【译文】

古代的百姓还不知道饮食的时候，为了寻找食物而分散居住于各处，所以圣人教导男子耕耘种植，来作为百姓的食物。那些食物，足以增加力气，充实空虚，强健身体，填饱肚子，如此而已。所以节约财用，自我节俭，百姓就会富强，国家就会得到治理。现在却不是这样，对百姓征收很重的赋税，用各种方法蒸烤牛羊鱼鳖来制作美食，大国盛食物的器皿多至上百，小国也有数十器，面前摆放的食物有一丈见方，眼睛不能都看遍，手不能都拿到，嘴不能尝遍所有的味道。这些美食冬天就会结成冰，夏天就会腐烂变味。做人国君的像这样追求饮食，所以左右的人都模仿他，所以富贵的人奢侈，孤独无依的人却挨饿受冻，这样，即使想要天下不混乱，也是不可能的。国君如果的确想要天下得到治理而厌恶混乱，那么饮食就不能不节制。

　　古之民未知为舟车时，重任不移①，远道不至，故圣王作为舟车，以便民之事。其为舟车也，全固轻利②，可以任重致远，其为用财少，而为利多，是以民乐而利之。法令不急而行，民不劳而上足用，故民归之③。当今之主，其为舟车与此异矣。全固轻利皆已具，必厚作敛于百姓，以饰舟车，饰车以文采，饰舟以刻镂。女子废其纺织而修文采④，故民寒；男子离其耕稼而修刻镂，故民饥。人君为舟车若此，故左右象之，是以其民饥寒并至，故为奸衺⑤。奸衺多则刑罚深，刑罚深则国乱⑥。君实欲天下之治而恶其乱，当为舟车不可不节。

【注释】

①重任：指重的东西。

②全：整个。

③归：依附。

④修文采：从事刺绣等。

⑤衺（xié）：邪恶。

⑥深：深重。

【译文】

古代的百姓还不知道制造车船的时候，重的东西不能搬运，远的地方不能到达，所以圣明的君王制造了车船，让百姓做事得到便利。他们制造车船，坚固而且轻巧便利，可以用来搬运重的东西，到达远的地方，它花费的财物少，而获得的利益多，所以百姓乐于使用。君王所制定的法令不急迫却可以推行，百姓不辛劳而上面的财用充足，所以百姓都来依附他。现在的君主，他们制造车船，却和这不一样。坚固轻巧便利都已经具备了，一定还要向百姓征收很重的赋税，来装饰车船，用彩纹来装饰车子，用雕刻来装饰船只。妇女荒废了纺织，来描绘彩纹，所以人民寒冷；男子荒废耕作，来雕刻修饰，所以百姓饥饿。国君像这样制造车船，所以左右的人都效法他，所以百姓挨饿受冻的忧患都有了，所以就为非作歹。为非作歹就会遭受深重的刑罚，刑法深重国家就会混乱。国君如果想要天下得到治理而厌恶混乱，制造车船就不能不节制。

　　凡回于天地之间①，包于四海之内，天壤之情②，阴阳之和③，莫不有也，虽至圣不能更也④。何以知其然？圣人有传⑤，天地也，则曰上下；四时也，则曰阴阳；人情也⑥，则曰男女；禽兽也，则曰牡牝雄雌也⑦。真天壤之情，虽有先王不能更也。虽上世至圣，必蓄私不以伤行⑧，故民无怨；宫无拘女⑨，故天下无寡夫⑩。内无拘女，外无寡夫，故天下之民众。当今之君，其蓄私也，大国拘女累千，小国累百，是以天下之男多寡无妻，女多拘无夫，男女失时⑪，故民少。君实欲民之众而恶其寡，当蓄私不可不节。

【注释】

①回：旋转。

②天壤：天地。

③阴阳：古代哲学中概括事物两个对立面的范畴。和：调和。

④至：最伟大的。

⑤传：书传。

⑥人情：这里指人的性别。

⑦牡牝(pìn)：禽兽的阳性称"牡"，阴性称"牝"。雄雌：鸟类的阳性称"雄"，阴性称"雌"。

⑧蓄私：指畜养妾妇。伤：损害。行：品行。

⑨拘女：指被留在宫里的宫女。

⑩寡夫：指没有妻子的男子。

⑪失时：错过婚嫁之时。

【译文】

　　凡是在天地之间，四海之内，天地万物的禀性，阴阳的调和，没有不是这样的，即使是最伟大的圣人也不能更改。怎么知道是这样的呢？圣人有书传记载：天地，就说是上下；四时，就说是阴阳；人，就说是男女；禽兽，就说是牡牝、雄雌。天地间的实际情况的确是这样的，即使是先王也不能改变。即使是前代最伟大的圣人，也会蓄养妻妾，但不会因此而损伤他们的品行，所以百姓没有怨言；宫中没有被留的宫女，所以天下没有娶不到妻子的男子。宫里没有被留的宫女，宫外没有孤独的男子，所以天下的人口就多了。现在的国君，蓄养的妻妾，大国多至几千个女子，小国也有几百个，所以天下的男子有很多没有妻子，女子多被留在宫中而没有丈夫，男女错过婚嫁的时机，所以人口就减少了。国君实在想要人口多而厌恶人少，蓄养妻妾就不能不节制。

　　凡此五者，圣人之所俭节也，小人之所淫佚也①。俭节则昌,淫佚则亡,此五者不可不节。夫妇节而天地和,风雨节而五谷孰②,衣服节而肌肤和。

【注释】

①小人:指道德低下的人。淫:过度。佚:放荡。

②孰:同"熟"。

【译文】

上述这五件事,是圣人注意节俭而小人奢侈放纵的。节俭就会兴盛,奢侈放纵就会灭亡,在这五件事上不可没有节制。男女的婚嫁调和了,天下就会和顺,风调雨顺就会五谷丰登,衣服调和就会使身体皮肤舒适。

三辩

【题解】

本篇名为《三辩》，内容却反映了墨子的"非乐"思想，疑为《非乐》的残文。

文中通过墨子和程繁的对话，论辩音乐究竟对治理政务起到怎样的作用。墨子认为音乐越是繁复，治理天下的功绩就越少，这是一个比较偏颇的观点。但墨子此说是对当时统治者极度地追求声乐享乐而发，因而也具有值得肯定的现实意义。

程繁问于子墨子曰①："夫子曰：'圣王不为乐。'昔诸侯倦于听治②，息于钟鼓之乐；士大夫倦于听治，息于竽瑟之乐③；农夫春耕夏耘，秋敛冬藏④，息于聆缶之乐⑤。今夫子曰：'圣王不为乐。'此譬之犹马驾而不税⑥，弓张而不弛，无乃非有血气者之所不能至邪⑦？"

【注释】

①程繁：一位兼治儒墨的学者。

②倦：疲倦，厌倦。听治：处理政务。

③竽：一种像笙的乐器。瑟：一种弦乐器，有二十五弦。

④敛：收，聚集。藏：储藏。

⑤聆：当为"瓴（líng）"，容器，形如瓶。缶（fǒu）：瓦盆，可以打击作乐。

⑥税：通"脱"，解脱。

⑦有血气者：指有生命的人。

【译文】

程繁问墨子说："夫子说：'圣明的君王不创作音乐。'从前诸侯处理政务疲倦了，就听钟鼓一类的音乐来休息；士大夫处理政务疲倦了，就听竽瑟这一类的音乐来休息；农民春天播种夏天耕耘，秋天收获冬天储藏，就听瓦盆土器这样的音乐来休息。现在夫子说：'圣明的君王不创作音乐。'这就好比叫马驾车而不许它卸下休息，让弓张开而不许它松弛，这不是有血气的人所不能做到的吗？"

子墨子曰："昔者尧舜有茅茨者①，且以为礼，且以为乐；汤放桀于大水②，环天下自立以为王③，事成功立，无大后患，因先王之乐④，又自作乐，命曰《护》⑤，又修《九招》；武王胜殷杀纣，环天下自立以为王，事成功立，无大后患，因先王之乐，又自作乐，命曰《象》；周成王因先王之乐，又自作乐，命曰《驺虞》。周成王之治天下也，不若武王；武王之治天下也，不若成汤；成汤之治天下也，不若尧舜。故其乐逾繁者⑥，其治逾寡。自此观之，乐非所以治天下也。"

【注释】

①茅茨：当作"第期"，人名，尧舜时代作乐之人。

②大水：地名，即泰涧（王闿运说）。

③环天下：指经营天下。

④因：沿袭。

⑤护：汤时的乐名。下文《九招》、《象》、《驺虞》，都为古乐名。

⑥逾：更加。

【译文】

墨子说："从前尧舜时期有个叫第期的人，既制定礼，也创作音乐；汤把桀放逐到大水去，统一了天下自立为王，事业成功，建立功勋，没有什么大的后患了，于是沿袭先王的音乐，又自己创作新的音乐，命名为《护》，又重新修订了《九招》；武王打败了殷商，杀了纣王，统一天下自立为王，事业成功，建立功勋，没有什么大的后患了，于是沿袭先王的音乐，又自己创作新的音乐，命名为《象》；周成王也沿袭先王的音乐，又自己创作音乐，命名为《驺虞》。周成王治理天下，比不上武王；武王治理天下，比不上成汤；成汤治理天下，比不上尧舜。所以创作的音乐越是繁复的人，他们治理天下的功绩就越少。由此看来，音乐不是用来治理天下的。"

程繁曰："子曰①：'圣王无乐。'此亦乐已，若之何其谓圣王无乐也？"子墨子曰："圣王之命也②，多寡之。食之利也，以知饥而食之者智也，因为无智矣③。今圣有乐而少，此亦无也。"

【注释】

①据上文，"子"上疑脱"夫"字，当称"夫子"。

②命：命令，这里指制作的教令。

③因：当作"固"（孙诒让说）。

【译文】

程繁又说:"夫子说:'圣明的君王没有音乐。'上面所说的也是音乐,为什么说圣明的君王没有音乐呢?"墨子说:"圣明的君王的教令,对繁杂的礼乐要有所减少。吃饭是有利的,如果认为饿了就知道去吃饭是有智慧的,但这种智慧其实等于无知。现在圣明的君王虽然有音乐但是却很少,这就像没有音乐一样。"

尚贤上

《尚贤》分为上、中、下三篇，内容一致而文字有繁简。《墨子》中像《尚贤》这样分为上、中、下三篇的情况相当普遍，应当是三种不同的记录本子。

此篇旨在论述"尚贤"是"为政之本"。"尚贤"，就是崇尚"厚乎德行，辩乎言谈，博乎道术"的贤良之士，认为他们是"国家之珍而社稷之佐也"。"尚贤"的具体措施就是要使这些人富足、显贵，给他们尊重、美誉，然后贤良之士就可得以众多了，也只有这样才能使国家富庶，人民幸福，社会安定，否则便会使国家贫困，人口削弱，社会危乱。墨子还提出了"有能则举之，无能则下之"的主张，认为地位的尊贵或低贱不是永远不变的。

文末列举了尧在服泽之阳提拔了舜，禹在阴方之中选出了伯益，汤在厨房里发现了伊尹，文王在猎人的行列间找到了闳夭、泰颠。用诸多古代圣王选拔人才的实例来说明无论在战祸纷飞的乱世，还是功成治定的太平盛世，任用贤者皆可使盛名立而大功成、美好彰显而丑恶不生。

子墨子言曰①：今者王公大人为政于国家者②，皆欲国家之富，人民之众，刑政之治。然而不得富而得贫，不得众而得寡，不得治而得乱，则是本失其所欲③，得其所恶。是其故何也？子墨子言曰：是在王公大人为政于国家者，不能以尚贤事能为政也④。是故国有贤良之士众⑤，则国家之治厚⑥；贤良之士寡，则国家之治薄⑦。故大人之务，将在于众贤而已⑧。

【注释】

①子墨子：墨子的弟子、门生对自己老师墨翟的尊称。

②今者：现在。王公大人：指天子及其最高级官员，也指诸侯国国君及其最高级官员。

③本：完全。

④事：任用。能：贤能的人。

⑤贤良之士：德才兼备的人。

⑥治厚：治理的功绩大。

⑦治薄：治理的功绩小。

⑧将：应当。

【译文】

墨子问道：现在天子大臣治理国家，都希望国家富庶，人口众多，刑法和政治井然有序。然而国家没有得到富庶却得到了贫困，人口没有增加反而减少，社会没有得到治理却得到了混乱，那么就完全是失去了他们所希望的，得到了他们所厌恶的。这是什么原因呢？墨子回答道：是因为天子大臣治理国家的时候，不善于崇尚贤者、任用能者的缘故。所以，国家中德才兼备的人众多，那么治理的基础就坚实；德才兼备的人稀少，治理的基础就薄弱。所以天子大臣最重要的事，应当是在于使贤良的人众多。

曰①：然则众贤之术将奈何哉②？子墨子言曰：譬若欲众其国之善射御之士者，必将富之、贵之、敬之、誉之，然后国之善射御之士，将可得而众也。况又有贤良之士厚乎德行，辩乎言谈，博乎道术者乎③！此固国家之珍，而社稷之佐也④。亦必且富之、贵之、敬之、誉之，然后国之良士，亦将可得而众也。

【注释】

①曰：这里指发问。

②将奈何：该怎么做。

③博乎道术：通晓治理国家的道理和方法。

④佐：辅助。

【译文】

有人问：那么使贤良的人众多的具体办法是什么呢？墨子答道：这就像想要增加一个国家中善于射箭、骑马的人，就必须使这些人富足、显贵，给这些人尊重、荣誉，然后国中善于射箭、骑马的人，就可以众多了。更何况是道德行为淳厚，言谈辞令精辩，通晓治理国家的方法的贤良之士啊！这些人本来就是国家的珍宝、社稷的辅佐。也一定要使他们富足、显贵，给他们尊重、荣誉，然后国家中的贤良之士，也就可以众多了。

是故古者圣王之为政也，言曰：不义不富，不义不贵，不义不亲，不义不近。是以国之富贵人闻之，皆退而谋曰①：始我所恃者②，富贵也，今上举义不辟贫贱③，然则我不可不为义。亲者闻之，亦退而谋曰：始我所恃者亲也，今上举义不辟疏，然则我不可不为义。近者闻之，亦退而谋曰：始我所恃者近也，今上举义不辟远，然则我不可不为义。远者闻之，亦退而谋曰：我始以远为无恃，今上举义不辟远，然则我不可不为义。逮至远鄙郊外之臣、门庭庶子、国中之众、四鄙之萌人闻之④，皆竞为义。是其故何也？曰：上之所以使下者，一物也⑤；下之所以事上者，一术也⑥。譬之富者有高墙深宫，墙立既谨，上为凿一门⑦，有盗人入，阖其自入而求之⑧，盗其无自出。是其故何也？则上得要也。

【注释】

①退：返回。谋：考虑。

②恃：凭借。

③举义：选拔义士。辟：同"避"。

④逮（dài）：到，及。鄙：远地。郊：周制，城外百里内为郊。庭：宫中。萌人：指人民。萌，通"氓"。

⑤一物：指"尚贤"这一种方法。物，指"为义"一事。

⑥一术：指"为义"这一条途径。

⑦上为凿一门：据孙诒让的说法，此处疑应为"宫墙既立，谨止为凿一门"，可备作一说。

⑧阖（hé）：关闭。

【译文】

因此古时候圣王治理国家，说道：对不义的人不使他们富有，不给他们尊贵，不对他们亲信，不和他们接近。于是，国家中的富贵人听说了，都返身思考道：当初我所凭仗的是富贵，现在朝中选拔义士不嫌弃贫贱的人，那么我不可以不做仁义的事了。被国君所亲信的人听说了，也返身思考道：当初我所凭仗的是亲信，现在朝中选拔义士不嫌弃关系疏远的人，那么我不可以不做仁义的事了。处在国君身边的人听说了，也返身思考道：当初我所凭仗的是亲近，现在朝中选拔义士不嫌弃身处远地的人，那么我不可以不做仁义的事了。远离国君的人听说了，也返身思考道：当初我以为远离国君而无所凭仗，现在朝中选拔义士不嫌弃远离的人，那么我不可以不做仁义的事了。以及偏远郊野的臣子、宫室内廷的侍卫、城内的百姓、四方的人民听说了，都争着做仁义的事。这是什么原因呢？答道：国君用来驱使下属的，就是"尚贤"这一种方法；下属用来效力于国君的，就是"为义"这一条途径。就像富贵人家有高墙深屋，墙修得严实，上面只开凿一扇门，有盗贼闯入，就关闭他进入墙内的门然后抓住他，盗贼就无法逃出。这是什么原因呢？就是掌握了要害啊。

　　故古者圣王之为政，列德而尚贤①，虽在农与工肆之人②，有能则举之，高予之爵，重予之禄③，任之以事，断予之令④。曰：爵位不高，则民弗敬；蓄禄不厚，则民不信；政令不断，则民不畏。举三者授之贤者，非为贤赐也，欲其事之成。故当是时，以德就列，以官服事，以劳殿赏⑤，量功而分禄。故官无常贵，而民无终贱，有能则举之，无能则下之，举公义，辟私怨⑥，此若言之谓也⑦。故古者尧举舜于服泽之阳⑧，授之政，天下平；禹举益于阴方之中⑨，授之政，九州成；汤举伊尹于庖厨之中⑩，授之政，其谋得；文王举闳夭泰颠于罝罔之中⑫，授之政，西土服。故当是时，虽在于厚禄尊位之臣，莫不敬惧而施⑬；虽在农与工肆之人，莫不竞劝而尚意。

【注释】

①列：行列，位次。德：指有德的人。

②肆：作坊。

③高予之爵，重予之禄：给予他高的爵位，给予他丰厚的俸禄。

④断予之令：授予他决断行政的权力。

⑤殿：同"定"（王闿运说）。

⑥辟：去除。

⑦此：即"若"，为古人复语（王念孙说）。

⑧服泽：古地名，未详。阳：山之南、水之北谓阳。

⑨益：即伯益，相传善于畜牧和狩猎，被舜任为虞。后又为禹所重用，助禹治水有功，被选为继承人。阴方：古地名，未详。

⑩九州成：天下统一。

⑪伊尹：名伊，尹是官名，商汤时大臣，助汤灭夏建国，传说本为厨师出身。庖厨：厨房。

⑫闳夭、泰颠：皆为文王大臣。罝（jū）：捕兽的网。

⑬施：当为"惕"（孙诒让说）。

【译文】

所以古时候圣王治理国家，任用有德的人并且崇尚贤能的人，即使是农夫或工匠，有才能就选拔他，授予他高的爵位，赐给他丰厚的俸禄，任命他做事，给予他决断行政的指令。说：如果爵位不高，百姓不会尊敬他；俸禄不丰厚，百姓不会相信他；政令不决断，百姓不会畏惧他。把这三样授给贤者，不是因为他的贤能而赏赐他，而是希望他办成事情。因此在那时候，按照品德高低而依次序出任官职，按照职责范围而行事，按照功劳而决定赏赐，衡量功绩而分发俸禄。所以做官的人没有永远的尊贵，百姓也不是永远不变的低贱，有能力就选拔他，没有能力就罢免他，出于公心，去除私怨，说的就是这个意思。所以古时候尧在服泽之阳提拔了舜，授予他政权，天下太平；禹在阴方之中选出了伯益，授予他政权，天下统一；汤在厨房里发现了伊尹，授予他政权，灭夏建国的理想得以实现；文王在猎人的行列间找到了闳夭、泰颠，授予他们政权，西方的诸侯得以归顺服从。因此在那时候，即使是享受厚禄、高居尊位的大臣,没有不心存敬畏而兢兢业业地处理政务的;即使是在农田和工肆的百姓,没有不争相勉励而高尚其志的。

　　故士者,所以为辅相承嗣也①。故得士则谋不困,体不劳,名立而功成,美章而恶不生②,则由得士也。是故子墨子言曰:得意贤士不可不举③,不得意贤士不可不举。尚欲祖述尧舜禹汤之道④,将不可以不尚贤。夫尚贤者,政之本也。

【注释】

①辅相:辅佐大臣。承嗣:继承人。

②章:显著。

③得意:得志。指国家功成治定的时候。

④尚:倘若,如果。祖:效法。述:遵循,依照。

【译文】

　　因此,贤良的人是国家辅佐大臣的接班人。所以拥有贤能的人就能有计谋而不致困难,身体不致劳顿,声名立而功业成,美好彰显而丑恶不生,都由于得到贤能之士。因此墨子说:国家安定的时候,不可以不选拔贤能之士;国家不安定的时候,也不可以不选拔贤能之士。倘若要遵循尧、舜、禹、汤的治国之方,就不可以不崇尚贤能。崇尚贤能的人,实在是治理政务的根本。

尚贤中

【题解】

此篇阐述的主旨与上篇《尚贤上》相同,只是论述更为详尽具体,篇幅较前者为长。

开篇提出只有让"贵且智"的贤能之人去治理国家、管理"愚且贱"的民众,国家才能得到治理,社稷才能长存,所以"尚贤"是为政的根本。然后从"进贤"和"事能"两方面来说,强调要不拘一格地选拔贤人,更要明确地考查他的能力,授予最适合他、可以使他充分发挥自己才能的职位,并给予丰厚的俸禄和决断的权力,认为只有这样,才能使天下的民众相信君主的"尚贤"是真心诚意的,远近的贤能之士才会因此而来依附之。

此篇不仅分别以禹、稷、皋陶和桀、纣、幽厉为正反面的例子来论证"尚贤"与否的不同结果,还以"今王公大人,有一衣裳不能制也,必藉良工;有一牛羊不能杀也,必藉良宰"设喻作比,说明在这些事上尚贤,而在治国时不知尚贤是"明小物而不明大物",非圣王之道。

子墨子言曰:今王公大人之君人民①,主社稷②,治国家,欲修保而勿失③,故不察尚贤为政之本也④!何以知尚贤之为政本也?曰:自贵且智者⑤,为政乎愚且贱者,则治;自愚贱者⑥，为政乎贵且智者，则乱。是以知尚贤之为政本也。

【注释】

①君：统治。

②主：掌管。

③修：长。

④故：一作"胡"，为什么。也：通"耶"。

⑤自：由，用。

⑥愚贱：依上文当为"愚且贱"（孙诒让说）。

【译文】

墨子说：现在的王公大人们统治百姓，掌握政权，治理国家，希望能够长久地保持而不失去，为什么不知道尊重贤能的人才是为政的根本呢！凭借什么知道尊重贤能的人是为政的根本呢？回答是：由高贵而有智慧的人去统治愚蠢而且低下的人，国家就会得到治理；由愚蠢而且低下的人去统治高贵而且有智慧的人，国家就会混乱。凭借这个就能知道尊重贤能的人是为政的根本。

故古者圣王甚尊尚贤而任使能①，不党父兄②，不偏贵富，不嬖颜色③。贤者举而上之，富而贵之，以为官长；不肖者抑而废之④，贫而贱之，以为徒役⑤。是以民皆劝其赏，畏其罚，相率而为贤者。以贤者众，而不肖者寡，此谓进贤。然后圣人听其言，迹其行⑥，察其所能，而慎予官，此谓事能。故可使治国者，使治国；可使长官者，使长官；可使治邑者，使治邑。凡所使治国家、官府、邑里，此皆国之贤者也。

【注释】

①能：有才能的人。

②党：袒护，偏袒。

③嬖（bì）：宠爱。颜色：指美貌的女子。

④不肖：不贤。抑：按，向下压。

⑤徒：被罚服劳役的人。役：仆役，供人役使的人。

⑥迹：观察。

【译文】

因此古代圣明的君王非常尊重和崇尚贤能的人，并且任命和使用贤者，不袒护父亲兄长，不偏向富贵的人，不宠爱美貌的女子。如果是贤能的人，就推举选拔上来，使他富裕而且尊贵，让他做官长；如果是没有才能的人，就罢免废弃他，使他贫穷而且低贱，让他做奴役。所以百姓都因为赏赐得到勉励，因为惩罚而感到害怕，争先恐后地要去做贤能的人。这样贤能的人就多了，而不贤的人就少了，这就叫做崇尚贤能的人。然后圣人听他的言论，观察他的行为，考察他的能力，谨慎地授予他官职，这就叫做使用贤能的人。所以能够用来治理国家的人，就让他治理国家；能够任命为官长的人，就让他做官长；可以让他管理邑里的，就让他管理邑里。凡是可以用来治理国家、主持官府、管理邑里的人，这些都是国家中贤能的人。

　　贤者之治国也，蚤朝晏退①，听狱治政②，是以国家治而刑法正。贤者之长官也，夜寝夙兴③，收敛关市、山林、泽梁之利，以实官府，是以官府实而财不散。贤者之治邑也，蚤出莫入④，耕稼、树艺、聚菽粟⑤，是以菽粟多而民足乎食⑥。故国家治则刑法正，官府实则万民富。上有以絜为酒醴粢盛⑦，以祭祀天鬼；外有以为皮币⑧，与四邻诸侯交接；内有以食饥息劳⑨,将养其万民;外有以怀天下之贤人⑩。是故上者天鬼富之,外者诸侯与之,内者万民亲之,贤人归之。以此谋事则得,举事则成,入守则固,出诛则强。故唯昔三代圣王尧、舜、禹、汤、文、武之所以王天下、正诸侯者,此亦其法已。

【注释】

①蚤:通"早"。晏:晚。

②听:治理,处理,判决。狱:官司。

③夙:早晨。兴:起,起来。

④莫:同"暮",黄昏。

⑤菽(shū):豆类的总称。粟:谷子,去皮后称为小米。

⑥乎:于。

⑦上:指对上天鬼神。絜:同"洁",干净。粢(zī):特指祭祀用的谷物。

⑧皮:皮毛。币:古人用作礼物的丝织品。

⑨饥:指饥饿的人。劳:指疲劳的人。

⑩怀:安抚。

【译文】

贤能的人治理国家,上朝早而退朝晚,听审案件,处理政务,所以国家得到治理,刑法得到端正。贤能的人做官,睡得晚起得早,征收关市、山林、泽梁的税利,以此来充实国库,所以国库得到充实而财产不再流失。贤能的人管理邑里,早出晚归,耕作种植,聚积豆类和小米,所以豆米丰收而百姓的食物充足。所以国家得到治理刑法就会公正,国库充足百姓就会富裕。对上就能够准备洁净的酒食为祭品,来祭祀上天鬼神;对外能够置备皮毛和丝织品,与周围的诸侯国交往;对内能够使饥饿的人得到食物，使疲劳的人得到休息，以此来使众多的百姓得到休养；对外能安抚天下有才能的人。所以上有天帝鬼神使他富裕，外有诸侯与他交好，内有众多百姓与他亲近，贤能的人来归顺他。这样来谋事就能达到目的，行事就能成功，在内防守就能稳固，对外讨伐就能强大。所以从前三代圣明的君王尧、舜、禹、汤、文、武能称王于天下，成为诸侯之首，这也正是他们的法则。

既曰若法①，未知所以行之术，则事犹若未成，是以必为置三本②。何谓三本？曰：爵位不高则民不敬也，蓄禄不厚则民不信也，政令不断则民不畏也。故古圣王高予之爵，重予之禄，任之以事，断予之令。夫岂为其臣赐哉？欲其事之成也。《诗》曰："告女忧恤，诲女予爵。孰能执热，鲜不用濯。"③则此语古者国君诸侯之不可以不执善④，承嗣辅佐也。譬之犹执热之有濯也⑤，将休其手焉⑥。古者圣王，唯毋得贤人而使之⑦，般爵以贵之⑧，裂地以封之，终身不厌⑨。贤人唯毋得明君而事之，竭四肢之力以任君之事，终身不倦。若有美善则归之上⑩，是以美善在上而所怨谤在下⑪，宁乐在君，忧慼在臣。故古者圣王之为政若此。

【注释】

①曰：当为"有"之坏字（王念孙说）。若：此。

②三本：三项根本措施。

③《诗》：指《诗经》。"告女忧恤"四句：今本《诗经·桑柔》作"告尔忧恤，诲尔予爵，孰能执热，逝不以濯。"

④执：犹"亲密"（孙诒让说）。

⑤有：据上文疑为"用"字。

⑥休：息。

⑦唯：句首语气词。

⑧般：读"颁"（吴汝纶说），颁发。

⑨厌：嫌弃。

⑩归：归功。上：指国君。

⑪怨：责备，怨恨。谤：毁谤。下：指臣下。

【译文】

既然有了这样的法则，但还不知道实行的方法，那么事情仍然是做不成的，因此必须指定三条根本的措施。什么叫做三条根本的措施呢？回答是：爵位不高，那么百姓就不会敬重；俸禄不优厚，那么百姓就不会信赖；政令不果断，那么百姓就不会畏惧。所以古代的帝王给予贤能的人很高的爵禄，优厚的俸禄，把事情交给他，给予他决断的权利。这难道是为了他的贤能而给予的赏赐吗？是为了让他做成事情罢了。《诗经》说："告诉你要体恤别人，教导你要按次序授予爵禄。谁能拿着热的东西，而不放到冷水里去浸洗呢。"这就是说古代的国君和诸侯不可以不亲近那些继承人和辅佐的大臣。这就好比拿过热的东西的人，需要把他的手放在冷水里浸洗一下一样，是为了让他的手得到休息。古代圣明的君王一定要得到贤能的人，并且任用他，授予爵位来使他变得尊贵，划分土地来赏赐他，终身不对他感到厌倦。贤能的人只希望遇到圣明的君王并且侍奉他，竭尽全力去为君王办事，终身不感到倦怠。如果有美德善事就归功于主上，因此，美德善事归功于主上而百姓的怨言由臣下承担；安乐由主上享受，忧患由臣下承担。古代的君王就是像这样处理政务的。

今王公大人亦欲效人以尚贤使能为政，高予之爵，而禄不从也。夫高爵而无禄，民不信也①。曰："此非中实爱我也②，假藉而用我也③。"夫假藉之民，将岂能亲其上哉！故先王言曰："贪于政者不能分人以事④，厚于货者不能分人以禄。"事则不与，禄则不分，请问天下之贤人将何自至乎王公大人之侧哉？若苟贤者不至乎王公大人之侧⑤，则此不肖者在左右也。不肖者在左右，则其所誉不当贤⑥，而所罚不当暴，王公大人尊此以为政乎国家⑦，则赏亦必不当贤，而罚亦必不当暴。若苟赏不当贤而罚不当暴，则是为贤者不劝而为暴者不沮矣⑧。是以入则不慈孝父母，出则不长弟乡里⑨，居处无节⑩，出入无度，男女无别。使治官府则盗窃，守城则倍畔⑪，君有难则不死⑫，出亡则不从，使断狱则不中⑬，分财则不均，与谋事不得，举事不成，入守不固，出诛不强。故虽昔者三代暴王桀纣幽厉之所以失措其国家⑭，倾覆其社稷者，已此故也⑮。何则？皆以明小物而不明大物也⑯。

【注释】

①民：同"人"（王闿运说）。

②实：真实。

③藉：同"借"。

④政：这里指权力。

⑤苟：如果，假设。

⑥当：适合，得当。

⑦尊：当为"遵"，遵循。

⑧沮：阻止，终止。

⑨弟（tì）：敬爱，顺从兄长。

⑩节：与"度"同义（孙诒让说）。

⑪倍畔：即"背叛"。

⑫死：这里指为国君而死。

⑬中：符合，适合。

⑭虽：即"唯"（王引之说）。

⑮已：同"以"。

⑯小物：指处理小事情。

【译文】

　　现在的王公大人也想要效仿古代的圣人用贤能的人来治理政治，给予他们很高的爵位却不给相应的俸禄。高的爵位而没有俸禄，百姓就不会相信这是真的崇尚贤能。说："这不是真的爱我，只是假装用我来作个样子。"既然是假用来谋虚名，又怎么能使贤能的人亲近他的主上呢！所以先王说："对权利贪婪的人不能把政务分给别人，对财货很看重的人不能把俸禄分给别人。"政务不让别人参与，俸禄不与别人分享，请问天下的贤能之人怎么会来到王公大人们的身边呢？如果贤能的人不来到王公大人们的身边，那么不贤的人就会在王公们的周围。不贤的人在周围，那么他们所称赞的就不会是真正贤能的人，所惩罚的也不是真正的恶人，王公大人们如果以此来治理国家，那么奖赏的就一定不是贤能的人，惩罚的也不是恶人。如果赏的不是贤人，罚的不是恶人，那么贤人就不会受到鼓舞而恶人也不会得到制止。这样在家就不孝顺父母，在外不尊乡里的人，生活没有节制，出入交往没有规矩，男女没有界限区别。这样，让他治理官府就会抢劫偷窃，让他守护城门就会投降叛变，君主有难也不会牺牲自己，君主外出逃亡也不会跟从，让他断案就不会公正，让他分配财物就不会平均，与他谋事就达不到目的，与他行事就不会取得成功，在内防守不能稳固，对外征讨也不显得强大。从前三代残暴的君王桀纣幽厉之所以失去了他们的国家，倾覆了他们的社稷，就是这个原因。怎么会这样呢？都是因为只明白小事情的道理而不明白大事情的道理啊！

　　今王公大人，有一衣裳不能制也，必藉良工①；有一牛羊不能杀也，必藉良宰②。故当若之二物者③，王公大人未知以尚贤使能为政也。逮至其国家之乱④，社稷之危，则不知使能以治之，亲戚则使之，无故富贵、面目佼好则使之⑤。夫无故富贵、面目佼好则使之，岂必智且有慧哉！若使之治国家，则此使不智慧者治国家也，国家之乱既可得而知已。

【注释】

①藉：凭借。良：指技术高超。

②宰：指屠宰工。

③之：这。

④逮：及，达到。

⑤故：事，事故。佼（jiǎo）：好看。

【译文】

现在的王公大人，即使有一件衣服不能缝制，也必定会借助于高明的裁缝；有一头牛羊不能宰杀，也必定会借助于高明的屠夫。所以像这两件事情，王公大人们不是不知道用崇尚贤人、使用能人的办法去处理。等到国家发生混乱，社稷面临危险的时候，却不知道任用贤能的人去治理，是亲戚就任用，不经历事变、没有功劳却得到富贵，容貌长得好看就被任用。不经历事变、没有功劳却得到富贵，容貌长得好看就被任用，难道一定是有智慧的吗！如果用他们来治理国家，那么就是让没有智慧的人治理国家，国家的混乱不久就会发生，是可以预知的。

且夫王公大人有所爱其色而使①，其心不察其知而与其爱②。是故不能治百人者，使处乎千人之官③；不能治千人者，使处乎万人之官。此其故何也？曰：处若官者爵高而禄厚④，故爱其色而使之焉。夫不能治千人者，使处乎万人之官,则此官什倍也⑤。夫治之法将日至者也,日以治之,日不什修⑥,知以治之⑦,知不什益,而予官什倍,则此治一而弃其九矣。虽日夜相接以治若官,官犹若不治,此其故何也? 则王公大人不明乎以尚贤使能为政也。故以尚贤使能为政而治者,夫若言之谓也;以下贤为政而乱者⑧,若吾言之谓也。今王公大人中实将欲治其国家,欲修保而勿失,胡不察尚贤为政之本也?

【注释】

①且夫:连词,表递进。

②心:疑为"必"之误(陶鸿庆说)。

③处:这里指担任。

④若:此。

⑤什:十倍。

⑥修:长。

⑦知:同"智"。

⑧下:这里指废弃不用。

【译文】

况且,王公大人们是因为宠爱他而任用他,必定没有考察他的智慧,就给予他宠爱。因此不能管理百人的人,却让他去做管理千人的官;不能管理千人的人,却让他去做管理万人的官。这是什么原因呢?回答说:担任这种官职的人,爵位高而且俸禄丰厚,是因为宠爱他而任用他。不能治理千人的人,让他做管理万人的官,那么他做的官就是他能力的十倍。治国的方法,应该是每天都去实行它,每天都实行,但每天的时间并不延长十倍,用智慧去治理,但智慧不能增加十倍,却给予他能力十倍的官职,这是治理了一成而抛弃了九成了。即使日以继夜地治理官府,官府仍然没有得到治理,这是什么原因呢? 这就是王公大人们不知道尊崇贤能的人来治理政务。所以任用贤能的人而政治得到治理的,就是这些话所说的;不任用贤能的人而使国家发生混乱的,就是我的这些话所说的。现在王公大人,如果真的希望治理好他的国家,想要长久地保持他的政权而不失去的话,为什么不了解崇尚贤能的人是治理政务的根本呢?

　　且以尚贤为政之本者,亦岂独子墨子之言哉! 此圣王之道,先王之书《距年》之言也①。《传》曰:"求圣君哲人,以裨辅而身。"②《汤誓》曰③:"聿求元圣④,与之戮力同心⑤,以治天下。"则此言圣之不失以尚贤使能为政也。故古者圣王唯能审以尚贤使能为政⑥,无异物杂焉⑦,天下皆得其利。

【注释】

①距:同"巨"(吴汝纶说),大。

②裨(bì):弥补,补助。辅:辅助,协助。而:你。

③《汤誓》:《尚书》篇名。但今本《尚书》无此几句。

④聿(yù):句首语气词。元:大。

⑤戮(lù)力:并力,合力。

⑥审:这里引申为"慎重"。

⑦异物:别的事情。

【译文】

　　况且,把崇尚贤能的人作为治理政务的根本,难道只是墨子一个人的说法吗? 这是圣明的君王的道术,是先王的书《距年》的记载。《传》上说:"寻找圣贤的君子和才识超群的人来辅佐你。"《汤誓》上说:"寻找大圣人,和他同心协力来治理天下。"这就是说圣人不放弃用崇尚贤人来治理政务。所以古代的圣明的君王,能够慎重地用崇尚贤能来治理政务,不受外物的干扰,天下都得到了利益。

　　古者舜耕历山^①,陶河濒^②,渔雷泽,尧得之服泽之阳^③,举以为天子,与接天下之政^④,治天下之民。伊挚,有莘氏女之私臣^⑤,亲为庖人,汤得之,举以为己相,与接天下之政,治天下之民。傅说被褐带索^⑥,庸筑乎傅岩^⑦,武丁得之,举以为三公^⑧,与接天下之政,治天下之民。此何故始贱卒而贵^⑨,始贫卒而富?则王公大人明乎以尚贤使能为政。是以民无饥而不得食,寒而不得衣,劳而不得息,乱而不得治者。

【注释】

①历山:古地名,今无考。下文"雷泽"亦为古地名。

②陶:作陶器。河:黄河。濒:水边。

③阳:指山之南,水之北。

④接:这里指"掌管"。

⑤有莘(shēn):古国名。汤娶有莘之女。私臣:陪嫁的奴隶。

⑥被:披。褐:粗布或粗布的衣服。索:大绳子。

⑦庸:同"佣"。筑:筑墙。

⑧三公:指天子之相。

⑨卒:终,终于。

【译文】

　　古代的时候舜在历山耕种,在黄河边做陶器,在雷泽捕鱼,尧在服泽的北岸得到了他,推举他做天子,让他接管天下的政务,让他管理天下的百姓。伊挚,是有莘氏女陪嫁的奴隶,曾经做过厨子,汤得到了他,推举他做自己的相国,让他管理天下的政务,管理天下的百姓。傅说穿着粗布的衣服，系着绳子，在傅岩下筑墙，武丁得到了他，推举他做国相，让他掌管天下的政治，管理天下的百姓。这些人为什么开始低贱而最后却变得显贵，开始贫穷而最后变得富裕呢？那就是因为王公大人明白用崇尚贤能的人来治理政务的道理。所以百姓不会饥饿却得不到食物，不会寒冷却得不到衣服，不会疲劳却得不到休息，也不会混乱却得不到治理。

　　故古圣王以审以尚贤使能为政①，而取法于天。虽天亦不辩贫富、贵贱、远迩、亲疏②，贤者举而尚之③，不肖者抑而废之。然则富贵为贤，以得其赏者谁也？曰：若昔者三代圣王尧、舜、禹、汤、文、武者是也。所以得其赏何也？曰：其为政乎天下也，兼而爱之，从而利之，又率天下之万民以尚尊天、事鬼、爱利万民。是故天鬼赏之，立为天子，以为民父母，万民从而誉之曰"圣王"，至今不已。则此富贵为贤，以得其赏者也。

【注释】

①以：前一"以"字当为"能"（陶鸿庆说）。

②虽：仅，只有。

③尚：崇尚，尊敬。

【译文】

　　所以古代圣明的君王能够慎重地用崇尚贤能来治理政务，并且取法于天。只有天不分辨贫贱富贵、亲疏远近，只要是贤能的人就推举并且任用，不肖的人就压制罢免。既然这样，那么处身富贵、行为贤能，因而得到奖赏的人，是谁呢？回答是：像以前三代时圣明的君王尧、舜、禹、汤、文王、武王就是这样。他们得到赏赐的原因是什么呢？

回答是：他们治理天下，兼爱天下的人，为他们谋取利益，又带领天下的百姓崇尚尊敬上天、侍奉鬼神，爱民利民。所以天帝鬼神奖赏他们，立他们为天子，让他们做百姓的父母，广大的百姓跟从他们并且称赞他们为"圣明的君王"，到现在也不停止。这就是身处富贵、行为贤能，因而得到赏赐的人。

　　然则富贵为暴，以得其罚者谁也？曰：若昔者三代暴王桀、纣、幽、厉者是也。何以知其然也？曰：其为政乎天下也，兼而憎之，从而贼之①，又率天下之民以诟天侮鬼②，贼傲万民，是故天鬼罚之，使身死而为刑戮，子孙离散，室家丧灭，绝无后嗣，万民从而非之曰"暴王"，至今不已。则此富贵为暴，而以得其罚者也③。

【注释】

①贼：害。

②诟：骂。侮：轻慢，怠慢。

③而：据上文，疑为衍字。

【译文】

　　既然这样，那么那些处身富贵却行为残暴而得到惩罚的，又是什么人呢？回答是：像以前三代残暴的君王，桀、纣、周幽王、周厉王就是这样的人。为什么知道是这样的呢？回答是：他们治理天下，使天下人互相憎恨，互相残害，又带领天下的百姓诅咒天帝，侮辱鬼神，残害百姓，所以天帝鬼神惩罚他们，让他们遭受刑法而被杀，子孙离散，家族破灭，后嗣断绝，广大的百姓于是斥责他们，称之为"暴虐的君王"，到现在也不停止。这就是身处富贵而行为残暴，因而得到惩罚的人。

　　然则亲而不善，以得其罚者谁也？曰：若昔者伯鲧^①，帝之元子^②，废帝之德庸^③，既乃刑之于羽之郊^④，乃热照无有及也^⑤，帝亦不爱。则此亲而不善以得其罚者也。

【注释】

①伯鲧(gǔn)：传说为原始时代的部落首领，奉尧之命治水，因失败而被杀。

②帝：指颛顼(zhuān xū)。元子：指长子。元，开始，第一。

③庸：功劳。

④既：不久。

⑤乃热照无有及：言幽囚之日月所不照(孙诒让说)。

【译文】

　　既然这样，那么那些亲近但是行为不良而受到惩罚的人，又是什么样的人呢？回答是：像以前颛顼帝的长子伯鲧，却败坏了帝王的功德，于是被放逐到羽山的郊外，是日月的光照不到的地方，帝也不再爱他。这就是亲近而行为不良，因此得到惩罚的人。

　　然则天之所使能者谁也？曰：若昔者禹、稷、皋陶是也^①。何以知其然也？先王之书《吕刑》道之曰^②："皇帝清问下民^③，有辞有苗^④。曰：'群后之肆在下^⑤，明明不常^⑥，鳏寡不盖^⑦，德威维威^⑧，德明维明^⑨。'乃名三后^⑩，恤功于民^⑪：伯夷降典^⑫，哲民维刑^⑬；禹平水土，主名山川；稷隆播种^⑭，农殖嘉谷^⑮。三后成功，维假于民^⑯。"则此言三圣人者，谨其言，慎其行，精其思虑，索天下之隐事遗利，以上事天，则天乡其德^⑰；下施之万民，万民被其利^⑱，终身无已。故先王之言曰："此道也，大用之天下则不窕^⑲，小用之则不困，修用之则万民被其利,终身无已。"《周颂》道之曰⑳:"圣人之德,若天之高,若地之普,其有昭于天下也,若地之固,若山之承㉑,不坏不崩㉒,若日之光,若月之明,与天地同常㉓。"则此言圣人之德,章明博大,埴固㉔,以修久也㉕。故圣人之德盖总乎天地者也。

【注释】

①稷:后稷,尧舜时的农官,善耕种。

②《吕刑》:《尚书》的篇名。

③清:明审。

④辞:《说文》:"辞,讼也。"有苗:古族名,也称三苗。

⑤肆:当为"逮"(孙诒让说),及。

⑥明明:指明显有明德之人(孙诒让说)。

⑦鳏(guān):老而无妻的人,也指死了妻子的人。寡:老而无夫的人。

⑧威:威严。

⑨明:明察。

⑩名:《说文》:"名,自命也。"

⑪恤:忧虑,体恤。功:工作,事情。

⑫伯夷:舜的臣子。典:法则,制度。

⑬刑:刑法。

⑭隆:通"降"(王念孙说)。

⑮农:《广雅·释诂》:"勉也。"

⑯假:通"嘏(gǔ)"(孙诒让说),《尔雅·释诂》:"嘏,大也。"

⑰乡:通"享"。

⑱被:施及。

⑲窱(tiǎo):《尔雅》:"窱,间也。"有空隙,不充实。

⑳《周颂》:今《周颂》无此文,疑为佚诗。

㉑若山之承:言如山之高也(孙诒让说)。

㉒坼(chè):分裂,裂开。崩:倒塌,崩裂。

㉓常:犹言"保守"(孙诒让说)。

㉔埴:制作陶器用的黏土。

㉕修久:长久。

【译文】

　　既然这样,那么天所使用的有才能的人,又是谁呢? 回答是:像以前禹、后稷、皋陶就是这样的人。为什么知道是这样的呢? 先王的《尚书》中《吕刑》说:"皇帝明白地询问百姓,百姓都谴责有苗氏。说:'各位君主以及在下做事的人们,让贤能的人得到任用而不拘常规,即使是鳏夫寡妇也不会被埋没,以高尚的品德建立起来的威严才是真的威严,以高尚的品德为本的明察才是真的明察。'于是命令三位君王,体恤人民,为他们做事:伯夷制定法令,让他们效法贤能的人;大禹治理水土,主管命名山川;后稷推行播种,勉励农民种好稻谷。三人的成功,都带给人民巨大而长远的利益。"那么这就说这三位圣人,谨慎地说话,谨慎地做事,精密地进行思考,寻求天下还没有显露的事情和遗漏的利益,对上侍奉天,那么天就享用他们的德行;对下施恩于万民,广大的民众就蒙受他们的恩惠,终身不停止。所以先王说:"这种道术,广泛地用于天下就不会疏漏,小范围地使用也不会困塞,长久地使用就会使百姓都受到恩惠,终身不停止。"《周颂》说:"圣人的德行,像天一样高,像地一样广,他的光辉普照于天下,就像大地一样稳固,像高山一样耸立,不会断裂不会崩塌,就像太阳的光辉,像月亮的明亮,和天地一样长久地存在。"那么,这就是说圣人的德行,光明广大,坚韧稳固,所以能够长久。因此,圣人的美德,总合了天地间的一切美德。

今王公大人欲王天下，正诸侯，夫无德义将何以哉？其说将必挟震威强①。今王公大人将焉取挟震威强哉？倾者民之死也。民生为甚欲，死为甚憎，所欲不得而所憎屡至，自古及今未有尝能有以此王天下、正诸侯者也。今大人欲王天下、正诸侯，将欲使意得乎天下②，名成乎后世，故不察尚贤为政之本也③？此圣人之厚行也！

【注释】

①挟：倚仗，仗恃。

②意：心意，意图。

③故：通“胡”，为什么。

【译文】

现在王公大人想要称王于天下，匡正诸侯，但是没有德行也没有仁义，将要怎么办呢？他们的说法必定是挟持威势和强权，来使人震服。现在的王公大人将从挟持强权和威势来使人震服的做法中得到什么呢？必将被这些面临死亡威胁的百姓颠覆其强权。生存是百姓十分渴望的，死亡是他们非常憎恶的，所希望得到的得不到，所憎恶的不断到来，从古到今，没有能凭借这样称王于天下、匡正诸侯的。现在王公大人想要称王于天下、匡正诸侯，想要使自己的愿望在天下实现，名声在后世得以成就，为什么不察知崇尚贤能的人是治理政务的根本呢？这是圣人崇高的德行啊！

尚贤下

此篇名为《尚贤下》，但文辞中错乱难通之处较前两篇为多。

本文以古、今为政者的做法相对比，来说明古代先王因为能真正任用贤能的人，所以使更多的贤能之士自愿来归依，从而使国家大治、百姓安乐。而现在的君主，只知道在小事情上任用贤人，如宰杀牛羊、缝制衣服、治愈病马等等，在治理国家的时候却任人唯亲，这是不符合先王之道的。所以。墨子反复申述之，希望能引起统治者足够的重视，切实地推行"尚贤"这一为政的根本措施。

子墨子言曰：天下之王公大人皆欲其国家之富也，人民之众也，刑法之治也，然而不识以尚贤为政其国家百姓，王公大人本失尚贤为政之本也。若苟王公大人本失尚贤为政之本也，则不能毋举物示之乎①？今若有一诸侯于此，为政其国家也，曰："凡我国能射御之士②，我将赏贵之；不能射御之士，我将罪贱之③。"问于若国之士④，孰喜孰惧？我以为必能射御之士喜，不能射御之士惧。我赏因而诱之矣⑤，曰："凡我国之忠信之士，我将赏贵之；不忠信之士，我将罪贱之。"问于若国之士,孰喜孰惧? 我以为必忠信之士喜,不忠不信之士惧⑥。

【注释】

①毋:不。

②射:射箭。御:驾驭马车。

③贱之:使之低贱。

④若:这。

⑤赏:当为"尝"(孙诒让说),试。诱:诱导。

⑥不忠不信:据上文当为"不忠信"。

【译文】

墨子说:天下的王公大人都想让他的国家变得富裕,人口变得众多,刑法清明,但是不知道崇尚、任用贤能的人去治理国家和百姓,王公大人丧失了崇尚贤能的人这一治理政务的根本方法。如果王公大人丧失了崇尚贤人这一治理政务的根本方法,那么,不能举一个例子来向他们说明吗? 现在如果有一个诸侯,在他的国家中治理政务,说:"凡是我的国家里能射箭驾车的人,我将要重重地奖赏他,使他富贵;不能射箭驾车的人,我将要重重地责罚他,使他贫贱。"询问这个国家的人,谁会高兴谁会畏惧呢? 我认为一定是能射箭驾车的人高兴,不能射箭驾车的人畏惧。我尝试诱导他,说:"凡是我的国家中忠诚有信用的人,我必定奖赏并且使他富贵;不忠诚没有信用的人,我必定责罚并且使他贫贱。"询问国中的人,谁会高兴谁会畏惧呢? 我以为一定是忠诚有信用的人高兴,不忠诚没有信用的人畏惧。

今惟毋以尚贤为政其国家百姓,使国为善者劝①,为暴者沮②。大以为政于天下③,使天下之为善者劝,为暴者沮。

然昔吾所以贵尧舜禹汤文武之道者，何故以哉？以其唯毋临众发政而治民④，使天下之为善者可而劝也⑤，为暴者可而沮也。然则此尚贤者也，与尧舜禹汤文武之道同矣。

【注释】

①为善：指做好事。劝：勉励，奖赏。

②为暴：指做残暴的事。沮：阻止。

③大：指扩大而言。

④临众：面对民众。

⑤可而：犹"可以"（王念孙说）。

【译文】

现在如果用崇尚贤能的人去治理国家政务和百姓，就会使国中做善事的人得到鼓励，使作恶的人被制止。进一步用崇尚贤能的人去治理天下，就可以使天下做善事的人得到鼓励，使作恶的人被制止。那么，我们从前推崇尧舜禹汤文王武王的道术，是什么缘故呢？因为他们当众发布政令来治理百姓，使天下做善事的人得到鼓励，使作恶的人被制止。既然这样，那么这里的崇尚贤能的人，和尧舜禹汤文王武王的道术是一样的。

而今天下之士君子，居处言语皆尚贤①，逮至其临众发政而治民，莫知尚贤而使能②，我以此知天下之士君子，明于小而不明于大也。何以知其然乎？今王公大人，有一牛羊之财不能杀③，必索良宰；有一衣裳之财不能制，必索良工。当王公大人之于此也，虽有骨肉之亲，无故富贵、面目美好者，实知其不能也，不使之也。是何故？恐其败财也。当王公大人之于此也，则不失尚贤而使能。王公大人有一罢马不能治④,必索良医;有一危弓不能张,必索良工。当王公大人之于此也,虽有骨肉之亲,无故富贵、面目美好者,实知其不能也,必不使。是何故? 恐其败财也。当王公大人之于此也,则不失尚贤而使能。逮至其国家则不然,王公大人骨肉之亲,无故富贵、面目美好者,则举之,则王公大人之亲其国家也⑤,不若亲其一危弓、罢马、衣裳、牛羊之财与? 我以此知天下之士君子皆明于小,而不明于大也。此譬犹瘖者而使为行人⑥,聋者而使为乐师。

【注释】

①处:居住。

②莫:没有谁。

③财:财物。

④罢(pí):疲劳。这里指瘦弱不能任用。

⑤亲:爱,亲爱,亲近。

⑥瘖(yīn):哑,不能说话。行人:指外交使者。

【译文】

　　然而现在天下的士人君子,行为处事说话言谈都知道崇尚贤能,等到他们面对民众发布政令去治理百姓的时候,就不知道崇尚和任用贤能的人了,我因此知道天下的士人君子,只明白小道理而不明白大道理。为什么知道是这样的呢? 现在的王公大人,有一头牛一头羊不能杀,必定要寻求高明的屠夫;有一件衣服不能缝制,必定寻求高明的裁缝。当王公大人遇到这样的问题的时候,即使是自己的骨肉那么亲近的人,没有功劳而得到富贵和面貌长得好看的人,确实地知道他们没有才能,就不会使用他们。是什么缘故呢? 恐怕他们会损坏财产。当王公大人对待这些事情的时候,就不失为一个崇尚贤能而使用他们的人。

王公大人有一匹疲弊的马不能医治，必定寻找高明的兽医；有一张弓坏了不能张开，必定寻找高明的工匠。当王公大人遇到这样的问题的时候，即使是自己的骨肉那么亲近的人，没有功劳而得到富贵和面貌长得好看的人，确实地知道他们没有才能，一定不会使用他们。是什么缘故呢？恐怕他们会损坏财产。当王公大人对待这些事情的时候，就不失为一个崇尚贤能而使用他们的人。但等到对待他的国家的时候就不是这样了，只要是王公大人的骨肉亲戚，没有功劳而得到富贵和面貌长得好看的人，就会任用他，那么王公大人喜爱他的国家，还比不上喜欢一张坏了的弓、一匹疲弊的马和衣服牛羊这些财物吗？我因此知道天下的士人君子，都明白小的道理而不明白大道理。这就好比让一个哑巴去担任外交使者，让一个聋子去担任乐师。

是故古之圣王之治天下也，其所富、其所贵，未必王公大人骨肉之亲、无故富贵、面目美好者也。是故昔者舜耕于历山，陶于河濒，渔于雷泽，灰于常阳①，尧得之服泽之阳，立为天子，使接天下之政，而治天下之民。昔伊尹为莘氏女师仆②，使为庖人，汤得而举之，立为三公，使接天下之政，治天下之民。昔者傅说居北海之洲③、圜土之上④，衣褐带索⑤，庸筑于傅岩之城，武丁得而举之，立为三公，使之接天下之政，而治天下之民。是故昔者尧之举舜也，汤之举伊尹也，武丁之举傅说也，岂以为骨肉之亲、无故富贵、面目美好者哉？惟法其言⑥，用其谋，行其道，上可而利天，中可而利鬼，下可而利人，是故推而上之⑦。

【注释】

①灰：指烧制石灰。

②师：当为"私"（俞樾说）。仆，犹臣（俞樾说）。

③北海之洲：古地名，无考。

④圜（yuán）土：牢狱。《释名·释宫室》："狱又谓之圜土，言筑土表墙，其刑圜也。"

⑤衣（yì）：穿。褐：粗布的衣服。

⑥惟：句首语气词。

⑦推：推举，推荐。

【译文】

所以古代圣明的君王治理天下，他们所富和所贵的人，不一定是王公大人的骨肉亲戚，也不一定是没有功劳却得到富贵和面貌长得好看的人。所以从前舜在历山下耕作，在河边制作陶器，在雷泽捕鱼，在常阳烧制石灰，尧在服泽的北岸发现了他，立他为天子，使他掌管天下的政务，治理天下的百姓。从前伊尹是莘氏女的家奴，役使他做厨师，汤发现了他并举用他，立他做辅相，使他掌管天下的政务，治理天下的百姓。从前傅说住在北海的小洲上、牢狱之中，身穿粗布，腰扎绳索，身为奴役在傅岩下筑墙，武丁发现他并举用他，立他为辅相，使他掌管天下的政务，治理天下的百姓。所以从前尧举用舜，汤举用伊尹，武丁举用傅说，难道因为是骨肉亲戚，没有功劳却得到富贵和面貌长得好看吗？只是以他们的话为法则，采用他们的谋略，推行他们的道术，对上有利于天，中间可以有利于鬼，对下可以有利于百姓，所以把他们推举提拔上来。

古者圣王既审尚贤欲以为政①，故书之竹帛②，琢之槃盂③，传以遗后世子孙④。于先王之书《吕刑》之书然，王曰："於⑤！来！有国有土⑥，告女讼刑⑦。在今而安百姓⑧，女何择言人⑨？何敬不刑⑩？何度不及⑪？"能择人而敬为刑，尧、舜、禹、汤、文、武之道可及也。是何也？则以尚贤及之。于先王之书、竖年之言然⑫，曰："晞夫圣、武、知人⑬，以屏辅而身⑭。"此言先王之治天下也，必选择贤者以为其群属辅佐⑮。曰：今也天下之士君子，皆欲富贵而恶贫贱。曰：然女何为而得富贵而辟贫贱⑯？莫若为贤⑰。为贤之道将奈何？曰：有力者疾以助人⑱，有财者勉以分人⑲，有道者劝以教人⑳。若此则饥者得食，寒者得衣，乱者得治。若饥则得食，寒则得衣，乱则得治，此安生生㉑。

【注释】

①审：这里引申为"慎重"。

②书：写。竹：竹简。帛：丝帛。

③琢：刻。槃（pán）：盛水之盘。盂：食器。

④遗：遗留。

⑤於（wū）：叹词。

⑥有国：指拥有国家的诸侯国君。有士：指拥有封地的卿士。

⑦女：通"汝"。颂刑：即"公刑"。

⑧而：你。

⑨言：当为"否"（王引之说）。

⑩敬：严肃，慎重。刑：刑法。

⑪度：考虑。

⑫竖年：指老年人。竖，"距"字假音（毕沅说）。距，通"巨"，大。

⑬晞：当为"希"（吴汝纶说），希求。

⑭屏辅：裨辅，辅佐。

⑮群属：指各级官吏。

⑯辟：同"避"。

⑰莫若：不如。

⑱疾：急速。

⑲勉：尽力，努力。

⑳劝：勉力。

㉑安：犹"乃"（王引之说）。生生：指众生并立。

【译文】

　　古代圣明的君王慎重地崇尚贤能的人，想要用他们来治理政务，所以写在竹帛上，刻在盘盂上，流传下去留给后世的子孙。在先王的书《吕刑》上这样写，先王说："喂！来啊！拥有国家的诸侯国君和拥有土地的卿士，我告诉你们公正的刑法。现在要安抚百姓，你不选择人才，要选择什么呢？不重视刑法，要重视什么呢？不考虑名分，要考虑什么呢？"能够选择人才并且重视刑法，尧、舜、禹、汤、文王、武王的道术就可以达到。这是为什么呢？那就是因为崇尚贤能的人而达到的。在先王的书和老年人的话里这样说："希望那圣明、勇武、智慧的人来辅佐你。"这就是说先王治理天下，一定选择贤能的人来做自己的臣下和辅佐之人。说：现在天下的士人君子，都想要得到富贵而厌恶贫贱。说：那么你怎么样才能得到富贵而避免贫贱呢？不如成为一个贤能的人。成为贤能的人的方法是怎样的呢？回答是：有力量的人赶紧去帮助别人，有财产的人努力地分给别人，有道术的人尽力地教导别人。像这样，那么饥饿的人就可以得到食物，寒冷的人就可以得到衣服，混乱的社会就可以得到治理。如果饥饿的人得到食物，寒冷的人得到衣服，混乱的社会得到治理，这样才能使百姓生生不息。

　　今王公大人其所富、其所贵，皆王公大人骨肉之亲，无故富贵、面目美好者也。今王公大人骨肉之亲，无故富贵、面目美好者，焉故必知哉①？若不知，使治其国家，则其国家之乱可得而知也。今天下之士君子皆欲富贵而恶贫贱，然女何为而得富贵,而辟贫贱哉？曰:莫若为王公大人骨肉之亲,无故富贵、面目美好者。王公大人骨肉之亲,无故富贵、面目美好者,此非可学能者也②。使不知辩③,德行之厚若禹、汤、文、武,不加得也;王公大人骨肉之亲,躄、瘖、聋④,暴为桀、纣,不加失也⑤。是故以赏不当贤,罚不当暴,其所赏者已无故矣,其所罚者亦无罪。是以使百姓皆攸心解体,沮以为善,垂其股肱之力而不相劳来也⑥;腐臭余财,而不相分资也;隐匿良道而不相教诲也。若此,则饥者不得食,寒者不得衣,乱者不得治。推而上之以。

【注释】

①焉:疑问代词,什么。

②学:下当脱"而"(王念孙说)。

③使:假使。辩:通"辨",分辨。

④躄(bì):两腿瘸。瘖(yīn):哑,不能说话。

⑤失:指抛弃。

⑥垂:当作"舍"(孙诒让说)。股:大腿。肱(gōng):手臂。劳来:《尔雅·释诂》:"劳来,勤也。"

【译文】

现在的王公大人,他们所给予富裕和尊贵的,都是王公大人的骨肉亲戚,是未经历事变、没有功劳却得到富贵和容貌长得好看的人。现在的王公大人的骨肉亲戚,未经历事变、没有功劳却得到富贵和容貌长得好看就被任用,难道一定是有智慧的吗？如果没有智慧,让他们治理天下,那么他们国家的混乱就可想而知了。现在天下的士人君子都喜欢富贵而厌恶贫贱,可是你怎么才能得到富贵而避免贫贱呢？回答是:不如去做王公大人的骨肉亲戚,没有功劳却得到富贵和面貌长得好看的人。王公大人的骨肉亲戚,没有功劳却得到富贵和面貌长得好看的人,这不是通过学习就可以得到的。假如不是王公大人的骨肉亲戚,就算德行厚如禹、汤、文王、武王一样,也不会得到任用;王公大人的骨肉亲戚,即使是跛子、哑巴、聋子,而且品行像桀、纣一样暴虐,也不会被弃置不用。所以奖赏的不是真正的贤人,惩罚的也不是确实有罪过的人,他所奖赏的已经是没有功劳的人了,所惩罚的也是没有罪过的人。因此百姓都人心涣散,不愿积极地去做善事,宁愿让四肢的气力闲置,也不愿劳作相互帮助;宁愿让多余的财物腐烂发臭,也不愿意分给别人;隐瞒良好的主张,也不愿意相互教诲。像这样就会使饥饿的人得不到食物,寒冷的人得不到衣服,混乱得不到治理。推举而提拔贤能的人。

是故昔者尧有舜,舜有禹,禹有皋陶,汤有小臣①,武王有闳夭、泰颠、南宫括、散宜生②,而天下和,庶民阜,是以近者安之,远者归之。日月之所照,舟车之所及,雨露之所渐③,粒食之所养,得此莫不劝誉。且今天下之王公大人士君子,中实将欲为仁义,求为上士④,上欲中圣王之道⑤,下欲中国家百姓之利,故尚贤之为说,而不可不察此者也。尚贤者,天鬼百姓之利,而政事之本也。

【注释】

①小臣:指伊尹。

②闳夭、泰颠、南宫括、散宜生:皆为周武王的大臣。据《尚书·君奭》载,此四人早先皆为周文王之臣。

③渐:渍。

④上士:指道德高尚的人。

⑤中:符合。

【译文】

因此从前尧有舜，舜有禹，禹有皋陶，汤有伊尹，武王有闳天、泰颠、南宫括、散宜生，所以天下祥和，百姓富足，所以附近的人得到安宁，远方的人来归附。太阳月亮所能照到的地方，车船所能达到的地方，雨露所能滋润到的地方，粮食所能供养的地方，得到贤人的治理后，没有不劝勉并称赞贤人的。而且现在天下的王公大人士人君子，心中如果真的想要行仁义之事，希望做高尚的士人，对上希望符合圣明君王的道术，对下想要符合百姓的利益，那对于崇尚贤能的人的说法，就不能不考虑了。崇尚贤能的人，符合天帝、鬼神和百姓的利益，是政务的根本。

尚同上

【题解】

《尚同》分为上、中、下三篇，此为上篇，说的是人们在是非善恶的评判上要有一个统一的标准，要统一于他的上级，这样才能避免纠纷，使天下得到治理。

本文开篇列举了上古始有人民之时，因人各是其所是，非其所非，所以天下纷扰，不能和睦共处。因此上天选拔贤人，并根据他们能力的大小，让他们依次担任从天子到正长的各级大小统治者，这样便能统一各自管辖区域内百姓的思想，最终统一于天子，从而免于相互争辩、诋毁。但在篇末，墨子又指出，即使人们的思想都统一于天子，仍不免受到自然灾害的侵扰，这是因为他们的思想尚未能统一于上天，因此受到天的惩罚。由此可见，墨子始终认为在天子之上，有天的存在，天子只是代天行使管理百姓的权力的，故而要遵循上天的意志，不能独断专行，才能治理好各个国家，乃至整个天下。

子墨子言曰：古者民始生，未有刑政之时，盖其语，人异义。是以一人则一义，二人则二义，十人则十义，其人兹众①，其所谓义者亦兹众。是以人是其义②，以非人之义③，故交相非也。是以内者父子兄弟作怨恶④，离散不能相和合⑤。天下之百姓，皆以水火毒药相亏害⑥，至有余力不能以相劳⑦，腐朽余财不以相分⑧，隐匿良道不以相教，天下之乱，若禽兽然。

【注释】

①兹：通"滋"，益，更加。

②是以：因此。

③非：否定。

④作：始（王念孙说）。

⑤和合：和睦团结。

⑥亏：损。

⑦相劳：谓相互帮助。

⑧朽：腐臭。

【译文】

墨子说：古代人类刚刚产生，还没有政治刑法的时候，他们所说的话的意思，因人而异。所以一个人就有一种道理，两个人就有两种道理，十个人就有十种道理，人越是多，所谓的道理也就越多。所以每个人都肯定自己的道理，而否定别人的道理，所以互相非难。所以在家庭中，父子兄弟互相抱怨憎恶、分别离散，因而不能和睦团结地相处。天下的百姓，都用水火毒药相互损害，以至于有多余的力量而不能互相帮助，宁愿让多余的财物腐烂也不拿来分给别人，隐藏良好的道理而不传授给别人，天下的混乱，以至于像禽兽一样。

夫明虖天下之所以乱者①，生于无政长②。是故选天下之贤可者，立以为天子。天子立，以其力为未足，又选择天下之贤可者，置立之以为三公③。天子三公既以立④，以天下为博大,远国异土之民,是非利害之辩⑤,不可一二而明知⑥,故画分万国⑦,立诸侯国君。诸侯国君既已立,以其力为未足,又选择其国之贤可者,置立之以为正长⑧。

【注释】

①虖:借为"乎"(孙诒让说)。

②政长:行政长官。

③三公:指古代辅助国君的最高官员。

④以:通"已"。

⑤辩:通"辨"。

⑥一二:当为"一一"之误。

⑦画分:划分。

⑧正长:即政长。正,与"政"同(孙诒让说)。

【译文】

明白天下混乱的原因在于没有行政长官。所以选拔天下贤能的可任用的人,拥立他做天子。天子确立了以后,认为他的能力还不足,又选拔天下贤能可任用的人,立他们作为三公。天子、三公确立了以后,以为天下广博辽远,远方的国家、异地的民众,是非利益祸害的区别,不能够一一辨别清楚,所以把天下划分为很多的国家,设立各个诸侯国的国君。诸侯国的国君确立以后,又以为他们的力量不足,所以又选择他们国家中有才能而可任用的人,确立他们为各级的行政长官。

正长既已具,天子发政于天下之百姓,言曰:"闻善而不善①,皆以告其上。上之所是必皆是之,所非必皆非之。上有过则规谏之,下有善则傍荐之②。上同而不下比者③,此上之所赏,而下之所誉也。意若闻善而不善④,不以告其上,上之所是,弗能是,上之所非,弗能非,上有过弗规谏,下有善弗傍荐,下比不能上同者,此上之所罚,而百姓所毁也。"上以此为赏罚,甚明察以审信。

【注释】

①而:犹"与"(王引之说)。

②傍:与"访"通(孙诒让说)。荐:推荐。

③比:勾结。

④意若:如果,假如。

【译文】

有了行政长官以后,天子对天下的百姓发布政令,说:"听到好的事或不好的事,都要来报告上级。上面说是,一定都要认为是对的;上面认为不对的,一定都要认为是不对的。上面有了过错就要规劝进谏,下面有了善行就要查访推荐。服从上面而不勾结下面,这才是上面所奖赏的,而下面所称赞的。如果听到好的或不好的事,都不拿来告诉上面,上面认为是对的不能认为是对的,上面认为是不对的不能认为是不对的,上面有了过错而不加以规劝进谏,下面有了善行而不查访推荐,勾结下面而不服从上面,这就是上面所惩罚,而百姓所斥责的。"上面根据这个原则去奖赏或惩罚,就必然非常明察和慎重可信。

是故里长者①,里之仁人也。里长发政里之百姓,言曰:"闻善而不善,必以告其乡长②。乡长之所是,必皆是之;乡长之所非,必皆非之。去若不善言③,学乡长之善言;去若不善行,学乡长之善行。"则乡何说以乱哉?察乡之所治者,何也?乡长唯能壹同乡之义④,是以乡治也。

【注释】

①里长:先秦以二十五家为一里,里有里长。

②乡长:先秦以一万二千五百户为一乡,乡有乡长。

③去:除去。若:你,你的。

④壹:统一。

【译文】

　　所以里长是一里之中的仁义之人。里长对里中的百姓发布政令,说:"听到好或不好的事情,都一定要拿来告诉乡长。乡长认为是对的,一定都要认为是对的;乡长认为是不对的,一定都要认为是不对的。除去你们不好的言论,学习乡长好的言论;除去你们不好的行为,学习乡长好的行为。"那么乡里怎么还会混乱呢?考察那些治理好的乡里,是什么原因呢?乡长能够统一全乡的道理,所以乡里得到治理。

　　乡长者,乡之仁人也。乡长发政乡之百姓,言曰:"闻善而不善者①,必以告国君。国君之所是,必皆是之;国君之所非,必皆非之。去若不善言,学国君之善言;去若不善行,学国君之善行。"则国何说以乱哉?察国之所以治者,何也?国君唯能壹同国之义,是以国治也。

【注释】

①者:据上下文,疑衍。

【译文】

　　乡长是乡里的仁义之人。乡长对乡里的百姓发布政令,说:"听到好或不好的事情,都一定要拿来告诉国君。国君认为是对的,一定都要认为是对的;国君认为是不对的,一定都要认为是不对的。除去你们不好的言论,学习国君好的言论;除去你们不好的行为,学习国君好的行为。"那么国家怎么还会混乱呢？考察那些治理得好的国家，是什么原因呢？国君能够统一全国的道理，所以国家得到治理。

国君者，国之仁人也。国君发政国之百姓，言曰："闻善而不善，必以告天子。天子之所是，皆是之；天子之所非，皆非之。去若不善言，学天子之善言；去若不善行，学天子之善行。"则天下何说以乱哉？察天下之所以治者，何也？天子唯能壹同天下之义，是以天下治也。天下之百姓皆上同于天子，而不上同于天，则菑犹未去也。今若天飘风苦雨①，溱溱而至者②，此天之所以罚百姓之不上同于天者也。是故子墨子言曰：古者圣王为五刑③，请以治其民④。譬若丝缕之有纪⑤，罔罟之有纲⑥，所连收天下之百姓不尚同其上者也⑦。

【注释】

①飘：旋风，大风。苦雨：指霖雨为人所患苦，霖雨指久下不停的雨。

②溱溱（zhēn）：言风雨之盛（孙诒让说），这里指众多的样子。

③五刑：指古代五种刑罚，即墨、劓、剕、宫、大辟。

④请：通"诚"（孙诒让说），确实，的确。

⑤缕：麻线，丝线。纪：丝的头绪。

⑥罔：通"网"。罟（gǔ）：网。纲：渔网上的总绳。

⑦所：下脱"以"字（俞樾说）。

【译文】

国君是国家的仁义之人。国君对全国的百姓发布政令，说："听到好或不好的事情，都一定要拿来告诉天子。天子认为是对的，一定都要认为是对的；天子认为是不对的，一定都要认为是不对的。除去你们不好的言论，学习天子好的言论；除去你们不好的行为，学习天子好的行为。"那么天下怎么还会混乱呢？考察天下能得到治理，是什么原因呢？天子能够统一全国的道理，所以天下得到治理。天下的百姓都对上服从于天子，而不服从于上天，那么灾难仍然是不能免去的。现在如果天上的暴风霖雨，连绵不断地到来，这就是上天用来惩罚百姓不服从上天的办法。所以墨子说：古代圣明的君王制定了五种刑法，确实地用来治理他的百姓。就好比丝、线有头绪，渔网有总绳，这就是用来约束天下那些不服从于上面统治的百姓的方法。

尚同中

【题解】

本篇与前篇《尚同上》的主旨大致相同而又有所发展。前篇说虽然"百姓皆上同于天子",却仍然要遭受暑热严寒、风霜雨露的灾害,本篇在此基础上进一步指出,其原因在于没有能够"尚同乎天",也就是说在天子之上还有"天"的存在,真正能够统一人们的思想,成为其标准的正是"天"的意志和好恶。古代圣明的君王明白这个道理,所以带领百姓敬奉上天鬼神,任人唯贤,人们也就能以上之善为善、以上之恶为恶,因而上天鬼神赐福于他,百姓得到利益而顺服于他,从而使天下得以安宁;而当今的君主不明白这个道理,不敬奉上天鬼神,以刑法强行压制百姓,任人唯亲,故上下离心,天下和没有设立各级行政长官的时候一样混乱。因此,墨子认为只有统一思想于"天",才能使千里之外的百姓也服从于天子的管理,这才是"富其国家,众其人民,治其刑政,定其社稷"的根本。

子墨子曰:方今之时,复古之民始生^①、未有正长之时,盖其语曰:"天下之人异义。"是以一人一义,十人十义,百人百义,其人数兹众,其所谓义者亦兹众。是以人是其义,而非人之义,故相交非也^②。内之父子兄弟作怨仇,皆有离散之心,不能相和合。至乎舍余力不以相劳③,隐匿良道不以相教,腐朽余财不以相分,天下之乱也,至如禽兽然,无君臣上下长幼之节④,父子兄弟之礼,是以天下乱焉。

【注释】

①复:谓返而考之古之民始生之时。

②相交非也:据上文疑当为"交相非也"。

③至乎:至于。舍:废。

④节:礼节。

【译文】

　　墨子说:当今之世,上溯到古代人类刚产生的时候、没有行政长官的时候,他们说:"天下的人各有各不同的道理。"所以一个人有一个人的道理,十个人有十个人的道理,一百个人有一百个人的道理,人数越多,他们所谓的道理也就越多。所以每个人都肯定自己的道理,而否定别人的道理,所以互相非难。在家庭中,父子兄弟互相抱怨仇恨,都有分别离散的心思,不能相互和睦。以至于舍弃多余的力量也不愿意相互帮助,隐瞒良好的道术却不教导别人,宁肯让多余的财物腐烂也不肯拿来分给别人,天下混乱,以至于像禽兽一样,没有君王臣下年长年幼的礼节,没有父子兄弟的礼仪,所以天下变得混乱。

　　明乎民之无正长以一同天下之义,而天下乱也。是故选择天下贤良圣知辩慧之人,立以为天子,使从事乎一同天下之义。天子既以立矣①,以为唯其耳目之请②,不能独一同天下之义,是故选择天下赞阅贤良圣知辩慧之人③,置以为三公,与从事乎一同天下之义。天子三公既已立矣,以为天下博大,山林远土之民,不可得而一也④,是故靡分天下⑤,设以为万诸侯国君,使从事乎一同其国之义。国君既已立矣,又以为唯其耳目之请,不能一同其国之义,是故择其国之贤者,置以为左右将军大夫⑥,以远至乎乡里之长与从事乎一同其国之义⑦。

【注释】

①以:通"已"。

②请:当为"情"。

③阅:参稽,考察。

④一:一同。

⑤靡分:分散。

⑥将军:《周礼·夏官》:"军将皆命卿。"故并称卿大夫为将军大夫。

⑦远:当为"逮"之形误(孙诒让说),及,达到。

【译文】

　　明白百姓没有行政长官来统一天下的道理,天下就混乱了。所以选择天下贤良圣明、有辨别能力和智慧的人,拥立他做天子,让他来从事统一天下道理的事业。天子确立了以后,认为只凭借他的耳朵和眼睛,不能够独自统一天下的道理,所以又选择天下贤良圣明、有辨别能力和智慧的人,设立他们做三公,让他们参与从事统一天下道理的事业。天子三公都确立了以后,因为天下的广阔博大,山林深处和远方的百姓,没有办法得到统一,所以分割天下,设立为很多的诸侯国国君,让他们从事统一他们自己国家中的事业。国君确立了以后,又认为只凭借他的耳朵和眼睛,不能够统一他的国家的道理,所以选择国中贤良圣明、有辨别能力和智慧的人,设立他们做左右将军和卿大夫,以至于乡里的长官,让他们从事统一他们国家中道理的事业。

天子诸侯之君,民之正长,既已定矣,天子为发政施教曰:"凡闻见善者,必以告其上;闻见不善者,亦必以告其上。上之所是,必亦是之;上之所非,必亦非之。己有善傍荐之①,上有过规谏之。尚同义其上②,而毋有下比之心。上得则赏之,万民闻则誉之。意若闻见善,不以告其上;闻见不善,亦不以告其上。上之所是不能是,上之所非不能非,己有善不能傍荐之,上有过不能规谏之。下比而非其上者,上得则诛罚之,万民闻则非毁之。"故古者圣王之为刑政赏誉也,甚明察以审信。是以举天下之人③,皆欲得上之赏誉,而畏上之毁罚。

【注释】

①己:这里指臣下。

②义:当作"乎"(孙诒让说)。

③举:全。

【译文】

天子、诸侯国的国君,百姓的各级行政长官,都已经确定了以后,天子发布政令,施行教化,说:"凡是听到、看到好的事情,一定拿来报告他的上面;听到、看到不好的事情,也一定拿来报告他的上面。上面认为是对的,也一定认为是对的;上面认为是不对的,也一定认为是不对的。臣下有了善行,就加以察访推荐;上面有了过错,就加以规劝进谏。与上面保持一致,不要有勾结下面的想法。上面知道了就会奖赏他,百姓听说了就会称赞他。如果听到看到好的事情,不拿来告诉上面;听到看到不好的事情,也不拿来告诉上面。上面认为是对的不能认为是对的,上面认为是不对的也不能认为是不对的,臣下有了善行而不能加以察访推荐,上面有了过错而不能加以规劝进谏。勾结下面而非难上面,像这样的人,上面知道了就会惩罚他,百姓听说了就会非难诋毁他。"所以古代圣明的君王设立刑法政令来奖赏赞誉,都是十分明察和确实可信的。所以全天下的人,都想要得到上面的奖赏赞誉,而害怕上面的惩罚和责难。

是故里长顺天子政,而一同其里之义。里长既同其里之义①,率其里之万民,以尚同乎乡长,曰:"凡里之万民,皆尚同乎乡长,而不敢下比。乡长之所是,必亦是之;乡长之所非,必亦非之。去而不善言②,学乡长之善言;去而不善行,学乡长之善行。"乡长固乡之贤者也,举乡人以法乡长,夫乡何说而不治哉? 察乡长之所以治乡者,何故之以也? 曰:唯以其能一同其乡之义,是以乡治。

【注释】

①同:统一。

②而:你,你的。

【译文】

因此里长服从天子的政令,而统一他所在里的道义。里长统一了里的道义以后,率领他所在里的百姓,去统一道理于乡长,说:"凡是里中的百姓,都要和乡长统一,而不敢勾结下面。乡长认为是对的,必定也认为是对的;乡长认为是不对的,也一定认为是不对的。除去你不好的言论,学习乡长的好言论;除去你不好的行为,学习乡长的好行为。"乡长本来就是乡里的贤能之人,全乡的人都效法乡长,乡里怎么会不被治理得好呢? 考察乡长之所以能治理好乡里,是什么原因呢? 回答是:就是因为他能统一乡里的道义,所以乡里得到治理。

乡长治其乡,而乡既已治矣,有率其乡万民①,以尚同乎国君,曰:"凡乡之万民,皆上同乎国君,而不敢下比。国君之所是,必亦是之;国君之所非,必亦非之。去而不善言,学国君之善言;去而不善行,学国君之善行。"国君固国之贤者也,举国人以法国君,夫国何说而不治哉? 察国君之所以治国,而国治者,何故之以也? 曰:唯以其能一同其国之义,是以国治。

【注释】

①有:读为"又"。

【译文】

乡长治理乡里,乡里已经治理好了以后,又率领他乡里的百姓,去统一道理于国君,说:"凡是乡里的百姓,都要对上服从国君,而不敢勾结下面。国君认为是对的,必定也认为是对的;国君认为是不对的,必定也认为是不对的。除去你的不好的言论,学习国君好的言论;除去你不好的行为,学习国君好的行为。"国君本来就是一个国家中的贤能的人,全国的人都效法国君,国家怎么会不得到治理呢? 考察一个国君能够把国家治理得好,是什么原因呢? 回答是:只因为他能统一全国的道义,所以国家得到治理。

国君治其国,而国既已治矣,有率其国之万民,以尚同乎天子,曰:"凡国之万民上同乎天子,而不敢下比。天子之所是,必亦是之;天子之所非,必亦非之。去而不善言,学天子之善言;去而不善行,学天子之善行。"天子者,固天下之仁人也,举天下之万民以法天子,夫天下何说而不治哉? 察天子之所以治天下者，何故之以也？曰：唯以其能一同天下之义，是以天下治。夫既尚同乎天子，而未上同乎天者，则天菑将犹未止也。故当若天降寒热不节^①，雪霜雨露不时，五谷不孰，六畜不遂^②，疾菑戾疫，飘风苦雨，荐臻而至者^③，此天之降罚也，将以罚下人之不尚同乎天者也。

【注释】

①当若：如果。

②遂：这里引申为顺利地成长。

③荐臻：接二连三。

【译文】

国君治理国家，国家已经治理好了以后，又率领他国中的百姓，去统一道理于天子，说："凡是国中的百姓，都要对上服从天子，而不敢勾结下面。天子认为是对的，必定也认为是对的；天子认为是不对的，必定也认为是不对的。除去你的不好的言论，学习天子好的言论；除去你不好的行为，学习天子好的行为。"天子本来就是天下的仁义之人，全天下的人都效法天子，天下怎么会不得到治理呢？考察天子能够把天下治理得好，是什么原因呢？回答是：只因为他能统一全国的道义，所以天下得到治理。天下的百姓都统一道理于天子以后，而没有统一道理于上天，那么上天降下的灾难仍不会停止。所以如果天降下的寒冷和暑热不符合时节，降下的雪霜雨露不合时令，五谷不成熟，六畜不能顺利地生长，疾病成灾，瘟疫流行，暴风霖雨频繁地来到，这就是天降下惩罚，想要以此来惩罚不统一道理于上天的人。

故古者圣王，明天鬼之所欲，而避天鬼之所憎，以求兴天下之害^①。是以率天下之万民，齐戒沐浴^②，洁为酒醴粢盛，以祭祀天鬼。其事鬼神也，酒醴粢盛不敢不蠲洁③，牺牲不敢不腯肥④，珪璧币帛不敢不中度量⑤，春秋祭祀不敢失时几⑥，听狱不敢不中，分财不敢不均，居处不敢怠慢。曰：其为正长若此，是故上者天鬼有厚乎其为正长也⑦，下者万民有便利乎其为政长也。天鬼之所深厚而能强从事焉，则天鬼之福可得也。万民之所便利而能强从事焉，则万民之亲可得也。其为政若此，是以谋事得，举事成，入守固，出诛胜者，何故之以也？曰：唯以尚同为政者也。故古者圣王之为政若此。

【注释】

①以求兴天下之害：此句当为"以求兴天下之利，除天下之害"。

②齐：当作"斋"，斋戒。

③蠲（juān）：干净，清洁。

④牺牲：供祭祀用的毛色纯一的牛、羊、猪。腯（tú）：肥。

⑤珪：同"圭"，上尖下方的玉器。璧：平而圆，中心有孔的玉。币：用作礼物的丝织品。帛：丝织品的总称。中：符合。度量：度，量长短。量，量容积。

⑥几：期（俞樾说）。

⑦厚：深厚。

【译文】

因此古代圣明的君王，明白上天、鬼神所希望的事情，而避开上天、鬼神所憎恶的事情，以此来兴盛天下的利益，除去天下的祸害。所以率领天下的百姓，一起斋戒沐浴，干干净净地准备好酒食祭品，拿来祭祀天帝鬼神。他们侍奉鬼神，酒食祭品不敢不清洁，牛羊牺牲不敢不肥硕，圭璧币帛不敢不合标准，春季秋季的祭祀都不敢错过时期，审查案情不敢不公正，分配财物不敢不平均，平时生活也不敢对人有所怠慢。

说：他像这样做行政长官，所以上天鬼神对他做行政长官给予优厚的待遇，下面的民众也对他做行政长官给予便利。有天帝鬼神的厚待而自己又能努力从事，那么天帝鬼神的赐福就可以得到。有广大百姓的拥护又能努力地去从事，那么百姓的亲近就可以得到。他像这样处理政务，所以谋事就能实现，行事就能成功，在内防守就能稳固，对外讨伐就能胜利，是什么缘故这样呢？回答是：只是因为用统一于上的方法去处理政务。所以古代圣明的君王是这样去治理政务的。

今天下之人曰：方今之时，天下之正长犹未废乎天下也，而天下之所以乱者，何故之以也？子墨子曰：方今之时之以正长①，则本与古者异矣，譬之若有苗之以五刑然②。昔者圣王制为五刑，以治天下；逮至有苗之制五刑③，以乱天下。则此岂刑不善哉？用刑则不善也！是以先王之书《吕刑》之道曰：苗民否用练④，折则刑⑤，唯作五杀之刑，曰法。"则此言善用刑者以治民，不善用刑者以为五杀，则此岂刑不善哉？用刑则不善，故遂以为五杀。是以先王之书《术令》之道曰⑥："唯口出好兴戎⑦。"则此言善用口者出好，不善用口者以为谗贼寇戎⑧，则此岂口不善哉？用口则不善也，故遂以为谗贼寇戎。

【注释】

①以：犹"为"。

②以：用，这里指制定。

③五刑：指墨、劓、剕、宫、大辟，五种刑法。

④否用练：这里指不服从命令。练，灵、练声相近，令、灵古多通用，皆有善意（钱大昕说）。

⑤折：通"制"。

⑥《术令》：百篇之《尚书》篇名（吴汝纶说）。

⑦出：产生，发生。好：指好事。戎：军事，战争。

⑧谗：说别人的坏话。贼：害，杀害。寇：盗匪。

【译文】

现在天下的人说：现在的时候，天下的行政长官并没有被废除，而天下混乱又是什么原因呢？墨子说：现在的行政长官，和古代的不一样，比如有苗制定了五种刑法。以前圣明的君王制定五种刑法，用来治理天下；等到有苗制定刑法，用来使天下变得混乱。那么，这难道是刑法不好吗？是刑法用得不好啊！所以先王的《尚书》中《吕刑》说："苗民不服从政令，就制定刑法，只能制定出五种杀人的刑法，说是法令。"那么这就是说善于用刑法可以治理百姓，不善于用刑法就变成了五种杀人的方法，那么，这难道是刑法不好吗？是刑法用得不好，所以就成为五种杀人的方法。所以先王的书《术令》说："口舌或者能产生好事，或者会引起争斗。"这就是说善于用口舌的会说出好话，不善于用口舌的就会导致谗言残杀、敌对和战争。这难道是口舌不好吗？是不善于用口舌，所以导致了谗言残杀、敌对和战争。

故古者之置正长也，将以治民也。譬之若丝缕之有纪，而罔罟之有纲也，将以运役天下淫暴，而一同其义也。是以先王之书《相年》之道曰①："夫建国设都，乃作后王君公②，否用泰也③。轻大夫师长④，否用佚也⑤。维辩使治天均⑥。"则此语古者上帝鬼神之建设国都，立正长也，非高其爵，厚其禄，富贵佚而错之也。将以为万民兴利除害，富贵贫寡⑦，安危治乱也。故古者圣王之为若此。

【注释】

①《相年》：古代的书名，具体内容不详。

②作：设立。后王：指天子。君公：指诸侯。

③否：非（王引之说）。泰：骄泰。

④轻：当作"卿"（毕沅说）。

⑤佚：放荡。

⑥辩：通"辨"，分也。均：平也。

⑦贫寡：当为"众寡"（孙诒让说）。

【译文】

　　因此古代的时候设立行政长官，是用来治理百姓的。就好比丝线有头绪，鱼网有总绳一样，要用以约束天下淫暴的人，统一天下的道义。所以先王的书《相年》说："建立国家设立都城，于是设立天子和诸侯，这不是叫他们骄泰奢侈。设立卿大夫和各级官长，不是叫他们安乐放荡。这是叫他们分授职责，按公平的道理治理天下。"这就是说古代上帝鬼神建立国家都城，设立行政长官，不是要提高他们的爵位，增加他们的俸禄，让他们过富贵淫佚的生活。而是为了让他们为广大的百姓谋取利益、除去祸害，使贫贱的人变得富贵，使人口少的变多，使危险的安定，使混乱的得到治理。所以古代圣明的君王的作为都是像这样的。

　　今王公大人之为刑政则反此。政以为便譬，宗于父兄故旧，以为左右，置以为正长。民知上置正长之非正以治民也，是以皆比周隐匿①，而莫肯尚同其上，是故上下不同义。若苟上下不同义，赏誉不足以劝善，而刑罚不足以沮暴。何以知其然也？曰：上唯毋立而为政乎国家②，为民正长，曰："人可赏，吾将赏之。"若苟上下不同义，上之所赏，则众之所非。曰：人众与处，于众得非，则是虽使得上之赏，未足以劝乎！上唯毋立而为政乎国家，为民正长，曰："人可罚，吾将罚之。"若苟上下不同义，上之所罚，则众之所誉。曰：人众与处，于众得誉，则是虽使得上之罚，未足以沮乎！若立而为政乎国家，为民正长，赏誉不足以劝善，而刑罚不沮暴，则是不与乡吾本言民"始生未有正长之时"同乎③？若有正长与无正长之时同，则此非所以治民一众之道④。

【注释】

①比：勾结。周：结合。

②毋：语词（孙诒让说），即语气词。立：指处于统治地位。

③乡：从前。

④一众：指统一民众。

【译文】

现在的王公大人治理刑法政务却正好与这个相反。以善于说好话的人来辅佐政治，以宗族、父兄和故人旧友作为左右的亲信，立他们为行政长官。百姓知道上面设立行政长官并不是为了治理百姓，所以都结党营私，隐藏好的道术，因而没有人愿意与上面相统一，所以上下不统一道理。如果上下不统一道理，那么奖赏和赞誉就不足以劝人为善，而刑罚不足以阻止暴乱。怎么知道是这样的呢？回答是：上面被确立为管理国家政治、做百姓的行政长官的人说："可以得到奖赏的人，我将奖赏他。"如果上下不统一道理，上面所给予赏赐的人，就是众人所非议的人。这就是说：这个人与众人相处，在众人中被非议，那么即使得到上面的奖赏，也不足以起鼓励作用。虽然被确立为管理国家政治、做百姓的行政长官的人说："应该得到惩罚的人，我将惩罚他。"如果上下不统一道理，上面所给予惩罚的人，就是众人所称赞的人。就是说：这个人与众人相处，在众人中被称赞，那么即使得到上面的惩罚，也不足以起阻止作用。如果被确立为管理国家政务、作为百姓的行政长官的人，奖赏不能劝人行善，惩罚不能阻止行恶，那不是和我刚才所说"人类刚刚产生，没有行政长官的时候"是一样的吗？如果有行政长官和没有行政长官的时候是一样的，那么就不是用来治理百姓、统一民众的方法了。

　　故古者圣王唯而审以尚同①，以为正长，是故上下情请为通②。上有隐事遗利，下得而利之；下有蓄怨积害，上得而除之。是以数千万里之外，有为善者，其室人未遍知，乡里未遍闻，天子得而赏之；数千万里之外，有为不善者，其室人未遍知，乡里未遍闻，天子得而罚之。是以举天下之人皆恐惧振动惕慄③，不敢为淫暴，曰："天子之视听也神！"先王之言曰："非神也。夫唯能使人之耳目助己视听，使人之吻助己言谈④，使人之心助己思虑，使人之股肱助己动作。"助之视听者众，则其所闻见者远矣；助之言谈者众，则其德音之所抚循者博矣⑤；助之思虑者众，则其谈谋度速得矣⑥；助之动作者众，即其举事速成矣。故古者圣人之所以济事成功，垂名于后世者，无他故异物焉，曰：唯能以尚同为政者也。

【注释】

①而：当为"能"。

②请：通"诚"。

③慄：惧。

④吻：口边。

⑤德音：指天子的诏令。抚循：抚慰，安慰。

⑥谋：谋划。度：衡量。

【译文】

　　因此古代圣明的君王，正是能够审查任用和上面统一的人，让他们做行政长官，所以上下的情意相通。上面有没有看到的事和忘记的利益，下面的人就提醒他去做，让他得到利益；下面的人有蓄积的怨恨和祸害，上面的知道了就将它除去。所以几千万里之外，有人行善，他的家人还没有都知道，他的乡里人也没有都听说，天子就知道了而且奖赏他；几千万里之外，有人作恶，他的家人还没有都知道，他的乡里人也没有都听说，天子就知道了而且惩罚他。所以全天下的人都为之恐惧震动和害怕，不敢做淫佚暴虐的事，说："天子的目见耳闻真是神奇啊！"先王说："不是神奇。只是因为能让别人的耳目来帮助自己看和听，使别人的嘴巴帮助自己说话，让别人的心帮助自己思考，让别人的四肢帮助自己行动。"帮助自己听和看的人多，那么所听到和看到的就远了；帮助自己说话的人多，那么他的有恩德的语言所抚慰的人就众多了；帮助他思考的人多，他所做谋略和决定的速度就快了；帮助他行动的人多，那么他所做的事就成功得快了。所以古代圣明的君王，他们做事之所以成功而留名于后世，没有其他什么特殊的原因，说：只是因为能以统一于上来治理政治。

　　是以先王之书《周颂》之道之曰①："载来见彼王②，聿求厥章③。"则此语古者国君诸侯之以春秋来朝聘天子之廷④，受天子之严教，退而治国，政之所加，莫敢不宾⑤。当此之时，本无有敢纷天子之教者⑥。《诗》曰："我马维骆⑦，六辔沃若⑧，载驰载驱⑨，周爰咨度⑩。"又曰："我马维骐⑪，六辔若丝⑫。载驰载驱，周爰咨谋。"即此语也。古者国君诸侯之闻见善与不善也，皆驰驱以告天子，是以赏当贤，罚当暴，不杀不辜，不失有罪，则此尚同之功也。

【注释】

①《周颂》：《诗经》中《颂》的一部分，共三十一篇，是西周统治者用子祭祀的诗歌。

②载：《毛传》："载，始也。"

③聿：古与"曰"通，句首语气词。厥：那个。章：典章，法度。

④朝聘：指古代诸侯定期朝见天子。

⑤宾：服。

⑥纷：乱。

⑦骆：《尔雅·释兽》："白马黑鬣，骆。"

⑧沃若：润色的样子。

⑨载：动词词头。

⑩周：周遍，周及。爰：句首语气词。

⑪骐(qí)：指毛色青黑的马。

⑫若丝：毛传云："言调忍也。"

【译文】

所以先王的书《周颂》说："初来见那个君王，求取礼仪的制度。"那么这句话说的就是古代的国君和诸侯，在春天和秋天的时候去朝廷朝见天子，受到天子严正的教导，回去以后治理自己的国家，政令所到达的地方，没有人敢不服从。在那个时候，根本就没有敢扰乱天子教令的人。《诗》说："我的马毛白鬣黑，缰绳色泽柔美，骑着他四处奔跑，广泛地询问礼仪所宜。"又说："我的马毛色青黑，缰绳坚韧，骑着它四处奔驰，广泛地询问商量。"就是这样的话。古代的国君诸侯听到好的或不好的事，都要骑着马赶去告诉天子，所以奖赏的的确是好人，惩罚的的确是坏人，不杀无辜的人，不让有罪的人逃脱，那么这就是与上统一的功效啊！

是故子墨子曰：今天下之王公大人士君子，请将欲富其国家^①，众其人民，治其刑政，定其社稷，当若尚同之不可不察，此之本也^②。

【注释】

①请：即"诚"字（王念孙说），真心，的确。

②之：与"其"通（王焕镳说）。

【译文】

所以墨子说："现在天下的王公大人士人君子，如果的确想要使他的国家富强，让他的人民众多，让刑法政治得到治理，让社稷安定，那么"尚同"不能不明察，这是为政的根本啊！

尚同下

【题解】

此篇与前两篇的主旨相同，旨在说明为政者要用同一于上的方法来统一人们的思想，处理政务，管理国家。

文章首先提出，要治理好国家，就一定要"计国家百姓所以治者而为之"，"国家百姓之所以乱者而辟之"，而国家得到治理的关键就在于要了解百姓的实情，并且切实地做到惩恶奖善。如果不能这样，好人就不能得到奖赏，恶人就不能得到惩罚，奖赏和惩罚就失去了鼓励善行和阻止恶行的作用，从而使百姓的是非观念产生混淆，天下就会混乱。

文章进而指出，为了了解天下百姓的实情，古代圣明的君王便设立了天子、三公、诸侯、卿宰、乡长、家君等各级行政长官，以他们为自己的耳目，就能知道千万里之外百姓的所为，并及时地奖百姓之所善，惩百姓之所恶。这样就能使家君同——家中的是非标准，进而使国君同——国中的是非标准，最终使天子同一全天下的是非标准，这就是使政治得到治理的根本和关键。

子墨子言曰：知者之事①，必计国家百姓所以治者而为之②，必计国家百姓之所以乱者而辟之。然计国家百姓之所以治者何也？上之为政，得下之情则治，不得下之情则乱。

何以知其然也？上之为政，得下之情，则是明于民之善非也。若苟明于民之善非也，则得善人而赏之，得暴人而罚之也。善人赏而暴人罚，则国必治。上之为政也，不得下之情，则是不明于民之善非也。若苟不明于民之善非，则是不得善人而赏之，不得暴人而罚之。善人不赏而暴人不罚，为政若此，国众必乱③。故赏不得下之情，而不可不察者也。

【注释】

①知：通"智"。

②计：盘算，谋划。

③众：疑当为"家"（于省吾说）。

【译文】

墨子说：有智慧的人做事，一定会考虑国家百姓可以得到治理的事，然后去实行；一定会考虑让国家百姓发生混乱的事情，然后去避免它。然而考虑国家百姓得到治理的原因是什么呢？上面的人治理政务，了解下面的实情就能得到治理，不了解下面的实情就会变得混乱。怎么知道是这样的呢？上面的人治理政务，了解下面的实情，那么就是了解百姓的善与不善。如果明白百姓的善与不善，那么就能发现行善的人并且给予奖赏，就能发现暴虐的人而给予惩罚。奖赏行善的人，惩罚作恶的人，那么国家一定能得到治理。上面的人治理政务，不了解下面的实情，那么就是不了解百姓的善与不善。如果不明白百姓的善与不善，那么就不能发现行善的人并且给予奖赏，就不能发现暴虐的人而给予惩罚。不奖赏行善的人，不惩罚作恶的人，像这样治理政务，那么国家民众一定会混乱。所以如果奖赏不了解下面的实情，就不能不加以明察。

　　然计得下之情将奈何可？故子墨子曰：唯能以尚同一义为政，然后可矣。何以知尚同一义之可而为政于天下也①？然胡不审稽古之治为政之说乎②？古者，天之始生民，未有正长也，百姓为人③。若苟百姓为人，是一人一义，十人十义，百人百义，千人千义，逮至人之众不可胜计也，则其所谓义者，亦不可胜计。此皆是其义，而非人之义，是以厚者有斗，而薄者有争。是故天下之欲同一天下之义也，是故选择贤者，立为天子。天子以其知力为未足独治天下④，是以选择其次立为三公⑤。三公又以其知力为未足独左右天子也⑥，是以分国建诸侯⑦。诸侯又以其知力为未足独治其四境之内也，是以选择其次立为卿之宰⑧。卿之宰又以其知力为未足独左右其君也，是以选择其次立而为乡长家君⑨。是故古者天子之立三公、诸侯、卿之宰、乡长家君，非特富贵游佚而择之也⑩，将使助治乱刑政也。故古者建国设都，乃立后王君公，奉以卿士师长⑪，此非欲用说也⑫，唯辩而使助治天明也⑬。

【注释】

①可而：犹"可以"（孙诒让说）。

②然：犹"则"（王念孙说）。审：审察。稽：考证，考核。治：疑为"始"之误（俞樾说）。

③人：疑当为"主"，句意谓"各为其主"（王焕镳说）。

④知力：即智力。

⑤其次：指低于天子一级的贤人。

⑥左右：助（尹桐阳说）。

⑦分国：指分封诸侯国。

⑧之：犹"与"（孙诒让说）。

⑨家君：诸侯称国，大夫称家，故大夫封地的总管称为"家君"。

⑩择：据《尚同中》当为"措"（孙诒让说）。

⑪奉：送。

⑫说：同"悦"，高兴。

⑬天明：当为"天民"（高亨说）。

【译文】

那么考虑怎么样才能得到下面的实情呢？所以墨子说：只有用统一于上的方法来治理政务，然后才可以。怎么知道用统一的方法可以来治理天下的政务？那么，为什么不考察古代治理政务的方法呢？古代刚开始有人民的时候，没有行政长官，百姓人各为主。如果百姓人各为主，那么一个人就有一种道理，十个人就有十种道理，百个人就有百种道理，千个人就有千种道理，等到人多得数不清楚，那么他们所说的道理，也就多得数不清。都认为自己的道理是对的，而非议别人的道理，所以分歧大的就有争斗，分歧小的就有争论。所以天下人想要统一天下的道理，所以选择贤能的人，让他做天子。天子认为凭借他自己的力量和智慧，不足以独立地来治理天下，所以选择次于天子的贤能的人，让他做三公。三公又因为凭借他们的力量和智慧，不足以独立地辅佐天子，所以分设诸侯国。诸侯国的国君知道凭借他的力量和智慧，不足以独立地治理他国家的四境之内，所以选择次于自己的贤能的人，让他们做卿宰。卿宰知道凭借他们的力量和智慧，不足以独立地辅佐他的主上，于是选择再次的贤能的人，让他们做乡长和家君。所以古代天子设立三公、诸侯、卿宰、乡长和家君，不是为了让他们富贵安逸游乐，是要让他们帮助治理政务和刑法。所以古代设立国家都城，然后设立君主王公，设立卿士师长，这不是要取悦他们，只是分授职责，让他们帮助上天治理百姓。

今此何为人上而不能治其下①？为人下而不能事其上？则是上下相贼也。何故以然？则义不同也。若苟义不同者有党②，上以若人为善③，将赏之，若人唯使得上之赏④，而辟百姓之毁，是以为善者，必未可使劝，见有赏也。上以若人为暴，将罚之，若人唯使得上之罚，而怀百姓之誉⑤，是以为暴者，必未可使沮，见有罚也。故计上之赏誉，不足以劝善；计其毁罚，不足以沮暴。此何故以然？则义不同也。

【注释】

①此何：这是为什么。

②党：袒护，偏袒。

③若：此，这个。

④唯：通"虽"（孙诒让说）。

⑤怀：这里指人心归向。

【译文】

现在为什么身处人上却不能治理下面？为什么处于人下却不能侍奉上面？那么就是上下相互贼害。怎么会这样呢？那就是道义不一样。如果道理不同而各自有所偏袒，上面认为这人行善就要奖赏他，这人虽然得到上面的奖赏，却不能避免百姓的诋毁，所以行善的人，虽然有奖赏，也未必会使善行得到劝勉。上面如果认为这个人为恶，将要惩罚他，那人虽然得到上面的惩罚，却得到百姓的赞誉，所以行恶的人，虽然有惩罚，也未必会使恶行得到遏止。所以考虑上面的赞誉和奖赏，不足以劝勉善行；考虑他的诋毁和惩罚，不足以遏止恶行。这是为什么呢？那就是由于道义的不同。

然则欲同一天下之义，将奈何可？故子墨子言曰：然胡不赏使家君试用家君①？发宪布令其家②，曰："若见爱利家者，必以告；若见恶贼家者，亦必以告。若见爱利家以告，亦犹爱利家者也，上得且赏之，众闻则誉之；若见恶贼家不以告，亦犹恶贼家者也，上得且罚之，众闻则非之。"是以遍若家之人，皆欲得其长上之赏誉③，辟其毁罚。是以善言之，不善言之，家君得善人而赏之，得暴人而罚之。善人之赏，而暴人之罚，则家必治矣。然计若家之所以治者何也？唯以尚同一义为政故也。

【注释】

①赏：当为"尝"（王念孙说）。

②宪：法令。

③长上：这里指家君。

【译文】

既然这样，那么要统一天下的道义，将要怎么做呢？所以墨子说：那么为什么不尝试用家君呢？尝试让家君发布政令来命令他的家人，说："如果看到爱家利家的人，一定要报告家君；如果看到贼害家的人，也一定要报告家君。如果看到爱家利家的人来报告，也像爱家利家的人一样，上面发现了并且奖赏他，众人听说了就会赞赏他；如果看到贼害家的人而不报告，也像贼害家的人一样，上面发现并且惩罚他，众人听说了就非议他。"所以全家的人，都想要得到上面的奖赏和赞誉，避免他的非议和惩罚。所以看到善事要报告，看到不善的事也要报告，家长发现善人要奖赏，发现恶人要惩罚。善人得到奖赏，恶人得到惩罚，那么家里一定会得到治理。考虑家里得到治理的原因是什么呢？只是用统一道理去治理政务罢了。

　　家既已治,国之道尽此已邪? 则未也。国之为家数也甚多,此皆是其家,而非人之家,是以厚者有乱,而薄者有争,故又使家君总其家之义①,以尚同于国君。国君亦为发宪布令于国之众,曰:"若见爱利国者,必以告;若见恶贼国者,亦必以告。若见爱利国以告者,亦犹爱利国者也,上得且赏之,众闻则誉之;若见恶贼国不以告者,亦犹恶贼国者也,上得且罚之,众闻则非之。"是以遍若国之人,皆欲得其长上之赏誉,避其毁罚。是以民见善者言之,见不善者言之,国君得善人而赏之,得暴人而罚之。善人赏而暴人罚,则国必治矣。然计若国之所以治者何也? 唯能以尚同一义为政故也。

【注释】

①总:统一。

【译文】

　　家里得到治理以后,那么治理国家的方法都在这里了吗? 还不是这样。国家里的家很多,都认为自己的家是对的,而非议别人的家,那么严重的就发生混乱,轻微的就有争论,所以又让家长统一全家的道理,来同一于国君。国君也发布政令,对国中的民众说:"如果看到爱国利国的人,一定要报告国君;如果看到贼害国家的人,也一定要报告国君。如果看到爱国利国的人来报告,也像爱国利国的人一样,上面发现了并且奖赏他,众人听说了就会赞赏他;如果看到贼害国家的人而不报告,也像贼害国家的人一样,上面发现了并且惩罚他,众人听说了就非议他。"所以全国的人,都想要得到上面的奖赏和赞誉,避免他的非议和惩罚。所以百姓看到善事要报告,看到不善的事也要报告,国君发现善人要奖赏,发现恶人要惩罚。善人得到奖赏,恶人得到惩罚,那么国家一定会得到治理。考虑国家得到治理的原因是什么呢？只是用统一道理去治理政务罢了。

国既已治矣，天下之道尽此已邪？则未也。天下之为国数也甚多，此皆是其国，而非人之国，是以厚者有战，而薄者有争。故又使国君选其国之义①，以尚同于天子。天子亦为发宪布令于天下之众，曰："若见爱利天下者，必以告；若见恶贼天下者，亦以告。若见爱利天下以告者，亦犹爱利天下者也，上得则赏之，众闻则誉之；若见恶贼天下不以告者，亦犹恶贼天下者也，上得且罚之，众闻则非之。"是以遍天下之人，皆欲得其长上之赏誉，避其毁罚，是以见善不善者告之。天子得善人而赏之，得暴人而罚之，善人赏而暴人罚，天下必治矣。然计天下之所以治者何也？唯而以尚同一义为政故也②。

【注释】
①选：据上文当为"总"。
②而：据上文当为"能"。

【译文】
国家得到治理以后，那么治理天下的方法都在这里了吗？还不是这样。天下的国家很多，都认为自己的国家是对的，而非议别人的国家，那么严重的就发生混乱，轻微的就有争论。所以又让国君统一全国的道理，来同一于天子。天子也发布政令，对天下的民众说："如果看到爱天下利天下的人，一定要报告天子；如果看到贼害天下的人，也一定要报告天子。如果看到爱天下利天下的人来报告，也像爱天下利天下的人一样，上面发现了并且奖赏他，众人听说了就会赞赏他；如果看到赋害天下的人而不报告，也像贼害天下的人一样，上面发现了并且惩罚他，众人听说了就非议他。"所以全天下的人，都想要得到上面的奖赏和赞誉，避免他的非议和惩罚，所以看到善事和不善的事都要报告。天子发现善人要奖赏，发现恶人要惩罚，善人得到奖赏，恶人得到惩罚，那么天下一定会得到治理。考虑天下得到治理的原因是什么呢？只是用统一道理去治理政务罢了。

天下既已治，天子又总天下之义，以尚同于天。故当尚同之为说也①，尚用之天子②，可以治天下矣；中用之诸侯，可而治其国矣；小用之家君，可而治其家矣。是故大用之治天下不窕③，小用之治一国一家而不横者，若道之谓也。故曰：治天下之国若治一家，使天下之民若使一夫④。意独子墨子有此⑤，而先王无此其有邪？则亦然也。圣王皆以尚同为政，故天下治。何以知其然也？于先王之书也《大誓》之言然⑥，曰："小人见奸巧乃闻，不言也，发罪钧。"此言见淫辟不以告者⑦，其罪亦犹淫辟者也。

【注释】

①说：主张。

②尚用：一本作"上同"。

③窕：《尔雅》："窕，闲也。"不满（王念孙说）。

④一夫：一个人。

⑤意：通"抑"，表示选择，还是。此：指"尚同"这种主张。

⑥《大誓》：即《泰誓》，《尚书》的篇名。

⑦淫辟：即上言"奸巧"。

【译文】

天下得到治理以后，天子又统一天下的道理，向上同一于天。所以说尚同的主张，在上用于天子，就可以让天下得到治理；在中用于诸侯，就可以治理好他的国家；在下用于家长，就可以治理好他的家庭。所以广泛地使用，治理天下不会嫌其小；小范围地使用，治理一个国家一个家庭，不会嫌其大，这个道理就是这样的。所以说：治理天下的国家就像治理一个家庭，任用天下的人民就像任用一个人。还是只有墨子有这种主张，而先王没有这种主张吗？先王也是这样的。圣明的君王都用尚同来治理政务，所以天下得到治理。怎么知道是这样的呢？在先王的书《泰誓》中这样说道："小人看到奸佞巧诈的人，却不说，这和奸佞巧诈的人的罪过是一样的。"这就是说看到淫邪的人却不报告，他的罪恶就像淫邪的人一样。

故古之圣王治天下也，其所差论①，以自左右羽翼者皆良，外为之人，助之视听者众。故与人谋事，先人得之；与人举事，先人成之；光誉令闻②，先人发之。唯信身而从事，故利若此。古者有语焉，曰："一目之视也，不若二目之视也；一耳之听也，不若二耳之听也；一手之操也，不若二手之强也。"夫唯能信身而从事，故利若此。是故古之圣王之治天下也，千里之外有贤人焉，其乡里之人皆未之均闻见也③，圣王得而赏之；千里之内有暴人焉④，其乡里未之均闻见也，圣王得而罚之。故唯毋以圣王为聪耳明目与？岂能一视而通见千里之外哉？一听而通闻千里之外哉？圣王不往而视也，不就而听也⑤。然而使天下之为寇乱盗贼者，周流天下无所重足者⑥，何也？其以尚同为政善也⑦。

【注释】

①差、论：皆"择"之意（王念孙说）。

②光：古与"广"通（俞樾说）。令：善，美好。

③均：都，全部。

④内：据上文当为"外"（陶鸿庆说）。

⑤就：接近，靠近，趋向。

⑥重：重叠，重复。

⑦善：当作"故"（蒋礼鸿说）。

【译文】

因此古代圣明的君王治理天下，他们选择作为自己左右的人、来辅佐自己的人，都是贤良的人，在外帮助他视察和倾听的人很多。所以和人商量事情，总是先于别人知道；和人行事，总是先于别人成功；荣誉和好的名声，总是先于别人得到传扬。只有相信这些去做事，才能得到这样的利益。古代有这样的说法："一只眼睛看东西，比不上两只眼睛看得清楚；一只耳朵听声音，比不上两只耳朵听得清晰；一只手拿东西，比不上两只手的力气大。"只有相信这些去做事，才能获得这样的利益。所以古代圣明的君王治理天下，千里之外有贤能的人，他乡里的人还没有都听到或看到，圣明的君王已经知道了并且奖赏他；千里之外有行恶的人，他乡里的人还没有都听到或看到，圣明的君王已经知道了并且惩罚他。是因为圣明的君王的眼睛很明亮、耳朵很灵敏吗？怎么能一看就看到千里之外呢？怎么能一听就听到千里之外呢？圣明的君王不去就能看到，不靠近就能听到。然而让天下做贼寇乱臣盗贼的人，走遍天下也没有可以立足的地方，这是什么原因呢？这就是用尚同的方法来治理政务的结果。

是故子墨子曰：凡使民尚同者，爱民不疾①，民无可使。曰：必疾爱而使之，致信而持之②，富贵以道其前③，明罚以率其后④。为政若此,唯欲毋与我同,将不可得也。

【注释】

①疾:快,急速。

②致:传达,表达。持:掌握,控制。

③道(dǎo):引导。

④率:读为"律",标准,规格。

【译文】

因此墨子说:凡是要让人同一于上的,爱民之心如果不急迫的话,民众就无法驱使。说:一定要急迫地去爱民众才能驱使他们,表达对他们信任才能拥有他们,用富贵在前面引导,用严明的惩罚在后面作为督促。像这样来治理政务,想要人民不和我一样,也是不可能的。

是以子墨子曰:今天下王公大人士君子,中情将欲为仁义①,求为上士,上欲中圣王之道,下欲中国家百姓之利,故当尚同之说而不可不察②,尚同为政之本而治要也。

【注释】

①情:即"诚"(王念孙说)。

②当:面对,对着。

【译文】

所以墨子说:现在天下的王公大人士君子,心中的确想要奉行仁义,追求做高尚的士人,对上想要符合圣明君王的道术,对下想要符合国家百姓的利益,所以对尚同的主张不能不明察,尚同是治理政务的根本和治理国家的要领。

兼爱上

【题解】

《兼爱》分为上、中、下三篇,这是上篇,篇幅较短,但兼爱的主旨已表露无遗。

兼爱是墨子的重要思想之一,就是要人们爱别人就像爱自己,对待别人就像对待自己,没有任何区别地相亲相爱。墨子认为只有这样,才能避免损害别人来为自己谋得利益的事情,也只有这样,才能使所有人都能得到平等的利益,也就是所谓的"交相利"。

这篇文章层次很清晰,第一层先提出要治理好天下混乱的状况就要知道发生混乱的原因,就像医生要知道病人的病根才能对症下药、把病治好一样。第二层论述了混乱的原因正在于人们的"不相爱",所以损人利己,无恶不作,小至强盗小偷抢劫偷窃,大至诸侯大夫互相攻战。第三层提出补救的办法,就是要人们"兼相爱",这样就"君臣父子皆能孝慈",而天下能得到治理。因此墨子主张治理天下的人一定要提倡"爱人"。

圣人以治天下为事者也,必知乱之所自起,焉能治之^①;不知乱之所自起,则不能治。譬之如医之攻人之疾者然^②,必知疾之所自起,焉能攻之;不知疾之所自起,则弗能攻。

治乱者何独不然？必知乱之所自起，焉能治之；不知乱之所
自起，则弗能治。

【注释】

①焉：乃（孙诒让说）。

②攻：治。

【译文】

　　圣人以治理天下的事为自己的事业，必须知道混乱是由什么引起
的，才能把它治理好；不知道混乱是由什么引起的，就不能治理好。比
如说医生治疗人的疾病，必须要知道疾病是由什么引起的，才能治好
它；不知道疾病是由什么引起的，就不能医治好。治理混乱的人为什么
不是这样的呢？必须要知道混乱是由什么引起的，才能治理好；不知道
混乱由什么引起，就不能治理好。

　　圣人以治天下为事者也，不可不察乱之所自起。当察
乱何自起①？起不相爱。臣子之不孝君父，所谓乱也。子自
爱不爱父，故亏父而自利②；弟自爱不爱兄，故亏兄而自利；
臣自爱不爱君，故亏君而自利，此所谓乱也。虽父之不慈
子③，兄之不慈弟，君之不慈臣，此亦天下之所谓乱也。父自
爱也不爱子，故亏子而自利；兄自爱也不爱弟，故亏弟而自
利；君自爱也不爱臣，故亏臣而自利。是何也？皆起不相
爱。虽至天下之为盗贼者④，亦然。盗爱其室不爱其异室⑤，
故窃异室以利其室；贼爱其身不爱人，故贼人以利其身。此
何也？皆起不相爱。虽至大夫之相乱家、诸侯之相攻国
者⑥，亦然。大夫各爱其家，不爱异家，故乱异家以利其家；

诸侯各爱其国，不爱异国，故攻异国以利其国，天下之乱物具此而已矣^⑦。察此何自起？皆起不相爱。

【注释】

①当：读为"尝"（孙诒让说）。

②亏：损害。

③慈：慈爱。

④盗：小偷。贼：强盗。

⑤室：家。其异室："其"疑为衍字（王念孙说）。

⑥家：指大夫的封地。

⑦具：全部。

【译文】

圣人以治理天下为自己的事业，不能不考察混乱是由什么引起的。尝试考察混乱是由什么引起的呢？是由人与人不相爱引起的。臣下不孝顺君王和父亲，这就是所说的混乱。儿子只爱自己而不爱父亲，所以损害父亲的利益而使自己得利；弟弟只爱自己而不爱兄长，所以损害兄长的利益而使自己得利；臣下只爱自己而不爱君王，所以损害君王的利益而使自己得利，这就是所谓的混乱。即使父亲对儿子不慈爱，兄长对弟弟不慈爱，君王对臣下不慈爱，这也是天下所说的混乱。父亲只爱自己而不爱儿子，所以损害儿子的利益而使自己得利；兄长只爱自己而不爱弟弟，所以损害弟弟的利益而使自己得利；君王只爱自己而不爱臣下，所以损害臣下的利益而使自己得利。这是为什么呢？都是由人与人不相爱引起的。即使是天下做盗贼的人也都是这样。小偷爱他自己的家而不爱别人的家，所以偷窃别人的家来使自己的家得利；强盗爱惜自己而不爱惜别人，所以抢劫别人来使自己得利。这是为什么呢？都是因为人与人不相爱而引起的。以至于大夫相互扰乱封地、诸侯相互攻占国家，也是这样。大夫各自爱他们自己的封地，而不爱别人的封地,所以扰乱别人的封地来使自己的封地得利;诸侯各自爱他们自己的国家,而不爱别人的国家,所以攻打别的国家来使自己的国家得利。天下的混乱,全部都在这里了。考察这是由什么引起的? 都是因为人和人不相爱引起的。

若使天下兼相爱^①,爱人若爱其身,犹有不孝者乎? 视父兄与君若其身,恶施不孝^②? 犹有不慈者乎? 视弟子与臣若其身,恶施不慈? 故不孝不慈亡有^③。犹有盗贼乎? 故视人之室若其室,谁窃? 视人身若其身,谁贼? 故盗贼亡有。犹有大夫之相乱家、诸侯之相攻国者乎? 视人家若其家,谁乱? 视人国若其国,谁攻? 故大夫之相乱家、诸侯之相攻国者亡有。若使天下兼相爱,国与国不相攻,家与家不相乱,盗贼无有,君臣父子皆能孝慈,若此则天下治。故圣人以治天下为事者,恶得不禁恶而劝爱? 故天下兼相爱则治,交相恶则乱。故子墨子曰:不可以不劝爱人者,此也。

【注释】

①兼相爱:谓全部相亲相爱。

②恶(wū):疑问代词,怎么。施:实行,施行。

③亡(wú):无,没有。

【译文】

如果让天下人都彼此相爱,爱别人就像爱自己,还会有不孝顺的人吗? 看待父亲兄弟和君王就像看待他自己,又怎么会做不孝顺的事情呢? 还会有不慈爱的人吗? 看待弟弟和臣下就像看待他自己,又怎么会做不慈爱的事情呢? 所以不孝顺不慈爱的事情就没有了。这样怎么还会有盗贼呢? 所以看待别人的家就像看待自己的家,谁还会去偷窃?

看待别人的身体就像自己的身体,谁还会去伤害别人? 所以盗贼就没有了。这样还会有大夫之间相互扰乱封地、诸侯之间相互攻打国家的吗? 看待别人的家就像自己的家,谁还会制造混乱? 看待别人的国家就像自己的国家,谁还会去攻打它呢? 所以大夫相互扰乱封地、诸侯相互攻打国家的就没有了。如果让天下的人都彼此相爱,国家和国家不相互攻打,封地和封地不相互扰乱,没有盗贼,君臣父子都能孝顺慈爱,像这样天下就能得到治理。所以圣人以治理天下为自己的事业,怎么能不禁止相互厌恶而劝人相爱呢? 所以天下人彼此相爱就会得到治理,相互厌恶就会变得混乱。所以墨子说:不能不劝人彼此相爱,就是这个道理。

兼爱中

【题解】

墨子认为"天下兼相爱则治，交相恶则乱"。所谓"兼爱"，就是要人们都视人如己，爱人如己，相亲相爱，无所偏私。

本篇用大量对比来论证兼相爱之利与不相爱之害，在对比中又分个人、家庭、国家等多层次、多角度，君臣、父子、兄弟等多重关系，显示出严谨的逻辑能力与清晰的思辨能力。然后辅之以楚灵王好士细腰的事例与越王勾践考验士臣的事例，来证明只要统治者有心推广的任何政策，包括古代圣王的"兼爱"，都能得以实现。再以详尽的笔法铺叙大禹治水兼顾天下、文王治国感动上苍、武王行祭广济众生三例，来说明"兼爱"的光耀四方并非不可实现，从而否定了士君子们所言称的"兼爱"是"譬若挈太山越河济"的"不可行之物"。最后，墨子在文末推出结论，"兼相爱，交相利"是"圣王之法。天下之至道也，不可不务为也"。语言质朴无华，结构严谨，逻辑性强。

子墨子言曰：仁人之所以为事者①，必兴天下之利，除去天下之害，以此为事者也。然则天下之利何也？天下之害何也？子墨子言曰：今若国之与国之相攻，家之与家之相篡②，人之与人之相贼③，君臣不惠忠，父子不慈孝，兄弟不和调④,此则天下之害也。

【译文】

墨子说道:仁义的人治理政事的原则,一定要增进天下的利益,除去天下的祸患,像这样来办事。既然这样,那么天下的利益是什么?天下的祸患是什么?墨子说:就像现在国与国之间的相互攻打,家与家之间的互相篡夺,人与人之间的相互伤害,君王不惠,臣子不忠,父亲不慈爱,儿子不孝顺,兄弟之间不和睦融洽,这就是天下的祸患啊!

然则崇此害亦何用生哉①?以不相爱生邪?子墨子言:以不相爱生。今诸侯独知爱其国,不爱人之国,是以不惮举其国以攻人之国。今家主独知爱其家,而不爱人之家,是以不惮举其家以篡人之家。今人独知爱其身,不爱人之身,是以不惮举其身以贼人之身。是故诸侯不相爱则必野战,家主不相爱则必相篡,人与人不相爱则必相贼,君臣不相爱则不惠忠,父子不相爱则不慈孝,兄弟不相爱则不和调。天下之人皆不相爱,强必执弱②,富必侮贫,贵必敖贱③,诈必欺愚④。凡天下祸篡怨恨,其所以起者,以不相爱生也,是以仁者非之。

【注释】

①崇:乃"察"字之误(俞樾说)。

②执：执掌，控制。

③敖(ào)：通"傲"。

④诈：聪明人。

【译文】

既然这样，那么考察这祸患是怎么产生的呢？因为不相爱产生的吗？墨子说：因为不相爱而产生。如今诸侯只知道爱自己的国家，不爱其他国家，所以肆无忌惮地动用全国的力量去攻打别的国家。如今一家之主只知道爱自己的家，而不爱别人的家，所以肆无忌惮地动用全家的力量去篡夺别人的家。如今的人只知道爱他自己，不去爱别人，所以肆无忌惮地使出浑身的力量去伤害别人。诸侯之间不相爱就必然硝烟四起，家主之间不相爱就必然相互篡夺，人与人之间不相爱就必然相互伤害，君臣不相爱就必然不惠不忠，父子不相爱就必然不慈不孝，兄弟不相爱就必然不和睦融洽。天下的人都不相爱，强者必然要欺凌弱者，富者必然要侮辱贫者，高贵者必然要傲视下贱者，狡诈的必然要欺负愚笨的。凡是天下祸乱、篡夺、怨愤、仇恨，之所以会出现，都因为不相爱而产生，所以仁义的人认为这样是不对的。

既以非之①，何以易之？子墨子言曰：以兼相爱、交相利之法易之。然则兼相爱、交相利之法将奈何哉？子墨子言：视人之国若视其国，视人之家若视其家，视人之身若视其身。是故诸侯相爱则不野战，家主相爱则不相篡，人与人相爱则不相贼，君臣相爱则惠忠，父子相爱则慈孝，兄弟相爱则和调。天下之人皆相爱，强不执弱，众不劫寡②，富不侮贫，贵不敖贱，诈不欺愚。凡天下祸篡怨恨可使毋起者，以相爱生也，是以仁者誉之③。

【注释】

①以：通"已"。

②劫：胁迫，威逼。

③之：指"兼相爱、交相利"之法。

【译文】

　　既然认为这是不对的，那么怎样去改变它呢？墨子说道：用大家都相亲相爱、互相得利的方法改变它。然而怎样是相亲相爱、互相得利呢？墨子说：看待别的国家如同看待自己的国家，看待别的家庭如同自己的家庭，看待别人的生命如同自己的生命。这样，诸侯相爱就不会战乱纷纷，家主相爱就不会相互篡夺，人与人相爱就不会相互伤害，君臣相爱就会带来惠忠，父子相爱就会带来慈孝，兄弟相爱就会带来和睦。天下的人都相爱，强大的就不会欺凌弱小的，人多的就不会胁迫人少的，富贵的就不会侮辱贫困的，高贵的就不会傲视低贱的，狡诈的就不会欺负愚笨的。凡是天下的祸乱、篡夺、怨愤、仇恨，都可以使它们不发生，就是由于相爱的缘故，所以仁义的人赞美它。

　　然而今天下之士君子曰："然，乃若兼则善矣①。虽然，天下之难物于故也②。"子墨子言曰：天下之士君子，特不识其利③，辩其故也④。今若夫攻城野战⑤，杀身为名，此天下百姓之所皆难也，苟君说之⑥，则士众能为之。况于兼相爱、交相利，则与此异。夫爱人者，人必从而爱之；利人者，人必从而利之；恶人者，人必从而恶之；害人者，人必从而害之。此何难之有！特上弗以为政⑦，士不以为行故也。

【注释】

①乃若：转语词，相当于"那么"。

②物：事。于故：谓迂远难行之事（孙诒让说）。

③特：只，但。

④辩：通"辨"。

⑤若夫：语助词。

⑥苟：如果，假使。说：同"悦"。

⑦弗：不。

【译文】

　　然而如今天下的士君子说："是的，那样兼相爱是好的。虽然好，但却是天下难以办到的事啊！"墨子说道：天下的士君子只是没有认识到它的好处，了解到它的道理。现在人们攻打城市、战乱四起，为了成名而牺牲自己，这是天下老百姓都觉得为难的，但如果国君喜欢它，为官的和老百姓就会去做。何况兼相爱、交相利，与这些不同。凡是爱人的，人必然随即爱他；利人的，人也随即利他；憎恶人的，人必然随即憎恶他；害人的，人必然随即害他。这有什么难呢！只是国君不把"兼爱"体现在治理政事中，当官的不把"兼爱"付诸行动罢了。

　　昔者晋文公好士之恶衣①，故文公之臣皆牂羊之裘②，韦以带剑③，练帛之冠④，入以见于君，出以践于朝⑤。是其故何也？君说之，故臣为之也。昔者楚灵王好士细要⑥，故灵王之臣皆以一饭为节⑦，胁息然后带⑧，扶墙然后起，比期年⑨，朝有黧黑之色⑩。是其故何也？君说之，故臣能之也。昔越王勾践好士之勇，教驯其臣，和合之焚舟失火⑪，试其士曰："越国之宝尽在此！"越王亲自鼓其士而进之。士闻鼓音，破碎乱行⑫，蹈火而死者左右百人有余。越王击金而退之。是故子墨子言曰：乃若夫少食恶衣⑬，杀身而为名，此天下百姓之所皆难也。若苟君说之，则众能为之。况兼相爱、交相利,与此异矣。夫爱人者,人亦从而爱之;利人者,人亦从而利之;恶人者,人亦从而恶之;害人者,人亦从而害之。此何难之有焉,特上不以为政,而士不以为行故也。

【注释】

①好(hào):喜爱。恶衣:破旧的衣服。

②牂(zāng):母羊。裘:皮衣。

③韦:熟牛皮。带:佩带。

④练:白色的熟绢。

⑤践:踩。

⑥细要:即"细腰"。

⑦为节:作为节制的方法。

⑧胁息:屏气。带:束腰带。

⑨比:等到,及。期(jī)年:一年。

⑩朝:朝臣。黧(lí):人饥瘦时发黑的面色。

⑪和合之:疑当为"私令人"(孙诒让说)。

⑫碎:疑为"萃"之借字,亦行列之谓(孙诒让说)。行:陈列,行列。

⑬乃若夫:语助词。

【译文】

从前,晋文公偏好臣子服装简陋,所以文公的臣子都穿着羊皮衣裳,用牛皮带佩挂剑,戴着熟绢的冠,这样进入宫中见君主,出来侍列朝廷。这是什么缘故?国君喜爱,所以臣子这样去做。从前,楚灵王喜欢细腰的士人,所以灵王的臣子每天都只吃一顿饭作为节制,屏气束紧腰带,扶墙然后才能站起来,等过了一年,朝中人多是面黑肌瘦。这是什么缘故?国君喜欢,所以臣子就可以去做。从前,越王勾践喜欢将士勇猛,为教导训练他的臣子,对于自己发出的命令能起而响应,符合"勇"的要求,私下放火烧船,考验他的士臣说:"越国的宝藏都在这里面!"越王亲自为奋进的士臣击鼓。士臣听闻鼓音，争先恐后，打乱了队伍，冲向大火被烧死的，有一百多个近臣。越王鸣金收兵，他们才退下。所以墨子说道：为了名声而吃得少、穿得差，牺牲自己，这是天下老百姓都觉得为难的。但如果国君喜爱，众人就能照着去做。何况兼相爱、交相利，与这些不同。凡是爱人的，人必然随即爱他；利人的，人也随即利他；憎恶人的，人必然随即憎恶他；害人的，人必然随即害他。这有什么难呢？只是国君不把"兼爱"体现在治理政事中，当官的不把"兼爱"付诸行动罢了。

　　然而今天下之士君子曰："然，乃若兼则善矣。虽然，不可行之物也①，譬若挈太山越河济也②。"子墨子言：是非其譬也③。夫挈太山而越河济，可谓毕劫有力矣④，自古及今未有能行之者也。况乎兼相爱、交相利，则与此异，古者圣王行之。何以知其然？古者禹治天下，西为西河、渔窦⑤，以泄渠、孙、皇之水⑥；北为防原泒⑦，注后之邸、嘑池之窦⑧，洒为底柱⑨，凿为龙门⑩，以利燕、代、胡、貉与西河之民⑪；东方漏之陆⑫，防孟诸之泽⑬，洒为九浍⑭，以楗东土之水⑮，以利冀州之民⑯；南为江、汉、淮、汝⑰，东流之，注五湖之处⑱，以利荆、楚、干、越与南夷之民⑲。此言禹之事，吾今行兼矣。昔者文王之治西土⑳，若日若月，乍光于四方，于西土㉑，不为大国侮小国，不为众庶侮鳏寡，不为暴势夺穑人黍、稷、狗、彘㉒。天屑临文王慈㉓，是以老而无子者，有所得终其寿；连独无兄弟者㉔，有所杂于生人之间㉕；少失其父母者，有所放依而长。此文王之事，则吾今行兼矣。昔者武王将事泰山隧㉖，《传》曰㉗："泰山，有道曾孙周王有事㉘，大事既获㉙，仁人尚作^㉚，以祗商夏^㉛，蛮夷丑貉^㉜。虽有周亲^㉝，不若仁人。万方有罪^㉞，维予一人。"此言武王之事，吾今行兼矣。

【注释】

①物：事。

②挈(qiè)：举。太山：即泰山。越：跨过，越过。河：黄河。济：济水。

③是：这。

④毕：疾。劫：疑为"劼"之误(孙诒让说)，形容有力的样子。

⑤为：治。西河：在山西、陕西之界的一段黄河。渔窦：古水名，疑即龙门。

⑥泄：倾泻，排泄。渠、孙、皇：古水名。

⑦防：隄。原、泒(gū)：皆为古水名。

⑧注：注入。后之邸：古地名。嘑(hū)池：即滹沱。嘑，通"滹"。窦：通"渎"，大河。

⑨洒：分流。底柱：即砥柱山。

⑩凿：开通。

⑪燕、代：皆为古代北方国名。胡、貉：皆为古代北方部族名。

⑫东方漏之陆："方"当为"为"(孙诒让说)。漏：疏导。之陆：疑当作"大陆"(孙诒让说)。

⑬防：拦截，堵。孟诸之泽：古湖泽名，在河南商丘东北。

⑭九浍(kuài)：九条河流。

⑮楗(jiàn)：门限。这里指限制。

⑯冀州：古"九州"之一，在黄河中下游的中原地区。

⑰江：长江。汉：汉水。淮：淮河。汝：汝水。

⑱五湖：泛指太湖流域的湖泊。

⑲荆、楚：即楚国。干、越：即吴越。

⑳西土：今陕西岐山一带，周民族定居于此。

㉑乍：古通"作"。

㉒稼人：种田的人。黍、稷：泛指粮食。狗、彘(zhì)：泛指家畜。

㉓屑：顾。临：察视。

㉔连独："连"疑当读为"矜"，穷苦茕独之意(孙诒让说)。

㉕杂：读为"集"(孙诒让说)，成，就。

㉖将：行。

㉗《传》：祝辞。

㉘曾孙：天子诸侯祭祀时的谦称。有事：行此祭祀。

㉙既：已经。获：得。

㉚尚：辅佐。作：起。

㉛祇(zhèn)：拯救(孙诒让说)。商夏：华夏中原。

㉜蛮夷丑貉：泛指中原之外的民族。

㉝周亲：至亲。

㉞万方：指四方百姓。

【译文】

　　然而，如今天下的士君子说："是的，像那样互相亲爱当然好。虽然好，但却是不能实现的事，就好像要举起泰山跨过黄河济水一样。"墨子说：这比方得不对。举起泰山越过黄河济水，可以说是极其有力了，但从古到今，还没有能实现它的人。兼相爱、交相利就与此不同了，古时候圣王就实现了它。怎么知道的呢？古时候大禹治理天下，在西边修筑了西河、渔窦，用来排泄渠、孙、皇的河水；在北边修了原、派的堤坝，使河水流入后之邸湖和滹沱河，让黄河在砥柱山分流，开凿龙门山以利于燕、代、胡、貉的人民；东边疏导大陆上的积水，修筑孟诸湖的堤坝，同时把水分为九条河渠，限制它泛滥，以利于冀州人民；南边疏通长江、汉水、淮河、汝水，使它们东流入海，注入太湖各处湖泊，以利于荆楚、吴越和南夷的人民。这说的是夏禹的事，我们现在应该实行这种"兼爱"了。从前，文王治理西土，就像日月一般，光耀四方，被及西土。

不因为是大国就欺侮小国，不因为人数众多就欺侮鳏寡孤独，不因为有强大之势就抢夺农人的粮食家畜。上天注意到文王的慈悲仁爱，所以年老无子的，可以得到供养而终其天年；茕独无兄弟的，可以安居于平常人之中；幼年失去父母的，可以有所依傍而成长。这是文王那时的事，我们现在应该实行这种"兼爱"了。从前，武王行祭于泰山，祝辞里说："泰山有灵，我行此祭祀，伐纣之事已获成功，贤仁的人在我身旁辅佐，以振奋华夏中原，乃至边疆荒野。即使有至亲，也不及我有仁人。四方众生若有罪过，全都由我一人承当。"这说的是武王时的事，我们现在应该实行这种"兼爱"了。

　　是故子墨子言曰：今天下之君子，忠实欲天下之富而恶其贫①，欲天下之治而恶其乱，当兼相爱、交相利。此圣王之法，天下之治道也，不可不务为也②。

【注释】
　　①忠：通"中"（孙诒让说）。
　　②务：努力，尽力。

【译文】
　　因此墨子说道：如今天下的君子，心中实在希望天下富强而憎恶贫困，希望天下得到治理而憎恶祸乱纷纭，那么大家应当都相亲相爱、互相惠利。这是圣王的法则，是天下得到治理的方法，不可不努力地去做啊！

兼爱下

　　此篇的主旨，大致与《兼爱上》《兼爱中》相同，但篇幅较长，论述更为详尽。

　　开篇首先论述天下之大害在于君不惠、臣不忠、父不慈、子不孝，所以相互残害而损人以利己。因而墨子提出要以"兼相爱、交相利"来改变这一状况。接着，以具体的例子来说明，即使是反对"兼"的人，在遇到实际困难的时候，也会向实行"兼"的人寻求帮助，这就是他们言论和行为不相符合，所以他们非议"兼"是应当被质疑的。然后，墨子又以先王的《泰誓》《禹誓》《汤说》《周诗》为例，反复论证"兼爱"是古代贤王的治国之道，以此来彻底确立"兼爱"的价值。最后，墨子作补充论证，指出"兼爱"之道并非如一些人所认为是极其困难而不可实现的美好愿望，只要统治者有诚意推行，并且"劝之以赏誉，威之以刑罚"，必会使百姓为求"乡上"而趋之若鹜。这样天下就会安定，百姓就会得利。

　　子墨子言曰：仁人之事者，必务求兴天下之利，除天下之害。然当今之时，天下之害孰为大①？曰：若大国之攻小国也，大家之乱小家也，强之劫弱，众之暴寡②，诈之谋愚，贵之敖贱③，此天下之害也。又与为人君者之不惠也④，臣者之不忠也,父者之不慈也,子者之不孝也,此又天下之害也。又与今人之贱人⑤,执其兵刃、毒药、水、火,以交相亏贼,此又天下之害也。

【注释】

①孰:哪一个,哪一样。

②暴:欺凌,损害。

③敖:通"傲",傲慢。

④与:《广雅》:"与,如也。"

⑤今人:"人"字疑衍(王念孙说)。贱:当为"贼"之误(王念孙说)。

【译文】

墨子说:仁义的人做事,一定追求兴起天下的利益,除去天下的祸害。然而当今的时候,天下的祸害哪个是最大的呢? 回答是:像大国攻打小国,大家使小家变得混乱,强大的抢劫弱小的,人多的欺负人少的,狡诈的欺骗愚蠢的,高贵的轻视低贱的,这就是天下的祸害。又像做国君的不仁慈,做臣子的不忠诚,做父亲的不慈爱,做儿子的不孝顺,这又是天下的祸害。又像现在残害人的人,拿着他们的刀枪、毒药、水、火,用这些来相互残害,这又是天下的祸害。

姑尝本原若众害之所自生①,此胡自生? 此自爱人利人生与? 即必曰非然也,必曰从恶人贼人生②。分名乎天下恶人而贼人者,兼与③? 别与④? 即必曰别也。然即之交别者⑤,果生天下之大害者与? 是故别非也。子墨子曰:"非人者,必有以易之,若非人而无以易之,譬之犹以水救火也⑥,其说将必无可焉。"

【注释】

①本原：追究根源。

②恶：讨厌，不喜欢。

③兼：指待人如待己。

④别：指将别人与自己区分对待。

⑤即：与"则"同（孙诒让说）。交别：犹"交相别"（孙诒让说）。

⑥以水救火：疑当为"以水救水，以火救火"（俞樾说），指方法不当，
　则为害更大。

【译文】

姑且尝试推究一下这众多祸害产生的根源，这是从哪产生的呢？这都是从爱人利人产生的吗？那么必定会说不是这样的，必定说是厌恶人残害人产生的。辨别一下天下厌恶人残害人的人，是出于"兼"还是出于"别"呢？那么必定说是"别"。既然这样，那么把自己和别人相区别，果然是产生天下大祸害的原因吗？所以说"别"是不对的。墨子说："非难别人，一定有别的东西来替代它，如果非难别人而又没有东西来替代，就好像用水来救水，用火来救火，这种主张一定是不能实行的。"

是故子墨子曰：兼以易别。然即兼之可以易别之故何也？曰：藉为人之国若为其国①，夫谁独举其国以攻人之国者哉②？为彼者由为己也③。为人之都若为其都④，夫谁独举其都以伐人之都者哉？为彼犹为己也。为人之家若为其家，夫谁独举其家以乱人之家者哉？为彼犹为己也。然即国、都不相攻伐，人家不相乱贼，此天下之害与？天下之利与？即必曰天下之利也。

【注释】

①藉：假使。

②独：当为"犹"之误（陶鸿庆说）。

③由：同"犹"。

④都：都城。

【译文】

因此墨子说：要用"兼"来替代"别"。既然这样，那么"兼"可以替代"别"的缘故是什么呢？回答是：假如为别人的国家就像为自己的国家，那么谁还会发动全国的力量去攻打别人的国家呢？为别人就像为自己。为别人的都城就像为自己的都城，谁还会发动整个都城的力量去攻打别人的都城呢？为别人就像为自己。为别人的家就像为自己的家，谁还会发动全家的力量去扰乱别人的家呢？为别人就像为自己。那么，国家和国家、都城和都城不相互攻打，人与人、家与家不相互残害，这是天下的祸害，还是天下的利益呢？那么，必定会说是天下的利益。

姑尝本原若众利之所自生，此胡自生？此自恶人贼人生与？即必曰非然也，必曰从爱人利人生。分名乎天下爱人而利人者，别与？兼与？即必曰兼也。然即之交兼者，果生天下之大利者与。是故子墨子曰：兼是也。且乡吾本言曰①："仁人之事者，必务求兴天下之利，除天下之害。"今吾本原兼之所生，天下之大利者也；吾本原别之所生，天下之大害者也。是故子墨子曰：别非而兼是者，出乎若方也②。

【注释】

①乡（xiàng）：从前。

②若：此，这个。方：方法，办法。

【译文】

　　姑且尝试推究这众多利益所产生的根源,是由什么产生的呢? 这是从厌恶人残害人产生的吗? 必定说不是这样的,必定说是从爱人利人产生的。辨别天下爱人和利人的人,是因为"别"还是因为"兼"呢? 一定说是"兼"。那么,这种互爱互利,果真是产生天下大利益的原因。所以墨子说:"兼"是对的。并且我以前说过:"仁义的人的事业,务必追求兴起天下的利益,除去天下的祸害。"现在我推究到"兼"是产生天下的大利益的本源,我推究到"别"是产生天下的大祸害的本源。所以墨子说:"别"是不对的,"兼"是对的,就是出于这个道理。

　　今吾将正求与天下之利而取之,以兼为正^①,是以聪耳明目相与视听乎^②? 是以股肱毕强相为动宰乎^③? 而有道肆相教诲^④,是以老而无妻子者,有所侍养以终其寿;幼弱孤童之无父母者,有所放依以长其身。今唯毋以兼为正,即若其利也^⑤,不识天下之士,所以皆闻兼而非者,其故何也?

【注释】

①正:通"政"。

②与:据别本当作"为"(于省吾说)。

③宰:犹"治"(吴毓江说)。

④肆:肆力,努力。

⑤若:若此,如此。

【译文】

　　现在我正寻求一个给予天下利益的方法并且采用它,用"兼"去治理政治,是用聪明的耳朵、明亮的眼睛帮助去听、去看吗? 是用强有力的手脚去相互帮助吗? 于是努力地用道义相互教诲,所以年老而没有妻子儿女的人能够得到奉养而寿终，年幼弱小孤独的没有父母的儿童能够有所依靠而长大。现在只要用"兼"来治理政治，就可以得到这样的利益，不知道天下的士人，听到"兼"就都加以反对，是什么原因呢？

　　然而天下之士非兼者之言，犹未止也。曰：即善矣。虽然，岂可用哉？子墨子曰：用而不可，虽我亦将非之。且焉有善而不可用者？姑尝两而进之。谁以为二士①，使其一士者执别，使其一士者执兼。是故别士之言曰："吾岂能为吾友之身，若为吾身？为吾友之亲，若为吾亲？"是故退睹其友②，饥即不食，寒即不衣，疾病不侍养，死丧不葬埋。别士之言若此，行若此。兼士之言不然，行亦不然，曰："吾闻为高士于天下者，必为其友之身，若为其身；为其友之亲，若为其亲，然后可以为高士于天下。"是故退睹其友，饥则食之，寒则衣之，疾病侍养之，死丧葬埋之。兼士之言若此，行若此。若之二士者③，言相非而行相反与！当使若二士者④，言必信，行必果，使言行之合犹合符节也⑤，无言而不行也。然即敢问，今有平原广野于此，被甲婴胄将往战⑥，死生之权未可识也⑦；又有君大夫之远使于巴、越、齐、荆⑧，往来及否未可识也。然即敢问，不识将恶也，家室奉承亲戚⑨，提挈妻子而寄托之⑩，不识于兼之有是乎？于别之有是乎？我以为当其于此也，天下无愚夫愚妇，虽非兼之人，必寄托之于兼之有是也。此言而非兼，择即取兼，即此言行费也⑪。不识天下之士，所以皆闻兼而非之者，其故何也？

【注释】

①谁：当为"设"之误（王引之说）。

②退：归，返回。

③之：此。

④当：疑为"尝"之借字（孙诒让说）。若：此，这个。

⑤符节：古代朝廷传达命令或征调兵将的凭证。

⑥被：披。甲：铠甲。婴：围绕，缠绕。胄：头盔。

⑦权：变。

⑧使：出使。

⑨奉承：这里指奉养。亲戚：古人称父母为亲戚。

⑩提：携带。挈：带着，领着。

⑪费：通"拂"（王念孙说），违背。

【译文】

然而，天下的士人非议"兼"的言论并没有停止。说："兼"的主张很好。即使是这样，难道可以实行吗？墨子说：如果不可以用，即使是我也要非难它。何况哪里会有好但是不能用的东西呢？姑且尝试让主张"兼"和"别"的人完全按自己的主张行事。假设有两个人，让其中一个士人主张"别"，让另一个士人主张"兼"。所以主张"别"的士人说："我怎么能为我的朋友的身体，就像为我自己的身体？怎么能为我朋友的亲人，就像为我自己的亲人？"所以返身看他的朋友，饥饿也不给他食物，寒冷也不给他衣服，生病也不加以照顾，死了也不埋葬。主张"别"的人的言论是这样的，行为是这样的。主张"兼"的人的言论就不是这样，行为也不是这样。说："我听说成为天下品德高尚的人，必定为他朋友的身体就像为他自己的身体，为他朋友的亲人就像为自己的亲人，然后可以成为天下品德高尚的人。"所以返身看他的朋友，饥饿就给他食物，寒冷就给他衣服，生病就加以照顾，死了帮助埋葬。主张"兼"的人的言论是这样的，行为是这样的。像这样的两个士人，言论不同而且行为相反！如果尝试让这两个人，说的话一定有信用，行为必定果敢，让言论和行为相符合，就像符节一样契合，没有一句话不实行的。那么请问：现在有平原旷野在这里，穿着铠甲戴着头盔前往作战，生死的变化不可预知；又有个大夫，奉命出使遥远的巴、越、齐、荆等地，能否重返故乡不可预料。那么请问：不能预料该怎么办呢？对于他的家室及需要奉养的父母，需要带领的妻子孩子，该托付给谁呢？不知该托付给主张"兼"的朋友，还是托付给主张"别"的朋友呢？我认为在这种情况下，天下就没有愚蠢的男女，即使是非议"兼"的人，也一定会托付给主张"兼"的人。在言论上非议"兼"，在选择上就取"兼"，这就是言论和行为相反。不知道天下的士人，听到"兼"就都加以非议，它的原因是什么呢？

然而天下之士非兼者之言，犹未止也。曰：意可以择士①，而不可以择君乎？姑尝两而进之。谁以为二君，使其一君者执兼，使其一君者执别，是故别君之言曰："吾恶能为吾万民之身，若为吾身？此泰非天下之情也②。人之生乎地上之无几何也，譬之犹驷驰而过隙也。"是故退睹其万民，饥即不食，寒即不衣，疾病不侍养，死丧不葬埋。别君之言若此，行若此。兼君之言不然，行亦不然，曰："吾闻为明君于天下者，必先万民之身，后为其身，然后可以为明君于天下。"是故退睹其万民，饥即食之，寒即衣之，疾病侍养之，死丧葬埋之。兼君之言若此，行若此。然即交若之二君者，言相非而行相反与。常使若二君者，言必信，行必果，使言行之合犹合符节也，无言而不行也。然即敢问，今岁有疠疫③，万民多有勤苦冻馁④，转死沟壑中者⑤，既已众矣。不识将择之二君者⑥，将何从也？我以为当其于此也，天下无愚夫愚

妇，虽非兼者，必从兼君是也。言而非兼，择即取兼，此言行
拂也。不识天下所以皆闻兼而非之者，其故何也？

【注释】

①意：通"抑"，或者。

②泰：最，极。

③疬疫（lì yì）：瘟疫。

④馁：饥饿。

⑤转：弃。死：这里指死去的人。

⑥之：此。

【译文】

　　然而天下的人非议"兼"的言论还没有停止。说：或许可以用以选择士人，但是不可以用以选择君主吧？姑且尝试让主张"兼"和"别"的人完全按自己的主张行事。假设有两位君主，让其中的一位君主主张"兼"，让其中一位君主主张"别"，所以主张"别"的君主说："我怎么能为广大百姓的身体就像为我自己的身体？这太不符合天下的常情了。人生活在世上没有多少时间，就好比四匹马拉的车奔驰过缝隙那么快。"所以返身看他的百姓，饥饿而不给他食物，寒冷而不给他衣服，疲劳生病也不加以奉养，死了也不埋葬。主张"别"的君主的言论像这样，行为像这样。主张"兼"的君主的言论不像这样，行为也不像这样。说："我听说作为天下圣明的君主的人，必定先考虑广大百姓的身体，然后再考虑自己的身体，然后才可以成为天下圣明的君主。"所以返身看他的百姓，饥饿就给他食物，寒冷就给他衣服，疲劳生病就加以奉养，死了就帮助埋葬。主张"兼"的君主的言论像这样，行为像这样。那么，像这两位君主，言论不同而且行为相反。如果尝试让这两位君主，说的话一定有信用，行为一定果敢，让言论行为相互符合就像符节一样契合，没有一句言论不实行的。那么请问：现在有瘟疫流行，广大的百姓大多数辛苦

劳作却挨饿受冻，死后被抛在水沟、山沟中的人已经很多了。不知道要从这两位国君中做选择时，要跟从哪一位呢？我认为在当今的时候，天下无论愚蠢的夫妇，即使是非议"兼"的人，也一定会选择跟从主张"兼"的君主。言论上非议"兼"，选择的时候却选择"兼"，这就是言论和行为不相符合。不知道天下人为什么听到"兼"就都加以非议，它的缘故是什么呢？

　　然而天下之士非兼者之言也，犹未止也。曰：兼即仁矣，义矣，虽然，岂可为哉？吾譬兼之不可为也，犹挈泰山以超江河也①。故兼者直愿之也②，夫岂可为之物哉？子墨子曰：夫挈泰山以超江河，自古之及今③，生民而来未尝有也。今若夫兼相爱、交相利，此自先圣六王者亲行之。何知先圣六王之亲行之也？子墨子曰：吾非与之并世同时，亲闻其声，见其色也④。以其所书于竹帛，镂于金石，琢于槃盂，传遗后世子孙者知之。《泰誓》曰："文王若日若月，乍照，光于四方于西土。"即此言文王之兼爱天下之博大也，譬之日月兼照天下之无有私也⑤。即此文王兼也，虽子墨子之所谓兼者，于文王取法焉。

【注释】

①挈：提起。江：长江。河：黄河。

②直：仅，只是。

③之：犹"以"（王焕镳说）。

④色：脸色，表情。

⑤兼照：普照。

【译文】

　　然而天下人非议"兼"的言论还没有停止。说:"兼"虽然是仁义的,但是,难道这样就可以实现了吗?我打个比方说"兼"是不可实现的,就像要举起泰山来跨过长江、黄河一样。所以说"兼"只是一种美好的愿望,难道是可以实行的吗?墨子说:举起泰山来跨过长江、黄河,从古代到现在,自从有百姓以来,都是没有的。至于像现在这样的相爱相利,这是从古代圣明的六位君王开始就亲自实行的。怎么知道古代圣明的六位君王是亲自实行的呢?墨子说:我不是和他们生活在同一时代,没有亲自听到他们的声音,没有亲眼看到他们的表情。凭借他们所书写在竹帛上、雕在金石上、刻在盘盂器皿上来留传给后世子孙的记载才知道。《泰誓》说:"文王像太阳和月亮的光辉一样,照耀在四方和西方的土地上。"这就是说文王广泛地爱天下的人,就像太阳和月亮普照天下,没有偏私一样。这就是文王的"兼",墨子所说的"兼",就是从文王那里取法得来的。

　　且不唯《泰誓》为然,虽《禹誓》即亦犹是也。禹曰:"济济有众①,咸听朕言②:非惟小子③,敢行称乱④,蠢兹有苗⑤,用天之罚,若予既率尔群对诸群,以征有苗。"禹之征有苗也,非以求以重富贵、干福禄、乐耳目也⑥,以求兴天下之利,除天下之害。即此禹兼也。虽子墨子之所谓兼者,于禹求焉。

【注释】

①济济:众盛之貌。

②咸:都,全。朕:我。

③惟:通"台",我。小子:谦称自己。

④称：举。

⑤蠢：不逊。

⑥重：重视。干：求。

【译文】

况且，不仅仅是《泰誓》是这样，即使是《禹誓》也是这样。禹说："众多的百姓，都听我说：并不是我小子敢发动战乱，有苗那么蠢蠢欲动，我代替上天对他们施行惩罚，现在我率领你们各邦的君主，去征讨有苗族。"禹征讨有苗族，并不是看重富贵，追求福禄，娱乐耳朵和眼睛，而是来追求兴盛天下的利益，除去天下的祸害。这就是禹的"兼"。墨子所说的"兼"，就是从禹那里取法得来的。

　　且不唯《禹誓》为然，虽《汤说》即亦犹是也。汤曰："惟予小子履①，敢用玄牡②，告于上天后③，曰：'今天大旱，即当朕身履，未知得罪于上下。有善不敢蔽，有罪不敢赦，简在帝心④。万方有罪，即当朕身，朕身有罪，无及万方。'"即此言汤贵为天子，富有天下，然且不惮以身为牺牲⑤，以祠说于上帝鬼神⑥。即此汤兼也。虽子墨子之所谓兼者，于汤取法焉。

【注释】

①履：殷汤名。

②玄牡：黑色的公牛。

③后：疑为"后土"（孙诒让说）。上天后土，指天地的鬼神。

④简：存。

⑤惮：畏惧，害怕。牺牲：指祭祀品。

⑥祠：祭。说：同"悦"。

【译文】

况且不仅仅《禹誓》是这样，即使《汤说》也是这样。汤说："我斗胆地用黑色的公牛，来祭告上天说：'现在天下大旱，罪责由我来承担，不知道为什么得罪了上下的天地。有善行不敢隐瞒，有恶行不敢赦免，这都铭记在上天的心里。如果四方的人有罪过，我愿意承担，我有了罪过，不希望连累四方的人。'"这就是说汤贵为天子，富有天下，然而尚且不惜以自己为祭祀品，以此来向上天鬼神祈祷。这就是汤的"兼"。墨子所说的"兼"，就是是从汤那里取法得来的。

且不惟《誓命》与《汤说》为然，《周诗》即亦犹是也。《周诗》曰："王道荡荡①，不偏不党，王道平平，不党不偏。其直若矢②，其易若底③。君子之所履，小人之所视。"若吾言非语道之谓也，古者文武为正④，均分赏贤罚暴⑤，勿有亲戚弟兄之所阿⑥。即此文武兼也。虽子墨子之所谓兼者，于文武取法焉。不识天下之人，所以皆闻兼而非之者，其故何也？

【注释】

①王道：指治国之道。荡荡：平坦而广大的样子。

②矢：箭。

③易：平。底：当为"砥"，磨刀石。

④正：同"政"（孙诒让说）。

⑤均分：平均分配，指公平、公正。

⑥阿（ē）：偏袒，迎合。

【译文】

况且不仅仅是《誓命》和《汤说》是这样，《周诗》也是这样。《周诗》说："王道坦荡宽广，没有偏爱没有袒护，王道平坦，没有袒护没有偏爱。

它像箭一样笔直，像磨刀石一样平坦。这是君子所实践的，是百姓们所仰望的。"如果我所说的还不足以说明"兼"，那么古代文王武王处理政治，分配平均，奖赏贤人，惩罚坏人，不偏袒父母兄弟亲戚。这就是文王和武王的"兼"。墨子所说的"兼"，就是从文王和武王那里取法得来的。不知道天下的士人，听到"兼"就都加以非议，是什么原因呢？

　　然而天下之非兼者之言，犹未止曰：意不忠亲之利①，而害为孝乎？子墨子曰：姑尝本原之孝子之为亲度者②。吾不识孝子之为亲度者，亦欲人爱利其亲与？意欲人之恶贼其亲与？以说观之，即欲人之爱利其亲也。然即吾恶先从事即得此？若我先从事乎爱利人之亲，然后人报我爱利吾亲乎？意我先从事乎恶人之亲，然后人报我以爱利吾亲乎？即必吾先从事乎爱利人之亲，然后人报我以爱利吾亲也。然即之交孝子者③，果不得已乎？毋先从事爱利人之亲者与？意以天下之孝子为遇而不足以为正乎④？姑尝本原之先王之所书，《大雅》之所道曰："无言而不雠，无德而不报。投我以桃，报之以李⑤。"即此言爱人者必见爱也⑥，而恶人者必见恶也。不识天下之士，所以皆闻兼而非之者，其故何也？

【注释】

①忠：当为"中"，符合。

②度（duó）：揣度，揣测。

③之交孝子：犹上文云"交兼"、"交别"（孙诒让说），指相互为孝子。

④遇：当为"愚"的同声假借字（孙诒让说）。

⑤"无言而不雠(chóu)"：以下四句：出自《诗经·大雅·抑》。应答。

⑥见：被。

【译文】

　　然而天下非议"兼"的言论还没有停止，说：或许不符合双亲的利益而有害于子女行孝道吧？墨子说：姑且尝试探究孝子为双亲做打算的本源。我不知道孝子为双亲做打算，是为了让人爱他的双亲、给他双亲利益呢？还是希望别人憎恨和残害他的双亲呢？从常理来看，是希望别人爱他的双亲、给他双亲利益。那么，我先做什么事，才能达到这样的结果呢？是我先从事于爱别人的双亲、给他们利益，然后别人才会以爱和利我的双亲来回报我？还是我先从事于憎恨和残害别人的双亲，然后别人才以爱和利我的双亲来回报我呢？那必定是我先从事于爱和利别人的双亲，然后别人才会以爱和利我的双亲来回报我。那么这种相互为孝子的情况，果真是出于不得已吗？我先从事于爱和利别人的双亲，是以为天下的孝子都是愚蠢的而不足以对他们的父母正当地尽孝道吗？姑且尝试探究先王的书《大雅》所说的道术，说："没有什么话不应答，没有什么恩德不报答。你投给我一颗桃子，我就会还你一颗李子。"这就是说爱别人的人一定会被别人爱，厌恶别人的人一定会被别人厌恶。不知道天下的士人，听到"兼"就非议，是什么缘故呢？

　　意以为难而不可为邪？尝有难此而可为者。昔荆灵王好小要，当灵王之身，荆国之士饭不逾乎一①，固据而后兴②，扶垣而后行③。故约食为其难为也④，然后为而灵王说之，未逾于世而民可移也⑤，即求以乡其上也。昔者越王勾践好勇，教其士臣三年，以其知为未足以知之也，焚舟失火，鼓而进之，其士偃前列⑥，伏水火而死，有不可胜数也。当此之时,不鼓而退也⑦,越国之士可谓颤矣⑧。故焚身为其难为也,然后为之越王说之,未逾于世而民可移也,即求以乡上也。昔者晋文公好苴服,当文公之时,晋国之士,大布之衣,牂羊之裘,练帛之冠,且苴之履⑨,入见文公,出以践之朝。故苴服为其难为也,然后为而文公说之,未逾于世而民可移也,即求以乡其上也。是故约食、焚舟、苴服,此天下之至难为也,然后为而上说之,未逾于世而民可移也。何故也?即求以乡其上也。今若夫兼相爱、交相利,此其有利且易为也,不可胜计也。我以为则无有上说之者而已矣,苟有上说之者,劝之以赏誉,威之以刑罚,我以为人之于就兼相爱、交相利也⑩,譬之犹火之就上、水之就下也,不可防止于天下。

【注释】

①逾:超过。

②据:撑着木杖。兴:起,起来。

③垣(yuán):矮墙。

④约:少。

⑤逾:当为“渝”,改变(孙诒让说)。

⑥偃:倒。

⑦退:疑当为“进”(吴汝纶说)。

⑧颤:读为“惮”(吴毓江说),《广雅·释诂》:“惮,强也。”

⑨且:当读为“粗”(毕沅说)。苴(jū):麻。

⑩就:趋向。

【译文】

　　或许认为“兼”太困难而不能做到吧?曾经有比这更难的事情却也可以做到的。从前荆灵王喜欢细小的腰身,在灵王那个时代,荆国的士人每天吃饭不超过一顿，要撑着木杖才能站起来，扶着墙才能行走。本来节食是很难做到的事情，但是为了取悦于灵王却做到了，时代没有改变，人民的习惯却改变了，就是以此来追求迎合上面。从前越王勾践喜欢勇敢的人，教导他下面的士人和大臣三年，凭借他的智慧还不足以预料教导的结果，就放火烧船，击鼓让将士前进，他的将士前排倒下的，掉进火里和水里死去的，不计其数。在这个时候，即使不击鼓，也会向前进，越国的将士可以说是很勇敢的了。所以焚火烧身本来是难做到的事，为了让越王高兴而做到了，时代没有改变，百姓的风俗却可以改变，就是以此来迎合上面。从前晋文公喜欢粗布的衣服，在文公的时代，晋国的士人，穿着粗布的衣服和母羊皮做的皮裘，戴着粗绸的帽子，脚穿粗麻的鞋子，进去见文公，出来后上朝。本来穿粗布的衣服是很难做到的，但是为了取悦文公而做到了，时代没有改变，百姓的风俗却可以改变。所以节食、焚舟烧身、穿粗布衣服是天下人难做到的，为了让君王高兴而做到了，时代没有改变，百姓的风俗却可以改变。这是为什么呢？就是以此来迎合上面。现在像"兼相爱、交相利"，这些不仅是有利的，而且容易做到，好处不可胜数。我认为如果没有上面的人喜欢也就罢了，如果有上面的人喜欢，就用奖赏来鼓励大家实行，用惩罚来威胁大家实行，我认为天下人追求"兼相爱、交相利"，就像火向上升、水向下流，在整个天下是势不可挡的。

故兼者圣王之道也，王公大人之所以安也，万民衣食之所以足也。故君子莫若审兼而务行之①，为人君必惠，为人臣必忠，为人父必慈，为人子必孝，为人兄必友②，为人弟必悌。故君子莫若欲为惠君、忠臣、慈父、孝子、友兄、悌弟，当若兼之不可不行也。此圣王之道而万民之大利也。

【注释】

①莫若：不如。审：审察。务：致力，从事。

②友：友善。

【译文】

所以"兼"是圣明的君王的道术，是王公大人得以安宁，是广大百姓的衣服食物得以满足的方法。所以君子不如审查"兼"并且切实地实行，作人君主一定要有恩惠，做人臣下一定要讲忠信，做人父亲一定要慈爱，做人儿子一定要孝顺，做人兄长一定要友爱，做人弟弟一定要敬爱、顺从兄长。所以君子不如做有恩惠的君主、忠诚的大臣、慈爱的父亲、孝顺的儿子、友爱的兄长、顺从的弟弟，那么像"兼"这样的道术，就不能不实行。这是圣明的君王的道术，是广大百姓的大利益。

非攻上

【题解】

《非攻》分为上、中、下三篇,此为上篇。所谓"非攻",就是反对侵略战争。墨子提倡"非攻",是他的"兼爱"学说在处理国家问题上的具体化。在墨子看来,在当时的霸权社会,不仅强国动用自己的力量发动非正义的侵略战争,天下的"君子"也盲从其后,不知为非,反以为美。这种盲从才是最危险的,因为强权者正可就此打着"正义"的旗号四处掠夺,不必担心有反对者抵抗。墨子的忧虑可谓看清了古今许多祸乱的根源。文章由人们日常熟知的现象谈起,由小及大,层层逼进,从具体事例推到抽象结论,具有极强的说服力。

今有一人,入人园圃,窃其桃李,众闻则非之①,上为政者得则罚之②。此何也? 以亏人自利也③。至攘人犬豕鸡豚者④,其不义又甚入人园圃窃桃李。是何故也? 以亏人愈多,其不仁兹甚⑤,罪益厚⑥。至入人栏厩,取人马牛者,其不仁义又甚攘人犬豕鸡豚。此何故也? 以其亏人愈多。苟亏人愈多,其不仁兹甚,罪益厚。至杀不辜人也,扡其衣裘⑦,取戈剑者,其不义又甚入人栏厩取人马牛。此何故也? 以其亏人愈多。苟亏人愈多，其不仁兹甚矣，罪益厚。当此，天下之君子皆知而非之，谓之不义。今至大为攻国，则弗知非，从而誉之，谓之义。此可谓知义与不义之别乎？

【注释】

①非：非难，责备。

②得：得到，这里指捕获。

③以：因为。亏人：损害别人。

④攘（rǎng）：偷盗，抢夺。豕（shǐ）：猪。豚（tún）：小猪。

⑤兹（zī）：更。

⑥益：增加。厚：重。

⑦拖（tuō）：同"拖"，拉下，剥下。

【译文】

现在假如有一个人，跑进别人的果园，偷窃那里的桃李，大家听说了就指责他，执政的长官捕获这个窃贼就处罚他。这是为什么？因为他损人利己。至于偷盗别人的鸡狗猪豚的，他的不义又超过进入别人园圃偷窃桃李的。这是为什么？因为损人更多，他的不仁更甚了，罪过更重了。至于进入别人畜养牛马的棚圈，抢走别人牛马的人，他的不义又更超过偷盗别人鸡狗猪豚的了。这是为什么？因为他损害别人愈发多。如果说损害别人越多，那么他的不仁就更甚，罪过就更重。至于杀害无辜的人，又剥下他的衣服皮裘，夺走他的戈剑佩戴，这种不义又超过进入别人栏厩抢走马牛。这是为什么？因为他损害别人愈发多。如果说损害别人越多，那么他的不仁义就更加过分，罪过更加深重。对这些事，天下的君子都懂得去责备，称其为"不义"。当今最大的不义就是攻打别国，却没有人知道去反对，反而跟着称赞这种行为是"义"。这可以说是明白了"义"和"不义"的区别吗？

　　杀一人谓之不义,必有一死罪矣①。若以此说往②,杀十人十重不义,必有十死罪矣;杀百人百重不义,必有百死罪矣。当此,天下之君子皆知而非之,谓之不义。今至大为不义攻国,则弗知非,从而誉之,谓之义,情不知其不义也③,故书其言以遗后世④。若知其不义也,夫奚说书其不义以遗后世哉⑤?

【注释】

①有:构成。

②往:疑为"推",类推。

③情:通"诚"(王念孙说),实在。

④遗:遗留,留传。

⑤夫:发语词。奚说:怎么说,什么理由。

【译文】

　　杀一个人称为不义,必定构成一项死罪。如果依此类推,杀十个人就有十重不义,必定构成十项死罪;杀一百人就有百重不义,必定构成百项死罪。对此,天下的君子都懂得去责备,称其为"不义"。当今最大的不义就是攻打别国,却没有人知道去反对,反而跟着称赞这种行为是"义",这实在是不懂得这是不义,所以记载下那些称赞攻国的话遗留给后世。如果知道攻打别国是一种不义,怎么还要记下这些不义的行为以留给后代呢?

　　今有人于此,少见黑曰黑,多见黑曰白,则以此人不知白黑之辩矣①;少尝苦曰苦,多尝苦曰甘,则必以此人为不知甘苦之辩矣。今小为非,则知而非之;大为非攻国,则不知非,从而誉之,谓之义。此可谓知义与不义之辩乎?是以知天下之君子也，辩义与不义之乱也②！

【注释】

①辩：通"辨"，辨别。

②乱：纷乱，是非不清。

【译文】

现在如果有这样的人，少见黑说是黑，多见黑就说是白，那么一定会以为这个人不知道辨别黑白；少尝苦说是苦，多尝苦说是甜，那么一定会以为这个人不知道辨别甘苦。现在在小事上做错，人们知道要责备他；大事上做错去攻打别国，却不知责备，反而跟着称赞为"义"。这可以说是辨明了"义"和"不义"吗？由此得以知晓天下君子判断"义"与"不义"的观念是多么混乱了！

非攻中

【题解】

　　此篇与前篇主旨相同，依然是对侵略战争的谴责。开篇列举了发动战争的种种害处，主要是因为征兵作战而使百姓错过农时，这样就会使百姓没有足够的衣食之用，而不免于挨饿受冻以至于死亡。同时，发动战争也会耗费国家的积蓄和财用，使国库空虚，这样百姓就不能安居，国家就不会安定。墨子认为对一个国家来说，最重要的是人民而不是土地，所以以人民的伤亡为代价，发动战争来夺取土地，不是明智之举，不是为政者所应当做的事。

　　此篇中，墨子还对好战者的两种谬论加以批驳，认为战争得到的利益小而损失大，所以是得不偿失的。篇末，更以因为攻战取胜而滋生骄傲之心，以至招来杀身之祸的人为例，警戒当时的好战者不要重蹈覆辙。

　　子墨子言曰：古者王公大人[1]，为政于国家者，情欲誉之审，赏罚之当[2]，刑政之不过失。是故子墨子曰：古者有语："谋而不得，则以往知来，以见知隐[3]。"谋若此，可得而知矣。

【注释】

①古者：当为"今者"（王念孙说）。

②当：适合，得当。

③见：这里指明显的事情。

【译文】

墨子说：现在的王公大人，处理国家政治，确实希望做到责备和称赞都很审慎，奖赏和惩罚都恰当，刑法和政令没有过失。所以墨子说：古代有人说："思考而没有结果，那么就从以往来推知未来，用明显可见的事情推知隐藏的事情。"像这样思考问题，就可以预知结果了。

今师徒唯毋兴起①，冬行恐寒，夏行恐暑，此不可以冬夏为者也。春则废民耕稼树艺，秋则废民获敛②。今唯毋废一时③，则百姓饥寒冻馁而死者，不可胜数。今尝计军上，竹箭、羽旄、幄幕、甲盾、拨劫④，往而靡弊腑冷不反者⑤，不可胜数；又与矛戟戈剑乘车⑥，其列住碎折靡弊而不反者，不可胜数；与其牛马肥而往，瘠而反，往死亡而不反者，不可胜数；与其涂道之修远，粮食辍绝而不继⑦，百姓死者，不可胜数也；与其居处之不安，食饭之不时⑧，饥饱之不节，百姓之道疾病而死者⑨，不可胜数；丧师多不可胜数，丧师尽不可胜计，则是鬼神之丧其主后⑩，亦不可胜数。

【注释】

①师徒：军队。毋：语气词。兴：发动。

②敛：收，聚集。

③时：季节。

④旄（máo）：用牦牛尾做装饰的旗帜，也泛指大旗。幄：帐幕。拨：

谓大盾。劼：通"扴"，马的组带铁（尹桐阳说）。

⑤弊：破，坏。腑冷：腐烂（毕沅说）。冷，当作"泠"，泠、零古通（于省吾说）。

⑥乘车：兵车。

⑦辍：停止。继：连续，紧接着。

⑧不时：不按时。

⑨道：由（吴汝纶说）。

⑩鬼神之丧其主后：谓神丧其主祭，鬼丧其后裔（李笠说）。

【译文】

现在如果率军出征，冬天行军害怕寒冷，夏天行军害怕暑热，这就是冬天和夏天不可以行军的原因。春天出征就会耽误百姓耕作种植，秋天出征就会耽误百姓收获储藏。现在如果耽误了一个季节，那么百姓因为饥饿寒冷而死的，就会不计其数。现在尝试计算一下军队的支出，竹箭、旌旗、帐幕、铠甲、盾牌等，发出去用坏腐烂而收不回来的，多得数不清楚；还有矛戟戈剑战车等，相继发出而被破碎毁坏收不回来的，也多得数不清楚。如果让他们的牛马肥壮的时候去出征，瘦弱的时候回来，常常还有死了回不来的，多得数不清楚；如果因为路途遥远，粮食断绝供应不上而让百姓死掉的，也多得数不清楚；如果让他们居住不得安宁，吃饭不能按时，饥饿吃饱没有节度，百姓在路上因为疾病而死去的数不清楚；伤亡的士兵多得数不清楚，全军覆没的也多得数不清楚，那么神丧失了他的主祭，鬼丧失了他的后裔，也会多得数不清楚。

国家发政①，夺民之用，废民之利，若此甚众，然而何为为之？曰：我贪伐胜之名，及得之利，故为之。子墨子言曰：计其所自胜，无所可用也；计其所得，反不如所丧者之多。今攻三里之城、七里之郭②，攻此不用锐，且无杀而徒得此然也③。杀人多必数于万,寡必数于千,然后三里之城、七里之郭,且可得也。今万乘之国④,虚数于千⑤,不胜而入⑥;广衍数于万⑦,不胜而辟。然则土地者,所有余也;王民者,所不足也。今尽王民之死,严下上之患⑧,以争虚城,则是弃所不足,而重所有余也⑨。为政若此,非国之务者也。

【注释】

①发政:发布政令。

②三里之城、七里之郭:指内城三里、外城七里的小城市。

③徒:白白地。

④乘(shèng):一车四马称为"乘"。

⑤虚:《说文》:"古者九夫为井,四井为邑,四邑为丘,丘谓之虚。"即《易·升》所谓"虚邑"(于省吾说)。

⑥胜(shēng):承担,承受。入:指被管理。

⑦衍:平地。

⑧严:急,紧急。

⑨重:看重,重视。

【译文】

国家发布政令,剥夺百姓的财用,损害民众的利益,像这样的情况很多,然而为什么要这样做呢? 回答是:我贪图攻伐胜利而得到的名声,以及得到的利益,所以这样做。墨子说:考虑自己所得到的胜利,并没有什么用处;计算他们所得到的,反而比不上所失去的多。现在攻打内城三里、外城七里的小城市,如果不用精锐的队伍,并且不用屠杀就白白得到,这是不可能的。被杀的人多的必定超过万数,少的也必定数千,然后内城三里、外城七里的小城市可以得到。现在有万辆兵车的大国,统辖之下的小城数以千计,治理都治理不过来;土地广延万里,开垦都开垦不完。既然这样，那么土地是君王所有多余的，百姓是君王所不足的。现在却让君王的百姓都死掉，加重举国上下的灾难，用这个去争夺荒废的城市，那么就是抛弃自己所不足的，却看重本来就多余的。像这样治理政治，不是国家所应当尽力做的。

饰攻战者言曰①：南则荆、吴之王，北则齐、晋之君②，始封于天下之时，其土地之方③，未至有数百里也，人徒之众④，未至有数十万人也。以攻战之故，土地之博至有数千里也，人徒之众至有数百万人。故当攻战而不可为也⑤。子墨子言曰：虽四五国则得利焉，犹谓之非行道也。譬若医之药人之有病者然：今有医于此，和合其祝药之于天下之有病者而药之⑥，万人食此，若医四五人得利焉，犹谓之非行药也⑦。故孝子不以食其亲⑧，忠臣不以食其君。古者封国于天下，尚者以耳之所闻⑨，近者以目之所见，以攻战亡者，不可胜数。何以知其然也？东方自莒之国者⑩，其为国甚小，间于大国之间⑪，不敬事于大，大国亦弗之从而爱利。是以东者越人夹削其壤地⑫，西者齐人兼而有之⑬。计莒之所以亡于齐、越之间者，以是攻战也。虽南者陈、蔡⑭，其所以亡于吴、越之间者，亦以攻战。虽北者且不一著何⑮，其所以亡于燕、代、胡、貊之间者⑯，亦以攻战也。是故子墨子言曰：古者王公大人⑰，情欲得而恶失，欲安而恶危，故当攻战而不可不非。

【注释】

①饰：掩饰。

②齐、晋：均为周之封国。

③方：通"旁"，广（王焕镳说）。

④人徒：谓人口。

⑤故当攻战而不可为也：孙诒让《墨子间诂》以为此句当作"故当攻战而不可非也"，今译文从之。

⑥和(huò)合：调和。祝药：疑为"药祝"，即药剂（高亨说）。

⑦行药：可常用之药。

⑧食(sì)：供养，给……吃。

⑨尚：同"上"（毕沅说）。

⑩莒(jǔ)：古国名，故址在今山东莒县。

⑪大国：指齐国、越国。

⑫壤地：土地。

⑬兼：兼并。

⑭陈、蔡：均为诸侯国。

⑮且不一著何：当据道藏本为"且一不著何"。且一、不著何，均为国名。

⑯胡、貉(mò)：古代北方民族名。

⑰古者：当为"今者"（王念孙说）。

【译文】

那些替征战者辩解的人说：南面有荆、吴的国君，北面有齐、晋的国君，开始受封于天下的时候，他们土地的面积还没有达到数百里，人口的数目，还没有达到数十万。因为攻伐征战的原因，土地扩大到数千里，人口的数目发展到数百万。所以对于攻伐征战是无可非议的。墨子说：只有四、五个国家得到好处，还是要说这不是治理国家的正道。就像医生医治有病的人：现在有这样的医生，为天下的病人调和好药剂，有一万个人吃了这种药，如果医治好了四、五个人，仍然要说这不是可以通行的药。所以孝子不会给他的双亲吃这种药，忠诚的臣下也不

会给他的君主吃这种药。古代受封号于天下的国家,年代久远的凭耳
朵听到,年代近的以眼睛看到,因为攻伐征战而灭亡的,数也数不清楚。
为什么知道是这样的呢? 东方的莒国,它是一个很小的国家,夹在大国
的中间,不肯恭敬地顺从大国,也不跟从大国来谋得利益。所以东面的
越国削减它的国土,西面的齐国兼并它的土地。考虑莒国在越、齐两国
间灭亡的原因,就是因为攻伐征战。还有南面的陈、蔡两国,它们在吴、
越间被灭亡的原因,也是因为攻伐和征战。还有北面的且一和不著何两
国,它们之所以被燕、代、胡、貊等族所消灭,也是因为攻伐征战的缘
故。所以墨子说:现在的王公大人,如果确实希望有所得而不想失去,
想要安定而厌恶危难,那么,对于攻伐征战,就不能不反对。

　　饰攻战者之言曰:彼不能收用彼众①,是故亡。我能收
用我众,以此攻战于天下,谁敢不宾服哉? 子墨子言曰:子
虽能收用子之众,子岂若古者吴阖闾哉? 古者吴阖闾教七
年,奉甲执兵②,奔三百里而舍焉③,次注林④,出于冥隘之
径⑤,战于柏举⑥,中楚国而朝宋与及鲁⑦。至夫差之身,北
而攻齐,舍于汶上,战于艾陵,大败齐人而葆之大山⑧;东而
攻越,济三江五湖⑨,而葆之会稽,九夷之国莫不宾服⑩。于
是退不能赏孤⑪,施舍群萌⑫,自恃其力,伐其功,誉其智,怠
于教,遂筑姑苏之台⑬,七年不成。及若此,则吴有离罢之
心⑭。越王勾践视吴上下不相得,收其众以复其仇,入北郭,
徙大内⑮,围王宫,而吴国以亡。昔者晋有六将军,而智伯莫
为强焉⑯。计其土地之博,人徒之众,欲以抗诸侯,以为英
名⑰。攻战之速,故差论其爪牙之士⑱,皆列其舟车之众,以
攻中行氏而有之。以其谋为既已足矣,又攻兹范氏而大败

之,并三家以为一家,而不止,又围赵襄子于晋阳。及若此,则韩、魏亦相从而谋曰:"古者有语:唇亡则齿寒。赵氏朝亡,我夕从之;赵氏夕亡,我朝从之。《诗》曰:'鱼水不务,陆将何及乎⑲!'"是以三主之君,一心戮力,辟门除道,奉甲兴士,韩、魏自外,赵氏自内,击智伯大败之。

【注释】

①彼:他们。

②奉:披。兵:兵器。

③舍:休息,止息。

④次:临时驻扎和住宿。

⑤冥隘:古隧道名。径:小路。

⑥柏举:古楚地名。

⑦中:谓吴成霸主,收宋、鲁之朝,以楚之地为天下之中(王焕镳说)。朝:使宋、鲁两国来朝见。

⑧葆:通"保",保全。大山:即泰山。

⑨济:过河,渡。

⑩夷:古代对东部各民族的通称,也泛指少数民族。

⑪于是:在这个时候。孤:无父。

⑫萌:"氓"字之假音,老百姓。

⑬遂:竟,终于。

⑭罢:通"披",散。

⑮大内:疑为大舟(孙诒让说)。

⑯为:犹"与"(于省吾说)。

⑰为:成。

⑱爪牙之士:指勇力之臣.

⑲鱼水不务，陆将何及乎：以上二句为逸诗，不见于今本《诗经》。
务，疑当为"骛"(孙诒让说)，乱驰。陆，在陆地上。

【译文】

那些替征战者辩解的人说：他们不能聚集任用他的民众，所以灭
亡。我能够聚集任用我的民众，用这个在天下攻伐征战，谁敢不服从
呢？墨子说：你即使能聚集任用你的民众，你难道能像古代吴国的阖闾
吗？古代吴国的阖闾训练士兵七年，让他们身穿铠甲，拿着兵器，急行
军三百里才停下来，在注林驻扎，从冥隘的小路上出来，在柏举作战，在
楚国称霸，让宋国和鲁国来朝拜。等到夫差的时候，向北攻占齐国，在
汶上驻扎，在艾陵作战，大败齐军，迫使齐国退守泰山；向东攻占越国，
渡过三江五湖，迫使越国退守会稽，九夷之国没有不服从他的。但是撤
兵以后不能抚恤战死者的家属，不能施恩给百姓，而依仗自己的力量，
夸耀他的功劳，称赞自己的才智，松懈对士兵的训练，竟然建造姑苏台，
七年也没有建成。等到这个时候，吴国百姓就有离散叛乱的心思。越
王勾践看吴国上下离心离德，就组织他的民众来报仇，从吴国的北城攻
入，拖走吴王的大船，包围了吴王的宫殿，于是吴国就灭亡了。以前晋
国有六个将军，而没有人比智伯强大。考虑到他国中土地的广大，人口
的众多，想要凭借这个来抵抗诸侯，成就英名。加快攻伐的速度，所以
挑选手下勇猛的士兵，排列好战车和战船，来攻打中行氏，并占领了它。
因为他的才智已经很高超了，又去攻打范氏，并且也打了胜仗，兼并了
这三家成为一家仍然不停止，又在晋阳包围了赵襄子。等到这个时候，
那么韩、魏也相互商量说："古代有这样的说法，嘴唇失去了，牙齿就寒
冷了。赵国早上灭亡了，我们晚上就要跟着被灭亡了；赵国晚上灭亡
了，我们早上就要跟着灭亡了。《诗经》说'鱼在水中不快快地游走，被
人抓到岸上后，还来不及吗？'"所以三国的国君，同心协力，各自打开自
己的城门，开辟相互之间的道路，披上铠甲出发，韩国和魏国从外面攻
打，赵国在城里呼应，攻打智伯并彻底打败了他。

是故子墨子言曰：古者有语曰："君子不镜于水而镜于人①。镜于水，见面之容；镜于人，则知吉与凶。"今以攻战为利，则盖尝鉴之于智伯之事乎②？此其为不吉而凶，既可得而知矣。

【注释】

①镜：这里指作为镜子。

②盖：通"盍"，何不。鉴：借鉴。

【译文】

所以墨子说：古代有人说："君子不用水做镜子而用人做镜子。用水做镜子，只能见到人的容貌；用人做镜子，就可以知道吉凶。"现在认为攻战有利的，那么，为什么不尝试借鉴一下智伯失败的事呢？那么这就不是吉利的而是凶险的事，就可以知道了。

非攻下

【题解】

　　这是《非攻》的下篇，依然是对战争的非难。墨子首先提出，人们所赞美的应当是利天利鬼利人之事，但实际上所做的却是劳民伤财的征战攻伐之事，这正是言行之悖，就好比盲人，虽然知道黑、白之名，却不能切实地加以辨别一样。接下去，文章详细论述了攻战如何使农民无暇种植庄稼，从而使人遭受饥饿；妇人如何无暇纺纱织布，从而使人遭受寒冷。加之车马兵器的支出和损耗，攻战可谓有百害而无一利。最后一部分，详细论述了何以"禹征有苗，汤伐桀，武王伐纣"却仍被称为圣明的君王，认为其原因在于他们的攻战是代天征讨不仁不义之人，故称为"诛"。正因为这种征讨不在攻战的范围内，所以也就不是墨子非难的对象。

　　总之，墨子认为，攻战是弊极大、利甚小之事，所以必须加以非难。

　　子墨子言曰：今天下之所誉善者①，其说将何哉？为其上中天之利，而中中鬼之利，而下中人之利，故誉之与②？意亡非为其上中天之利③，而中中鬼之利，而下中人之利，故誉之与？虽使下愚之人，必曰："将为其上中天之利④，而中中鬼之利，而下中人之利，故誉之。"今天下之所同义者，圣王之法也。今天下之诸侯将犹多皆免攻伐并兼⑤，则是有誉义之名，而不察其实也。此譬犹盲者之与人，同命白黑之名，而不能分其物也，则岂谓有别哉？

【注释】

①誉善：据下文当为"誉义"。

②与（yú）：句末语气词，表疑问。

③意亡：还是。意，通"抑"。亡（wú），没有。

④将：当然。

⑤免："勉"之省文（吴毓江说），勉力。

【译文】

墨子说：现在天下所称赞的道义，应当作什么解释呢？因为它对上符合天帝的利益，对中符合鬼神的利益，对下符合人的利益，所以称赞它呢？还是因为它对上不符合天帝的利益，对中不符合鬼神的利益，对下不符合人的利益，所以称赞它呢？即使是下等愚蠢的人，也一定说："当然是它对上符合天帝的利益，对中符合鬼神的利益，对下符合人的利益，所以称赞它。"现在天下所共同遵循的道义，是圣明君王的法则。现在天下的诸侯，还有很多都在尽力于攻伐征战和兼并别国，于是就有称赞道义的名声，而没有明察它的实质。这就好比盲人和正常人一样，同样知道黑和白的名字，但不能分别黑和白的实物，那么这难道可以说是有分别能力吗？

是故古之知者之为天下度也①，必顺虑其义②，而后为之行。是以动则不疑③，速通成得其所欲，而顺天鬼百姓之利，则知者之道也。是故古之仁人有天下者，必反大国之说④，一天下之和，总四海之内。焉率天下之百姓⑤，以农臣事上帝山川鬼神⑥。利人多,功故又大,是以天赏之,鬼富之,人誉之,使贵为天子,富有天下,名参乎天地,至今不废。此则知者之道也,先王之所以有天下者也。

【注释】

①知:同"智"。度:谋。

②顺:通"慎"(于省吾说)。

③是以:所以。

④大国之说:指攻伐之说(王闿运说)。

⑤焉:犹"乃"(孙诒让说)。

⑥农:从事农业生产。臣:作为臣下。事:侍奉。

【译文】

因此古代有智慧的人为天下考虑,必定慎重地考虑是否符合道义,然后才实行。所以做了就不迟疑,迅速成功,得到他所希望的,也顺应了天帝鬼神百姓的利益,那才是有智慧的人的道术。所以古代拥有天下的仁义之人,一定反对国家之间相互攻伐的主张,让天下的人和睦相处,统一四海之内的国家。于是率领天下的百姓,致力于农业,以此来像臣子一样对上侍奉天帝和山川的鬼神。给人的利益多,功劳大,所以上天奖赏他,鬼神让他富裕,百姓称赞他,让他贵为天子,富有天下,名声和天地共存,到现在也没停止。这就是有智慧的人的道术,是先王能够拥有天下的原因。

今王公大人、天下之诸侯则不然,将必皆差论其爪牙之士,皆列其舟车之卒伍①,于此为坚甲利兵,以往攻伐无罪之国。入其国家边境,芟刈其禾稼②,斩其树木,堕其城郭③,以湮其沟池④,攘杀其牲牷⑤,燔溃其祖庙⑥,劲杀其万民⑦,覆其老弱⑧，迁其重器⑨，卒进而柱乎斗⑩，曰："死命为上，多杀次之，身伤者为下。又况失列北桡乎哉⑪！罪死无赦。"以谏其众⑫。夫无兼国覆军，贼虐万民，以乱圣人之绪⑬。意将以为利天乎？夫取天之人，以攻天之邑，此刺杀天民⑭，剥振神之位⑮，倾覆社稷，攘杀其牺牲，则此上不中天之利矣。意将以为利鬼乎？夫杀之人，灭鬼神之主⑯，废灭先王，贼虐万民，百姓离散，则此中不中鬼之利矣。意将以为利人乎？夫杀之人，为利人也博矣⑰。又计其费，此为周生之本⑱，竭天下百姓之财用，不可胜数也，则此下不中人之利矣。

【注释】

①卒伍：《周礼》："五人为伍，五伍为两，四两为卒。"

②芟(shān)：割草。刈(yì)：割。

③堕：也写作"隳"，毁坏。

④湮(yān)：没。

⑤牲牷(quán)：《周礼》郑注："六牲，谓牛、马、羊、豕、犬、鸡。牷，体完备。"

⑥燔(fán)：烧。溃：坏。

⑦劲(jìng)：刑。

⑧覆：灭。

⑨重器：国家的宝器，古代常以此来代指国家政权。

⑩卒：终于。柱："极"之误(孙诒让说)。

⑪失列：落伍，掉队。北桡(náo)：当作"北挠"，败逃(毕沅说)。北，背驰。桡，曲行。

⑫谇：即"惮"字(毕沅说)。

⑬绪：业。

⑭天民：上天的百姓。墨子认为百姓均为上天所拥有。

⑮剥、振：皆有"裂"的意思。

⑯鬼神之主：主为神所凭依，无人奉祀之则废（尹桐阳说）。

⑰博：当为"洴"，指悖谬（高亨说）。

⑱周：当为"害"（王念孙说）。

【译文】

现在的王公大人和天下的诸侯却不是这样，必定要挑选自己的精兵猛将，排列各自的战车和战船队伍，在这里置备坚固的铠甲和尖利的兵器，拿这些去攻打没有罪过的国家。进入那些国家的国境，割掉他们的谷物，砍掉他们的树木，摧毁他们的城墙，填平他们的沟渠，抢走杀死他们的牲畜，烧毁他们的祖庙，杀害他们的民众，歼灭他们的老弱，抢走别人的国宝，终于导致激烈的攻战，说："为国家战死的人是最出色的战士，杀人多的稍微差一点，身负重伤的，只能算是最下等的士兵。又何况那些落伍败逃的呢！他们都该被处死，不该被赦免。"用这样的话来威胁他们的士兵。兼并别人的国家，覆灭别人的军队，虐待广大的百姓，来败坏圣人的事业。还认为这样是有利于上天的吗？用上天的人民攻打上天的城市，这是杀死上天的人民，毁坏神的灵位，颠覆社稷，夺走牛羊祭品，那么这就对上不能符合上天的利益了。还认为这样是有利于鬼神吗？杀害上天的人民，灭绝祭祀鬼神的人，废弃先王的后裔，残害虐待广大的人民，使百姓流离分散，这就是在中间不符合鬼神的利益。还认为这是有利于人民吗？如果认为杀害人家的百姓是有利于人民的，这是荒谬的。再考虑那些战争的耗费，是危害了民众生存的根本，用尽了天下百姓的财用，多得数也数不清，这就是对下不符合人民的利益。

今夫师者之相为不利者也，曰：将不勇，士不分①，兵不利，教不习②，师不众，率不利和③，威不圉，害之不久④，争之不疾，孙之不强，植心不坚⑤，与国诸侯疑。与国诸侯疑，则敌生虑而意嬴矣⑥。偏具此物，而致从事焉，则是国家失卒⑦，而百姓易务也。今不尝观其说好攻伐之国？若使中兴师，君子庶人也，必且数千，徒倍十万⑧，然后足以师而动矣。久者数岁，速者数月。是上不暇听治，士不暇治其官府，农夫不暇稼穑，妇人不暇纺绩织纴⑨，则是国家失卒，而百姓易务也。然而又与其车马之罢弊也，幔幕帷盖，三军之用，甲兵之备，五分而得其一，则犹为序疏矣⑩。然而又与其散亡道路，道路辽远，粮食不继傺⑪，食饮之时⑫，厕役以此饥寒冻馁疾病，而转死沟壑中者，不可胜计也。此其为不利于人也，天下之害厚矣。而王公大人，乐而行之，则此乐贼灭天下之万民也，岂不悖哉！今天下好战之国，齐、晋、楚、越，若使此四国者得意于天下⑬，此皆十倍其国之众，而未能食其地也，是人不足而地有余也。今又以争地之故，而反相贼也，然则是亏不足，而重有余也。

【注释】

①分：疑为"奋"（孙诒让说），音近假借。

②习：练习。

③利：此"利"字当为衍文。

④害：当读为"遏"（于省吾说），阻遏。

⑤植：立。

⑥嬴（lěi）：弱。

⑦卒：旧本或作"率"，法度（王焕镳说）。

⑧倍：犹"负"，指负担给役之人（吴毓江说）。

⑨纺绩织纴(rèn)：纺纱织布。

⑩序疏：当为"厚余"，言多余(孙诒让说)。

⑪不继傺(chì)：谓"不接"(俞樾说)。

⑫之时：即"不时"(王念孙说)。

⑬得意于天下：这里指称霸天下。

【译文】

现在率领军队的人都认为不利的事情是：将军不英勇，士兵不振奋，兵器不尖锐，教授不练习，队伍不壮大，将士不和睦，遇到威胁不能抵御，阻遏敌人不能持久，两军交战不能速胜，维系民心不够有力，树立决心不够坚定，与同盟的诸侯国相互猜疑。与同盟的诸侯国相互猜疑，就会产生敌对心理而削弱共同的对敌之心。如果这些情况都存在，并且致力于从事攻伐征战，那么国家就失去了法度，百姓就改变了本业。现在何不尝试观察那些喜欢攻伐征战的国家？如果发动他们的军队，必须征用君子庶人将近千人，至于普通士兵必定要十万人，然后才足以组成军队出征。时间长的要几年，时间短的也要几个月。所以君王没有时间治理政务，士大夫没有时间管理官府，农民没有时间耕种，妇女没有时间纺纱织布，于是国家就会失去法度，百姓就改变了本业。而且还有车马的耗费和损坏，帷幕遮盖，三军所用的费用，铠甲和兵器等装备，如果能收回五分之一，就算收回很多了。又有在道路上流离走散逃亡的，因为道路遥远，粮食无法供应，饮食不能按时供应，使人饥饿寒冷生病而死于沟壑之中的，也多得数不清。这就是不利于人民，是天下最重的祸害。然而王公大人却以此为乐，那就是乐于残害天下的百姓，难道不是有悖于常理吗！现在天下喜欢打仗的国家，齐、晋、楚、越，如果让他们称霸天下，那么即使让他们国中的人口增加十倍，也不能种完那些土地，这就是人口不足而土地有余。现在又因为争夺土地的原因，而互相残害，这就是减少不足的东西而增加本来就有余的东西。

今遝夫好攻伐之君^①，又饰其说以非子墨子曰：以攻伐之为不义，非利物与？昔者禹征有苗，汤伐桀，武王伐纣，此皆立为圣王，是何故也？子墨子曰：子未察吾言之类，未明其故者也。彼非所谓攻，谓诛也^②。昔者三苗大乱，天命殛之^③，日妖宵出^④，雨血三朝，龙生于庙^⑤，犬哭乎市，夏冰，地坼及泉，五谷变化^⑥，民乃大振^⑦。高阳乃命玄宫，禹亲把天之瑞令^⑧，以征有苗。四电诱祗^⑨，有神人面鸟身，若瑾以侍^⑩，搤矢有苗之祥^⑪，苗师大乱，后乃遂几^⑫。禹既已克有三苗，焉磨为山川，别物上下，卿制大极^⑬，而神民不违，天下乃静，则此禹之所以征有苗也。遝至乎夏王桀，天有𫸩命^⑭，日月不时，寒暑杂至，五谷焦死，鬼呼国，鹤鸣十夕余。天乃命汤于镳宫，用受夏之大命："夏德大乱，予既卒其命于天矣，往而诛之，必使汝堪之。"汤焉敢奉率其众^⑮，是以乡有夏之境，帝乃使阴暴毁有夏之城。少少，有神来告曰："夏德大乱，往攻之，予必使汝大堪之。予既受命于天，天命融隆火，于夏之城间西北之隅^⑯。"汤奉桀众以克有夏，属诸侯于薄^⑰，荐章天命^⑱，通于四方，而天下诸侯莫敢不宾服，则此汤之所以诛桀也。遝至乎商王纣，天不序其德，祀用失时，兼夜中，十日，雨土于薄^⑲，九鼎迁止^⑳，妇妖宵出，有鬼宵吟，有女为男^㉑，天雨肉，棘生乎国道，王兄自纵也^㉒。赤鸟衔珪^㉓，降周之岐社^㉔，曰："天命周文王，伐殷有国。"泰颠来宾^㉕，河出《绿图》^㉖，地出乘黄^㉗。武王践功，梦见三神曰："予既沉渍殷纣于酒德矣^㉘，往攻之，予必使汝大堪之。"武王乃攻狂夫，反商之周，天赐武王黄鸟之旗^㉙。王既已克殷，成帝之来^㉚，分主诸神,祀纣先王,通维四夷㉛,而天下莫不宾。焉袭汤之绪㉜,此即武王之所以诛纣也。若以此三圣王者观之,则非所谓攻也,所谓诛也。

【注释】

①遝(dài):古通"逮"(洪颐煊说),等到。

②诛:讨有罪。

③殛(jí):诛杀。

④宵:夜。

⑤生:出现。

⑥五谷变化:指不按时成熟。

⑦振:同"震"(毕沅说)。

⑧瑞:《说文》:"瑞,以玉为信也。"

⑨四电诱祇:疑为"雷电诤振","诤"通"勃","振"通"震"(孙诒让说)。

⑩瑾:疑为"谨"之误(王焕镳说)。

⑪祥:疑当为"将"(孙诒让说)。

⑫几:微。

⑬卿制大极:疑为"乡制四极"(孙诒让说)。

⑭轕命:疑当为"酷命",即严命(孙诒让说)。

⑮焉:乃(王引之说)。

⑯融:祝融,火神。

⑰属:犹"合"。

⑱荐:进。章:明显。

⑲雨土:落下土块。

⑳迁止:即"迁处"(尹桐阳说)。

㉑为:变成。

㉒兄:通"况",益,更加(王念孙说)。

㉓珪:《初学记》引作"书"。

㉔岐社:周设在岐山祭祀土地神的地方。

㉕宾:归顺。

㉖《绿图》:《淮南子·俶真训》:"至德之世,洛出丹书,河出绿图。"

㉗乘(shèng)黄:神马名。《宋书·符瑞志》:"帝舜即位,地出乘黄之马。"

㉘渍:浸,泡。

㉙黄鸟:即皇鸟,凤之类,以此为旗,用以聚集士众(尹桐阳说)。

㉚来:当为"赉(lài)"(毕沅说),赏赐。

㉛维:当作"于"(孙诒让说)。

㉜袭:因循,沿袭。

【译文】

现在那些喜欢攻伐的君主,还掩饰他们的主张来非难墨子说:难道攻伐是不道义的,没有益处的事情吗?从前大禹出征有苗氏,汤讨伐夏桀,武王征讨商纣,都被立为圣明的君王,这是为什么呢?墨子说:你没有明察我说的是哪一类战争,没有明白其中的缘故。那不是"攻打",而是"诛灭"。从前三苗氏大乱,上天命令诛灭他们,太阳在夜间出现,连着下了三天的血雨,龙在祖庙里出现,狗在市集上啼哭,夏天结了冰,大地裂开,下及泉水,五谷不按时成熟,人民大为震惊。高阳就在玄宫发布命令,大禹亲自拿着上天授予的玉制信物,去征讨有苗氏。四方的雷电震动,有一个人面鸟身的天神,拿着玉恭谨地在旁边侍立,抓住有苗氏的大将,有苗的军队大乱,于是就衰落了。大禹征服了有苗氏之后,区分了山川,区分事物的上下之位,节制四方,而鬼神和人民互不违背,于是天下就安定了,这就是大禹为什么要征讨有苗氏的原因。等到夏桀的时候,上天降下严厉的命令,日月不定时,寒暑错乱,五谷枯萎而死,鬼在国中呼叫,鹤鸣叫十几天。上天于是在镳宫命令商汤,让他接受夏朝："夏朝的德行败坏，我已断绝了夏朝的天命，去征讨他，一定让你取得胜利。"于是汤才敢带领他的军队，去占领夏的国土，天帝于是暗中命令毁坏夏的城池。不多久，有位神人来告诉汤说："夏朝的德行已经败坏了，去攻打他，我一定让你取得成功。我已经受命于上天，上天命令火神祝融在夏国都城的西北角降下大火。"汤率领夏桀倒戈的军队战胜了夏朝，在薄地会合诸侯，宣布上天的命令，通告天下四方，而天下的诸侯没有敢不服从的，这就是汤诛杀桀的原因。等到商纣的时候，上天因为他德行败坏，不按时进行祭祀，连续十天半夜里出太阳，在薄地下土雨，九鼎离开了原来的地方，妖女在晚上出现，有鬼在半夜里哀号，有女的变成了男的，天上下起了肉雨，在道路上长出了荆棘，纣王自己也更放纵自己。红色的鸟衔着一块玉，降落在周地岐社，说："上天命令周文王去攻打殷，占有他的国家。"泰颠来归顺文王，河中浮现出《绿图》，地下奔出神马乘黄。武王继位的时候，梦到三个神人说："我已经让纣沉溺于酒色之中，去攻打他，一定会让你取得成功。"于是武王去攻打狂妄的纣王，推翻了商朝，建立了周朝，上天赐给武王绣有黄鸟的旗子。武王攻克了纣王之后，完成了上天的赐命，便命令诸侯分别主祭诸神，并祭祀纣的先王，政令通达于四方，而天下没有人敢不服从的。于是承继了汤的基业，这就是武王要诛杀纣王的原因。如果从这三位圣明的君王来看，那战争不应该叫"攻伐"，而应该叫"诛灭"。

则夫好攻伐之君，又饰其说以非子墨子曰：子以攻伐为不义，非利物与？昔者楚熊丽始讨此雎山之间①；越王繁亏出自有遽②，始邦于越；唐叔与吕尚邦齐、晋③。此皆地方数百里，今以并国之故，四分天下而有之，是故何也？子墨子曰：子未察吾言之类，未明其故者也。古者天子之始封诸侯也，万有余，今以并国之故，万国有余皆灭，而四国独立。此譬犹医之药万有余人④，而四人愈也，则不可谓良医矣。

【注释】

①楚熊丽：《史记·楚世家》："鬻熊子，事文王蚤卒，其子曰熊丽。"
　　讨：当为"封"（毕沅说）。

②繄（yī）亏：越国开始受封的君主的名字，即无余。

③邦：建立国家。

④药：医治。

【译文】

　　那么那些喜欢攻伐的国君，又掩饰他们的主张来非难墨子说：你难道认为攻伐是不道义的，没有益处的事情吗？从前楚国的熊丽，起初受封于睢山之间；越王繄亏从有遽出来，开始在越建立国家；唐叔和吕尚分别在齐和晋建立国家。这原来都是方圆数百里的地方，现在因为进行兼并的缘故，把天下分为四块并占有它，是什么原因呢？墨子说：你没有明察我说的是哪一类战争，没有明白其中的缘故。古代天子开始分封诸侯国的时候，有一万多，现在因为兼并的原因，一万多个国家都灭亡了，而这四个国家独独存在。这就像医生医治一万多个人，而只治愈了四个人，那么就不能称为好的医生。

　　则夫好攻伐之君又饰其说曰：我非以金玉、子女、壤地为不足也①，我欲以义名立于天下，以德求诸侯也。子墨子曰：今若有能以义名立于天下，以德求诸侯者，天下之服可立而待也。夫天下处攻伐久矣，譬若傅子之为马然②。今若有能信效先利天下诸侯者③，大国之不义也，则同忧之；大国之攻小国也，则同救之；小国城郭之不全也，必使修之；布粟之绝，则委之；币帛不足，则共之④。以此效大国⑤，则小国之君说。人劳我逸，则我甲兵强。宽以惠，缓易急，民必移⑥。易攻伐以治我国，攻必倍⑦。量我师举之费⑧，以争诸侯之毙⑨，则必可得而序利焉。督以正⑩，义其名，必务宽吾众，信吾师，以此授诸侯之师⑪，则天下无敌矣，其为下不可胜数也。此天下之利，而王公大人不知而用，则此可谓不知利天下之巨务矣。

【注释】

①子女：这里指百姓。

②傅子：即"孺子"（尹桐阳说）。

③信效：指相交以信（孙诒让说）。效，当为"交"。

④共：通"供"。

⑤效：当为"校"，抗御（吴毓江说）。

⑥移：归依。

⑦攻：借为"功"（孙诒让说）。

⑧师举：兴师，发动战争。

⑨争：旧本作"诤"，靖安（王焕镳说）。

⑩督：察。

⑪授：当为"援"（孙诒让说），取。

【译文】

那么那些喜欢攻伐的国君，又掩饰他们的主张来非难墨子说：我并不是因为金玉、人民、土地不足，我想要用仁义的名声来立于天下，想要用仁德来让诸侯服从。墨子说：现在如果能用仁义的名声来立于天下，能用仁德来让诸侯服从，天下的归顺就指日可待了。天下处于攻伐的状态之中太久了，就好比把童子当作马骑一样。现在假如有能用信义相交，先为天下诸侯谋利的人，大国有不道义的事情，就共同为他担忧；

大国攻打小国时，就共同出手援救；小国的城墙有不完整的，一定要把它修理好；布匹和粮食不足，就想办法运输给它；钱币不足就供给它。这样去抵御大国，那么小国的国君就会很喜欢。别人劳累，我安逸，那么我的兵力就会强大。宽厚而又恩惠，把人民从危急中解救出来，民心就一定会归向我。那攻伐变成治理国家，功绩必定会加倍。计算我发动战争的花费，去安定诸侯的危难，就一定能取得很大的利益。用正道去率领民众，用正义来立名，必定要宽厚地对待我的民众，信任我的军队，用这个来援助诸侯的军队，就会天下无敌了，带给天下的利益也会多得数不清。这是天下的利益，而王公大人不知道运用，那可以说是不知道为天下谋利益的大事啊。

是故子墨子曰：今且天下之王公大人士君子①，中情将欲求兴天下之利，除天下之害，当若繁为攻伐，此实天下之巨害也。今欲为仁义②，求为上士，尚欲中圣王之道③，下欲中国家百姓之利，故当若非攻之为说，而将不可不察者此也。

【注释】

①今且：犹"今夫"。

②为：行。

③尚：即"上"（孙诒让说）。

【译文】

因此墨子说：现在天下的王公大人和士人君子，确实想要追求兴盛天下的利益，除去天下的祸害，但如果频繁地进行攻伐，这实在是天下巨大的祸害。现在想要奉行仁义，追求做高尚的士人，对上想要符合圣明君王的道术，对下想要符合国家中百姓的利益，所以对"非攻"这样的主张，不能不明察的原因就在这里。

节用上

【题解】

《节用》分为上、中、下三篇，此为上篇。节用是墨子学说的一个重要思想。当时的统治者过着荒淫奢侈的生活，对宫室、饮食、衣服、舟车和蓄私上有着无止境的享乐的欲望，这就是墨子提出"节用"的原因之所在。

墨子认为圣明的君王治理天下，不追求华美而只在乎实用，所谓"无不加用而为者"，也就是说没有益处的事情是不做的，因此省下这笔支出，使国家的财利可以加倍。节用的标准正在于实用，凡是不实用的，不能让百姓有所增益的，都要取消。

墨子认为只要做到这一点，想要使衣服、宫室、铠甲、盾牌、兵器、车船等的数目增加一倍，并不是难事，最困难的是要增加人口的数量。要使人口增加，就要像古代圣明的君王一样，不过度地役使人民，使他们可以安居生产，按时结婚生子，人口就会增加。这才是有利于天下的"圣王之道"。

圣人为政一国，一国可倍也①；大之为政天下，天下可倍也。其倍之非外取地也，因其国家，去其无用之费②，足以倍之。圣王为政，其发令兴事③，使民用财也，无不加用而为者④,是故用财不费,民德不劳⑤,其兴利多矣。

【注释】

①可倍:言利可倍(毕沅说)。

②去:除。

③兴:发动。

④加:增益。

⑤德:通"得"(孙诒让说)。

【译文】

圣人治理一个国家的政务,一个国家的财力就可以增加一倍;大到治理天下的事务,天下的财力也可以增加一倍。财利的成倍增加,不是对外夺取土地,而是因为他的国家除去了没有用的花费,就足以使之加倍增长。圣明的君王治理政务,他发布命令做事,役使百姓、花费财物,不做不能增加利益的事情,所以财物用度不浪费,百姓不觉得劳苦,他所产生的利益就多了。

其为衣裘何①?以为冬以圉寒②,夏以圉暑。凡为衣裳之道,冬加温,夏加清者③,芊䋖不加者去之④。其为宫室何?以为冬以圉风寒,夏以圉暑雨,有盗贼加固者,芊䋖不加者去之。其为甲盾五兵何⑤?以为以圉寇乱盗贼。若有寇乱盗贼,有甲盾五兵者胜,无者不胜。是故圣人作为甲盾五兵。凡为甲盾五兵,加轻以利、坚而难折者,芊䋖不加者去之。其为舟车何?以为车以行陵陆⑥,舟以行川谷,以通四方之利。凡为舟车之道,加轻以利者,芊䋖不加者去之。凡其为此物也,无不加用而为者,是故用财不费,民德不劳,其兴利多矣。有去大人之好聚珠玉、鸟兽、犬马⑦,以益衣裳、宫室、甲盾、五兵、舟车之数，于数倍乎！

【注释】

①何：为了什么。

②圉（yǔ）：阻止。

③凊（qìng）：凉。

④芊胆（qiān qū）不加：疑为"鲜且不加"，谓徒为华美而无益于用（俞樾说）。鲜且，谓华美。不加，谓无益。

⑤五兵：指弓矢、殳、矛、戈、戟五种兵器。

⑥陵：大土山。

⑦有：当读为"又"（孙诒让说）。

【译文】

他做衣服是为了什么呢？认为衣服冬天可以抵御寒冷，夏天可以防暑。制作衣服的道理是：冬天增加温暖，夏天保持清凉，没有这些用处而只是华美的就省去。他建造宫殿是为了什么呢？认为冬天可以抵御寒风，夏天可以避暑防雨，有了盗贼就加固一些，没有这些用处而只是华美的就省去。他打造铠甲盾牌兵器是为了什么呢？用来抵御乱寇盗贼。如果有乱寇盗贼，有铠甲盾牌等兵器的人就能取胜，没有的人就不能取胜。所以圣人打造铠甲盾牌的兵器。凡是打造铠甲盾牌等兵器的，只要轻便尖锐、坚硬不容易折断就可以了，除了这以外就省去了。他制造车和船是为了什么呢？车用来在陆地上行走，船在河中水道行走，用此来使四方的交通沟通便利。制造车和船的道理，只要轻巧便利就可以了，除此以外就省去了。凡是他制造东西，没有用的东西是不做的，所以财物用度不会浪费，百姓不会劳苦，他增加的利益就多了。又除去王公大人们收集珠宝、玉器、鸟兽、狗马等东西的喜好，来增加衣服、宫室、铠甲、盾牌、兵器、车船等的数目，应当是以倍计吧！

若则不难①，故孰为难倍？唯人为难倍。然人有可倍也。昔者圣王为法曰："丈夫年二十②，毋敢不处家③；女子年十五，毋敢不事人④。"此圣王之法也。圣王既没，于民次也⑤。其欲蚤处家者⑥，有所二十年处家⑦；其欲晚处家者，有所四十年处家。以其蚤与其晚相践，后圣王之法十年。若纯三年而字⑧，子生可以二三年矣。此不惟使民蚤处家，而可以倍与⑨？且不然已。

【注释】

①若：像这样，指衣服、宫室、铠甲、盾牌、兵器、车船等的数目增加一倍。

②丈夫：男子。

③处家：这里指娶妻成家。

④事人：指女子出嫁。

⑤民：当为"昏"，通"婚"（刘昶说）。次：古通"恣"（刘昶说）。

⑥蚤：通"早"。

⑦有所：即有时。所，犹"时"（王念孙说）。

⑧字：生子。

⑨与：即"欤"。

【译文】

要像这样并不难，但什么是难以加倍呢？只有人是难以加倍的。然而人也可以加倍的。从前圣明的君王制定法则，说："男子年满二十岁，不敢不成家；女子十五岁，不敢不嫁人。"这是圣明君王的法则。圣明的君王去世以后，人们对待婚姻开始放任自流。想要早成家的，二十岁就结婚了；想晚成家的，四十岁才结婚。拿早婚的和晚婚的相减，比圣明君王的法则晚了十年。如果都是三年生一个孩子，十年可以生两、三个孩子了。这不是让百姓早成家而人口可以加倍吗？然而现在的统治者不是这样。

今天下为政者，其所以寡人之道多①。其使民劳，其籍敛厚，民财不足，冻饿死者不可胜数也。且大人惟毋兴师以攻伐邻国②，久者终年，速者数月，男女久不相见，此所以寡人之道也。与居处不安、饮食不时、作疾病死者③，有与侵就橐囊、攻城野战死者④，不可胜数。此不令为政者所以寡人之道数术而起与⑤？圣人为政特无此，不圣人为政⑥，其所以众人之道亦数术而起与？故子墨子曰：去无用之费，圣王之道⑦，天下之大利也。

【注释】

①寡人：这里指使人口减少。

②惟毋：语气助词。

③居处不安：指生活不安定。

④作疾病：指暴病（王焕镳说）。作，疑为"乍"，忽然。有：通"又"。
　侵就：疑为"侵略"。橐囊（tuó）：疑为"俘虏"（王焕镳说）。

⑤不令为政：谓不善为政（吴汝纶说）。数术：多种方法。

⑥不：疑为"夫"之误，发语词（王焕镳说）。

⑦去无用之费，圣王之道：旧本作"去无用之务，行圣王之道"。

【译文】

现在天下治理政治的人，他们让人口减少的原因太多了。他们让百姓劳累，赋敛沉重，百姓的财用不足，冻死饿死的人多得数不清。并且王公大人发动军队攻打他的邻国，时间长的要一年，快的也要几个月，男子和女子长久不能相见，这就是让人口减少的原因。居住的时候不安定、饮食不定时、生病而死去的,因为侵略被俘虏的,攻打城池和在野外作战而死去的人,多得数不清。这不就是那些不善于掌管政务的人让人口减少的多种政策吗?圣人的政策独独没有这样的,圣人治理政治,让人口增加,不也是因为用了让人口增加的几种政策吗?所以墨子说:除去没有用的费用,是圣明君王的道术,是天下最大的利益。

节用中

此篇主旨与前篇相近,论述的仍是要节约用度的道理,但篇幅相对较短,论述较为简略。

首段总论圣明的君王要称霸天下就要尽力地做爱民利民的事情。接下去的几段分别从器用、饮食、衣服、舟车、丧葬和宫室这几个方面来论述,提出器皿可以使用,饮食可以充饥,衣服可以暖身,舟车可以载物,棺椁可以用到尸骨腐烂,宫室可以区别男女,这样就可以了。除此之外,用以装饰的额外花费都是对增加百姓的利益没有好处的,因而是圣明的君王所不为的。

此篇中只描述了古代圣王的种种做法,没有论及墨子所在时代的君王的做法,但墨子无疑认为当世的统治者只有仿效先王的做法,才能称王于天下,使百姓终身追随而不感厌倦。

子墨子言曰:古者明王圣人,所以王天下、正诸侯者,彼其爱民谨忠①,利民谨厚,忠信相连,又示之以利,是以终身不餍②,殁世而不卷③。古者明王圣人,其所以王天下、正诸侯者,此也。

【注释】

①谨:当为"勤",尽心(于省吾说)。

②餍(yàn):满足,终止。

③殁(mò)世:即"没世",指终身。卷:当为"倦"(苏时学说),厌倦。

【译文】

墨子说:古代贤明的君主圣人,所以能够称王于天下、匡正诸侯的原因,是因为他们衷心地爱护百姓,宽厚地为百姓谋利,尽心和信义联系在一起,又使人民看到利益,所以人民对君王终身不厌弃,毕生而不倦怠。古代贤明的君王和圣人,他们称王天下、匡正诸侯的原因,正在于此。

是故古者圣王,制为节用之法①,曰:"凡天下群百工,轮、车、鞼鲍、陶、冶、梓、匠②,使各从事其所能。"曰:"凡足以奉给民用,则止。"诸加费不加于民利者,圣王弗为。

【注释】

①节用:据下文例当为"器用"。

②轮车:指木工。轮:造车轮。车:造车。鞼鲍(guì páo):皮革工匠。鞼,有文采的皮革。鲍,通"鞄",柔革工匠。

【译文】

因此,古代圣明的君王,制定了制造日用器物的法则,说:"凡是天下的百工,造轮的、造车的、制皮革的、烧陶器的、铸五金的、做木器的匠人,让他们去从事各自所能从事的。"说:"凡是足以供给百姓使用了,就停止。"各种只增加费用而不增加百姓利益的事情,圣明的君王是不做的。

古者圣王制为饮食之法，曰："足以充虚继气^①，强股肱，耳目聪明，则止。"不极五味之调、芬香之和，不致远国珍怪异物^②。"何以知其然？古者尧治天下，南抚交阯^③，北降幽都^④，东西至日所出入^⑤，莫不宾服。逮至其厚爱^⑥，黍稷不二，羹胾不重^⑦，饭于土塯^⑧，啜于土形^⑨，斗以酌。俯仰周旋威仪之礼^⑩，圣王弗为。

【注释】

①继：当为"增"（李笠说）。

②致：取得，得到。珍怪：奇异。

③抚：安抚。交阯（zhǐ）：当为"交趾"，古地区名，即今越南。

④降：当为"际"（王念孙说），接近。

⑤日所出入：指太阳升起和落下的地方。

⑥厚爱：指其身所受（曹耀湘说）。爱，当作"受"。

⑦胾（zì）：切成大块的肉。不重：谓肉块或肉汤只吃一种。

⑧土塯：盛饭的瓦器。

⑨啜（chuò）：饮，喝。形：当作"铏（xíng）"，羹器（毕沅说）。

⑩周旋：指古代行礼时进退揖让的动作。威仪：指古代典礼中的容貌举止和仪式。

【译文】

古代圣明的君王制定饮食的法则，说："能够充实肠胃，增补血气，强健四肢，让耳朵眼睛聪明，就停止了。"不追求五味调和、气味芳香，不追求遥远国家的珍奇异品。怎么知道是这样的呢？古代尧治理天下，南面安抚交趾，北面连接着幽都，东面和西面直到太阳升起和落下的地方，没有不臣服的。但说到他最大的享受，黍和稷之中只吃一种，肉块和肉汤只吃一种，用瓦器盛饭，用瓦盆盛汤，用木勺喝酒。那些俯仰进退揖让的繁复的礼节,圣明的君王是不做的。

　　古者圣王制为衣服之法,曰:"冬服绀缫之衣①,轻且暖;夏服绣绤之衣②,轻且清,则止。"诸加费不加于民利者,圣王弗为。

【注释】

　　①绀(gàn):深青带红的颜色。缫(zōu):红青色。

　　②绣(chī):细葛布。绤(xì):粗葛布。

【译文】

　　古代圣明的君王制定做衣服的法则,说:"冬天穿深青中带红色的衣服,轻便而且暖和;夏天穿粗、细葛布的衣服,轻巧而且凉爽,这样就可以了。"各种只增加费用而不增加百姓利益的事情,圣明的君王是不做的。

　　古者圣人为猛禽狡兽暴人害民①,于是教民以兵行②,日带剑。为刺则入,击则断,旁击而不折③,此剑之利也④。甲为衣则轻且利,动则兵且从⑤,此甲之利也。车为服重致远,乘之则安⑥,引之则利⑦,安以不伤人,利以速至,此车之利也。古者圣王为大川广谷之不可济⑧,于是利为舟楫⑨,足以将之则止⑩。虽上者三公诸侯至,舟楫不易,津人不饰,此舟之利也。

【注释】

　　①为:因为。狡:健。

　　②兵:兵器。

③旁：别的。

④利：益处，好处。

⑤兵：疑当作"弁"（孙诒让说），便利。

⑥安：安稳。

⑦引：牵引，拉。

⑧济：渡。

⑨利：当为"制"（王念孙说）。

⑩将：行。

【译文】

古代的圣人因为凶猛的鸟兽伤害人民，所以教人民做兵器，每天带着剑行走。用剑来刺就能进入，用来劈斩就能砍断，击打旁边也不会折断，这就是剑的益处。铠甲作为衣服，轻巧而且便利，行动时方便自如，这就是铠甲的益处。车辆装载着重的东西达到远方，乘坐着就安稳，拉起来很便利，安稳就不会伤害人，便利就可以快速地到达，这就是车辆的益处。古代圣明的君王因为宽广的河流不能渡过，所以制造船和桨，足以渡河就停止了。即使是王公贵族诸侯来了，船和桨不改变，划船的人不加修饰，这就是船的益处。

古者圣王制为节葬之法，曰："衣三领①，足以朽肉②；棺三寸③，足以朽骸④。堀穴深不通于泉⑤，流不发泄则止⑥。死者既葬，生者毋久丧用哀。"

【注释】

①领：衣领。这里引申为衣服的件数。

②朽：烂。

③棺三寸：指棺木厚三寸。

④骸：尸骨。

⑤堀：借为"窟"（孙诒让说）。

⑥流：臭气。泄：流出，散发。

【译文】

　　古代圣明的君王制定了丧葬的法则，说："衣服三套，足以穿到肉体腐烂；棺木三寸，足以用到尸骨腐烂。墓穴的深度不达到地泉，不让腐烂的气味散发到地面上就可以停止了。死去的人被安葬了以后，活着的人就不要长久地服丧致哀追悼。"

　　古者人之始生，未有宫室之时，因陵丘堀穴而处焉①。圣王虑之，以为堀穴，曰冬可以辟风寒；逮夏，下润湿，上熏烝②，恐伤民之气③，于是作为宫室而利。然则为宫室之法将奈何哉？子墨子言曰：其旁可以圉风寒，上可以圉雪霜雨露，其中蠲洁④，可以祭祀，宫墙足以为男女之别，⑤则止。诸加费不加民利者，圣王弗为。

【注释】

①因：依，靠。

②熏：暖，热。烝（zhēng）：指热气盛。

③气：指人的元气。

④蠲（juān）：清洁，干净。

⑤别：区别。

【译文】

　　古代人刚刚产生，还没有宫室的时候，就靠近丘陵挖山洞来居住。圣明的君王考虑这件事，挖掘了洞穴，说冬天可以躲避风霜和寒冷；等到夏天，下面潮湿，上面热气熏人，恐怕伤害到百姓的身体，所以建造宫室而给人民益处。既然这样，那么建造宫室的法则将是怎么样的呢？

墨子说：它的四壁可以抵挡风寒，上面可以抵御雪霜雨露，里面很干净，可以祭祀，有围墙可以隔开男女，就可以停止了。各种增加费用而不增加百姓利益的事情，圣明的君王是不做的。

节葬下

《节葬》篇原分上、中、下三篇,现仅存下篇。所谓节葬,就是要从简地办理丧事,这是墨子节约思想的一个重要组成部分。

当时的统治者不仅生活奢侈,死后的埋葬也很丰厚,居丧的要求极多,即墨子反对的"厚葬久丧"。厚葬,花费了人民大量的原本用于衣食的财物,久丧则占用了百姓从事生产的时间,更有甚者,杀人以陪葬,这样必然使百姓贫穷、国家混乱。又因为统治者对"厚葬久丧"的喜好,起到了提倡的作用,使众多百姓也加以仿效,以"不食"、"薄衣"等方法摧残自己的身体,这是百害无益的。墨子对此加以激烈的批判,并切实地以尧、舜、禹节葬节丧的例子,说明应该遵循的"圣王之道"是如何的。

文章条理清晰,层层递进,说明"厚葬久丧"既不能使国家富裕,也不能使人口增加,不能治理好政务,不能阻止攻伐,更不会求得上天的赐福,因而是应该彻底摒弃的。

子墨子言曰:仁者之为天下度也,辟之无以异乎孝子之为亲度也①。今孝子之为亲度也,将奈何哉?曰:亲贫则从事乎富之,人民寡则从事乎众之,众乱则从事乎治之。当其于此也,亦有力不足、财不赡、智不智②,然后已矣③。无敢舍余力,隐谋遗利,而不为亲为之者矣。若三务者④,孝子之为亲度也,既若此矣⑤。虽仁者之为天下度,亦犹此也。曰:天下贫则从事乎富之,人民寡则从事乎众之,众而乱则从事乎治之。当其于此,亦有力不足、财不赡、智不智,然后已矣。无敢舍余力,隐谋遗利,而不为天下为之者矣。若三务者,此仁者之为天下度也,既若此矣。

【注释】

①辟:通"譬",好比。度:谋划。

②智不智:后一个"智"通"知"(孙诒让说)。

③已:停止,完毕。

④三务:指上述"富"、"众"、"治"。

⑤既:尽。

【译文】

墨子说:仁义的人为天下人做考虑,就像孝子为双亲做打算一样没有什么区别。现在孝子为双亲做考虑,是怎么样的呢? 说:双亲贫穷就做能使他们变得富裕的事情,人口少就做能使人口增加的事情,民众混乱就做能把他们管理好的事情。当他们做这些的时候,只有因为力量不足、财力不足、智力不及,然后才会停止。没有敢保留多余的力量,隐瞒自己的智慧,私自留下财产,而不为双亲打算的人。像这三件事,孝子为双亲打算就是像这样的。即使仁义的人为天下人考虑,也是像这样的。说:天下贫穷就做能使天下变得富裕的事情,人口少就做能使人口增加的事情,民众动乱就做能把他们管理好的事情。当他们做这些的时候,也因为力量不足、财力不足、智力不及才会停止。没有敢保留多余的力量,隐瞒自己的智慧,私自留下财产,而不为天下打算的人。像这三件事,仁义的人为天下打算,就是像这样的。

今逮至昔者三代圣王既没①，天下失义。后世之君子，或以厚葬久丧以为仁也，义也，孝子之事也；或以厚葬久丧以为非仁义，非孝子之事也。曰：二子者②，言则相非，行即相反，皆曰："吾上祖述尧舜禹汤文武之道者也。"而言即相非，行即相反，于此乎后世之君子皆疑惑乎二子者言也。若苟疑惑乎之二子者言③，然则姑尝传而为政乎国家万民而观之④。计厚葬久丧，奚当此三利者？我意若使法其言⑤，用其谋，厚葬久丧实可以富贫众寡、定危治乱乎，此仁也，义也，孝子之事也，为人谋者不可不劝也⑥。仁者将兴之天下，谁贾而使民誉之⑦，终勿废也。意亦使法其言，用其谋，厚葬久丧实不可以富贫众寡、定危理乱乎⑧，此非仁非义，非孝子之事也，为人谋者不可不沮也。仁者将求除之天下，相废而使人非之⑨，终身勿为。且故兴天下之利⑩，除天下之害，令国家百姓之不治也，自古及今未尝之有也。

【注释】

①没：通"殁"，死。

②二子：指上述两种人。

③之：这。

④传：当作"博"，广，犹推（尹桐阳说）。

⑤意：通"抑"，句首语气助词。法：效法。

⑥劝：勉励。

⑦谁贾：当为"设置"之误（孙诒让说）。

⑧理：本作"治"，唐人避高宗讳改（孙诒让说）。

⑨废：当为"发"（王焕镳说），指揭示厚葬久丧之弊。

⑩且故：当为"是故"（王念孙说）。

【译文】

现在回顾以前三代圣明的君王去世以后，天下失去了道义。后世的君子，有的认为厚葬久丧就是仁、义，是孝子要做的事情；有的认为厚葬久丧不是仁、义，不是孝子要做的事情。说：这两种人，言论相反，行为相背，都说："我遵循的是尧舜禹汤文王武王的道术。"而言论却相反，行为却相背，于是他们以后的君子都怀疑这两种人的言论。如果为这两种人的言论而感到困惑，那么姑且尝试把他们的主张推广用来治理国家和人民来观察。考虑厚葬久丧在哪一方面能符合上面的三种利益呢？如果效法他们的言论，采纳他们的谋略，实行厚葬久丧，要是可以使贫穷的人变得富裕，使人口少的变得多，使危难安定，使混乱得到治理，这就是仁、就是义，是孝子要做的事情，为人谋划的人就不能不勉力地这么做。仁义的人将在天下广泛地推行它，设置相应的制度让人民称赞它，永远不废除。如果效法他们的言论，采纳他们的谋略，实行厚葬久丧要是不可以使贫穷的人变得富裕，不能使人口少的变得多，使危难安定，使混乱得到治理，这就不是仁、不是义，不是孝子要做的事情，为人谋划的人就不能不阻止这么做。仁义的人想要在天下除去它，提出厚葬久丧的弊端而让人们非难它，永远不去做。所以，增进天下的利益，除去天下的祸害，反而使国家中的百姓得不到治理的，从古代到现在是从未有过的。

何以知其然也？今天下之士君子，将犹多皆疑惑厚葬久丧之为中是非利害也^①。故子墨子言曰：然则姑尝稽之^②，今虽毋法执厚葬久丧者言^③，以为事乎国家。此存乎王公大人有丧者，曰棺椁必重^④，葬埋必厚，衣衾必多，文绣必繁，丘陇必巨^⑤；存乎匹夫贱人死者，殆竭家室；存乎诸侯死者^⑥，虚车府⑦，然后金玉珠玑比乎身⑧，纶组节约⑨，车马藏乎圹，又必多为屋幕、鼎鼓、几梴、壶滥、戈剑、羽旄、齿革⑩，寝而埋之⑪，满薏，若送从⑫。曰：天子杀殉，众者数百，寡者数十；将军大夫杀殉，众者数十，寡者数人。

【注释】

①中：符合，适合。

②稽：考证，考核。

③虽：同"唯"（王念孙说）。毋：语词（孙诒让说）。

④重：在棺椁外再套棺椁。《礼记·檀弓》"天子之棺四重"，郑玄注："诸公三重，诸侯再重，大夫一重，士不重。"

⑤陇：《淮南子·说林训》："或谓冢，或谓陇，名异实同也。"

⑥乎：此字上原缺"存"字，据毕沅说补。

⑦车：当为"库"之误（俞樾说）。

⑧玑：珠不圆者。比乎身：犹言"周乎身"（俞樾说）。

⑨纶：青丝绶带。组：丝带。节：符节。约：捆缚。

⑩梴（yán）：通"筵"（毕沅说），竹席。壶：盛酒或粮食的器具。滥：通"鉴"，大盆。戈：一种兵器。革：用革制成的甲胄。

⑪寝：放墓中。

⑫满薏，若送从：疑与上句连而当为"送死若徙，寝而埋之，而后满薏"（张纯一说）。

【译文】

怎么知道是这样的呢？现在天下的士人君子，仍然有很多怀疑厚葬久丧的是非利弊的。所以墨子说：既然这么，那么姑且尝试听从主张厚葬久丧的人的言论，把它在国家中实行，从而加以考察。这种主张存在于有丧事的王公大人家中，说内外棺一定要有几层，下葬的陪葬一定要丰厚,衣服被褥一定要很多,装饰棺材的文彩锦绣一定要繁复,坟冢一定要高大;这种主张在死了人的百姓家中实行,几乎要用尽家里的财物;这种主张在死了人的诸侯家里实行,必定会使库存空虚,然后才能金玉珠宝盖满尸身,用丝絮组带捆缚尸体,把车马藏在墓中陪葬,又一定大量建造帐幕、鼎鼓、几案、壶盆、戈剑羽旄、象牙皮革等,都放入墓中陪葬,就如同送人迁徙一样,然后才能心满意足。说:天子杀人殉葬,多的几百人,少的几十人;将军大夫杀人殉葬,多的几十人,少的几个人。

处丧之法将奈何哉①?曰:哭泣不秩,声翁②,缞绖垂涕③,处倚庐④,寝苫枕块⑤,又相率强不食而为饥⑥,薄衣而为寒,使面目陷陬⑦,颜色黧黑⑧,耳目不聪明,手足不劲强,不可用也。又曰:上士之操丧也⑨,必扶而能起,杖而能行,以此共三年⑩。若法若言,行若道,使王公大人行此,则必不能蚤朝⑪;五官六府⑫,辟草木,实仓廪;使农夫行此,则必不能蚤出夜入,耕稼树艺;使百工行此,则必不能修舟车为器皿矣⑬;使妇人行此,则必不能夙兴夜寐,纺绩织纴。细计厚葬,为多埋赋之财者也。计久丧,为久禁从事者也。财以成者⑭,扶而埋之,后得生者,而久禁之,以此求富,此譬犹禁耕而求获也,富之说无可得焉。

【注释】

①处丧:在家守丧。

②声翁:指收敛哭声不敢放纵。翁,当为"翕(xī)"(曹耀湘说),收敛。

③缞(cuī):古代丧服,用麻布制成,披在胸前。绖:旧时用麻做的丧带,系在腰上或头上。

④倚庐：古代守丧时住的房子。

⑤苦(shān)：古代居丧时睡的草垫。块：土块。

⑥相率：争先恐后。

⑦陬(gé)：面颊瘦削。

⑧黧(lí)：黑中带黄的颜色。

⑨操：守持。

⑩共：执持。

⑪蚤：通"早"。

⑫五官六府：此句前当增补"使士大夫行此，则必不能治"（孙诒让说）。

⑬修、为：都是制作的意思。

⑭以：同"已"。

【译文】

居丧的法则是怎么样的呢？说：要哭泣不停止，泣不成声，穿着孝衣流泪，住在茅草屋里，睡在草垫上，枕着土块，还要争抢着不吃饭让自己饥饿，穿着单薄的衣服让自己寒冷，让面颊陷下去，面色黑黄，耳朵眼睛不聪明，手脚没有力气，不能使用。又说：上等人士主办丧事，必定要人扶着才能站起来，要拄着拐杖才能行走，像这样度过三年。如果要效法这种言论，实行这种道术，假如让王公大人这么做，那么就不能上早朝；让士大夫这么做，必定不能治理好五官六府，开垦荒地，充实仓库；让农民这么做，就不能早出晚归，耕作种植；让百工这么做，就不能制作车船，制造器皿；让妇女这么做，就不能早起晚睡，纺纱织布。仔细计算厚葬，实在是大量埋葬收敛来的财物。考虑久丧，是长久地禁止人们从事工作。把挣来的财产埋掉，可以做事的人却长久地禁止他们工作，这样来追求富裕，就像禁止耕种却想追求收获，让他变得富裕是不可能得到的。

　　是故求以富家，而既已不可矣，欲以众人民，意者可邪[①]？其说又不可矣。今唯无以厚葬久丧者为政，君死，丧之三年；父母死，丧之三年；妻与后子死者[②]，五皆丧之三年[③]；然后伯父叔父兄弟孽子其[④]；族人五月；姑姊甥舅皆有月数[⑤]。则毁瘠必有制矣[⑥]，使面目陷陬[⑦]，颜色黧黑，耳目不聪明，手足不劲强，不可用也。又曰：上士操丧也，必扶而能起，杖而能行，以此共三年。若法若言，行若道，苟其饥约又若此矣[⑧]。是故百姓冬不仞寒[⑨]，夏不仞暑，作疾病死者，不可胜计也。此其为败男女之交多矣[⑩]。以此求众，譬犹使人负剑[⑪]，而求其寿也。众之说无可得焉。

【注释】

①意者：或许。

②后子：长子。

③五：当为"又"之误（陶鸿庆说）。

④孽：庶子。其：同"期"，一年。

⑤月数：当为"数月"之误（王念孙说）。

⑥毁：指处丧期间哀痛过度而损害身体。瘠：瘦。

⑦陬：当为"陬"字，谓面瘦。

⑧约：这里指节食。

⑨仞："忍"之假借字（毕沅说）。

⑩败：败坏。

⑪负：通"伏"（孙诒让说）。

【译文】

这样来追求使国家变得富裕，既然已经不可能了，想要用这个来使人口增加，或许还可以吧？他的说法又不可实行。现在如果让主张厚葬久丧的人治理政务，国君死了以后，要为他服丧三年；父母死了，要服丧三年;妻子和长子死了,又都服丧三年;然后是伯父、叔父、兄弟、庶子等死了,服丧一年;族人死了,服丧五个月;姑姑、姐姐、外甥、舅舅死了,都要服丧几个月。那么,服丧期间损伤身体也必定有制度了,让面颊陷下去,面色黑黄,耳朵眼睛不聪明,手脚没有力气,不能使用。又说:上等人士主办丧事,必定要人扶着才能站起来,要拄着拐杖才能行走,像这样度过三年。如果要效法这种言论,实行这种道术,假如他们也像上面说的那样忍饥挨饿。所以百姓冬天不能抵御寒冷,夏天不能耐住暑热,生病而死去的人,多得数不清。这就大大败坏了男女之间的交往。用这个来追求使人口变多,就像让人伏在剑刃上却追求长寿一样。让人口变多的想法是不可能实现的。

是故求以众人民,而既以不可矣,欲以治刑政,意者可乎?其说又不可矣。今唯无以厚葬久丧者为政,国家必贫,人民必寡,刑政必乱。若法若言,行若道,使为上者行此,则不能听治;使为下者行此,则不能从事。上不听治,刑政必乱;下不从事,衣食之财必不足。若苟不足,为人弟者求其兄而不得,不弟弟必将怨其兄矣;为人子者求其亲而不得,不孝子必是怨其亲矣①;为人臣者求之君而不得,不忠臣必且乱其上矣。是以僻淫邪行之民,出则无衣也,入则无食也,内续奚吾②,并为淫暴,而不可胜禁也,是故盗贼众而治者寡。夫众盗贼而寡治者,以此求治,譬犹使人三睘而毋负己也③,治之说无可得焉。

【注释】

①是:当为"且"(孙诒让说)。

②内续奚吾:当为"内积奚后"(俞樾说)。奚后,即"謑诟",耻辱。

③睘(qióng)：同"还"，转折（王引之说）。

【译文】

这样来追求使人口增加，既然已经是不可能的了，那么想要用这个来治理刑法和政务，或许还可以吧？他的说法又不可能了。现在让主张厚葬久丧的人来治理政治，国家必定会贫穷，人民必定会减少，刑法政治必定会混乱。如果效法这样的言论，实行这样的道术，让上面的人这样做了，就不能处理政务；让下面的人这样做了，就不能从事工作。上面的人不处理政务，刑法政治就一定会混乱；下面的人不从事工作，衣服食物的费用就一定会不足。如果有所不足，为人弟弟的向兄长求助而得不到帮助，不恭敬地顺从的弟弟就一定会怨恨他的兄长；为人儿子的向他的双亲寻求帮助而得不到，不孝顺的儿子就一定会怨恨他的双亲；为人臣子的向君主寻求帮助而得不到，不忠诚的臣子就会祸乱他的上面。所以行为邪恶淫僻的民众，外出没有衣服穿，入内没有食物吃，心中充满耻辱不平之气，就一起去做邪恶暴虐的行为，而不能禁止，所以盗贼很多而很少有被治理好的。如果做盗贼的人多，顺从治理的少，用这个来寻求天下太平，就好比多次不接纳投奔自己的人却不让他背叛自己一样，得到治理的说法是不能实现的。

是故求以治刑政，而既已不可矣，欲以禁止大国之攻小国也，意者可邪？其说又不可矣。是故昔者圣王既没，天下失义，诸侯力征①。南有楚、越之王，而北有齐、晋之君，此皆砥砺其卒伍②，以攻伐并兼为政于天下。是故凡大国之所以不攻小国者，积委多，城郭修，上下调和，是故大国不耆攻之③；无积委④，城郭不修，上下不调和，是故大国耆攻之。今唯无以厚葬久丧者为政，国家必贫，人民必寡，刑政必乱。若苟贫，是无以为积委也；若苟寡，是城郭沟渠者寡也；若苟乱,是出战不克⑤,入守不固。

【注释】

①力征:用武力征服。

②砥砺(dǐ lì):磨石。这里指训练。

③耆(zhǐ):借为"致"(陈汉章说),致使。

④委:积。

⑤克:战胜,攻破。

【译文】

这样来治理刑法和政务,既然已经不可能了,那么想要用来禁止大国去攻打小国,或许还可以吧? 这种说法又不可能了。所以从前圣明的君王去世以后,天下失去了道义,诸侯互相用武力征战。南面有楚、越两国的君王,北面有齐、晋的国君,这些君主都用心训练他们的军队,用攻伐来兼并他国想借此来号令天下。所以凡是大国不攻打小国的原因,是因为小国储备多,城墙修理得好,全国上下协调一致,所以大国不出兵去攻打它;小国没有储备,城墙修理得不好,全国上下不能协调一致,所以大国出兵去攻打它。现在如果让主张厚葬久丧的人治理国家政治,国家必定会贫穷,人口必定会减少,刑罚政治必定会混乱。如果贫穷,就没有东西可以用来储蓄;如果人口少,修理城墙的人就少;如果混乱,出外打仗就不能战胜敌人,在内防守也不能坚固。

此求禁止大国之攻小国也,而既已不可矣,欲以干上帝鬼神之福①,意者可邪? 其说又不可矣。今唯无以厚葬久丧者为政,国家必贫,人民必寡,刑政必乱。若苟贫,是粢盛酒醴不净洁也;若苟寡,是事上帝鬼神者寡也;若苟乱,是祭祀不时度也②。今又禁止事上帝鬼神,为政若此,上帝鬼神始得从上抚之,曰③:"我有是人也,与无是人也,孰愈④?"曰:"我有是人也,与无是人也,无择也⑤。"则惟上帝鬼神降之罪厉之祸罚而弃之⑥,则岂不亦乃其所哉!

【注释】

①干:求。

②不时度:不按时。

③始得:当作"殆将"(曹耀湘说)。抚:《方言》:"疾也。"

④孰愈:哪一个比较好。

⑤择:区别。

⑥厉:祸患,危害。

【译文】

用这个来禁止大国攻打小国,既然已经不可能了,想要用这个来求得上帝鬼神的赐福,或许还可以吧?他的说法又是不可能的了。现在如果让主张厚葬久丧的人治理政治,国家必定会贫穷,人口必定会少,刑法政治必定会混乱,如果国家贫穷,祭祀的酒食礼品就不会洁净;如果人口少,侍奉上帝鬼神的人就会少;如果刑法政治混乱,祭祀就不能按时举行。现在又禁止侍奉上帝鬼神,像这样治理政务,上帝鬼神恐怕要从他所居的上位来憎恨他们,说:"我有这些人,和没有这些人,哪个更好呢?"说:"我有这些人,和没有这些人,是没有区别的。"那么上帝鬼神降下灾害惩罚他们,并且抛弃他们,那不也是他们所应当得到的吗!

故古圣王制为葬埋之法,曰:"棺三寸,足以朽体;衣衾三领,足以覆恶①。以及其葬也,下毋及泉,上毋通臭②,垄若参耕之亩③,则止矣。死则既以葬矣,生者必无久哭,而疾而从事，人为其所能，以交相利也。"此圣王之法也。

【注释】

①覆恶：死者为人所恶，故以衣被盖住尸体为"覆恶"。

②臭：腐气。

③参耕之亩：面积可容三耦之耕，其广为三尺（尹桐阳说）。

【译文】

古代圣明的君王制定埋葬的法则，说："棺木三寸，能够用到尸体腐烂就可以了；衣服和被子各三件，能够盖住尸体就足够了。等到下葬的时候，向下不达到黄泉，向上不让腐烂的气味散发出来，坟墓占的地方不超过长宽各三尺，就可以停止了。死去的人既然已经被埋葬了，活着的人就不需要长久地哭泣而生病，以至不能从事工作，人人从事他所能做的事情，来相互取得利益。"这就是圣明的君王的法则。

今执厚葬久丧者之言曰：厚葬久丧虽使不可以富贫众寡、定危治乱①，然此圣王之道也。子墨子曰：不然。昔者尧北教乎八狄②，道死③，葬蛩山之阴，衣衾三领，縠木之棺，葛以缄之④，既淜而后哭⑤，满埳无封⑥。已葬，而牛马乘之。舜西教乎七戎，道死，葬南己之市，衣衾三领，縠木之棺⑦，葛以缄之。已葬，而市人乘之。禹东教乎九夷，道死，葬会稽之山，衣衾三领，桐棺三寸⑧，葛以缄之，绞之不合⑨，通之不埳⑩，土地之深⑪，下毋及泉，上毋通臭。既葬，收余壤其上，垄若参耕之亩，则止矣。若以此若三圣王者观之，则厚葬久丧果非圣王之道。故三王者，皆贵为天子，富有天下，岂忧财用之不足哉，以为如此葬埋之法？

【注释】

①虽使：纵使。

②八狄：指八个少数民族。狄，古代北部的民族名。

③道：在路上。

④葛：一种植物，纤维可以织布。缄：棺束。

⑤沉：当作"犯"，"窆"字之假借（毕沅说）。

⑥埳(kǎn)：坑穴。封：封闭，封合。

⑦榖木：恶木。

⑧桐棺：桐木作的棺材。

⑨绞：棺材的交结。

⑩通：旧本作"道"。

⑪土地：当为"掘地"（王念孙说）。

【译文】

现在主张厚葬久丧的人说：厚葬久丧即使不能使贫穷的变得富裕，不能让人口少的变得多，不能让危难得到安定，不能让混乱得到治理，但这是圣明的君王的道术。墨子说：不是这样的。从前尧向北教化八狄，在半路上死了，埋葬在蛩山的北面，衣服被子各有三件，用劣等的木头做棺材，用葛条捆绑好棺材，埋入墓穴以后，才举哀哭灵，填平坟墓后不垒坟冢。埋葬了以后，不禁止牛马在上面行走。舜向西面去教化七戎，在半路上死了，埋葬在南己的街市，衣服被子各有三件，用劣等的木头做棺材，用葛条捆绑好。埋葬了以后，不禁止人在上面行走。禹向东面去教化九夷，在半路上死了，埋葬在会稽山，衣服被子各有三件，桐木的棺材只有三寸厚，用葛条捆绑好，棺盖与棺身相接的地方不能密封，入棺的地方不修墓道，墓穴的深度，向下不达到泉水，向上不让腐烂的气味散发出去。埋葬了以后，收集挖出的土堆在上面，坟墓占的地方不超过长宽三尺，就停止了。如果用这三位圣明的君王来看，那么厚葬久丧就不是圣明的君王的道术。所以这三位君王，都贵为天子，富有天下，难道是因为担心财物的用度不够，才制定这样的埋葬制度吗？

今王公大人之为葬埋，则异于此。必大棺中棺①，革阓三操②，璧玉即具③，戈剑鼎鼓壶滥，文绣素练，大鞅万领④，舆马女乐皆具，曰必捶涂差通⑤，垄虽凡山陵⑥。此为辍民之事⑦，靡民之财⑧，不可胜计也，其为毋用若此矣⑨。

【注释】

①大棺：小棺外的套棺。

②阓（huì）：通"鞼"，绣有花纹的皮革。

③即：当为"既"（王念孙说）。

④鞅：系在喉下的缨络。

⑤捶：捶之使坚。涂：当为"涂"，言筑涂使坚（毕沅说）。差通：疑为"羡道"，即墓道（孙诒让说）。

⑥虽凡：当为"雄如"（王焕镳说）。

⑦辍：停止，废止。

⑧靡：浪费。

⑨毋：旧本作"无"。

【译文】

现在的王公大人的埋葬，就和这不一样。必定在大棺材中套小棺材，绣有花纹的皮革裹了又裹，璧玉都准备好，戈剑鼎鼓壶大盆，绣花的衣服和白色的熟绢，成千上万的马璎珞和衣服，车马女乐都齐全了，还要铺平墓道，捶打让它坚固，垄起的坟冢高得如同山陵一样。这是耽误百姓工作、浪费百姓财产的事情，多得数不清，它的毫无用处就是像这样的。

是故子墨子曰:乡者,吾本言曰:意亦使法其言,用其谋,计厚葬久丧,请可以富贫众寡、定危治乱乎①,则仁也,义也,孝子之事也,为人谋者,不可不劝也;意亦使法其言,用其谋,若人厚葬久丧,实不可以富贫众寡、定危治乱乎,则非仁也,非义也,非孝子之事也,为人谋者,不可不沮也。是故求以富国家,甚得贫焉②;欲以众人民,甚得寡焉;欲以治刑政,甚得乱焉;求以禁止大国之攻小国也,而既已不可矣;欲以干上帝鬼神之福,又得祸焉。上稽之尧舜禹汤文武之道而政逆之③,下稽之桀纣幽厉之事,犹合节也④。若以此观,则厚葬久丧其非圣王之道也。

【注释】

①请:古与"诚"通(王念孙说)。

②甚:尤(尹桐阳说)。

③政:通"正"(孙诒让说)。

④节:符节。

【译文】

因此墨子说:从前我说:如果效法他的言论,采纳它的谋略,考虑厚葬久丧,如果确实可以让贫穷的变得富裕、让人口少的变多、让危难得到安定、让混乱得到治理,那么就是仁,就是义,是孝子应该做的事情,为别人谋划的人,不能不鼓励这种做法;如果效法他的言论,采纳它的谋略,考虑厚葬久丧,如果的确不可以让贫穷的变得富裕、不能让人口少的变多、不能让危难得到安定、不能让混乱得到治理,那么就不是仁就,不是义,不是孝子应该做的事情,为别人谋划的人,不能不阻止这种做法。这样想要追求让国家变得富裕的,反而变得更贫穷;想要让人口变得多的,反而变得更少;想要用来治理刑法政治,反而变得更混乱;以此来追求禁止让大国攻打小国，已经做不到了；想要以此来求得上帝鬼神的赐福，反而得到祸害。向上考察尧舜禹汤文王武王的道术，正与此相反；向下考察桀纣幽王厉王的事情，却又刚好与之符合。如果以此来看，那么厚葬久丧，就不是圣明君王的道术。

今执厚葬久丧者言曰：厚葬久丧果非圣王之道，夫胡说中国之君子①，为而不已，操而不择哉②？子墨子曰：此所谓便其习而义其俗者也③。昔者越之东有辁沐之国者，其长子生，则解而食之，谓之"宜弟"④；其大父死⑤，负其大母而弃之⑥，曰，鬼妻不可与居处。此上以为政，下以为俗，为而不已，操而不择，则此岂实仁义之道哉？此所谓便其习而义其俗者也。楚之南有炎人国者⑦，其亲戚死⑧，朽其肉而弃之，然后埋其骨，乃成为孝子。秦之西有仪渠之国者，其亲戚死，聚柴薪而焚之，燻上⑨，谓之登遐，然后成为孝子。此上以为政，下以为俗，为而不已，操而不择，则此岂实仁义之道哉？此所谓便其习而义其俗者也。若以此若三国者观之，则亦犹薄矣；若以中国之君子观之，则亦犹厚矣⑩。如彼则大厚，如此则大薄，然则葬埋之有节矣⑪。

【注释】

①胡说：犹言"何说"（毕沅说），怎么解释。

②择：同"释"（毕沅说），舍弃。

③义：当读为"宜"（孙诒让说）。

④宜：《尔雅·释天》："宜，求见使祐也。"

⑤大父：祖父。

⑥大母：祖母。

⑦炎：疑为"啖"（孙诒让说）。

⑧亲戚：指父母（孙诒让说）。

⑨燋：火烟上冒。

⑩犹：已。

⑪有节：不厚，亦不薄。

【译文】

　　现在主张厚葬久丧的人说：厚葬久丧如果真的不是圣明君王的道术，那么中原的君子，为什么实行它不停止，坚持而不放弃呢？墨子说：这就是所谓以自己的习惯为便利，以自己的风俗为适宜。从前越国的东面有个叫輆沐的国家，他们的长子生出来，就剖开吃掉，称为"宜弟"；他们的祖父死了以后，就背起他们的祖母，把她扔掉，说不能和鬼的妻子住在一起。这就是上面的作为政令，下面的就会以之为风俗，实行而不停止，坚持不放弃，那么这难道真是仁义的方法吗？这就是所谓以自己的习惯为便利，以自己的风俗为适宜。楚国的南面有个叫炎人的国家，他们的父母死了以后，剔下他们的肉扔掉，然后埋葬他们的尸骨，这才叫做孝子。秦的西面有个叫仪渠的国家，他们的父母死了，聚集柴火把它烧掉，烟火上升，叫做"登上云霞"，然后才叫做孝子。这就是上面的作为政令，下面的就会以之为风俗，实行而不停止，坚持不放弃，那么这难道真是仁义的方法吗？这就是所谓以自己的习惯为便利，以自己的风俗为适宜。如果以这三个国家的做法来看，那他们的埋葬法太轻薄了；如果以中原的君子的做法来看，他们的埋葬法又太厚重了。像那样就太厚，像这样又太薄，那么埋葬的方法就应该有节度了。

　　故衣食者，人之生利也，然且犹尚有节①；葬埋者，人之死利也，夫何独无节于此乎？子墨子制为葬埋之法，曰：棺三寸，足以朽骨；衣三领，足以朽肉；掘地之深，下无菹漏^②，气无发泄于上，垄足以期其所^③，则止矣。哭往哭来，反从事乎衣食之财，佴乎祭祀^④，以致孝于亲。故曰子墨子之法，不失死生之利者，此也。

【注释】

①尚：尚且。

②菹：通"沮"（孙诒让说），湿。

③期：当为"示"之误（刘师培说）。

④佴（èr）：帮助。

【译文】

人的衣服食物，就是人们生存的利益之所在，然而尚且有个节度；埋葬是人死后的利益所在，怎能独独没有节度呢？墨子制定埋葬的法则，说：棺材三寸，能够用到尸骨腐烂就可以了；衣服三件，能够用到肉体腐烂就可以了；挖掘的墓地的深度，下面不要渗水，上面不要让腐烂的气味散发出来，坟冢的高度能够表示出那是埋葬死者的所在，就可以停止了。哭着出丧，哭着回来，回来从事生产衣服食物财用的工作，用来资助祭祀的费用，来向双亲表达孝心。所以墨子的法则，不损害活着的人和死去的人的利益，就是这样啊。

故子墨子言曰：今天下之士君子，中请将欲为仁义，求为上士，上欲中圣王之道，下欲中国家百姓之利，故当若节丧之为政，而不可不察此者也^①。

【注释】

①此者：当据旧本作"者此"。此，指上述要节葬的道理。

【译文】

因此墨子说：现在天下的士人君子，如果心里真的想要追求仁义，想要做一个高尚的士人，对上想要符合圣明的君王的道术，对下想要符合国家中百姓的利益，所以对用节制埋葬来治理政治，就不能不加以明察，就是因为这样啊！

天志上

【题解】

《天志》分为上、中、下三篇，此为上篇。天志，就是上天的意志。墨子提出一个存在于天子之上的"天"，正是为了以天的意志来表明自己的主张。他强调天是比天子更尊贵和有智慧的，因此天的意志是天子和天下所有人必须遵循的。并指出，顺应天的意志就会得到天的奖赏，违背天的意志就会遭受天的惩罚，天下所有人的所有行为都不能隐瞒于天，所谓"天不可为林谷幽门无人，明必见之"，所以必须按天的意志行事。

天志的具体内容是什么呢？墨子在文章中有具体的阐述，概括地说就是"天欲义而恶不义"。天下人都是天之百姓，天兼爱他们，所以希望百姓"交相利"，因此统治者只有爱民利民，才能如古代圣王一样得到天的奖赏和百姓的赞誉，否则就会因为残害百姓而像古代暴虐的君王一样得到天的惩罚。

墨子提出天有意志的说法，无疑是唯心的，但他所提倡的内容，却有值得肯定的成分。

子墨子言曰：今天下之士君子，知小而不知大。何以知之？以其处家者知之。若处家得罪于家长，犹有邻家所避逃之①。然且亲戚、兄弟所知识②，共相儆戒③，皆曰："不可不戒矣！不可不慎矣！恶有处家而得罪于家长，而可为也！"非独处家者为然，虽处国亦然。处国得罪于国君，犹有邻国所避逃之。然且亲戚、兄弟所知识，共相儆戒皆曰："不可不戒矣！不可不慎矣！谁亦有处国得罪于国君，而可为也！"此有所避逃之者也，相儆戒犹若此其厚④，况无所避逃之者，相儆戒岂不愈厚，然后可哉？且语言有之曰⑤："焉而晏日⑥，焉而得罪，将恶避逃之？"曰：无所避逃之。夫天不可为林谷幽门无人⑦，明必见之。然而天下之士君子之于天也，忽然不知以相儆戒，此我所以知天下士君子知小而不知大也。

【注释】

①所：犹"可"（王念孙说）。

②所知识：指所认识的人。

③儆（jǐng）：告戒，警告。

④厚：重，深。

⑤语：此"语"字当为衍文。

⑥焉而：犹言"于是"（刘昶说）。晏：《说文·日部》："晏，天清也。"《小尔雅·广言》："晏，明也。"

⑦门：当作"涧"（毕沅说）。

【译文】

　　墨子说：天下的士人君子，知道小道理而不知道大道理。怎么知道是这样的呢？根据他们处身于家的情况知道。如果在家里得罪了家长，还有邻居家可以逃避。然而父母、兄弟以及相识的人，一起相互告诫，都说："不可以不警戒！不可以不慎重！怎么有处于家里而得罪了家长,这种事能做吗!"并非独独处于家里是这样的,即使是处于国家中也是这样。处于国家里却得罪了国君,还有邻国可以逃避。然而父母、兄弟以及相识的人,一起相互告诫,都说:"不可以不警戒! 不可以不慎重! 怎么有处于国中而得罪了国君,这种事能做吗!"这是有可以逃避的地方,尚且像这样慎重地相互告诫,何况没有可以逃避的,相互告诫难道不会更加郑重,然后才可以吗? 并且有古语说:"在这光天化日之下,有所得罪,将要逃到哪里去呢?"回答是:没有地方可以逃避。对于上天,没有深山深谷没有人的地方,什么地方都可以明晰地看到。然而天下的士人君子对于上天,却疏忽不知道相互告诫,这就是我知道天下的士人君子知道小道理而不知道大道理的原因。

　　然则天亦何欲何恶? 天欲义而恶不义。然则率天下之百姓以从事于义,则我乃为天之所欲也。我为天之所欲,天亦为我所欲。然则我何欲何恶? 我欲福禄而恶祸祟①。若我不为天之所欲,而为天之所不欲,然则我率天下之百姓以从事于祸祟中也。然则何以知天之欲义而恶不义? 曰:天下有义则生,无义则死;有义则富,无义则贫;有义则治,无义则乱。然则天欲其生而恶其死,欲其富而恶其贫,欲其治而恶其乱,此我所以知天欲义而恶不义也。

【注释】
①祟:鬼神作怪。
【译文】
　　既然这样,那么上天所希望和所厌恶的是什么呢? 上天希望仁义而厌恶不仁义。那么率领天下的百姓来从事于仁义的事业,那么我做的是上天所希望的事情。我做上天所希望的事情,上天也会做我所希望的事情。那么我所希望和所厌恶的是什么呢？我所希望的是福禄，所厌恶的是祸害。如果我不做上天所希望的，而做上天所不希望的，那么我就是率领天下的百姓来从事会招致灾害的事情。既然这样，那么怎么知道上天希望仁义而厌恶不仁义呢？回答是：天下有仁义就能生存，没有仁义就会死亡；有仁义就会富贵，没有仁义就会贫穷；有仁义就会得到治理，没有仁义就会混乱。那么上天想要生存而厌恶死亡，想要富贵而厌恶贫穷，想要治理而厌恶混乱，这就是我知道上天想要仁义而厌恶不仁义的原因。

曰：且夫义者，政也①。无从下之政上，必从上之政下。是故庶人竭力从事，未得次己而为政②，有士政之；士竭力从事，未得次己而为政，有将军、大夫政之；将军、大夫竭力从事，未得次己而为政，有三公、诸侯政之；三公、诸侯竭力听治，未得次己而为政，有天子政之；天子未得次己而为政，有天政之。天子为政于三公、诸侯、士、庶人，天下之士君子固明知③，天之为政于天子，天下百姓未得之明知也。

【注释】

①政：通"正"（王念孙说）。

②次："恣"之省文（毕沅说），放纵，任凭。政：这里指领导。

③"知"：此字下当有"之"字（孙诒让说）。

【译文】

说：况且，所谓义，就是正道。没有由下面来领导上面的道理，一定要由上面来领导下面。所以平民尽力做自己的事情，不应该放纵自己而自以为是，有士人在上面管理他；士人也尽力做自己的事情，不应该放纵自己而自以为是，有将军、大夫在上面管理他；将军、大夫尽力做自己的事情，不应该放纵自己而自以为是，有三公、诸侯在上面管理他；三公、诸侯竭尽全力处理政务，不应该放纵自己而自以为是，有天子在上面管理他；天子不应该放纵自己而自以为是，有天在上面管理他。天子管理三公、诸侯、士人、平民，天下的士人、君子本来是明白知道这一道理的，但对于上天管理天子，天下的百姓却不能明确地知道了。

故昔三代圣王禹汤文武，欲以天之为政于天子，明说天下之百姓[1]，故莫不犓牛羊，豢犬彘，洁为粢盛酒醴，以祭祀上帝鬼神，而求祈福于天[2]。我未尝闻天下之所求祈福于天子者也，我所以知天之为政于天子者也。故天子者，天下之穷贵也[3]，天下之穷富也。故于富且贵者[4]，当天意而不可不顺。顺天意者，兼相爱，交相利，必得赏；反天意者，别相恶，交相贼，必得罚。然则是谁顺天意而得赏者？谁反天意而得罚者？子墨子言曰：昔三代圣王禹汤文武，此顺天意而得赏也[5]；昔三代之暴王桀纣幽厉，此反天意而得罚者也。然则禹汤文武其得赏何以也？子墨子言曰：其事上尊天[6]，中事鬼神，下爱人。故天意曰："此之我所爱[7]，兼而爱之；我所利，兼而利之。爱人者此为博焉，利人者此为厚焉。"故使贵为天子，富有天下，业万世子孙[8]，传称其善，方施天下[9]，至今称之，谓之圣王。然则桀纣幽厉得其罚何以也？子墨子言曰：其事上诟天，中诟鬼，下贼人。故天意曰："此之我所爱，别而恶之；我所利，交而贼之。恶人者，此为之博也；贱人者[10]，此为之厚也。"故使不得终其寿，不殁其世[11]，至今毁之，谓之暴王。

【注释】

①说:告诉。

②祈:当为"祺"之误,吉。

③穷:极。

④于:旧本作"欲"。

⑤此顺天意而得赏也:据文例"赏"下当有"者"字(毕沅说)。

⑥其事:他们所做的事。

⑦之:于(王闿运说)。

⑧业:此"业"字当为衍文。

⑨方施:指施溥遍于天下(孙诒让说)。

⑩贱:疑为"贼"之误(孙诒让说)。

⑪殁:通"没"。没世,指终身。

【译文】

因此以前三代的圣明君王,大禹汤文王武王,想要把上天管理天子的道理明确地告诉天下的百姓,所以没有人不饲养牛羊、猪狗,干净地准备酒食祭品,来祭祀上天鬼神,而向上天祈求赐福。我没有听说过天下人向天子祈求赐福的事情,这就是我知道上天管理天子的原因。所以天子是天下最尊贵的人,是天下最富有的人。所以想要变得尊贵而富有的人,不能不顺从上天的意愿。顺从天意的人,无差别地爱人,相互地给予利益,必定得到赏赐;违背天意的人,互相厌恶,互相残害,必定会得到惩罚。既然这样,那么谁是顺从天意而得到赏赐的人?谁是违背天意而得到惩罚的人?墨子说:从前三代圣明的君王,大禹汤文王武王,这就是顺从天意而得到赏赐的人;从前三代残暴的君王,桀纣幽王厉王,这就是违背天意而得到惩罚的人。既然这样,那么大禹汤文王武王为什么会得到上天的赏赐呢?墨子说:他们做事,对上尊敬上天,对中间侍奉鬼神,对下爱人。所以天意说:"这是对于我所爱的,他们同样全部都爱;我所要给予利益的,他们全部都给予利益。爱人的人,这是最广博的;给人利益的,这是最厚重的。"所以让他们贵为天子,富有天下，后代万世的子孙，传诵称赞他们的善行，广泛地施行于天下，直到现在仍称赞他，称他们为圣明的君王。既然这样，那么桀纣幽王厉王得到惩罚是什么原因呢？墨子说：他们做事，对上辱骂上天，对中间辱骂鬼神，对下残害人民。所以天意说："这是对于我所爱的，他们却反而厌恶；我所要给予利益的，却相互贼害。厌恶人的人，这是最广泛的；贼害人的，这是最严重的。"所以让他们不能终其天年，不能终身，直到现在还被人唾骂，被称为暴虐的君王。

然则何以知天之爱天下之百姓？以其兼而明之①。何以知其兼而明之？以其兼而有之。何以知其兼而有之？以其兼而食焉。何以知其兼而食焉？曰：四海之内，粒食之民②，莫不犓牛羊，豢犬彘，洁为粢盛酒醴，以祭祀于上帝鬼神。天有邑人③，何用弗爱也④？且吾言杀一不辜者，必有一不祥。杀不辜者谁也？则人也。予之不祥者谁也？则天也。若以天为不爱天下之百姓，则何故以人与人相杀，而天予之不祥？此我所以知天之爱天下之百姓也。

【注释】

①明：成。

②粒食之民：指吃五谷的人。

③邑人：天下大小国皆天邑，故邑人指天下所有的人民。

④用：因为，由于。

【译文】

既然这样，那么怎么知道上天是爱天下的百姓的呢？因为上天不加区别地让百姓成长。根据什么知道上天不加区别地让百姓成长的呢？因为上天拥有天下一切人。根据什么知道上天拥有天下一切人呢？因为上天供给天下所有人食物。怎么知道上天供给天下所有人食物呢？四海之内，凡是吃五谷的人民，没有不饲养牛羊和猪狗，干净地准备酒食祭品，来祭祀上天鬼神的。上天拥有下民百姓，怎么会不爱他们呢？并且我说杀了一个无辜的人，必定会有一种不祥。杀无辜的人是谁呢？是人。给予他不祥的人是谁呢？那就是上天。如果认为上天不爱天下的百姓，那么怎么会因为人与人相互残杀，而上天就给予不祥呢？这就是我知道上天爱天下百姓的原因。

顺天意者，义政也；反天意者，力政也。然义政将奈何哉？子墨子言曰：处大国不攻小国，处大家不篡小家，强者不劫弱，贵者不傲贱，多诈者不欺愚。此必上利于天，中利于鬼，下利于人，三利无所不利，故举天下美名加之，谓之圣王。力政者则与此异，言非此，行反此，犹倖驰也①。处大国攻小国，处大家篡小家，强者劫弱，贵者傲贱，多诈欺愚。此上不利于天，中不利于鬼，下不利于人，三不利无所利，故举天下恶名加之，谓之暴王。

【注释】

①倖：一本作"偝"，与"背"同（孙诒让说）。

【译文】

顺从上天的意愿，就是用道义来治理政务；违背天意的，就是用暴力来治理政务。那么用道义来治理政务将是怎么样的呢？墨子说：处于大国的地位不去攻打小国，处于大家的地位不去篡夺小家，强大的人不抢劫弱小的，富贵的人不轻视贫贱的，人多的不伤害人少的，有智谋的不欺负蠢笨的。这样一定会对上有利于天，对中有利于鬼神，对下有利于人，对三者都有利，就会无所不利了，所以把全天下的美名都加给他，称他为圣明的君王。用暴力来治理政治的就和这不一样，言论与此相反，行为与此相反，这就好像背道而驰。处于大国的地位攻打小国，处于大家的地位篡夺小家，强大的人抢劫弱小的，富贵的人轻视贫贱的，人多的伤害人少的，有智谋的欺负蠢笨的。这一定会对上不利于天，对中不利于鬼神，对下不利于人，对三者都不利，就会对什么都不利了，所以把全天下的恶名都加给他，称他为残暴的君王。

　　子墨子言曰：我有天志，譬若轮人之有规①，匠人之有矩。轮匠执其规矩，以度天下之方圜②，曰："中者是也，不中者非也。"今天下之士君子之书，不可胜载，言语不可尽计③，上说诸侯，下说列士④，其于仁义则大相远也。何以知之？曰：我得天下之明法以度之⑤。

【注释】

①轮人：制造车轮的工人。

②圜：同"圆"。

③计：同"记"（李笠说）。

④列士：这里指有名望的人。

⑤天下之明法："下"字疑衍（姚永概说）。天之明法，即上之"天志"。

【译文】

　　墨子说：我有天的意志，就好像制造车轮的人有圆规，好像木匠有矩尺。制造车轮的人和木匠，拿着他们的圆规和矩尺，来测量天下的方圆，说："符合的是对的，不符合的是不对的。"现在天下的士人君子的书，不能够都记载，言论之多，也不能完全记载，对上游说诸侯，对下游说有名望的人，他们对于仁义却是相差很远了。怎么知道是这样呢？回答是：我得到了天下圣明的法则来衡量士人君子的言论。

天志中

【题解】

这是《天志》的中篇,比上篇更为详细地论述了要遵循上天的意志,才能得到上天的奖赏和庇护,使国家安定,百姓安居。

所谓上天的意志到底是什么?概括来说,就是"不欲大国之攻小国也,大家之乱小家也,强之暴寡,诈之谋愚,贵之傲贱"。此外,就是"欲人之有力相营,有道相教,有财相分也,又欲上之强听治也,下之强从事也。"在墨子看来,能做到这些的,如禹、汤、文王、武王,就会得到天的赐福和庇护,好的名声得以流传;不能做到这些的,如桀、纣、幽王、厉王,就会遭受天的惩罚和遗弃,恶的名声永不消失。

既然上天是处于天子之上的最高权利的拥有者,何以还有违背天的意志而招致惩罚的呢?这就是因为天下人"明细而不明大",不知道自己所遭受的祸患灾害是上天对人们不当行为的警戒,所以墨子要为此文,告诫所有"欲遵道利民"的"王公大人士君子",要顺天之意以为法则。

子墨子言曰:今天下之君子之欲为仁义者,则不可不察义之所从出。既曰不可以不察义之所欲出①,然则义何从出?子墨子曰:义不从愚且贱者出,必自贵且知者出。何以知义之不从愚且贱者出，而必自贵且知者出也？曰：义者，善政也。何以知义之为善政也？曰：天下有义则治，无义则乱，是以知义之为善政也。夫愚且贱者，不得为政乎贵且知者，然后得为政乎愚且贱者^②，此吾所以知义之不从愚且贱者出，而必自贵且知者出也。然则孰为贵？孰为知？曰：天为贵，天为知而已矣。然则义果自天出矣。

【注释】

①欲：据上下文当为"从"。

②然后：上脱"贵且知者"四字（毕沅说）。

【译文】

墨子说：现在天下的君子想要推行仁义的，就不能不考察仁义是从哪里来的。既然说不能不考察仁义是从哪里来的，那么仁义是从哪里来的呢？墨子说：仁义不是从愚蠢而且低贱的人那里来，必定是从富贵并且有智慧的人那里来。怎么知道仁义不是从愚蠢而且低贱的人那里来，必定是从富贵并且有智慧的人那里来呢？回答是：实行义，就是好的政治。怎么知道实行义，就是好的政治呢？回答是：天下有仁义就能得到治理，没有仁义就会变得混乱，所以知道实行义，就是好的政治。愚蠢并且低贱的人，不能去管理那些富贵并且有智慧的人，富贵并且有智慧的人，才能去管理那些愚蠢并且低贱的人，这就是我知道仁义不是从愚蠢而且低贱的人那里来，必定是从富贵并且有智慧的人那里来的原因。那么谁是富贵的人？谁是有智慧的人呢？回答是：天是尊贵的，天是有智慧的。那么仁义果然是从天那里来的了。

今天下之人曰：当若天子之贵诸侯^①，诸侯之贵大夫，傐明知之^②。然吾未知天之贵且知于天子也。子墨子曰：吾所以知天之贵且知于天子者,有矣。曰:天子为善,天能赏之;天子为暴,天能罚之;天子有疾病祸祟,必斋戒沐浴,洁为酒醴粢盛,以祭祀天鬼,则天能除去之。然吾未知天之祈福于天子也,此吾所以知天之贵且知于天子者。不止此而已矣,又以先王之书驯天明不解之道也知之③。曰:"明哲维天,临君下土。"则此语天之贵且知于天子。不知亦有贵知夫天者乎④?曰:天为贵,天为知而已矣。然则义果自天出矣。是故子墨子曰:今天下之君子,中实将欲遵道利民,本察仁义之本,天之意不可不慎也。

【注释】

①贵诸侯:比诸侯尊贵。

②傐:当为"碻",确然可知。

③驯:通"训",训释天之明道。

④夫:本作"于"(孙诒让说)。

【译文】

现在天下的人说:对于那天子比诸侯尊贵,诸侯比大夫尊贵的道理,我明确地知道。然而我不知道上天比天子尊贵并且有智慧。墨子说:我知道上天比天子尊贵并且有智慧,是有根据的。说:天子做善事,上天就赏赐他;天子做残暴的事,上天就惩罚他;天子有疾病灾害,一定要斋戒沐浴,干净地准备酒食祭品,来祭祀上天鬼神,那么天就能除去灾害。然而我不知道上天会向天子祈福,这就是我知道上天比天子尊贵并且有智慧的原因。不仅仅是这样而已,又可以从先王的书中,那些解释上天明哲不懈的正道得知。说:"天是聪明圣智的,它临照着下界的君王。"那么,这就是说上天比天子尊贵并且有智慧。不知道是否还有比上天更尊贵并且有智慧的呢?说:天是最尊贵的,是最有智慧的。

既然这样，那么仁义果然是从上天而来的。所以墨子说：现在天下的君子，内心实在想要遵循先王的道术来为百姓谋利，从根本上考察仁义的本源，那么上天的意志就不能不谨慎地顺从。

既以天之意以为不可不慎已，然则天之将何欲何憎？子墨子曰：天之意不欲大国之攻小国也，大家之乱小家也，强之暴寡①，诈之谋愚②，贵之傲贱，此天之所不欲也。不止此而已，欲人之有力相营③，有道相教，有财相分也；又欲上之强听治也④，下之强从事也。上强听治，则国家治矣；下强从事，则财用足矣。若国家治、财用足，则内有以洁为酒醴粢盛，以祭祀天鬼；外有以为环璧珠玉，以聘挠四邻⑤。诸侯之冤不兴矣⑥，边境兵甲不作矣。内有以食饥息劳，持养其万民，则君臣上下惠忠，父子弟兄慈孝。故唯毋明乎顺天之意，奉而光施之天下⑦，则刑政治，万民和，国家富，财用足，百姓皆得暖衣饱食，便宁无忧⑧。是故子墨子曰：今天下之君子，中实将欲遵道利民，本察仁义之本，天之意不可不慎也。

【注释】

①强之暴寡：据文例当为"强之劫弱，众之暴寡"（陶鸿庆说）。

②诈：据文例当为"知"。

③营：当为"劳"之误（蒋礼鸿说）。

④强：勤。

⑤挠：疑为"接"之误（刘师培说），交接。

⑥冤：同"怨"（孙诒让说）。

⑦光：通"广"（孙诒让说）。

⑧便：宁。

【译文】

既然认为天意不能不谨慎地顺从，那么上天想要的和憎恶的又是什么呢？墨子说：上天的意愿，不希望大国攻打小国，大家扰乱小家，强大的暴虐弱小的，人多的欺负人少的，有智谋的欺诈愚蠢的，尊贵的轻视贫贱的，这是上天所不希望的。不仅仅是这些而已，还希望有力气的人去帮助别人，有道术的人相互教授，有财物的分给别人；又希望在上位的勤勉地处理政务，在下面的努力工作。在上位的勤勉地处理政治，那么国家就能得到治理；下面的人努力工作，那么财用就会充足。如果国家得到治理、财用充足，那么在内就能够有干净的酒食祭品，来祭祀上天鬼神；在外就能够用环佩碧玉珠宝，来结交四周的邻国。诸侯之间的仇怨就不会兴起，边境的战事就不会发生。对内可以让饥饿的人吃饱，让劳累的人得到休息，来保养他的百姓，那么就会君王慈爱臣下，臣下忠于君王，父亲慈爱儿子，儿子孝顺父亲，兄长爱护弟弟，弟弟尊敬兄长。所以只有明白要顺从上天的意愿，并且奉行而且推行天意于天下，那么刑法政治就能得到治理，广大的百姓就能和睦，国家就会富有，财用就会充足，百姓都能得到暖和的衣服和吃得饱的食物，于是就可以安宁而没有忧患。所以墨子说：现在天下的君子，心中实在想要遵循道义来使百姓得到利益，从根本上考察仁义的本源，那么上天的意愿就不能不谨慎地顺从了。

　　且夫天子之有天下也，辟之无以异乎国君诸侯之有四境之内也①。今国君诸侯之有四境之内也，夫岂欲其臣国万民之相为不利哉？今若处大国则攻小国，处大家则乱小家，欲以此求赏誉，终不可得，诛罚必至矣。夫天之有天下也，将无已异此^②。今若处大国则攻小国，处大都则伐小都^③，欲以此求福禄于天，福禄终不得，而祸祟必至矣。然有所不为天之所欲，而为天之所不欲，则夫天亦且不为人之所欲，而为人之所不欲矣。人之所不欲者何也？曰：病疾祸祟也。若己不为天之所欲，而为天之所不欲，是率天下之万民以从事乎祸祟之中也。故古者圣王明知天鬼之所福，而辟天鬼之所憎^①，以求兴天下之利，而除天下之害。是以天之为寒热也节，四时调，阴阳雨露也时，五谷孰^④，六畜遂^⑤，疾菑戾疫凶饥则不至。是故子墨子曰：今天下之君子，中实将欲遵道利民，本察仁义之本，天意不可不慎也^⑥。

【注释】

①辟：通"譬"，好比。

②已：同"以"。

③都：城市。

④孰：同"熟"。

⑤遂：顺利地成长。

⑥天意：据上文例当为"天之意"。

【译文】

天子拥有天下，打个比方来说，和诸侯国君拥有整个国家是没有区别的。现在诸侯国君拥有国家，难道希望自己国中的臣子百姓相互去做不利的事情吗？现在如果处于大国的地位就去攻打小国，处于大家的地位就去扰乱小家，想要凭借这个求得奖赏和赞誉，最终是不可能得到的，诛杀和惩罚一定会到来。天拥有天下，也和这没有什么差别。现在如果处于大国就去攻打小国，处于大城市就去攻打小城市，想要凭借这个去向上天祈求赐福，福禄最终也不会到来，而祸害必定会到来。然而不做天所希望的事情,而做天所不希望的事情,那么天也不会做人所希望的事情,而会做人所不希望的事情。人所不希望的是什么呢？回答是:疾病灾害啊！如果自己不做天所希望的,而做天所不希望的,那就是率领全天下的百姓去从事会带来灾害的事情。所以古代圣明的君王,明白地知道上天鬼神所会赐福的事情,而避开上天鬼神所憎恨的事情,来追求使天下的利益兴盛,而除去天下的祸害。所以天使寒暑有规律,四季调和,阴阳雨露有定时,五谷按时成熟,六畜顺利成长,疾病灾害瘟疫和饥荒不会到来。所以墨子说:现在天下的君子,心中实在想要遵循道义来为人民谋利,就要从根本上考察仁义的本源,上天的意愿不能不谨慎地顺从。

　　且夫天下盖有不仁不祥者①,曰:当若子之不事父,弟之不事兄,臣之不事君也,故天下之君子②,与谓之不祥者。今夫天兼天下而爱之,撽遂万物以利之③,若毫之末,非天之所为也,而民得而利之,则可谓否矣④。然独无报夫天,而不知其为不仁不祥也,此吾所谓君子明细而不明大也。

【注释】

①盖:大概。

②故:犹"则"(王念孙说)。

③撽(qiào):当为"邀","邀"与"交"通(俞樾说)。遂:育。

④否:当为"后"之误。"后"、"厚"古通用(俞樾说)。

【译文】

　　天下大概有不仁义不做善事的人,说:如果做儿子的不侍奉父亲,做弟弟的不侍奉兄长,做臣子的不侍奉君主,那么,天下的君子,都称他们为不做善事的人。现在,天兼有天下并且爱他们,养育万物使他们都得利,像毫毛一样细小的,也没有不是天所做的,而人民得到利益,那么可以说是很丰厚了。然而独独没有报答天,而且不知道他们做了不仁义的不好的事情,这就是我所说的君子明白细小的道理而不明白大道理啊!

　　且吾所以知天之爱民之厚者有矣。曰:以磨为日月星辰①,以昭道之;制为四时春秋冬夏,以纪纲之;雷降雪霜雨露②,以长遂五谷麻丝③,使民得而财利之;列为山川谿谷,播赋百事④,以临司民之善否⑤;为王公侯伯,使之赏贤而罚暴;贼金木鸟兽⑥,从事乎五谷麻丝,以为民衣食之财。自古及今,未尝不有此也。今有人于此,骓若爱其子⑦,竭力单务以利之⑧。其子长,而无报子求父⑨,故天下之君子与谓之不仁不祥⑩。今夫天兼天下而爱之,撆遂万物以利之,若毫之末,非天之所为,而民得而利之,则可谓否矣。然独无报夫天,而不知其为不仁不祥也,此吾所谓君子明细而不明大也。

【注释】

①磨:当为"曆(lì)",分别(王念孙说)。

②雷:当为"賈",与"隕"同(孙诒让说),降落。

③长遂:长成。

④播:布。百事:谓百官。

⑤司:观察。

⑥贼:当为"赋"(孙诒让说),给与。

⑦骓:古"欢"字。

⑧单:通"殚",竭尽。

⑨报子求父:当作"报于其父"(王景羲说)。

⑩与：同"举"（毕沅说），全。

【译文】

　　我之所以知道上天深深地爱着人民，是有道理的。说：天区分出日月星辰，来给人民带来光明；制造出春夏秋冬四季，作为人民生活的纲纪；降下雪霜雨露，让五谷麻丝生长成熟，让百姓得到财物的利益；陈列山川河谷，布设百官执事，来检查民众的善恶；设立王公侯伯，让他们赏赐贤能的人惩罚坏人；给他们金木鸟兽，让他们从事生产五谷麻丝的事业，来作为百姓的衣服食物。从古代到现在，没有不是这样的。现在有这样的人，喜欢他的儿子，竭尽全力做所有的事情都是为了给他的儿子谋利。他的儿子长大，而不报答父亲，所以天下的君子全都称他是不仁不善的人。现在天兼有天下的人并且爱他们，养育万物而使天下的百姓得利，即使是毫毛一样小的事情，也没有不是天所做的，而人民得到利益，可以说是很丰厚了。然而独独不报答天，并且不知道他是不仁不善的，这就是我所说的君子明白细小的道理而不知道大道理。

　　且吾所以知天爱民之厚者，不止此而足矣①。曰：杀不辜者，天予不祥。不辜者谁也？曰：人也。予之不祥者谁也？曰：天也。若天不爱民之厚，夫胡说人杀不辜，而天予之不祥哉？此吾之所以知天之爱民之厚也。且吾所以知天之爱民之厚者，不止此而已矣。曰：爱人利人，顺天之意，得天之赏者有之②；憎人贼人，反天之意，得天之罚者亦有矣。

【注释】

①足：旧本或作"已"（于省吾说）。

②有之：据文例当为"有矣"。

【译文】

我之所以知道天深深地爱着人民，还不止是这样的。说：杀了无辜的人，天会给予不祥。无辜的是谁啊？说：是人。给予不祥的是谁啊？说：是上天。如果天不是深深地爱着人，怎么能说人杀了无辜的人，而上天就会给予他不祥呢？这就是我知道上天深深地爱着人的原因。并且我之所以知道天深深地爱着人民，还不止是这样的。说：爱人利人，顺从天的意愿，得到上天的赏赐的人是有的；憎恨人残害人，违背天的意愿而受到上天惩罚的人也是有的。

夫爱人利人，顺天之意，得天之赏者，谁也？曰：若昔三代圣王，尧舜禹汤文武者是也。尧舜禹汤文武焉所从事①？曰：从事兼，不从事别。兼者，处大国不攻小国，处大家不乱小家，强不劫弱，众不暴寡，诈不谋愚②，贵不傲贱。观其事，上利乎天，中利乎鬼，下利乎人。三利无所不利，是谓天德③。聚敛天下之美名而加之焉，曰：此仁也，义也，爱人利人，顺天之意，得天之赏者也。不止此而已，书于竹帛，镂之金石，琢之槃盂，传遗后世子孙。曰：将何以为④？将以识夫爱人利人⑤，顺天之意，得天之赏者也。《皇矣》道之曰⑥："帝谓文王，予怀明德⑦，不大声以色，不长夏以革，不识不知，顺帝之则。"帝善其顺法则也，故举殷以赏之，使贵为天子，富有天下，名誉至今不息。故夫爱人利人，顺天之意，得天之赏者，既可得留而已⑧。

【注释】

①焉：怎么。

②诈:据上下文疑当为"知"。

③天德:指有功德于天。

④何以为:有什么用。

⑤识(zhì):标记。

⑥《皇矣》:《诗经·大雅》篇名。

⑦怀:想念,怀念。

⑧既可得留而已:据下文当为"既可得而知也"(王念孙说)。

【译文】

　　爱人利人,顺从天的意愿,得到上天的赏赐的是谁呢?回答是:从前三代圣明的君王,尧舜大禹汤文王武王就是。尧舜大禹汤文王武王做的是什么事情呢?回答是:从事"兼",而不从事"别"。兼,就是处于大国而不攻打小国,处于大家而不扰乱小家,强大的不抢劫弱小的,人多的不暴虐人少的,多智谋的不欺负愚蠢的,高贵的不轻视低贱的。看他们所做的事情,对上有利于天,对中间有利于鬼,对下有利于人。这三者都得利了,就没有什么不得到利益的了,这就是有功德于天。天下所有的美名都会加给他们,说:这就是仁,这就是义,是爱人、利人、顺从天的意愿而得到上天的赏赐的人。不仅仅是这样,还要把他们的事迹书写在竹帛上,镂刻在金石上,雕琢在盘盂器皿上,来传给后世的子孙。说:将有什么用呢?想要以此来识别能爱人、利人、顺从天的意愿而得到上天的赏赐的人。《皇矣》说:"天帝对文王说:我怀念那明德之人,他不说大话来表现自己,不因为做了诸夏之长就变更了先王的法则,他不识不知,只是一心顺从天帝的法则。"天帝赞赏他能顺从上天的法则,所以把殷商的天下赏赐给他,让他贵为天子,富有天下,好名声到现在都不停止。所以爱人利人,顺从上天的意愿,得到上天的赏赐的人,就已经可以得知了。

　　夫憎人贼人,反天之意,得天之罚者谁也?曰:若昔者三代暴王桀纣幽厉者是也。桀纣幽厉焉所从事?曰:从事别,不从事兼。别者,处大国则攻小国,处大家则乱小家,强劫弱,众暴寡,诈谋愚,贵傲贱。观其事,上不利乎天,中不利乎鬼,下不利乎人。三不利无所利,是谓天贼①。聚敛天下之丑名而加之焉,曰:此非仁也,非义也,憎人贼人,反天之意,得天之罚者也。不止此而已,又书其事于竹帛,镂之金石,琢之槃盂,传遗后世子孙。曰:将何以为? 将以识夫憎人贼人,反天之意,得天之罚者也。《大誓》之道之曰:“纣越厥夷居②,不肯事上帝,弃厥先神祇不祀③,乃曰吾有命,无廖僻务④。天下⑤。天亦纵弃纣而不葆⑥。”察天以纵弃纣而不葆者,反天之意也。故夫憎人贼人,反天之意,得天之罚者,既可得而知也。

【注释】

①天贼:指有祸害于天。

②越厥:发语词,无义(王焕镳说)。夷居:倨嫚(江声说),傲慢不恭。

③厥:他的。先:祖先。祇(qí):地神。

④廖,疑为“缪”之误,通“纠”。僻务:疑为“罪厉”之形误(王焕镳说)。

⑤天下:此二字疑为衍文。

⑥葆:保全。

【译文】

憎恨人贼害人,违背天的意愿,而得到上天的惩罚的是谁呢? 回答是:像以前三代暴虐的君王,桀纣幽王厉王就是这样的。桀纣幽王厉王,所做的事情是怎么样的呢? 回答是:从事“别”,而不从事“兼”。别,处于大国就攻打小国,处于大家就扰乱小家,强大的欺负弱小的,人多的残害人少的，多智谋的欺负愚蠢的，高贵的轻视低贱的。看他们所做的事情，对上不利于天，对中间不利于鬼，对下不利于人。这三者得不到利益就没有得到利益的了，这就是所说的天的祸害。天下的恶名就都会加给他们，说：这不是仁，不是义，是憎恨人残害人，违背天的意愿，而得到上天的惩罚的人。不仅仅是这样，还要把他们的事书写在竹帛上，镂刻在金石上，雕琢在盘盂器皿上，来传给后世的子孙。说：将有什么用呢？想要以此来识别憎恨人贼害人，违背天的意愿，而得到上天的惩罚的人。《大誓》说："商纣王傲慢不恭，不肯侍奉上帝，抛弃他的祖先神灵不去祭祀，还说：我有天命保佑，而不去纠正自己的罪过。天因此也唾弃纣王而不再保佑他。"考察上天唾弃纣不再保佑他的原因，是因为他违背了天的意志。所以憎恨人贼害人，违背天的意愿，而得到上天的惩罚的人，就已经可以得知了。

是故子墨子之有天之①，辟人无以异乎轮人之有规，匠人之有矩也。今夫轮人操其规，将以量度天下之圆与不圆也，曰：中吾规者谓之圆，不中吾规者谓之不圆。是以圆与不圆，皆可得而知也。此其故何？则圆法明也。匠人亦操其矩，将以量度天下之方与不方也，曰：中吾矩者谓之方，不中吾矩者谓之不方。是以方与不方，皆可得而知之。此其故何？则方法明也。故子墨子之有天之意也，上将以度天下之王公大人为刑政也，下将以量天下之万民为文学、出言谈也②。观其行③，顺天之意，谓之善意行④；反天之意，谓之不善意行。观其言谈，顺天之意，谓之善言谈；反天之意，谓之不善言谈。观其刑政，顺天之意，谓之善刑政；反天之意，谓之不善刑政。故置此以为法，立此以为仪⑤，将以量度天下之王公大人卿大夫之仁与不仁，譬之犹分黑白也。是故子墨子曰：今天下之王公大人士君子，中实将欲遵道利民，本察仁义之本，天之意不可不顺也。顺天之意者，义之法也。

【注释】

①之：旧本作"志"（毕沅说）。

②为文学：这里指写文章。

③观其行：据文例"行"上当有"德"。

④意：疑当作"惪"，与"德"通（孙诒让说）。

⑤仪：准则，法度。

【译文】

因此，墨子把握了天的意志，比方来说，无异于制造车轮的人有圆规，木匠有矩尺。现在制造车轮的人拿着他的圆规，要用它来测量天下圆和不圆的东西，说：符合我的圆规的称为圆，不符合我的圆规的称为不圆。所以圆和不圆，都是可以得知的。这是什么原因呢？因为圆的标准很明确。木匠也拿着他的矩尺，来测量天下方和不方的东西，说：符合我的矩尺的称为方，不符合我的矩尺的称为不方。所以方和不方，都是可以得知的。这是什么原因呢？因为方的标准很明确。所以墨子把握了天的意志，对上将要用它来度量天下的王公大人的刑法政治，对下要用它来度量天下广大百姓的言论文字。看他们的品德行为，顺从天的意愿，称为好的品德行为；违背天的意愿，称为不善的言论。看他们的言谈，顺从上天的意愿，称为善的言论；违背上天的意愿，称为不善的言论。看他们的刑法政治，顺应天的意愿，称为好的刑法政治；违背天的意愿，称为不好的刑法政治。所以，设置天志，把它作为一个法则，要以此来度量天下的王公大人、卿大夫的仁义与不仁义，就好比能区分黑色与白色一样。所以墨子说：现在天下的王公大人士人君子，心中确实想要遵循道义来使百姓得利，从根本上考察仁义的本源，那么上天的意愿就不能不顺从。顺从天的意愿，就是仁义的法则。

天志下

此篇为《天志》的下篇，文字上脱漏和错乱处较多，但主旨是明确的，和上、中篇相一致。

此篇较前两篇篇幅要长，除了文字繁复以外，还运用了一些对比，更加生动形象地来论述作者关于要遵循上天的意志的主张。文中以窃人瓜果、偷人财物、抢人子女等不劳而获的事情作对比，说明天下人对这些事情则加以非议，认为是不义，而对于不遵循上天的意志，不实行仁义，这样真正不仁义的事情，却不知道非议，实在是明于小物而不明于大物，因而是必须警惕的。

子墨子言曰：天下之所以乱者，其说将何哉？则是天下士君子①，皆明于小而不明于大。何以知其明于小不明于大也？以其不明于天之意也。何以知其不明于天之意也？以处人之家者知之。今人处若家得罪，将犹有异家所②，以避逃之者。然且父以戒子，兄以戒弟，曰："戒之慎之，处人之家，不戒不慎之，而有处人之国者乎③？"今人处若国得罪，将犹有异国所，以避逃之者矣，然且父以戒子，兄以戒弟，曰：

"戒之慎之,处人之国者不可不戒慎也!"今人皆处天下而事天,得罪于天,将无所以避逃之者矣。然而莫知以相极戒也④,吾以此知大物则不知者也⑤。

【注释】

①是:通"寔",即"实"(王焕镳说)。

②所:处所。

③有:疑当为"可"(孙诒让说)。

④极戒:即儆戒(俞樾说)。儆,告诫,警告。

⑤大物:大事。

【译文】

墨子说:天下混乱的原因,将作什么解释呢？那其实就是天下的士人君子,都明白小道理而不明白大道理。怎么知道他们明白小道理而不知道大道理呢？因为他们不明白上天的意愿。怎么知道他们不明白上天的意愿呢？根据他们处身于家的情况知道。现在的人处身于家而得罪了家长,还可以去别人家里躲避,然而父亲还是告诫儿子,兄长告诫弟弟,说:"警戒啊！谨慎啊！处身于家中不警戒不谨慎,还能处身于国中吗？"现在人处身于国中,得罪了国君,还有别的国家可以躲避,然而父亲还是告诫儿子,兄长告诫弟弟,说:"警戒啊！谨慎啊！处身于国中不能不警戒不谨慎啊！"现在的人都处于天下而侍奉天,却得罪了天,就没有可以躲避的地方了。然而却不知道相互告诫,我因为这样而知道士人君子对于大道理却不知道。

是故子墨子言曰:戒之慎之,必为天之所欲,而去天之所恶。曰:天之所欲者何也？所恶者何也？天欲义而恶其不义者也。何以知其然也？曰:义者,正也①。何以知义之为正也？天下有义则治，无义则乱，我以此知义之为正也。然而正者，无自下正上者②，必自上正下。是故庶人不得次己而为正③，有士正之；士不得次己而为正，有大夫正之；大夫不得次己而为正，有诸侯正之；诸侯不得次己而为正，有三公正之；三公不得次己而为正，有天子正之；天子不得次己而为政④，有天正之。今天下之士君子，皆明于天子之正天下也，而不明于天之正天子也。

【注释】

①正：正道。

②正：领导，管理。

③次：当为"恣"（孙诒让说）。

④政：审上下文，当作"正"。

【译文】

因此，墨子说：警戒啊！谨慎啊！一定要做上天所希望的事情，除去上天所厌恶的事情。问：上天所希望的是什么？所厌恶的是什么？上天希望的是仁义的事，厌恶的是不仁义的事。为什么知道是这样的呢？回答是：义就是正道。怎么知道义就是正道呢？天下有义就得到治理，没有义就会混乱，我因此而知道义就是正道。然而正道，没有由下面领导上面的，一定是由上面领导下面的。所以庶人不应该放纵自己任意去做事情，有士人在上面领导他们；士人也不应该放纵自己任意去做事情，有大夫在上面领导他们；大夫也不应该放纵自己任意去做事情，有诸侯在上面领导他们；诸侯也不应该放纵自己任意去做事情，有三公在上面领导他们；三公也不应该放纵自己任意去做事情，有天子在上面领导他们；天子也不应该放纵自己任意去做事情，有天在上面领导他们。现在天下的士人君子都明白天子领导天下人的道理，而不明白天领导天子的道理。

　　是故古者圣人，明以此说人曰："天子有善，天能赏之；天子有过，天能罚之。"天子赏罚不当，听狱不中，天下疾病祸福①，霜露不时。天子必且犓豢其牛羊犬彘②，洁为粢盛酒醴，以祷祠祈福于天。我未尝闻天之祷祈福于天子也，吾以此知天之重且贵于天子也③。

【注释】

①下：降。祸福：当为"祸祟"（王念孙说）。

②犓豢（chú huàn）：喂养，饲养。

③重且贵：据文例当为"贵且知"（孙诒让说）。

【译文】

　　因此，古代的圣人，明白地把这个道理告诉人们，说："天子做了好的事情，上天能够奖赏他；天子有了过错，上天能够惩罚他。"天子的奖赏和惩罚不恰当，断案不合理，上天就会降下疾病灾害，霜雪雨露不按时。天子必定饲养牛羊猪狗，干净地准备酒食祭品，在祭祀的地方向上天祈祷求福。我从没听说过天向天子祈祷求福的，我因此而知道天比天子尊贵并且有智慧。

　　是故义者不自愚且贱者出，必自贵且知者出。曰：谁为知？天为知。然则义果自天出也。今天下之士君子之欲为义者，则不可不顺天之意矣。曰：顺天之意何若？曰：兼爱天下之人。何以知兼爱天下之人也？以兼而食之也。何以知其兼而食之也？自古及今，无有远灵孤夷之国①，皆犓豢其牛羊犬彘，洁为粢盛酒醴，以敬祭祀上帝山川鬼神，以此知兼而食之也。苟兼而食焉，必兼而爱之。譬之若楚、越之君，今是楚王食于楚之四境之内②，故爱楚之人；越王食于越，故爱越之人。今天兼天下而食焉，我以此知其兼爱天下之人也。

【注释】

①远灵孤夷：疑当为"远夷蘦孤"。"蘦"，通"零"，零落（王焕镳说）。

②今是：犹"今夫"（王引之说）。

【译文】

因此义不是从愚蠢和低贱的人那里来的，而是从尊贵而且有智慧的人那里来的。问：谁是有智慧的？天是有智慧的。那么义果然是从天那里来的。现在天下的士人君子想要奉行道义的，就不能不顺从天的意志。问：天的意志是怎么样的呢？回答是：要兼爱天下的人。怎么知道要兼爱天下的人呢？因为天享食天下所有人的供奉。怎么知道他享用所有人的供奉呢？从古代到现代，所有荒远的夷人和零落孤单的国家，都饲养牛羊猪狗，干净地准备酒食祭品，恭敬地来祭祀上帝山川鬼神，因为这个知道天享用所有人的供奉。如果享用所有人的供奉，那么必定兼爱天下所有的人。就好比是楚、越的国君，现在楚王享有楚国的四境之内，所以爱楚国的人；越王享有越国，所以爱越国的人。现在天享用天下所有人的供奉，我因此而知道他兼爱天下的人。

　　且天之爱百姓也，不尽物而止矣。今天下之国，粒食之民，杀一不辜者，必有一不祥。曰：谁杀不辜？曰：人也。孰予之不辜①？曰：天也。若天之中实不爱此民也，何故而人有杀不辜而天予之不祥哉？且天之爱百姓厚矣，天之爱百姓别矣②，既可得而知也。何以知天之爱百姓也？吾以贤者之必赏善罚暴也③。何以知贤者之必赏善罚暴也？吾以昔者三代之圣王知之。故昔也三代之圣王，尧舜禹汤文武之兼爱之天下也④，从而利之，移其百姓之意焉，率以敬上帝山川鬼神，天以为从其所爱而爱之，从其所利而利之，于是加其赏焉，使之处上位，立为天子以法也⑤，名之曰"圣人"，以此知其赏善之证。是故昔也三代之暴王桀纣幽厉之兼恶天下也，从而贼之，移其百姓之意焉，率以诟侮上帝山川鬼神。天以为不从其所爱而恶之，不从其所利而贼之，于是加其罚焉，使之父子离散，国家灭亡，抎失社稷⑥，忧以及其身。是以天下之庶民属而毁之，业万世子孙继嗣，毁之贲不之废也⑦，名之曰"失王"⑧，以此知其罚暴之证。今天下之士君子欲为义者，则不可不顺天之意矣。

【注释】

①辜：据上文当为"不祥"（孙诒让说）。

②别：读为"遍"（王引之说），谓天遍爱百姓。

③贤者：据文例当为"天"。下句同。

④尧舜禹汤文武之兼爱之天下也：下"之"字疑衍（孙诒让说）。

⑤立为天子以法也：此句有脱文，疑当为"以为民父母，业万世，子孙继嗣。是以天下之庶民属而誉之者，不之废也"（王焕镳说）。属：连接。

⑥抎（yǔn）：有所失。

⑦贲：当为"者"（王念孙说）。

⑧失王：据上文当为"暴王"（苏时学说）。

【译文】

上天爱百姓，还不仅仅是这些而已。现在天下的国家，凡是吃谷物的人民，杀害了一个无辜的人，一定会有一种不吉祥的事情。问：谁杀了无辜的人？回答是：人。谁给予不吉祥？回答是：上天。如果上天的确不爱这些人民，怎么会因为有人杀了无辜的人而给予不吉祥呢？上天爱百姓是很深厚的，上天爱百姓是普遍的，这样就可以得知了。怎么知道上天是爱百姓的？我是根据上天一定会奖赏好的、惩罚坏的而知道。怎么知道上天一定会奖赏好的、惩罚坏的呢？我从以前三代圣明的君王那里知道。从前三代圣明的君王，尧舜大禹汤文王武王兼爱天下，从而给他们带来利益，改变了他们百姓的心意，率领百姓敬奉上帝山川鬼神，上天认为他们顺从了上天的所爱而爱天下的百姓，顺从了上天的所利而为百姓谋利益，于是给予他们赏赐，让他们身居上位，立为天子，来作为百姓的父母，后世子孙万代不绝。所以天下的百姓都称赞他们，到现在也不停止，称他们为"圣人"，这就是知道奖赏善行的证据。所以以前三代的暴虐的君王，桀纣幽王厉王憎恨厌恶天下的人，从而残害百姓，改变他们百姓的意志，率领百姓辱骂侮辱上帝山川鬼神。上天认为他们不顺从上天的所爱而厌恶百姓，不顺从上天的所利而贼害百姓，所以给他们惩罚，让他们父子离别，国家灭亡，社稷陨落，忧患降临到他们身上。所以天下的庶民都咒骂他们，经过了万世子孙，至今责骂不止，称他们为"暴虐的君王"，这就是知道上天惩罚恶行的证据。现在天下的士人君子想要遵循道义的，就不能不顺从上天的意愿。

曰：顺天之意者，兼也；反天之意者，别也。兼之为道也，义正①；别之为道也，力正。曰：义正者何若？曰：大不攻小也，强不侮弱也，众不贼寡也，诈不欺愚也②，贵不傲贱也，富不骄贫也，壮不夺老也。是以天下之庶国③，莫以水火毒药兵刃以相害也。若事上利天④，中利鬼，下利人，三利而无所不利，是谓天德。故凡从事此者，圣知也，仁义也，忠惠也，慈孝也，是故聚敛天下之善名而加之。是其故何也？则顺天之意也。曰：力正者何若？曰：大则攻小也，强则侮弱也，众则贼寡也，诈则欺愚也，贵则傲贱也，富则骄贫也，壮则夺老也。是以天下之庶国，方以水火毒药兵刃以相贼害也⑤。若事上不利天，中不利鬼，下不利人，三不利而无所利，是谓之贼⑥。故凡从事此者，寇乱也，盗贼也，不仁不义，不忠不惠，不慈不孝，是故聚敛天下之恶名而加之。是其故何也？则反天之意也。

【注释】

①正：通"政"（孙诒让说）。

②诈：据文例疑当为"知"。

③庶国：指众多的国家。

④若：当为"其"。

⑤方：并。

⑥之：当为"天"（俞樾说）。

【译文】

说：顺从上天的意愿，就是"兼"；违背上天的意愿，就是"别"。实行"兼"的主张，就是以义来治理政务；实行"别"的主张，就是以暴力来治理政务。问：以义为治理原则是怎么样的呢？回答是：大国不攻打小国，强大的不欺负弱小的，人多的不残害人少的，有智谋的不欺负愚蠢的，尊贵的不傲视低贱的，富裕的不轻视贫穷的，年壮的不抢劫年老的。所以天下众多的国家，没有用水火、毒药、兵刃互相残害的。他们做事对上有利于天，对中间有利于鬼，对下有利于人民，这三者都得到了利益,就没有什么得不到利益的了,这就是所谓的有功德于天。所以凡是做这些事情的,就是圣明而且有智慧的人,是仁义的人,是忠诚而且宽惠的人,是慈爱而且孝顺的人,所以收集天下所有的好名声来加给他们。那是什么原因呢?那就是由于顺从上天的意愿。问:用暴力来统治会是什么样子呢?回答是:大国攻打小国,强大的欺负弱小的,人多的残害人少的,有智谋的欺负愚蠢的,尊贵的傲视低贱的,富裕的轻视贫穷的,年壮的抢劫年老的。所以天下众多的国家,都用水火、毒药、兵刃互相残害。他们做事对上不利于天,对中间不利于鬼,对下不利于人民,这三者都得不到利益,就没有什么得到利益的了,这就是所谓的天的祸害。所以做这些事情的人,就是造反作乱的人,是强盗和窃贼,是不仁不义、不忠诚不宽惠、不慈爱不孝顺的人,所以收集天下所有的坏名声来加给他们。那是什么原因呢?那就是违背了上天的意愿。

故子墨子置立天之①,以为仪法,若轮人之有规,匠人之有矩也。今轮人以规,匠人以矩,以此知方圆之别矣。是故子墨子置立天之,以为仪法,吾以此知天下之士君子之去义远也。何以知天下之士君子之去义远也?今知氏大国之君宽者然曰②:“吾处大国而不攻小国,吾何以为大哉!”是以差论蚤牙之士,比列其舟车之卒③,以攻罚无罪之国④。人其沟境,刈其禾稼,斩其树木,残其城郭,以御其沟池⑤,焚烧其祖庙,攘杀其牺牷,民之格者⑥,则劲拔之,不格者,则系操而归⑦,丈夫以为仆圉胥靡,妇人以为舂酋⑧。则夫好攻伐之君,不知此为不仁义,以告四邻诸侯曰:“吾攻国覆军,杀将若干人矣。”其邻国之君亦不知此为不仁义也,有具其皮币,发其总处⑨,使人缯贺焉⑩。则夫好攻伐之君,有重不知此为不仁不义也⑪,有书之竹帛,藏之府库。为人后子者⑫,必且欲顺其先君之行，曰："何不当发吾府库，视吾先君之法美^⑬?"必不曰文、武之为正者若此矣。曰：吾攻国覆军杀将若干人矣。则夫好攻伐之君，不知此为不仁不义也，其邻国之君不知此为不仁不义也，是以攻伐世世而不已者，此吾所谓大物则不知也。

【注释】

①天之：当为"天志"（毕沅说）。

②今知氏大国之君宽者然曰：此句疑当为"今之为大国之君者宽然曰"（王焕镳说）。

③卒：此字下疑脱"伍"字（俞樾说）。

④罚：当作"伐"（孙诒让说）。

⑤御：当为"抑"，埋（王引之说）。

⑥格：击，打。

⑦操：当为"累"之误（王引之说）。系累，犹缚结。

⑧酋：这里指掌酒的奴婢。

⑨绖：为"总"之形误。总处，指其收藏财物处（王焕镳说）。

⑩饗（xiǎng）：当为"享"，献（孙诒让说）。

⑪有：通"又"。

⑫后子：后嗣之子，即嫡长子。

⑬美：当为"义"之误（王念孙说），"义"与"仪"古通。

【译文】

因此，墨子确立了天的意志，把它作为准则，就好像制造车轮的人有圆规，木匠有矩尺。现在制造车轮的人拿着圆规，木匠拿着矩尺，以此来知道方和圆的区别。所以墨子确立了天的意志，把它作为准则，我因此而知道天下的士人君子离开道义很远了。怎么知道天下的士人君子离开道义很远呢？现在大国的国君肆志自得地说："我处于大国的地位，如不去攻打小国，我凭借什么成为大国呢！"因此挑选精兵强将，排列好他们的战车和战船的队伍，来攻打没有罪过的国家。侵入他们的国境，割掉他们的庄稼，砍断他们的树木，摧毁他们的城墙，填平护城沟池，焚烧他们的祖庙，抢杀牲口，有反抗的百姓就斩杀他们，不反抗的，就捆绑着抓回来。男的就让他做仆人劳工，妇女就让她做舂米、掌酒的奴婢。那些喜欢攻伐的国君，不知道这是不仁义的，来告诉四周的诸侯说："我攻打那个国家，消灭了他的军队，杀掉了很多大将。"他邻国的国君，也不知道这是不仁义的，准备好皮革钱币，打开他们的宝库，派人前去祝贺。那些喜欢攻伐的国君，就更不知道这是不仁义的事情了，反而写在竹帛上，藏在府库中。作为后代子孙的，必定想要顺从他们先君的做法，说："为什么不打开我的府库，看看我的先君的法则呢？"必定不会说：文王、武王为政之道就是这样的。一定说：我攻打国家消灭军队杀死很多大将。那么那些喜欢功伐的国君，不知道这是不仁不义的事情，他们邻国的国君，也不知道这是不仁不义的，所以功伐的事情世世代代不停止，这就是我所说的不明白大道理。

　　所谓小物则知之者，何若①？今有人于此，入人之场园，取人之桃李瓜姜者，上得且罚之，众闻则非之，是何也？曰：不与其劳②，获其实，已非其有所取之故③。而况有逾于人之墙垣，挅格人之子女者乎④？与角人之府库⑤，窃人之金玉蚤絫者乎⑥？与逾人之栏牢，窃人之牛马者乎？而况有杀一不辜人乎？今王公大人之为政也，自杀一不辜人者；逾人之墙垣，挅格人之子女者；与角人之府库，窃人之金玉蚤絫者；与逾人之栏牢，窃人之牛马者；与入人之场园，窃人之桃李瓜姜者，今王公大人之加罚此也。虽古之尧舜禹汤文武之为政,亦无以异此矣。

【注释】

①小物:小事情。

②与:参与。

③已:同"以"。有所:当为"所有"(孙诒让说)。

④抯(zhā)格:"抯"字疑衍。格,拘执(俞樾说)。

⑤角:穿。

⑥蚤象(lěi):当为"布枲","枲"为"缲"之借字。布缲,即布帛(王引
之说)。

【译文】

　　所谓小道理就知道是怎么样的呢? 现在有这样的人,进入别人的
园地,窃取别人的瓜果蔬菜,上面的人得知并且惩罚他们,众人听说了
就非难他们,这是为什么呢? 说:这是因为他不参与别人的劳动,却获
得别人的劳动成果,不是他所有的东西而偷拿的缘故。何况,还有越过
别人的墙,抢走别人子女的人呢? 还有挖通别人的府库,偷走人家金玉
和布帛的人呢? 还有越过别人的栏圈,偷走别人牛马的人呢? 还有杀
害一个无辜的人的人呢? 现在的王公大人治理政务,从杀害一个无辜
的人,到越过别人的墙而抢走别人子女的人,挖通别人的府库而偷走人
家金玉和布帛的人,和越过别人的栏圈而偷走别人牛马的人,进入别人
的园地而窃取别人的瓜果蔬菜的人,王公大人都加以重罚。即使是古
代的尧舜大禹汤文王武王治理政治,也和这没有什么差别。

　　今天下之诸侯,将犹皆侵凌攻伐兼并①,此为杀一不辜
人者,数千万矣;此为逾人之墙垣,格人之子女者,与角人府
库,窃人金玉蚤象者,数千万矣;逾人之栏牢,窃人之牛马

者,与入人之场圃,窃人之桃李瓜姜者,数千万矣,而自曰义也。故子墨子言曰:是赉我者②,则岂有以异是赉黑白甘苦之辩者哉! 今有人于此,少而示之黑谓之黑③,多示之黑谓白,必曰吾目乱,不知黑白之别。今有人于此,能少尝之甘谓甘④,多尝谓苦,必曰:吾口乱,不知其甘苦之味。今王公大人之政也,或杀人,其国家禁之,此蚤越有能多杀其邻国之人⑤,因以为文义⑥,此岂有异赉白黑、甘苦之别者哉?

【注释】

①凌:侵犯,欺侮。

②赉(fén):通梦,与"纷"同(孙诒让说)。我:当为"义"。

③之:据下文例当删此字。

④能:犹"而"(王引之说)。"能少"二字误倒,当作"少而"。

⑤此蚤越:疑当为"以斧钺",指以斧钺之威来禁人杀人(王焕镳说)。

⑥为:通"谓"。文:"之"之误(孙诒让说)。

【译文】

现在天下的诸侯,还都在互相侵犯、攻伐和兼并,这是杀死一个无辜人的罪过的几千几万倍;这是越过别人的城墙,抢走人家的子女,和挖通别人的府库,偷走别人的金玉和布帛的罪过的几千几万倍;是越过别人的栏圈,偷走别人的牛马,和进入别人的园地,窃取瓜果蔬菜的罪过的几千几万倍,而又自认为是"义"。所以墨子说:这是混淆了"义"的含义。这和混淆黑白、苦甜的人有什么区别呢! 现在有这样的人,给他看一点黑,就称为黑,给他看很多黑,就称为白,一定会说:我的视觉错乱,不知道黑白的区别。现在有这样的人,给他尝一点甜就称为甜,给他尝很多甜就称为苦,一定会说:我的味觉混乱,不知道甜和苦的味道。

现在王公大人治理政治，有人在国中杀人，就在国家中禁止他，能在邻国杀很多人，却称之为仁义，这难道和那些混淆黑白、甜苦的人有区别吗？

故子墨子置天之，以为仪法。非独子墨子以天之志为法也①，于先王之书《大夏》之道之然②："帝谓文王：予怀明德，毋大声以色，毋长夏以革。不识不知，顺帝之则。"此诰文王之以天志为法也③，而顺帝之则也。且今天下之士君子，中实将欲为仁义，求为上士，上欲中圣王之道，下欲中国家百姓之利者，当天之志而不可不察也④。天之志者，义之经也⑤。

【注释】

①之：即"志"字。"志"字衍（王念孙说）。

②《大夏》：即《大雅》。夏、雅古通。

③诰：当为"语"（毕沅说）。"也"字疑衍（孙诒让说）。

④之：即"志"字。"志"字疑衍。下句同（王念孙说）。

⑤经：原则。

【译文】

因此墨子确立天的意志，把它作为奉行的法则。并不仅仅是墨子把天的意志作为法则，在先王的书《大雅》中也这样说："上帝对文王说：我怀念那明德的人，不大声说话来表现自己，不因为自己做了诸夏之长就改变先王的法则。他对一切不识不知，只是顺应上天的法则。"这就是上帝告诫文王应该以天的意志为法则，顺从上天的法则。现在天下的士人君子，心中确实想要做仁义的事情，追求做高尚的士人，对上想要符合圣明君王的道术，对下想要符合国家中百姓的利益，那么对于上天的意志就不能不考察了。上天的意志，是义的准则。

明鬼下

【题解】

《明鬼》原有上、中、下三篇，现仅存下篇。此篇旨在论述鬼神的确实存在，而且能够"奖贤而罚暴"。这种观点本身是唯心的，但墨子的用意在于确立一个无所不能、可以对人们所有的行为加以明察和奖惩的主宰者，为的是给人们的行为一个约束，因而可以说虽然他所使用的方法是可以商榷的，但他想要扬善抑恶、使人行"义"的本意却是好的。

此文篇幅较长，不惮辞费，列举了古代传说、古代圣王之所为和古籍上的各种记载，来论证鬼神之确实存在和明察秋毫，并且鬼神的诛罚是来得极迅速的，也是无可逃遁的，从而将无鬼论者的主张彻底地批驳。

文章的末段对祭祀加以论述，认为即使人死后不会化为鬼，不会来享食祭品，但祭祀活动本身可以达到使乡人亲密的效果，因此是有益无害的，何况墨子认为鬼神是实然存在的，因此人们要谨慎自己的行为。

子墨子言曰：逮至昔三代圣王既没①，天下失义②，诸侯力正③。是以存夫为人君臣上下者之不惠忠也，父子弟兄之不慈孝弟长贞良也。正长之不强于听治④，贱人之不强于从事也⑤。民之为淫暴寇乱盗贼，以兵刃毒药水火退无罪人乎道路率径⑥,夺人车马衣裘以自利者,并作由此始,是以天下乱。此其故何以然也? 则皆以疑惑鬼神之有与无之别,不明乎鬼神之能赏贤而罚暴也。今若使天下之人偕若信鬼神之能赏贤而罚暴也⑦,则夫天下岂乱哉!

【注释】

①没:死。

②天下:当为"天子",与"诸侯"相对(王焕镳说)。

③正:同"征"(毕沅说)。

④正长:各级行政长官。强:尽力,竭力。

⑤贱人:这里指平民。

⑥退:当为"迓"之误,与"御"通,袭击(孙诒让说)。率径:当为"术径"(孙诒让说)。术,车道。径,步道。

⑦偕:与"皆"通(王念孙说)。

【译文】

墨子说:等到以前三代圣明的君王都去世了以后,天子失去了道义,诸侯用暴力来征伐。所以出现做人君的不恩惠臣下,做人臣子的不忠诚于国君,做父亲的不慈爱儿子,做儿子的不孝顺父亲,做弟弟的不尊敬兄长,做哥哥的不爱护弟弟,人们不再忠贞善良。官员们不努力处理政务,平民不努力从事于他所做的事情。百姓们做淫乱暴虐盗贼之事,用兵刃毒药水火在道路上抢劫无辜的人,抢夺别人的车马衣服来使自己得到利益,一切暴虐的事情都从这里开始,所以天下就变得混乱了。这里的缘故是怎么样的呢? 这都是因为对鬼神的有无疑惑不定,不明白鬼神能够奖赏贤能的人,而惩罚残暴的人。现在如果让天下的人都相信鬼神是可以奖赏贤能的人,惩罚残暴的人的,那么天下怎么还会混乱呢?

今执无鬼者曰①：鬼神者，固无有。旦暮以为教诲乎天下，疑天下之众，使天下之众皆疑惑乎鬼神有无之别，是以天下乱。是故子墨子曰：今天下之王公大人士君子，实将欲求兴天下之利，除天下之害，故当鬼神之有与无之别，以为将不可以不明察此者也。

【注释】

①执无鬼：主张没有鬼。

【译文】

现在主张没有鬼神的人说：鬼神，本来就是没有的。早上晚上用这个来教诲天下的人，迷惑天下的民众，让天下的民众都疑惑于鬼神的有和没有的分辨，所以天下就混乱了。所以墨子说：现在天下的王公大人士人君子，想要追求兴盛天下的利益，除去天下的祸害，所以对于鬼神有和没有的分别，是不能不明白地加以考察的。

既以鬼神有无之别，以为不可不察已①，然则吾为明察此，其说将奈何而可？子墨子曰：是与天下之所以察知有与无之道者，必以众之耳目之实知有与亡为仪者也。请惑闻之见之②，则必以为有；莫闻莫见，则必以为无。若是，何不尝入一乡一里而问之，自古以及今，生民以来者③，亦有尝见鬼神之物，闻鬼神之声，则鬼神何谓无乎？若莫闻莫见，则鬼神可谓有乎？

【注释】

①已：通"矣"。

②请：当为"诚"（孙诒让说）。惑：与"或"通（孙诒让说）。

③者：此字当在"闻鬼神之声"后（陶鸿庆说）。

【译文】

既然认为鬼神的有和没有的分别，不可以不明白地加以考察，那么我要明察，该怎么说才可以呢？墨子说：全天下人考察和了解有和无的方法，一定是根据众人耳朵和眼睛所听到看到的事实，以此作为有和没有的准则。的确是亲耳所闻，亲眼所见，就一定认为是有；不是亲耳所听，亲眼所见，那么一定认为是没有。如果这样，那么为什么不尝试进入乡里村里去询问，从古代到现在，有百姓以来，如果有人曾经见过鬼神的样子，听到鬼神的声音，那么鬼神怎么能说是没有的呢？如果没有人听到看到，那么怎么能说鬼神是有的呢？

今执无鬼者言曰：夫天下之为闻见鬼神之物者，不可胜计也，亦孰为闻见鬼神有无之物哉？子墨子言曰：若以众之所同见，与众之所同闻，则若昔者杜伯是也①。周宣王杀其臣杜伯而不辜，杜伯曰："吾君杀我而不辜，若以死者为无知，则止矣；若死而有知，不出三年，必使吾君知之。"其三年②，周宣王合诸侯而田于圃③，田车数百乘，从数千，人满野。日中，杜伯乘白马素车，朱衣冠，执朱弓，挟朱矢，追周宣王，射之车上，中心折脊，殪车中，伏弢而死④。当是之时，周人从者莫不见，远者莫不闻，著在周之《春秋》。为君者以教其臣，为父者以警其子，曰："戒之慎之！凡杀不辜者，其得不祥，鬼神之诛，若此之憯遫也⑤！"以若书之说观之，则鬼神之有，岂可疑哉？

【注释】

①杜伯：杜国伯爵（毕沅引《国语·周语》韦昭注）。

②其：后。

③田：打猎。

④弢(tāo)：弓衣。

⑤憯(cǎn)：与"㨨"通（孙诒让说），急速。遬："速"之籀文，疾（尹桐阳说）。

【译文】

现在主张没有鬼的人说：天下听到或见到鬼的传闻，多得不能计算，谁听到或看到鬼神这种东西呢？墨子说：如果根据众人共同看到的，和众人共同听到的，那么就像是从前的杜伯。周宣王杀了他的臣子杜伯，而杜伯是没有罪过的，杜伯说："我的君王杀我，而我是无辜的，如果死者是没有知觉的，那就罢了；如果死者是有知的，那么不超过三年，一定会让我的君王知道。"到了第三年，周宣王和诸侯在圃地打猎，车子有几百辆，随从有几千人，布满了郊野。正午的时候，杜伯乘坐着白马素车，穿着红色的衣服，戴着红色的帽子，拿着红色的弓，拿着红色的箭，追上周宣王，向车上射他，射中他的后心，折断了脊梁骨，倒在车中，伏在弓袋上死了。当时，周围跟从他的人没有不看见的，远处的人没有不听到的，这件事记载在周国的史书《春秋》上。做人君王的拿这件事来教育他的臣下，做人父母的拿这件事来告诫他的儿子，说："警戒啊，谨慎啊！凡是杀了无辜的人，他一定会得到不吉祥，鬼神的诛罚，就像周宣王受到诛杀一样迅速。"以这本书的说法来看，那么鬼神的存在，难道还要怀疑吗？

非惟若书之说为然也。昔者郑穆公当昼日中处乎庙①，有神入门而左②，鸟身，素服三绝③，面状正方。郑穆公见之，乃恐惧奔，神曰："无惧！帝享女明德，使予锡女寿十年有

九④,使若国家蕃昌,子孙茂,毋失。"郑穆公再拜稽首曰⑤:
"敢问神名?"曰:"予为句芒⑥。"若以郑穆公之所身见为仪,
则鬼神之有,岂可疑哉?

【注释】

①郑穆公:当为"秦穆公"(孙诒让说)。

②左:向左。

③三绝:疑当为"三毳(cuì)"(王焕镳说)。毳,兽之细毛。

④锡:通"赐",赐给。

⑤稽首:古代的一种礼节。跪下,拱手至地,头也至地。

⑥句(gōu)芒:木神名。

【译文】

并不只是这本书的说法是这样的。从前秦穆公白天中午的时候在
庙里,有神人进入门内,向左走去,人面鸟身,全身长着密密的白色细
毛,脸形是方的。秦穆公见了,就害怕而奔跑。神人说:"不要害怕!上
天肯定你的明德,让我来赐予你十九年的寿命,让你的国家繁荣昌盛,
子孙兴旺,不失去国家。"秦穆公又叩拜说:"请问神人的名字?"神人说:
"我是句芒。"如果用秦穆公所亲身经历的事来看,那么鬼神的存在,难
道还要怀疑吗?

非惟若书之说为然也。昔者,燕简公杀其臣庄子仪而
不辜,庄子仪曰:"吾君王杀我而不辜,死人毋知亦已;死人
有知,不出三年,必使吾君知之。"期年①,燕将驰祖②。燕之
有祖,当齐之社稷③,宋之有桑林,楚之有云梦也,此男女之
所属而观也④。日中,燕简公方将驰于祖涂⑤,庄子仪荷朱杖

而击之⑥，殪之车上。当是时，燕人从者莫不见，远者莫不闻，著在燕之《春秋》。诸侯传而语之曰："凡杀不辜者，其得不祥，鬼神之诛，若此其憯遬也！"以若书之说观之，则鬼神之有，岂可疑哉？

【注释】

①期(jī)年：一年。

②祖：泽名（王念孙说）。

③当：犹"如"。"齐之"下当增"有"字（王引之说）。

④属：聚集。

⑤涂：道路。

⑥荷：扛，担。

【译文】

并不只是这本书的说法是这样的。从前，燕简公杀了他的臣子庄子仪，而庄子仪是没有罪过的。庄子仪说："我的君王杀了我，而我是没有罪过的，死者要是无知就算了；死者如果有知，不超过三年，一定会让我的君王知道。"过了一年，燕人去祖泽进行大祭。燕国的祖泽就像是齐国的神社，宋国的桑林，楚国的云梦，这是男女百姓聚会游观的地方。太阳当顶的时候，燕简公将要奔往祖泽，庄子仪举起红色的木杖击打他，把他打死在车上。在那个时候，跟从燕简公的人没有没看见的，远处的人没有不听到的，这件事被记载在燕国的《春秋》上。诸侯互相传告说："凡是杀了无辜的人，他必定会得到不吉祥，鬼神的诛杀，就像燕简公受到的诛杀那么快。"以这本书的说法来看，那么鬼神的存在，难道还有什么值得怀疑的吗？

非惟若书之说为然也。昔者宋文君鲍之时，有臣曰祏观辜①,固尝从事于厉②。袾子杖楫出,与言曰③:"观辜,是何珪璧之不满度量,酒醴粢盛之不净洁也? 牺牲之不全肥④,春秋冬夏选失时⑤,岂女为之与? 意鲍为之与⑥?"观辜曰:"鲍幼弱,在荷襁之中⑦,鲍何与识焉。官臣观辜特为之⑧。"袾子举揖而槁之⑨,殪之坛上⑩。当是时,宋人从者莫不见,远者莫不闻,著在宋之《春秋》。诸侯传而语之曰:"诸不敬慎祭祀者,鬼神之诛,至若此其憯遬也!"以若书之说观之,鬼神之有,岂可疑哉?

【注释】

①祏:当为"祐",掌祀之官(尹桐阳说)。观辜:当为"夜姑",也作"射姑",人名(孙诒让说)。

②固:通"故",发端之词(王焕镳说)。厉:神祠,后世称之为"庙"。

③袾子:即祝史(毕沅说),祭祀时主持祝告的人。

④全:谓纯色,与"牷"同(毕沅说)。

⑤选:献,祭祀(尹桐阳说)。

⑥意:与"抑"同(王引之说),表示选择。

⑦荷缰(qiǎng):"葆缰"之误,即"褓襁"(吴毓江说)。

⑧官臣:守官之臣。

⑨揖:当为"楫"之误(苏时学说)。槁(gǎo):同"敲"(孙诒让说)。

⑩坛:祭坛场(尹桐阳说)。

【译文】

并不只是这本书的说法是这样的。从前宋文公鲍的时候,有一个叫观辜的掌管祭祀的官员,曾经在祠庙里进行祭祀。祝史挂着短杖出来说:"观辜,为什么圭璧不符合礼制,酒食祭品不干净? 牛羊牺牲毛色不纯、不肥硕,春夏秋冬所献的祭品不按时令,这是你做的呢? 还是宋文公鲍做的事呢?"观辜说:"宋文公鲍年幼弱小,还在襁褓之中,他怎么会知道。这都是观辜我做的。"祝史举起木杖来打他,把他打死在祭坛上。在那个时候,宋国跟从他的人没有不看到的,远处的人没有不听到的,写在宋国的《春秋》上。诸侯相互转告说:"诸侯不恭敬谨慎地进行祭祀的,鬼神诛杀他们,就像这样迅速!"以这本书的说法来看,那么鬼神的存在,难道还有什么值得怀疑的吗?

　　非惟若书之说为然也。昔者,齐庄君之臣有所谓王里国、中里徼者①,此二子者,讼三年而狱不断。齐君由谦杀之恐不辜②;犹谦释之③,恐失有罪。乃使之人共一羊④,盟齐之神社,二子许诺。于是泏洫⑤,㩁羊而漉其血⑥。读王里国之辞既已终矣,读中里徼之辞未半也,羊起而触之,折其脚,祧神之而槁之⑦,殪之盟所。当是时,齐人从者莫不见,远者莫不闻,著在齐之《春秋》。诸侯传而语之曰:"请品先不以其请者⑧,鬼神之诛,至若此其憯遫也。"以若书之说观之,鬼神之有,岂可疑哉? 是故子墨子言曰:虽有深溪、博林、幽涧毋人之所,施行不可以不董⑨,见有鬼神视之。

【注释】

①王里:大里。中里:其副者(尹桐阳说)。里,同"理",治狱官。

②由:欲(王念孙说)。谦:与"兼"同(王念孙说)。

③犹:欲(王念孙说)。

④之:当作"二"(毕沅说)。

⑤泏:通"掘",穿。洫(xù):穴。穿穴于地,以便埋牲(尹桐阳说)。

⑥㩁:字书无此字。据王念孙说,当即"刉"字,训刲。

⑦祧(tiāo):疑为"祝"之形误(王焕镳说)。

⑧品先：疑为"盟矢"，即盟誓（俞樾说）。

⑨董：疑为"谨"之误（苏时学说）。

【译文】

并不只是这本书的说法是这样的。从前，齐庄公的臣子有两个叫国和徽的治狱官，这两个人，打了三年官司而没有决断。齐国国君想把他们都杀了，又怕杀了无辜的人；想把他们都放了，又怕放过了有罪过的人。就让他们共同拿出一头羊，在齐国的神社前立誓缔约，两个人都答应了。于是挖了一个地洞，割断羊的头，把血洒在地上。宣读王里国的誓辞，结束以后，宣读中里徽的誓辞不到一半，羊起来撞到他，折断了他的脚，祝史认为羊显示了神的意志，走上来一敲，中里徽就死在他发誓的地方。当时，跟从他的齐人没有不看见的，远处的人没有不听到的，写在齐国的《春秋》上。诸侯相互传告这些并且说："凡是在盟誓时不用真情实意的，鬼神诛罚的到来，就像这件事一样迅速。"以这本书的说法来看，那么鬼神的存在，难道还有什么值得怀疑的吗？所以墨子说：即使有深溪、广大的森林、幽涧等没有人的地方，行动也不能不谨慎，因为有鬼神在注视着。

今执无鬼者曰：夫众人耳目之请，岂足以断疑哉？奈何其欲为高君子于天下，而有复信众之耳目之请哉？子墨子曰：若以众之耳目之请，以为不足信也，不以断疑，不识若昔者三代圣王尧舜禹汤文武者，足以为法乎？故于此乎，自中人以上皆曰①：若昔者三代圣王，足以为法矣。若苟昔者三代圣王足以为法，然则姑尝上观圣王之事。昔者，武王之攻殷诛纣也，使诸侯分其祭，曰："使亲者受内祀②，疏者受外祀③。"故武王必以鬼神为有，是故攻殷伐纣，使诸侯分其祭。若鬼神无有，则武王何祭分哉？

【注释】

①中人：指智力中等的人。

②使亲者受内祀：指武王克殷，分命诸侯使主殷祀（孙诒让说）。

③疏者受外祀：指异姓之国，祭山川四望之属（孙诒让说）。

【译文】

现在主张没有鬼神的人说：众人耳闻目见的情况，哪里能够用来判断疑难呢？一个想成为天下高士的人，怎么会相信众人耳闻目见的情况呢？墨子说：如果认为众人耳闻目见的情况不能够相信，不能够判断疑难，那么不知道从前三代圣明的君王，尧舜禹汤文王武王，足以作为判断的准则吗？所以对于这些，中等以上智力的人都会说：像从前三代圣明的君王，尧舜禹汤文王武王，足以作为判断的准则。如果从前三代圣明的君王，尧舜禹汤文王武王，足以作为判断的准则，那么姑且看看圣明君王的事迹。从前，武王攻打殷商，讨伐纣王，让诸侯分掌祭祀，说："让同姓的诸侯掌管祖庙祭祀，让异姓诸侯掌管山川祭祀。"所以武王一定认为鬼神是有的，所以攻打殷商，讨伐纣王，让诸侯分掌祭祀。如果没有鬼神，那么武王为什么要让人分别去掌管祭祀呢？

非惟武王之事为然也。故圣王其赏也必于祖，其僇也必于社①。赏于祖者何也？告分之均也。僇于社者何也？告听之中也。非惟若书之说为然也，且惟昔者虞夏商周三代之圣王，其始建国营都日，必择国之正坛，置以为宗庙；必择木之修茂者，立以为菆位②；必择国之父兄慈孝贞良者，以为祝宗③；必择六畜之胜腯肥倅④，毛以为牺牲；珪璧琮璜⑤，称财为度⑥；必择五谷之芳黄，以为酒醴粢盛，故酒醴粢盛与岁上下也。故古圣王治天下也，故必先鬼神而后人者，此也。故曰：官府选效⑦，必先祭器祭服，毕藏于府，祝宗有司毕立于朝,牺牲不与昔聚群。故古者圣王之为政若此。

【注释】

①僇:通"戮",杀。社:祭土地神的地方。

②菆(zōu)位:当为"丛社"(王念孙说)。

③祝:祭祀时主持祝告的人。宗:主宗庙之官(尹桐阳说)。

④胜:盛。腯(tú):肥。倅:当为"粹"(毕沅说),纯粹。

⑤琮(cóng)璜:皆为玉器。

⑥称:相称,合适。度:标准,法度。

⑦效:器具物品。

【译文】

并不只是武王的事情是这样的。所以圣明君王的赏赐一定要在祖庙进行,实行惩罚也一定要在神社进行。在祖庙行赏是什么原因呢?是告诉祖先分配的平均。在神社行罚是什么原因呢?是禀告神明断案的公正。并不是只有这本书的说法是这样的,而且从前虞夏商周三代圣明的君王,他们开始建立国家营建国都的时候,必定选择国中的正坛来设立宗庙;必定选择草木丰茂的地方来建立丛祠;必定选择国家中慈惠、孝顺、忠贞、善良的父兄来作为太祝和宗伯;必定选择肉肥、毛色纯正的家畜来作为牺牲祭品;置备各种珪璧琮璜等玉器,以适合财力为度;必定选择芳香黄熟的五谷,作为酒食祭品,所以酒食祭品是随年成的好坏而增减的。所以古代圣明的君王治理天下,必定先要祭祀鬼神然后才考虑人的问题,这就是因为有鬼神的存在。所以说:官府置备物品,必定先要准备好祭器和祭服,全都收藏在府库中,太祝和宗伯等都站立在朝廷中,祭祀用的牺牲不和普通的牲畜合群畜养。所以古代圣明的君王是这样治理政治的。

古者圣王必以鬼神为,其务鬼神厚矣①。又恐后世子孙

不能知也,故书之竹帛,传遗后世子孙。咸恐其腐蠹绝灭^②,
后世子孙不得而记,故琢之盘盂,镂之金石,以重之。有恐
后世子孙不能敬箬以取羊^③,故先王之书,圣人一尺之帛,一
篇之书,语数鬼神之有也^④,重有重之^⑤。此其故何? 则圣王
务之。今执无鬼者曰:鬼神者,固无有。则此反圣王之务。
反圣王之务,则非所以为君子之道也!

【注释】

①务:致力,从事。

②咸:当为"或"之误(王引之说)。

③箬(jūn):威。羊:通"祥"。

④语数:当为"数语"(尹桐阳说)。

⑤有:通"又"。

【译文】

古代圣明的君王必定认为鬼神是存在的,他们对待鬼神才这么尽
力。又怕后世的子孙不能知道,所以写在竹帛上,留传给后世的子孙。
又害怕竹帛被腐蚀虫蛀而绝传,后世的子孙不能够记住,所以雕琢在盘
盂器皿上,雕刻在金石上,来表示珍重。又怕后世的子孙不能敬奉鬼神
而获得吉祥,所以先王的书,圣人一尺的帛,一篇的书,都说鬼神是存在
的,重申了又重申。这是为什么呢? 是因为圣明的君王致力于鬼神的
事情。现在主张没有鬼神的人说:鬼神本来是没有的。那么这就是违
反了圣明的君王所要尽力做的事。违反了圣明的君王所要尽力做的
事,那就不是君子所奉行的正道。

今执无鬼者之言曰:先王之书,慎无一尺之帛^①,一篇之
书,语数鬼神之有,重有重之,亦何书之有哉? 子墨子曰:周

书《大雅》有之②。《大雅》曰："文王在上，于昭于天。周虽旧邦，其命维新③。有周不显，帝命不时④。文王陟降⑤，在帝左右。穆穆文王⑥，令问不已。"若鬼神无有，则文王既死，彼岂能在帝之左右哉？此吾所以知周书之鬼也。

【注释】

①慎无：据上文例当为"圣人"（王念孙说）。

②《周书》：指《诗经》。

③维：句中语气词，用以帮助判断。

④有周不显，帝命不时：毛《传》云："有周，周也。不显，显也。显，光也。不时，时也。"

⑤陟（zhì）：登，上。

⑥穆穆：勤勉不倦的样子。

【译文】

现在主张没有鬼神的人说：先王的书，圣人一尺的帛，一篇的书，都说鬼神是存在的，重申了又重申，是什么书上有这些呢？墨子说：《诗经·大雅》里有。《大雅》说："文王在万民之上，功德昭著于天。周虽然是一个旧邦，受命于天却是刚开始。周朝的事业伟大显赫，天命适时。文王死后升天，常在天帝的左右。勤勉的文王，美好的名声永远传扬。"如果没有鬼神，那么文王死了以后，他又怎么能常在天帝的左右？这就是我知道的《诗经》里有关鬼神事情的记载。

且周书独鬼，而商书不鬼，则未足以为法也。然则姑尝上观乎商书，曰："呜呼！古者有夏，方未有祸之时，百兽贞虫①，允及飞鸟②，莫不比方③。矧佳人面④，胡敢异心？山川鬼神，亦莫敢不宁。若能共允⑤，佳天下之合，下土之葆。"察山川鬼神之所以莫敢不宁者，以佐谋禹也。此吾所以知商书之鬼也。

【注释】

①贞虫，与百兽、飞鸟并称，为虫类的通称（王焕镳说）。

②允：犹"以"（王引之说）。

③比方：比附（王闿运说）。

④矧（shěn）：况且。佳：古"惟"字（毕沅说）。

⑤共：恭。允：信。

【译文】

如果只是《周书》上说有鬼神，《商书》上不说鬼神，那么也不足以作为法则。那么姑且看看《商书》上说的："呜呼！古代有夏，还没有发生祸患的时候，百兽爬虫，以及飞鸟，没有不比附的。何况是人类，怎么敢有异心？山川鬼神，也没有敢不安宁的。如果能够恭敬诚信，就能够天下和合，确保国土。"考察山川的鬼神不敢不安宁的原因，是为了辅助禹，替他谋划。这就是我知道《商书》上也有关于鬼神的记载。

且商书独鬼，而夏书不鬼，则未足以为法也。然则姑尝上观乎夏书《禹誓》曰①："大战于甘，王乃命左右六人②，下听誓于中军，曰：有扈氏威侮五行③，怠弃三正④，天用剿绝其命。有曰：日中，今予与有扈氏争一日之命。且尔卿大夫庶人⑤，予非尔田野葆士之欲也⑥，予共行天之罚也。左不共于左⑦，右不共于右，若不共命；御非尔马之政，若不共命。"是以赏于祖而僇于社⑧。赏于祖者何也？言分命之均也。僇于社者何也？言听狱之事也⑨。故古圣王必以鬼神为赏贤而罚暴，是故赏必于祖而僇必于社。此吾所以知夏书之鬼也。故尚者夏书^⑩，其次商周之书，语数鬼神之有也，重有重之，此其故何也？则圣王务之。以若书之说观之，则鬼神之有，岂可疑哉？

【注释】

①《禹誓》：当为《尚书·夏书》的篇名，现无此篇。下引之文见于《尚书·甘誓》，文字略有不同。

②左右六人：指左右六卿，即六军之将。

③威："蔑"之假（王引之说）。五行：即仁、义、礼、智、信。

④三正：天、地、人之正道。

⑤且：通"徂"，往。

⑥葆士：当为"宝玉"（俞樾说）。

⑦共：当作"攻"（孙诒让说）。

⑧祖：祖庙。

⑨事："中"之坏字（王念孙说）。

⑩尚：即"上"。

【译文】

如果只是商书上说有鬼神，夏书上不说鬼神，那么也不足以作为法则。那么姑且看看夏书《禹誓》上说："大战将在甘地开始，王就命令左右六军之将，从坛上下去，到中军听训，说：有扈氏蔑视侮辱五常之伦，怠慢和废弃天道、地道和人道，天要断绝他们的运命。又说：正当日中，现在我要和有扈氏一拼生死。前进吧，你们这些卿大夫和庶民，我并不是想要得到土地和财宝，我只是施行天的惩罚。左边的人不从左边进攻，右边的人不从右边进攻，那就是不恭顺天的命令；驾车的人不用正确的方法驾车，就是不恭顺天的命令。"所以在祖庙、神社行赏和行罚。在祖庙行赏是什么原因呢？告诉祖先分配平均。在神社行罚是什么原因呢？禀告断案的公正。所以古代圣明的君王一定认为鬼神奖赏贤能的人和惩罚暴虐的人，所以一定在祖庙行赏，一定在神社行罚。这就是我知道夏书有关于鬼神事情的记载。所以上有夏书，其次有商书和周书，几次说鬼神是有的，重申了又重申，这是什么缘故呢？那就是因为圣明的君王致力于鬼神的事。用这书的说法来看，那么鬼神的存在，还有什么可以怀疑的呢？

于古曰：吉日丁卯，周代祝社方，岁于社者考①，以延年寿。若无鬼神，彼岂有所延年寿哉！是故子墨子曰：尝若鬼神之能赏贤如罚暴也②。盖本施之国家，施之万民，实所以治国家、利万民之道也。若以为不然，是以吏治官府之不絜廉③，男女之为无别者，鬼神见之；民之为淫暴寇乱盗贼，以兵刃毒药水火退无罪人乎道路，夺人车马衣裘以自利者，有鬼神见之。是以吏治官府不敢不絜廉，见善不敢不赏，见暴不敢不罪。民之为淫暴寇乱盗贼，以兵刃毒药水火退无罪人乎道路，夺车马衣裘以自利者，由此止。是以莫放幽闲，拟乎鬼神之明显，明有一人畏上诛罚，是以天下治。

【注释】

①社者：当为"祖若"。岁于祖若考，言荐岁事于祖及考（孙诒让说）。

②尝若：当做"当若"（孙诒让说）。如：据文例当作"而"。

③絜：旧本作"洁"。同"洁"。

【译文】

古时候，人们说：在丁卯吉日，普遍祭祀四方的神，岁末祭祀祖先，以求延年益寿。如果没有鬼神，他们向谁去祈求延年益寿呢！所以墨子说：像这些鬼神能够奖赏贤能的人，惩罚暴虐的人。因为这本来就可以用于国家用于万民,实在是可以治理国家使万民获得利益的方法。如果认为不是这样,那么官吏治理官府不廉洁,男女混处没有区别,鬼神都能看见;人们去做寇乱盗窃之事,施用刀毒药水火,在道路上抢劫无辜的人,夺走别人的车马衣服来使自己获得利益,也有鬼神能看到。所以官吏治理官府不敢不廉洁,看到好的行为不敢不奖赏,看到暴虐的行为不敢不惩罚。人们去做寇乱盗窃之事,施用刀毒药水火,在道路上抢劫无辜的人,夺走别人的车马衣服来使自己获得利益的事,因此而得到制止。所以鬼神的明察,不会因为幽涧而被遮蔽,鬼神的明察所以让人们害怕上天的诛罚,因此天下得到了治理。

　　故鬼神之明①,不可为幽闲、广泽、山林、深谷,鬼神之明必知之;鬼神之罚,不可为富贵众强、勇力强武、坚甲利兵,鬼神之罚必胜之。若以为不然,昔者夏王桀,贵为天子,富有天下,上诟天侮鬼,下殃傲天下之万民②,祥上帝伐元山帝行③,故于此乎,天乃使汤至明罚焉。汤以车九两④,鸟陈雁行,汤乘大赞⑤,犯遂下众,人之螭遂⑥,王乎禽推哆大戏⑦。故昔夏王桀贵为天子,富有天下,有勇力之人推哆、大戏,生列兕虎⑧,指画杀人,人民之众兆亿,侯盈厥泽陵,然不能以此圉鬼神之诛⑨。此吾所谓鬼神之罚,不可为富贵众强、勇力强武、坚甲利兵者,此也。

【注释】

①明:这里指明察。

②殃傲:当为"殃杀"(王念孙说)。

③祥:疑为"牂(zāng)",又假借为"戕",残害(王焕镳说)。伐:功劳。
　　元:疑为"亢",通"抗"。山:疑作"上"(王焕镳说)。

④九两：疑当作"九十两"（孙诒让说）。

⑤赞：疑为"栈"（高亨说）。《说文》："竹木之车曰栈。"

⑥犯遂下众，人之蝐遂：以上二句疑当为"犯遂下之，众入郊遂"（王焕镳说）。上"遂"字，指夏朝都城遂；下"遂"字，指郊外的水道。

⑦乎禽：当为"手禽"（毕沅说）。推哆、大戏：是夏桀所亲信的两个大力士。

⑧列：即"裂"字（王念孙说），分解。兕（sì）：雌性的犀牛。

⑨围（yǔ）：阻止。

【译文】

因此，鬼神的明察，不会被幽涧、广泽、山林、深谷所遮蔽，凭鬼神的明察一定会知道；鬼神的惩罚，不会因为富裕尊贵人多势众、勇敢凶猛、铠甲坚固兵器尖利而被阻止，鬼神的惩罚一定能战胜这一切。如果认为不是这样的，从前夏王桀贵为天子富有天下，对上辱骂天侮辱鬼神，对下祸害残杀天下的万民，毁坏上帝建立的功德，抵抗上帝指示的道路，于是上天就命令汤给予他惩罚。汤用九十辆战车，布下乌阵雁行的阵势，汤乘上大车，乘势攻占遂城，夏兵窜入通往郊外的水道，王亲手擒住推哆、大戏。所以从前夏王桀，贵为天子，富有天下，有勇士推哆、大戏，能够撕裂犀牛和老虎，手指一点就能杀人，而且人民多得以数兆亿计，布满了山林水泽，然而也不能因此抵御鬼神的诛罚。这就是我说鬼神的惩罚，不会因为富裕尊贵人多势众、勇敢凶猛、铠甲坚固兵器尖利而被阻止，就是这样。

　　且不惟此为然。昔者殷王纣贵为天子，富有天下，上诟天侮鬼，下殃傲天下之万民，播弃黎老①，贼诛孩子，楚毒无罪②，刳剔孕妇，庶旧鳏寡③，号咷无告也。故于此乎，天乃使武王至明罚焉。武王以择车百两，虎贲之卒四百人④，先庶

国节窥戎⑤，与殷人战乎牧之野，王乎禽费中、恶来，众畔百
走⑥。武王逐奔入宫，万年梓株，折纣而系之赤环⑦，载之白
旗，以为天下诸侯僇。故昔者殷王纣贵为天子，富有天下，
有勇力之人费中、恶来、崇侯虎，指寡杀人，人民之众兆亿，
侯盈厥泽陵，然不能以此圉鬼神之诛。此吾所谓鬼神之罚，
不可为富贵众强、勇力强武、坚甲利兵者，此也。且《禽艾》
之道之曰："得玑无小⑧，灭宗无大。"则此言鬼神之所赏，无
小必赏之；鬼神之所罚，无大必罚之。

【注释】

①黎老：耆老（王引之说）。

②楚毒：当为"焚炙"，即所谓炮烙之刑（王念孙说）。

③庶旧：诸旧臣。

④虎贲（bēn）：勇士之称。

⑤庶：众。国节：指各盟国受符节的有司（王焕镳说）。

⑥畔：旧本作"叛"。百走：当作"皆走"（王引之说）。

⑦梓株：殊人殳，以万年梓为之（尹桐阳说）。折：分。赤环：赤旛，
　　即赤旂。

⑧玑（jī）：疑为"祺"之借，吉祥（王焕镳说）。

【译文】

　　并且不仅是这样的。从前殷王纣贵为天子，富有天下，对上辱骂天
侮辱鬼神，对下祸害残杀天下的万民，抛弃老人，残杀小孩，焚杀毒害无
辜的人，剖开孕妇的肚子，平民旧臣鳏夫寡妇，号啕哭泣而没有可以诉
说的地方。所以在这个时候，天帝命令武王给予惩罚。武王挑选了百
辆战车，勇士四百人，作为诸侯盟军的先锋，与殷国军队在牧野作战，武
王擒获了费中和恶来，他的部下都背叛或逃走。武王于是追到宫里，用

一支万年梓木,将纣王杀死,系在红色的环上,用白旗挑起,为天下的诸侯杀了纣王。所以从前殷王纣贵为天子,富有天下,有勇士费中、恶来、崇侯虎,手指一点就能杀人,人民多得以数兆亿计,布满到山林水泽,然而也不能因此抵御鬼神的诛罚。这就是我说鬼神的惩罚,不会因为富裕尊贵人多势众、勇敢凶猛、铠甲坚固兵器尖利而被阻止,就是这样。并且《禽艾》说:"善者得到福佑,不管他的职位多么微小;作恶者必定被灭宗,不管他的权位多么大。"这就是说鬼神的赏赐,不管职位多么小一定要赏赐;鬼神的惩罚,不管职位多么大,一定要惩罚。

今执无鬼者曰:意不忠亲之利,而害为孝子乎? 子墨子曰:古之今之为鬼①,非他也,有天鬼,亦有山水鬼神者,亦有人死而为鬼者。今有子先其父死,弟先其兄死者矣,意虽使然②,然而天下之陈物曰"先生者先死"③。若是,则先死者非父则母,非兄而姒也④。今洁为酒醴粢盛,以敬慎祭祀,若使鬼神请有,是得其父母姒兄而饮食之也,岂非厚利哉? 若使鬼神请亡,是乃费其所为酒醴粢盛之财耳。自夫费之,非特注之污壑而弃之也⑤,内者宗族,外者乡里,皆得如具饮食之。虽使鬼神请亡,此犹可以合骥聚众,取亲于乡里。

【注释】

①之:上"之"字衍(孙诒让说)。

②意:读为"抑",犹言"乃"(高亨说)。

③陈物:故事,常理(王闿运说)。

④姒(sì):年长的女子,这里指嫂子。而:犹"则"(王引之说)。

⑤特:一本作"直"。

【译文】

现在主张没有鬼神的人说：这样不是花费财物而不利于双亲，而有损于做孝子吗？墨子说：古今说有鬼神的，不是因为其他，有天鬼也有山水的鬼神，也有人死了以后变成鬼的。现在有儿子比他的父亲先死去，弟弟比他的兄长先死去，即使是这样，但按照天下的常理，总是"先出生的先死去"。如果是这样，那么先死去的，不是父亲就是母亲，不是哥哥就是嫂子。现在干净地准备祭品酒食，来恭敬慎重地祭祀，如果鬼神真的存在，那么就是请他的父母兄嫂来饮食，这难道不是很有益处的吗？如果鬼神是没有的，那么就是白费他准备祭品酒食的钱财。可是他们的花费，并非就像倒在沟壑中而白白丢弃，而是可让宗族内的人和乡里的人，都能得到饮食。即使鬼神真的不存在，那也可以聚集民众，使乡里人亲密。

今执无鬼者言曰：鬼神者固请无有，是以不共其酒醴粢盛牺牲之财①。吾非乃今爱其酒醴粢盛牺牲之财乎？其所得者臣将何哉②？此上逆圣王之书，内逆民人孝子之行③，而为上士于天下，此非所以为上士之道也。是故子墨子曰：今吾为祭祀也，非直注之污壑而弃之也，上以交鬼之福④，下以合驩聚众，取亲乎乡里。若神有，则是得吾父母弟兄而食之也⑤，则此岂非天下利事也哉？是故子墨子曰："今天下之王公大人士君子，中实将欲求兴天下之利，除天下之害，当若鬼神之有也，将不可不尊明也⑥，圣王之道也。

【注释】

①共：通"供"。

②臣：疑当为"以"，在"何"字下。"将何以哉"，将何用也（孙人和说）。

③民人：人民。

④交：求取。

⑤弟兄：当为"兄姒"（俞樾说）。

⑥尊明：谓尊事而明著之以示人，即明鬼之义。

【译文】

现在主张没有鬼的人说：鬼神本来是没有的，所以不必花费那些祭品酒食的钱财。我现在难道是爱惜那些祭品酒食的钱财吗？而是在想，我将要得到的是什么呢？这是对上违背圣明君王的教导，对内违背人民孝子的品行，而想做天下的高尚士人，这不是做高尚士人的方法。所以墨子说：现在我们祭祀，并不是把祭品丢在沟壑中，白白浪费掉，这是对上祈求鬼神的赐福，对下来联合众人，让乡里人亲密。如果鬼神真的存在，那么就是请我的父母兄嫂来饮食，这难道不是有利于天下的事吗？所以墨子说：现在天下的王公大人士人君子，心中的确想要兴盛天下的利益，除去天下的祸害，那么对于鬼神确定存在这一点，就不能不重视和确信，这就是圣明的君王的大道。

非乐上

【题解】

《非乐》原分上、中、下三篇,现仅存上篇。所谓非乐,就是反对从事音乐活动,

墨子认为制造乐器会花费百姓用于衣服食物的财用,演奏音乐会占用百姓从事生产的时间,欣赏音乐会使统治者疏于治理政务,所以音乐虽能使人愉悦,却上不利于天,下不利于民,完全是无用的。更何况,演奏音乐的人必须选择年轻力壮者,还要让他们"食必粱肉,衣必文绣",这些人不仅不能生产,不能创造财物,还要别人供给他们以衣食,这就倍增了"乐"的弊端。最后,墨子还引用古代的书来说明先王是如何对为乐者进行惩罚的,以此得出"乐之为物,而不可不禁而止"的结论。

诚然,没有节制地沉迷于音乐是有害于国家和百姓的,但墨子将所有的音乐一概视为无用,不加辨别地否定所有的音乐,这无疑是偏激和片面的。因为对于音乐的愉悦作用,我们是应当予以适当肯定的。

子墨子言曰:仁之事者①,必务求兴天下之利,除天下之害,将以为法乎天下。利人乎,即为;不利人乎,即止。且夫仁者之为天下度也,非为其目之所美,耳之所乐,口之所甘,

身体之所安，以此亏夺民衣食之财②，仁者弗为也。是故子墨子之所以非乐者，非以大钟、鸣鼓、琴瑟、竽笙之声以为不乐也；非以刻镂华文章之色以为不美也③；非以犓豢煎炙之味以为不甘也；非以高台厚榭邃野之居④以为不安也。虽身知其安也，口知其甘也，目知其美也，耳知其乐也，然上考之不中圣王之事，下度之不中万民之利，是故子墨子曰：为乐非也。

【注释】

①仁之事者：当为"仁者之事"（孙诒让说）。

②亏：毁坏，损害。

③华：此字疑衍（毕沅说）。文章：错综华美的色彩或花纹。

④野：通"宇"（王引之说），这里指房屋。

【译文】

墨子说：仁人要做的事，一定是追求兴盛天下的利益，除去天下的祸害，想要把这作为天下的法则，有利于人的就做，不利于人的就停止。并且仁人为天下人考虑，不是为了他们眼睛看了觉得好看，耳朵听了觉得好听，嘴巴尝了觉得好吃，身体感到舒适，如果为了这些享受而抢夺人民的衣服食物的财用，仁义的人是不做的。所以墨子反对音乐的原因，并不是认为大钟、鸣鼓、琴瑟、竽笙的声音不好听；并不是因为雕刻华美的文彩不好看；并不是因为烹调禽兽的味道不鲜美，并不是因为高台、楼榭、房屋居住得不舒适。即使他的身体知道舒适，嘴巴知道甘美，眼睛知道美丽，耳朵知道好听，但这对上不符合圣明君王的要求，对下不符合万民的利益，所以墨子说：从事音乐是不对的。

今王公大人，虽无造为乐器，以为事乎国家，非直掊潦水、折壤坦而为之也①，将必厚措敛乎万民，以为大钟、鸣鼓、琴瑟、竽笙之声。古者圣王亦尝厚措敛乎万民②，以为舟车，既以成矣，曰："吾将恶许用之③？曰：舟用之水，车用之陆，君子息其足焉，小人休其肩背焉。"故万民出财赍而予之④，不敢以为戚恨者，何也？以其反中民之利也。然则乐器反中民之利亦若此，即我弗敢非也。然则当用乐器譬之若圣王之为舟车也，即我弗敢非也。

【注释】

①直：仅，只是。潦水：积水。折壤坦：当为"拆坏垣"（俞樾说）。

②措敛：同"籍敛"（王念孙说），即税收。

③恶许：犹"何许"（毕沅说）。

④赍（jī）：送物给人。

【译文】

现在的王公大人，制作乐器，把它作为治理国家的大事，并不是像取点积水和拆开墙那样就能做成，必定要向万民征收很重的赋税，来做大钟、鸣鼓、琴瑟、竽笙。古代圣明的君王也曾经对万民征收很重的赋税，来制作车船，做成了以后，说："我要用它做什么呢？说：船在水里用，车在陆上用，君子可以让他的脚得到休息，百姓可以让他的肩背得到休息。"所以万民拿出钱财来给圣明的君王用以制造车船，不敢为此而感到懊恨，这是为什么呢？因为这反过来也符合百姓的利益。如果乐器也像这样反过来能符合百姓的利益，那么我不敢非难乐器。那么如果使用乐器就像圣明的君王使用车船，那么我不敢非难。

民有三患：饥者不得食，寒者不得衣，劳者不得息，三者民之巨患也。然即当为之撞巨钟、击鸣鼓、弹琴瑟、吹竽笙而扬干戚①，民衣食之财将安可得乎②？即我以为未必然也。意舍此③。今有大国即攻小国，有大家即伐小家，强劫弱，众暴寡，诈欺愚，贵傲贱，寇乱盗贼并兴，不可禁止也。然即当为之撞巨钟、击鸣鼓、弹琴瑟、吹竽笙而扬干戚，天下之乱也，将安可得而治与？即我未必然也。是故子墨子曰：姑尝厚措敛乎万民，以为大钟、鸣鼓、琴瑟、竽笙之声，以求兴天下之利，除天下之害，而无补也④。

【注释】

①然即：然则（王引之说）。当：通"尝"，试（孙诒让说）。扬：举。干：盾。戚：古代一种兵器。

②安：犹"于是"（王引之说）。

③意：通"抑"。"抑舍此"者，言姑舍此弗论而更论它事（俞樾说）。

④补：补益。

【译文】

百姓有三种忧患：饥饿的人得不到食物，寒冷的人得不到衣服，劳累的人得不到休息，这三者是百姓的巨大忧患。那么试为之撞巨钟、击鸣鼓、弹琴瑟、吹竽笙，举着盾牌和斧钺，百姓的衣服食物的财用就能得到解决吗？我认为这是不可能得到解决的。那么抛开这点不谈。现在有大国想要攻打小国，有大家想要攻打小家，强大的抢劫弱小的，人多的暴虐人少的，有智谋的欺骗愚蠢的，高贵的轻视低贱的，寇乱盗贼兴起而不能禁止。那么去撞巨钟、击鸣鼓、弹琴瑟、吹竽笙，举着盾牌和斧钺，天下的混乱将会得到治理吗？我认为这是不可能的。所以墨子说：如果向百姓征收很重的赋税，来做大钟、鸣鼓、琴瑟、竽笙，来追求兴盛天下的利益，除去天下的祸害，那是没有益处的。

是故子墨子曰：为乐非也。今王公大人，唯毋处高台厚榭之上而视之，钟犹是延鼎也①。弗撞击，将何乐得焉哉？其说将必撞击之。惟勿撞击，将必不使老与迟者②。老与迟者耳目不聪明，股肱不毕强③，声不和调，明不转朴④。将必使当年，因其耳目之聪明⑤，股肱之毕强，声之和调，眉之转朴⑥。使丈夫为之，废丈夫耕稼树艺之时；使妇人为之，废妇人纺绩织纴之事。今王公大人唯毋为乐，亏夺民衣食之财，以拊乐如此多也⑦。

【注释】

①延鼎：偃覆之鼎（孙诒让说）。

②迟：小孩子。

③股肱：指辅助的大臣。股，大腿。肱，手臂。毕：疾（孙诒让说）。

④明：目（尹桐阳说）。朴：疑为"行"。"传行"，犹转动、运行之义（王焕镳说）。

⑤因：依靠，凭借。

⑥眉：通"明"（孙诒让说）。朴：《广雅·释诂》："猝也。""明之转朴"，言歌声之转变与急速（吴毓江说）。

⑦拊（fǔ）：拍，敲。

【译文】

因此墨子说：制作音乐是不对的。现在王公大人，身处高高的台榭向下看，乐钟就像倒挂着的鼎一样。如果不撞击它，怎么会得到音乐呢？这样说来就一定要撞击它。只是撞击的时候一定不使用老人和小孩子。老年人和小孩子，耳不聪，目不明，四肢不强劲敏捷，声音不和调，音节不变化。一定要使用年富力强的人，因为他耳聪目明，四肢强劲敏捷，声音和调，音节变化。让男子来做这些事，就会占用他耕作种植的时光;让女子来做,就会占用她纺纱织布的时光。现在的王公大人,为了作乐而抢夺百姓衣服食物的财用,用于击奏乐器的已是这么多了。

是故子墨子曰:为乐非也! 今大钟、鸣鼓、琴瑟、竽笙之声既已具矣,大人锈然奏而独听之①,将何乐得焉哉? 其说将必与贱人,不与君子②。与君子听之,废君子听治;与贱人听之,废贱人之从事。今王公大人惟毋为乐,亏夺民之衣食之财,以拊乐如此多也。

【注释】

①锈:"肃"之繁文,静(于省吾说)。

②不与君子:此句疑当为"不与贱人,必与君子"(孙诒让说)。

【译文】

因此墨子说:制作音乐是不对的! 现在大钟、鸣鼓、琴瑟、竽笙的声音既然都已经具备了,大人如果静静地独自欣赏听音乐,将得到什么乐趣呢? 一定要和别人一起听,不是和平民一起听,就是和君子一起听。如果和君子一起听,就会妨碍君子治理公务;如果和平民一起听,就会妨碍平民的劳作。现在的王公大人,为了作乐而抢夺百姓衣服食物的财用,用于击奏乐器的已是这么多了。

是故子墨子曰:为乐非也。昔者齐康公兴乐万①,万人不可衣短褐②,不可食糠糟。曰:食饮不美,面目颜色不足视也;衣服不美,身体从容丑羸,不足观也。是以食必粱肉,衣必文绣,此掌不从事乎衣食之财③,而掌食乎人者也。是故子墨子曰:今王公大人,惟毋为乐,亏夺民衣食之财以拊乐如此多也。

【注释】

①乐万：音乐和舞蹈名称。

②褐：粗布或粗布的衣服。

③掌：通"常"（孙诒让说）。

【译文】

因此墨子说：制作音乐是不对的。从前齐康公喜欢一种叫乐万的音乐，演奏乐万的人，不能穿粗布的衣服，不能吃粗糙的粮食。说：饮食不精美，脸色就不好看；衣服不美丽，身体动作就不好看。所以吃的必须是精美的粮食和肉，穿的必须是锦绣的衣服。这些人不常从事衣服食物的财用生产，而靠别人供给衣食。所以墨子说：现在的王公大人，为了作乐而抢夺百姓衣服食物的财用，用于击奏乐器的已是这么多了。

是故子墨子曰：为乐非也。今人固与禽兽、麋鹿、蜚鸟、贞虫异者也①。今之禽兽、麋鹿、蜚鸟、贞虫，因其羽毛以为衣裘，因其蹄蚤以为绔屦②，因其水草以为饮食。故唯使雄不耕稼树艺，雌亦不纺绩织纴，衣食之财固已具矣。今人与此异者也：赖其力者生，不赖其力者不生。君子不强听治，即刑政乱；贱人不强从事，即财用不足。今天下之士君子，以吾言不然③，然即姑尝数天下分事④，而观乐之害。王公大人蚤朝晏退⑤，听狱治政，此其分事也；士君子竭股肱之力，亶其思虑之智⑥，内治官府，外收敛关市、山林、泽梁之利，以实仓廪府库，此其分事也；农夫蚤出暮入，耕稼树艺，多聚叔粟⑦，此其分事也；妇人夙兴夜寐，纺绩织纴，多治麻丝葛绪绸布缪⑧，此其分事也。今惟毋在乎王公大人说乐而听之，即必不能蚤朝晏退，听狱治政，是故国家乱而社稷危矣；今惟毋在乎士君子说乐而听之，即必不能竭股肱之力，亶其思虑之智，内治官府，外收敛关市、山林、泽梁之利，以实仓廪府库，是故仓廪府库不实；今惟毋在乎农夫说乐而听之，即必不能蚤出暮入，耕稼树艺，多聚叔粟，是故叔粟不足；今惟毋在乎妇人说乐而听之，即不必能夙兴夜寐⑨，纺绩织纴，多治麻丝葛绪绸布缪，是故布缪不兴。曰：孰为大人之听治而废国家之从事⑩？曰：乐也。

【注释】

①蜚：通"飞"。贞虫：即征虫（孙诒让说），昆虫。

②蚤："爪"之假借（毕沅说）。

③以吾言不然："以"上当有"若"字（王焕镳说）。

④分事：分职。

⑤晏：晚，迟。

⑥亶（dàn）：通"殚"（孙诒让说），尽。

⑦叔：通"菽"，豆类的总称。

⑧绪：纻（zhù）（尹桐阳说），苎麻。绸（kǔn）：织。缪（shān）：当为"缫"（王念孙说），帛。

⑨不必：当为"必不"（孙诒让说）。

⑩"孰为"句：此句当为"孰为而废大人之听治，贱人之从事"（俞樾说）。

【译文】

因此墨子说：制作音乐是不对的。现在人当然和禽兽、麋鹿、飞鸟、爬虫不同。现在禽兽、麋鹿、飞鸟、爬虫，用它们的羽毛作为衣服，把它们的蹄爪作为鞋袜，用它们周围的水草作为饮食。所以雄性的不耕作种植，雌性的也不纺纱织布，衣服食物的财用也已经具备了。现在人和这些不同的是:依靠自己劳力的就能生存,不依靠自己劳力的就不能生存。君子不尽力治理政务,那么刑法政治就混乱了;平民不尽力地从事生产,那么财用就不充足。现在天下的士人君子,假如认为我的言论是不对的,那么姑且列举天下人份内的职责,来考察音乐的危害。王公大人早朝晚退,治理政务,这是他们份内的事情;士人君子,竭尽四肢的力量,用尽智力,对内治理官府,对外征收关市、山林、川泽的税利,来充实粮仓府库,这是他们份内的职责;农夫早出晚归,耕作种植,多收集豆类和粮食,这是他们份内的职责;妇女早起晚睡,纺纱织布,多生产麻丝、葛衣、苎麻,纺织布帛,这是她们份内的职责。现在如果王公大人都喜欢音乐并且赏听,那么就一定不能早朝晚退,治理政务,那么国家就会混乱,社稷就会危险;如果士人君子喜欢音乐并且赏听,那么就不能竭尽四肢的力量,用尽智力,对内治理官府,对外征收关市、山林、川泽的税利,来充实粮仓府库,所以粮仓府库就不充实;如果农夫喜欢音乐并且赏听,就不能早出晚归,耕作种植,多收集粮食,那么粮食就会不足;如果妇女喜欢音乐并且赏听,那么就不能早起晚睡,纺纱织布,多生产麻丝、葛衣、苎麻,纺织布帛,那么布帛就会不够多。问:谁使大人荒废了公务而平民荒废了工作呢?回答是:是音乐。

　　是故子墨子曰:为乐非也。何以知其然也? 曰:先王之书,汤之《官刑》有之,曰:"其恒舞于宫①,是谓巫风②。其刑,君子出丝二卫③,小人否④,似二伯⑤。"《黄径》乃言曰⑥:"呜乎! 舞佯佯⑦,黄言孔章⑧。上帝弗常⑨,九有以亡⑩;上帝不顺,降之百殃⑪,其家必坏丧。"察九有之所以亡者,徒从饰乐也。于《武观》曰⑫:"启乃淫溢康乐,野于饮食⑬,将将铭,苋磬以力⑭,湛浊于酒⑮,渝食于野,万舞翼翼⑯,章闻于大,天用弗式。"故上者天鬼弗戒⑰,下者万民弗利。是故子墨子曰：今天下士君子，请将欲求兴天下之利，除天下之害，当在乐之为物，将不可不禁而止也。

【注释】

①宫：房屋，住宅。

②巫：事鬼神曰巫。

③卫："纬"之假音（毕沅说），束，小把，小捆。

④否：疑当为"倍"（孙诒让说）。

⑤似：以（尹桐阳说）。伯：帛（尹桐阳说）。

⑥《黄径》：《大誓》别称（尹桐阳说）。

⑦伴伴：当作"洋洋"，众多（孙诒让说）。

⑧黄："簧"之省文（吴毓江说）。大笙谓之簧。言：《尔雅·释乐》："大箫谓之言。"孔：很，甚。

⑨常：尚（王引之说）。

⑩九有：九州。

⑪殔：殃（尹桐阳说）。

⑫《武观》：当即逸书《五观》篇。

⑬野：言不以礼。

⑭将将：即"锵锵"。铭：疑为"金石"二字（曹耀湘说）。筑：筦（尹桐阳说），笛子。此句疑当为"将将金石，筦磬以力"，言乐之盛，又言致力于乐。

⑮浊：疑为"沔"。湛沔，即沉湎（吴毓江说）。

⑯翼翼：盛大。

⑰戒：当为"式"（孙诒让说），法式，标准。

【译文】

因此墨子说：制作音乐是不对的。怎么知道是这样的呢？说：先王的书，汤的《官刑》中有，说："常在宫中跳舞，就称为巫风。刑罚是：君子交出两束丝,小人加倍,交两匹帛。"《黄径》就说:"呜呼! 舞蹈繁多,声音响亮。可是上天不保佑,九州因此而灭亡;上帝不答应,降下众多的灾难,他的国家必定会败坏。"考察九州之所以会灭亡的原因,只是因为沉迷于音乐。在《武观》上说:"启淫佚玩乐,饮食不合礼节,铿铿锵锵,管磬盛大,沉迷于饮酒,随意在野外饮酒,万舞盛大,响彻云天,天因此而不许把音乐作为法度。"所以上天的鬼神不以之为法度,下面的万民认为对他们不利。所以墨子说:现在天下的士人君子,如果想要兴盛天下的利益,除去天下的祸害,那么对于音乐这种事物就不能不加以禁止。

非命上

【题解】

《非命》分为上、中、下三篇,此为上篇。所谓非命,就是非难有天命的说法。墨子认为不能治理好国家的原因在于主张有天命的人以"有命"来游说王公大人和平民百姓,让他们以为一切都是命中注定的,从而安于现状。这一方面使王公大人不努力治理混乱的政治,成为那些懈怠无能的人推卸责任的借口;另一方面也使百姓不知争取改变生活贫穷的不良处境,成为当权者愚弄百姓的手段,所以,墨子认为这是所有祸害产生的根源,是必须加以辨别和驳斥的,并主张依靠自己的力量,达到国富民强的目的。

文章从三个方面来论述"天命"是不存在的。首先是推究本源,指出古代的社会和百姓都未改变,而有治乱之别,可见"命"是不存在的;继而考察百姓耳闻目见的情况,认为也没有听到或看到"命"的存在;最后,以主张"有命"者遭受杀身亡国之灾,来说明这是暴王之所为,是天下之大祸害。

墨子坚决否定"天命"的存在,并积极主张依靠自己的力量来达到国富民强的目的,这是值得肯定的。

子墨子言曰:古者王公大人为政国家者①,皆欲国家之富,人民之众,刑政之治。然而不得富而得贫,不得众而得寡,不得治而得乱,则是本失其所欲,得其所恶,是故何也②?子墨子言曰:执有命者以杂于民间者众③。执有命者之言曰:"命富则富,命贫则贫;命众则众,命寡则寡;命治则治,命乱则乱;命寿则寿,命夭则夭。命虽强劲④,何益哉?"上以说王公大人,下以驵百姓之从事⑤,故执有命者不仁。故当执有命者之言,不可不明辨。

【注释】

①为政国家者:"为政"后当有"于"字。

②是故何也:此句犹"是何故也"(尹桐阳说)。

③执有命者以杂于民间者众:"以"当在"执有命者"之前(王焕镳说)。

④命:疑当为"力"(刘昶说)。

⑤驵(zǔ):当为"阻"之假(毕沅说)。

【译文】

墨子说:古代治理国家政务的王公大人,都想要国家富强,人口众多,刑法政治得到治理。然而得不到富裕而变得贫穷,人口不变多而变得少,得不到治理而变得混乱,那就是失去了想得到的,而得到了所厌恶的,这是什么缘故呢?墨子说:因为杂处在民间的主张有天命的人太多了。主张有天命的人说:"命中注定富有就富有,命中注定贫穷就贫穷;命中注定人多就人多,命中注定人少就人少;命中注定得到治理就能得到治理,命中注定混乱就会混乱;命中注定长寿就长寿,命中注定夭折就夭折。即使有强劲的力量,又有什么用呢?"对上游说王公大人,对下阻止百姓从事生产,所以主张有天命的人是不仁义的。因此对主张有天命的人的言论,不能不加以明辨。

　　然则明辨此之说将奈何哉？子墨子言曰：必立仪①。言而毋仪，譬犹运钧之上而立朝夕者也②，是非利害之辨，不可得而明知也。故言必有三表③。何谓三表？子墨子言曰：有本之者④，有原之者⑤，有用之者。于何本之？上本之于古者圣王之事。于何原之？下原察百姓耳目之实。于何用之？废以为刑政⑥，观其中国家百姓人民之利。此所谓言有三表也。

【注释】

①必立仪：当作"言必立仪"（孙诒让说）。

②运：转。钧：制造陶器所用的转轮。

③表：仪（孙诒让说），准则，法度。

④本：谓考其本始（孙诒让说）。

⑤原：考察。

⑥废：读为"发"，古字通（王念孙说）。

【译文】

　　既然这样，那么应该怎么明白地去分辨这种说法呢？墨子说：必定要先确立法则。言论没有标准，就像在转动的陶轮上安放测定时间早晚的仪器一样，是不可能弄明白是非利害的区别的。没有办法明白地知道。所以言论一定要有三条标准。什么是三条标准？墨子说：有考察本源的标准，有审察事故的标准，有实践应用的标准。到哪里去考察本源呢？对上依寻古代圣明君王的事迹。到哪里去审察事故呢？对下考察百姓的耳闻目见。到哪里去实践应用呢？把言论变为刑法政治，观察它是否符合国中人民百姓的利益。这就是所说的言论有三条标准。

然而今天下之士君子，或以命为有。盖尝尚观于圣王之事①：古者桀之所乱，汤受而治之②；纣之所乱，武王受而治之。此世未易，民未渝③，在于桀纣则天下乱，在于汤武则天下治。岂可谓有命哉！

【注释】

①盖：通"盍"，何不。尝：试。尚：同"上"。

②受：接受。

③渝：变。

【译文】

然而现在天下的士人君子，有的以为天命是有的。那么为什么不尝试观察圣明君王的事迹：古代被桀治乱的国家，汤接受以后就得到治理；纣治乱的国家，武王接受以后就得到治理。这是社会没有改变，人民也没有改变，在桀纣的时候天下就混乱，在汤武的时候天下就得到治理。这难道可以说是有天命的吗！

然而今天下之士君子，或以命为有。盖尝尚观于先王之书？先王之书，所以出国家、布施百姓者①，宪也。先王之宪，亦尝有曰"福不可请②，而祸不可讳③，敬无益，暴无伤"者乎？所以听狱制罪者，刑也。先王之刑亦尝有曰"福不可请，祸不可讳，敬无益，暴无伤"者乎？所以整设师旅、进退师徒者④，誓也。先王之誓亦尝有曰："福不可请，祸不可讳，敬无益，暴无伤"者乎？是故子墨子言曰：吾当未盐数⑤，天下之良书不可尽计数，大方论数⑥，而五者是也⑦。今虽毋求执有命者之言，不必得，不亦可错乎？

【注释】

①出:疑为"士"之误(李笠说)。《说文》:"士,事也。"士国家,犹治国家。

②请:求(尹桐阳说)。

③讳:当为"违"之假音字(孙诒让说)。

④师徒:这里指兵士。

⑤当:疑为"尚"(孙诒让说)。盐:疑为"尽"之误(毕沅说)。

⑥大方:大类。

⑦五者:当为"三者",即上先王之宪、之刑、之誓(毕沅说)。

【译文】

然而现在天下的士人君子,有的认为天命是有的。那么为什么不尝试看看先王的书? 先王的书,能够用来治理国家、向百姓颁布的,是宪法。先王的宪法,也曾经说"福不可求,祸不可以避,恭敬没有益处,残暴没有祸害"吗? 所以用以治理政务和断案的,是刑法。先王的刑法也曾经说"福不可求,祸不可以避,恭敬没有益处,残暴没有祸害"吗? 所以整治军队,指挥军队前进后退的,是誓言。先王的誓言,也曾经说"福不可求,祸不可以避,恭敬没有益处,残暴没有祸害"吗? 所以墨子说:我还没有统计完天下的好书,不可能完全数清楚,大概地计数,就是这三种。现在想要从中寻找主张有天命的言论,也必定找不到,不就可以放弃了吗?

今用执有命者之言,是覆天下之义。覆天下之义者,是立命者也,百姓之谇也①。说百姓之谇者,是灭天下之人也②。然则所为欲义在上者③,何也? 曰:义人在上,天下必治,上帝山川鬼神必有干主④,万民被其大利。何以知之? 子墨子曰:古者汤封于亳,绝长继短⑤,方地百里,与其百姓兼相爱、交相利，移则分⑥。率其百姓，以上尊天事鬼，是以天鬼富之，诸侯与之，百姓亲之，贤士归之，未殁其世，而王天下，政诸侯⑦。昔者文王封于岐周，绝长继短，方地百里，与其百姓兼相爱、交相利，则⑧。是以近者安其政，远者归其德。闻文王者，皆起而趋之。罢不肖股肱不利者⑨，处而愿之曰："奈何乎使文王之地及我吾⑩，则吾利，岂不亦犹文王之民也哉。"是以天鬼富之，诸侯与之，百姓亲之，贤士归之，未殁其世，而王天下，政诸侯。乡者言曰⑪：义人在上，天下必治，上帝山川鬼神必有干主，万民被其大利。吾用此知之。

【注释】

①谇：读为"悴"（俞樾说），忧愁。

②人：当为"仁"（尹桐阳说）。

③然则所为欲义在上者："义"下当有"人"字（孙诒让说）。

④干主：犹言宗主耳，当为"利"之误（孙诒让说）。

⑤绝长继短：断长续短，取长补短。

⑥移：当为"利"之误（刘昶说）。

⑦政：通"正"，犹长（孙诒让说）。

⑧则：据上文例当为"移则分"（俞樾说）。

⑨罢：通"疲"。

⑩吾：当为"圉"（刘昶说）。《说文》："圉、围同字。"边境。

⑪乡：先前。

【译文】

现在采用主张有天命的人的言论，这是颠覆天下的道义。颠覆天下道义的人，是那些要确立"有命"观点的人，是百姓的忧患所在。以百姓的忧患为乐趣的人,是要灭亡天下的仁义。既然这样,那么想要有道义的人居在上位,是为什么呢？回答是:有道义的人在上位,天下一定会得到治理,上帝山川鬼神就一定会有主持祭祀的宗主,万民就会得到大的利益。怎么知道是这样的呢？墨子说:古代汤受封于亳,取长补短,土地方圆百里,和那里的百姓相亲相爱,相互给予帮助,得到的利益多就和大家一起分享。率领他的百姓,对上尊敬天,侍奉鬼神,所以上天鬼神让他变得富裕,诸侯归顺他,百姓亲近他,贤能的士人归附他,在还没有死去的时候就称王于天下,成为诸侯之长。从前文王受封于歧周,取长补短,土地方圆百里,和那里的百姓相亲相爱,相互给予帮助,得到的利益多就和大家一起分享。因此,近处的人安服他的政治,远处的人归顺他的德行。听到文王的人,都起来去跟从他。做事懈怠而没有才德的人,手脚不便的人,虽处于原地却说:"怎么才能使文王的领地达到我这里,那我就获得利益了,难道不是和文王的国民一样了吗？"所以上天鬼神让他富裕,诸侯归顺他,百姓亲近他,贤能的士人归附他,在他还没有死去的时候就称王于天下,成为诸侯之长。从前的人说:仁义的人处于上位,天下一定得到治理,上帝山川鬼神就一定会有主持祭祀的宗主,万民就会得到大的利益。我因此而知道这一点。

　　是故古之圣王发宪出令,设以为赏罚以劝贤①,是以入则孝慈于亲戚,出则弟长于乡里,坐处有度,出入有节②,男女有辨③。是故使治官府,则不盗窃,守城则不崩叛④,君有难则死,出亡则送。此上之所赏,而百姓之所誉也。执有命者之言曰:"上之所赏,命固且赏⑤,非贤故赏也;上之所罚,命固且罚,不暴故罚也。"是故入则不慈孝于亲戚,出则不弟长于乡里,坐处不度,出入无节,男女无辨。是故治官府则盗窃,守城则崩叛,君有难则不死,出亡则不送。此上之所罚,百姓之所非毁也。执有命者言曰:"上之所罚,命固且罚,不暴故罚也;上之所赏,命固且赏,非贤故赏也。"以此为君则不义,为臣则不忠,为父则不慈,为子则不孝,为兄则不良,为弟则不弟,而强执此者,此特凶言之所自生,而暴人之道也。

【注释】

①设以为赏罚的劝贤:"劝贤"下当有"沮暴"二字(王念孙说)。

②节:礼节。

③辨:区别。

④崩:当为"倍"之假字,"倍"与"背"同(孙诒让说)。

⑤且:古通"宜"(于省吾说)。

【译文】

因此,古代圣明的君王,颁布宪法和政令,设立出赏罚的原则来鼓励贤能的人、惩罚残暴的人,所以在家能对父母孝敬慈祥,在外能在乡里敬长教幼,举止有规矩,出入有礼节,男女有区别。所以让他治理官府,就不会有盗贼,让他守城就不会崩溃叛逃,国君有难就效死尽忠,国君出奔逃亡就护送追随。这就是上面所奖赏,而百姓所称赞的。主张有天命的人说:"上面所要奖赏的,是命中注定要得到的,并不是因为贤能才给予奖赏;上面所惩罚的,是命中注定要得到的,不是因为暴虐所以给予惩罚。"所以在家不能对父母孝敬慈祥,在外不能在乡里敬长教幼,举止没有规矩,出入没有礼节,男女没有区别。所以让他治理官府,就会有盗贼,让他守城就会崩溃叛逃,国君有难不能效死尽忠,国君出奔逃亡不能护送追随。这就是上面所要惩罚,而百姓所责骂的。主张有天命的人说:"上面所惩罚的,是命中注定要惩罚的,不是因为暴虐所以给予惩罚;上面所要奖赏的,是命中注定要得到的,并不是因为贤能才给予奖赏。"这样做国君就不仁义，做臣子就不忠诚，做父亲就不慈爱，做儿子就不孝顺，做兄长就不贤良，做弟弟就不恭顺。如果要强行地主张这种说法，就是产生不好的言论的根源，是暴虐的人的道术。

然则何以知命之为暴人之道？昔上世之穷民，贪于饮食，惰于从事，是以衣食之财不足，而饥寒冻馁之忧至，不知曰"我罢不肖，从事不疾"，必曰"我命固且贫"。昔上世暴王不忍其耳目之淫、心涂之辟①，不顺其亲戚，遂以亡失国家，倾覆社稷，不知曰"我罢不肖，为政不善"，必曰"吾命固失之"。于《仲虺之告》曰："我闻于夏人矫天命，布命于下②，帝伐之恶③，龚丧厥师④。"此言汤之所以非桀之执有命也。于《太誓》曰："纣夷处⑤，不肯事上帝鬼神，祸厥先神提不祀⑥，乃曰吾民有命⑦，无廖排漏，天亦纵弃之而弗葆。"此言武王所以非纣执有命也⑧。

【注释】

①昔：作"若"。心涂：心志。

②矫：假传命令。

③帝代之恶：此句当为"帝式是恶"（毕沅说）。

④龚：同用"（毕沅说），于是。厥：他的。

⑤处：疑当为"虐"（王焕镳说）。夷虐，指夷灭酷虐。

⑥祸：当为"弃"（孙诒让说）。提：当为"祇"（孙诒让说），地神。

⑦民：疑衍（吴毓江说）。

⑧此言武王所以非纣执有命也："纣"下据上文当有"之"字（毕沅说）。

【译文】

既然这样，那么怎么知道天命说是残暴的人的道术呢？从前古代的穷人，贪吃懒做，所以衣服食物的财用不足够，而且饥饿寒冷的忧患就要到来了，却不知道说"我懒惰无能，做事不勤勉"，而一定要说"我的命本来是要穷的"。就像从前古代暴虐的君王，不能克制他们耳目的欲望、心计的邪僻，不能顺从他们的父母，于是就丧失了国家，毁灭了社稷，不知道说"我疲弱无能，治理政务不尽力"，而一定说"我命中注定要失去它"。在《仲虺之诰》上说："我听说夏人假借天命，在天下发布命令：上帝惩罚他的罪恶，于是覆灭他的军队。"这就是说汤反对桀有天命的主张。在《太誓》上说："纣实行夷灭酷虐之法，不肯侍奉上帝鬼神，遗弃他的祖先和天地神灵不祭祀，竟然说：我有天命。不努力改过自己的罪恶，天也抛弃他而不保佑他。"这就是说武王反对纣主张有天命。

今用执有命者之言，则上不听治，下不从事。上不听治，则刑政乱；下不从事，则财用不足。上无以供粢盛酒醴，祭祀上帝鬼神，下无以降绥天下贤可之士①，外无以应待诸侯之宾客，内无以食饥衣寒，将养老弱。故命上不利于天，中不利于鬼，下不利于人，而强执此者，此特凶言之所自生，而暴人之道也。是故子墨子言曰：今天下之士君子，忠实欲天下之富而恶其贫②，欲天下之治而恶其乱，执有命者之言不可不非，此天下之大害也。

【注释】

①降：服。绥：安。
②忠：据文例当为"中"。

【译文】

现在采用主张有天命的人的言论，那么上面的人就会不努力治理政务，下面的人就会不努力从事生产。上面不努力于政务，那么刑法政治就会混乱；下面不努力从事生产，那么财用就会不充足。对上不能供奉干净的酒食祭品，来祭祀上帝鬼神，对下就不能安抚天下贤良的士人，对外不能接待往来的诸侯，对内不能让饥饿的人吃饱，不能让寒冷的人有衣服穿，不能抚养老弱。所以天命说对上不利于天，中间不利于鬼神，对下不利于人。如果强行主张这种说法，就是产生不好的言论的根源，是暴虐的人的道术。所以墨子说：现在天下的士人君子，如果心中确实想要让天下富裕而厌恶贫穷，想要天下得到治理而厌恶混乱，那么对主张有天命的人的言论就不能不非难。这是天下的大祸害。

非命中

【题解】

此篇首先提出，做所有的事都要符合"本"、"原"、"用"的三条标准，因此也以此来检验"天命"的说法。然后，文章逐个加以论述。

作者指出，就"本"而言，上古时代，社会和百姓不改变，而汤、桀之时有治乱之别，可见是缘于统治者所采用的政令，而非得之天命。就"原"而言，如果有耳闻目见便可称为存在，那么，自古以来没有人见过或听过"命"，所以是不存在的。同时，先王的书中也都记载是没有天命的。就"用"而言，从"三代之暴王"，到"三代之穷民"，到"三代之伪民"，都不纠正自己的罪恶，反而认为一切都是命中注定的，最终招致亡国杀身之祸。所以，对于有"天命"的说法，"不可不疾非也"。

子墨子言曰：凡出言谈、由文学之为道也，则不可而不先立义法①。若言而无义，譬犹立朝夕于员钧之上也②，则虽有巧工，必不能得正焉③。然今天下之情伪，未可得而识也，故使言有三法。三法者何也？有本之者，有原之者，有用之者。于其本之也，考之天鬼之志、圣王之事；于其原之也，征以先王之书；用之奈何，发而为刑④。此言之三法也。

【注释】

①义:同"仪"(毕沅说)。

②员:据上篇当为"运",声义相近(孙诒让说)。

③必不能得正焉:"能得"误倒。能,当读为"而"(陶鸿庆说)。

④发而为刑:"刑"下据上篇当有"政"字(毕沅说)。

【译文】

　　墨子说:凡是发表言论、撰文著书的原则,不能不先确立一个标准。如果言论没有标准,就好像在转动的陶轮上安放测定时间早晚的仪器一样,即使是技艺精湛的工匠,也不能得到正确的时间。然而现在天下事情的真假,没有办法得到识别,所以言论要有三种准则。三种准则是什么呢?有考察本源的标准,有审察事故的标准,有实践应用的标准。考察本源的方法,是对上考察天、鬼神的意志和古代圣明君王的事迹;审察事故的方法,是用先王的书来验证;实践应用的方法,是把言论变为刑法政治。这就是所说的言论的三条标准。

　　今天下之士君子,或以命为亡①。我所以知命之有与亡者,以众人耳目之情,知有与亡。有闻之,有见之,谓之有;莫之闻,莫之见,谓之亡。然胡不尝考之百姓之情? 自古以及今②,生民以来者,亦尝见命之物③,闻命之声者乎? 则未尝有也。若以百姓为愚不肖,耳目之情不足因而为法④,然则胡不尝考之诸侯之传言流语乎? 自古以及今,生民以来者,亦尝有闻命之声,见命之体者乎? 则未尝有也。

【注释】

①或以命为亡:此句下当有"或以命为有"(卢文弨说)。亡,通"无"。

②及今:至今。

③亦尝见命之物："尝"下当有"有"字（孙诒让说）。

④因：依靠，凭借，根据。

【译文】

　　现在天下的士人君子，有的认为天命是没有的，有的认为天命是有的。我知道天命有或没有的原因是众人的耳闻目见，以此知道有或者没有。有听到的，有见到的，就说是有的；没有听到的，没有看到的，就说是没有的。那么为什么不尝试考察百姓的实际情况呢？从古代到现在，有人类以来，有人曾经见过命是什么，听过命的声音吗？那么就是从来没过的。如果以为百姓是愚蠢的，他们的耳闻目见不足以作为标准，那么为什么不考察诸侯们流传的话呢？从古代到现在，有人类以来，有人曾经听过命的声音，见过命的样子吗？那是没有的。

　　然胡不尝考之圣王之事？古之圣王，举孝子而劝之事亲①，尊贤良而劝之为善，发宪布令以教诲，明赏罚以劝沮。若此，则乱者可使治，而危者可使安矣。若以为不然，昔者桀之所乱，汤治之；纣之所乱，武王治之。此世不渝而民不改②，上变政而民易教，其在汤武则治，其在桀纣则乱，安危治乱，在上之发政也，则岂可谓有命哉！夫曰有命云者，亦不然矣。

【注释】

①举：推荐，推举。

②渝：改变。

【译文】

　　那么为什么不考察圣明君王的事迹呢？古代圣明的君王，推举孝子来鼓励人们侍奉双亲，尊敬贤良的人来鼓励人们做善事，发布宪令来教导人民,明确奖赏惩罚的标准来劝善止恶。像这样,那么混乱的可以得到治理,危难的可以得到安定。如果以为不是这样,那么,从前桀治乱的国家,汤把他治理好;纣治乱的国家,武王把他治理好。这个世界没有改变,百姓也没有变化,上面改变政令而百姓就容易治理了,在汤和武王就得到治理,在桀和纣就变得混乱,安定危难治理混乱,在于上面发布的政令,那么怎么可以说是有天命呢! 那些说有命的,并不是这样。

今夫有命者言曰:我非作之后世也,自昔三代有若言以传流矣。今故先生对之^①? 曰:夫有命者,不志昔也三代之圣善人与^②? 意亡昔三代之暴不肖人也^③? 何以知之? 初之列士桀大夫^④,慎言知行^⑤,此上有以规谏其君长,下有以教顺其百姓,故上得其君长之赏,下得其百姓之誉。列士桀大夫声闻不废,流传至今,而天下皆曰其力也,必不能曰我见命焉。

【注释】

①故:当为"胡"(孙诒让说)。对:疑当为"怼(duì)"之省文(吴毓江说),怨恨。

②志:即"识"字(毕沅说)。与:通"欤"。

③意:通"抑",表示选择,还是。

④桀:通"杰"。

⑤知:疑当为"疾"(王焕镳说)。

【译文】

现在主张有天命的人说:这并不是我们后世所创作的说法,自从从前三代以来就有这样的言论流传到现在。现在先生您为什么要反对呢? 回答是:主张有天命的,不知道是出于从前三代的圣人和善人? 还是出于三代的暴王和不贤能的人呢？怎么知道是这样呢？那时的列士和杰出的士大夫，言语慎重，行动敏捷，这就是对上能规劝进谏他的君王，对下能教化他们的百姓，所以对上得到君王的奖赏，对下得到百姓的称赞。列士和杰出的士大夫，声名不衰落，流传到现在，而天下都说：是他们自己的力量，一定不能说：我见到了命。

　　是故昔者三代之暴王，不缪其耳目之淫①，不慎其心志之辟，外之驱骋田猎毕弋②，内沉于酒乐，而不顾其国家百姓之政。繁为无用③，暴逆百姓，使下不亲其上，是故国为虚厉④，身在刑僇之中⑤，不肯曰："我罢不肖，我为刑政不善。"必曰："我命故且亡⑥。"虽昔也三代之穷民，亦由此也。内之不能善事其亲戚⑦，外不能善事其君长，恶恭俭而好简易⑧，贪饮食而惰从事，衣食之财不足，使身至有饥寒冻馁之忧，必不能曰："我罢不肖，我从事不疾⑨。"必曰："我命固且穷。"虽昔也三代之伪民，亦犹此也。繁饰有命，以教众愚朴人久矣。

【注释】

①缪："纠"之假字（孙诒让说）。淫：过分，无节制。

②之：犹"则"。田：通"畋"，打猎。毕：打猎用的有长柄的网。弋：用带绳子的箭射。

③繁：多。

④虚厉：居宅无人曰虚，死而无后曰厉。

⑤僇：通"戮"，杀。

⑥故：通"固"，本来。

⑦善事：好好侍奉。亲戚：这里指父母。

⑧简：怠慢。易：轻视。

⑨疾：快，急速。

【译文】

因此，从前三代暴虐的君王，不纠正他们耳目的欲望，不谨慎他们内心的邪念，对外骑马打猎，网兽射鸟，对内沉迷于酒色，而不顾及国家和百姓的政治。大量做没有用处的事情，暴虐百姓，让下面的人不亲近上面的人，所以国家中的住宅无人，死后也没有后嗣，自己也遭受杀身之祸，还不肯说："我是不贤能的，我治理政务不善。"一定说："我的命本来就是要灭亡的。"即使是以前三代的平民也是这样的。对内不能好好地侍奉他的双亲，对外不能很好地侍奉他的君王，厌恶恭敬而喜欢傲慢无礼，贪图饮食而厌恶从事生产，衣服食物的财用不充足，让身体有饥饿寒冷的忧患，他们一定不会说："我是不贤能的，我不努力从事生产。"而一定要说："我命中注定是要受穷的。"即使三代伪诈的人，也是这样。他们制造各种有天命的说法，来教诲愚钝的百姓很久了。

圣王之患此也，故书之竹帛，琢之金石。于先王之书《仲虺之告》曰："我闻有夏人矫天命，布命于下，帝式是恶，用阙师。"此语夏王桀之执有命也，汤与仲虺共非之。先王之书《太誓》之言然：曰："纣夷之居①，而不肯事上帝，弃阙其先神而不祀也，曰：我民有命，毋僇其务。天不亦弃纵而不葆。"此言纣之执有命也，武王以《太誓》非之。有于三代不国有之曰②："女毋崇天之有命也。"命三不国亦言命之无也③。于召公之《执令》于然④，且："敬哉！无天命，惟予二人。而无造言不自降天之哉得之⑤。"在于商、夏之诗书曰："命者，暴王作之。"且今天下之士君子，将欲辩是非利害之故，当天有命者⑥，不可不疾非也。执有命者，此天下之厚害也,是故子墨子非也⑦。

【注释】

①之居:据上文例当为"虐"。

②有于三代不国有之曰:上"有"字,通"又"。三代不国,当为"三代百国",或皆古史记之名(孙诒让说)。

③命三不国亦言命之无也:"三"下当有"代"字(王树枏说)。

④于然:当作"亦然"(曹耀湘说)。

⑤造:成(于省吾说)。哉:当为"在"(于省吾说)。

⑥天:当为"执"(吴毓江说)。

⑦是故子墨子非也:"非"下当有"之"字(孙诒让说)。

【译文】

　　圣人担心这些,所以写在竹帛上,刻在金石上。在先王的书《仲虺之诰》上说:"我听说夏人假借天命,在天下发布命令,上天厌恶他,于是覆灭他的军队。"这是说夏王桀主张有天命,汤和仲虺一起非难他。先王的书《太誓》也是这样说:"纣王实行夷灭酷虐之法,而不肯侍奉上帝,抛弃他的祖先和天地神明不祭祀,说:我有天命,不纠正自己的罪恶。上天也抛弃他不保佑他。"这是说纣主张有天命,武王用《太誓》来非难他。在三代百国之书中有记载,说:"你不要崇信有天命。"可见三代百国之书也说命是没有的。在召公的《执令》上也这样说:"要恭谨啊!没有天命,只是我们两个人没有成就。吉祥不是凭空从天上来的,而在于自己的所为。"考察商和夏的诗书上说:"天命是暴虐君王制造的东西。"并且现在天下的士人君子,想要辨别是非利益害处的缘故,那么对于有天命的主张就不能不加以强烈的反对。主张有天命,这是天下的大祸害,所以墨子予以反对。

非命下

【题解】

　　此篇主要通过列举三代圣王和三代暴王之所为，来批驳有"天命"的说法。

　　文中指出，三代圣王禹汤文武，在治理天下的时候，"劝孝子而劝之事亲，尊贤良之人而教之为善"，实行"赏善罚暴"的政令，所以天下得到治理。而三代暴王桀纣幽厉，在治理天下的时候，"不矫其耳目之欲，而从其心意之辟"，沉迷于畋猎酒色，所做的都是满足自己的享乐而不利于百姓的事情，所以天下混乱，百姓困苦。以此来看，社会和百姓都没有发生变化，却有治乱之别，正在于他们所施行的政令的差别，是主观作为的不同，而不是命中注定。

　　最后，文中又再次强调，如果认为有"天命"的存在，主观的努力不能有任何的改变，那么王公大人就会懈怠于政务，农夫就会懈怠于耕作，妇女就会懈怠于纺织，这样，国家就会混乱，百姓就会挨饿受冻，所以对"天命"必须加以强烈的批驳。

　　子墨子言曰：凡出言谈，则必可而不先立仪而言①。若不先立仪而言，譬之犹运钧之上而立朝夕焉也。我以为虽有朝夕之辩，必将终未可得而从定也。是故言有三法。何谓三法？曰：有考之者，有原之者，有用之者。恶乎考之？考先圣大王之事②。恶乎原之？察众之耳目之请。恶乎用之？发而为政乎国，察万民而观之。此谓三法也。

【注释】

①则必可而不先立仪而言："必"下疑脱"不"字。

②先圣大王：泛指古代的圣王。

【译文】

墨子说：凡是要发表言论，那么就不能不先确立标准然后再发表言论。如果不先确立标准就说话，就像在转动的陶轮上安放测定时间早晚的仪器一样。我以为虽然有早晚的分别，但这终究不能测定出确切的时间。所以言论有三种标准。什么是三种标准呢？回答是：有考察本源的标准，有审察事故的标准，有实践应用的标准。怎么考察本源呢？考察古代圣明君王的事迹。怎么审察本原呢？考察众人的耳闻目见。怎么考察实践应用呢？将其运用于治理政务和人民，并且加以观察，看它的实际效果。这就是所说的三种标准。

故昔者三代圣王禹汤文武方为政乎天下之时，曰：必务举孝子而劝之事亲，尊贤良之人而教之为善。是故出政施教，赏善罚暴。且以为若此，则天下之乱也，将属可得而治也①；社稷之危也，将属可得而定也。若以为不然，昔桀之所乱，汤治之；纣之所乱，武王治之。当此之时，世不渝而民不易，上变政而民改俗。存乎桀纣而天下乱②，存乎汤武而天下治。天下之治也，汤武之力也；天下之乱也，桀纣之罪也。若以此观之，夫安危治乱存乎上之为政也，则夫岂可谓有命哉！故昔者禹汤文武方为政乎天下之时，曰："必使饥者得食,寒者得衣,劳者得息,乱者得治。"遂得光誉令问于天下③。夫岂可以为命哉? 故以为其力也④! 今贤良之人,尊贤而好功道术⑤,故上得其王公大人之赏,下得其万民之誉,遂得光誉令问于天下。亦岂以为其命哉? 又以为力也!

【注释】

①属:适。

②存:在。

③问:通"闻"。

④故:通"固"(孙诒让说)。

⑤功:同"攻",治(吴汝纶说)。道术:这里指治理国家的方法。

【译文】

因此,从前三代圣明的君王禹汤文王武王,刚开始治理天下政务的时候,说:一定要推举孝子来劝勉人们侍奉双亲,尊敬贤良的人来教诲人们行善。所以发布政令施行教化,奖赏善行惩罚暴虐。并且以为只要这样去做,那么天下的混乱就可以得到治理,社稷的危难就可以得到解除。如果以为不是这样,那么试看从前桀治乱的天下,汤把它治理好了;纣治乱的天下,武王把它治理好了。在那个时候,社会没有改变而且百姓也没有变化,上面的政令变化而人民的风俗改变了。在桀纣的时候天下就混乱,在汤武王的时候天下就得到治理。天下的治理是汤和武王的功劳,天下的混乱是桀纣的罪过。如果以此来看,那么安定、危难、治理、混乱,在于上面所实行的政令,怎么可以说是有天命的呢! 所以从前禹汤文王武王,刚开始治理天下政务的时候,说"一定要让饥饿的人得到食物,让寒冷的人得到衣服,让劳累的人得到休息,混乱得到治理",于是他们能扬美名于天下。怎么可以说是有天命呢? 本来是由于他们的努力! 现在贤良的人,能尊敬贤能的人,并且喜欢治理国家的道术,所以在上得到王公大人的奖赏,在下得到广大百姓的称赞,于是得到天下的荣誉和美名,怎么可以认为是天命呢? 这确实是由于他们的努力啊!

　　然今夫有命者,不识昔也三代之圣善人与,意亡昔三代之暴不肖人与? 若以说观之,则必非昔三代圣善人也,必暴不肖人也。然今以命为有者,昔三代暴王桀纣幽厉,贵为天子,富有天下,于此乎不而矫其耳目之欲①,而从其心意之辟②,外之驱骋、田猎、毕弋,内湛于酒乐,而不顾其国家百姓之政,繁为无用,暴逆百姓③,遂失其宗庙④。其言不曰"吾罢不肖,吾听治不强",必曰"吾命固将失之"。虽昔也三代罢不肖之民,亦犹此也。不能善事亲戚君长,甚恶恭俭而好简易,贪饮食而惰从事,衣食之财不足,是以身有陷乎饥寒冻馁之忧。其言不曰"吾罢不肖,吾从事不强",又曰"吾命固将穷"⑤。昔三代伪民亦犹此也。

【注释】

①而:读为"能"(毕沅说)。

②意:通"志"。辟:邪僻。

③逆:抵触,违背。

④宗庙:这里指国家。

⑤又:当作"必"(吴毓江说)。

【译文】

　　然而,现在主张有天命的人,不知道是根据从前三代圣明和善良的人,还是根据从前三代暴虐和不贤能的人? 如果从他们的说法来看,那么一定不是三代圣明和善良的人,而一定是三代暴虐和不贤能的人。然而现在以为有天命的人,不妨试看从前三代暴虐的君王桀纣幽王厉王,贵为天子,富有天下,在那个时候,不能矫正他们耳目的欲望,而放纵心中的邪念，在外骑马打猎，在内沉迷于酒色，而不顾及他的国家和百姓，忙于做各种没有用的事，暴虐地违背百姓，于是失去他的国家。他们不说"我疲弱不贤能，治理政务不努力"，而一定说"我命中注定要失去国家"。即使三代疲弱不贤能的百姓，也是这样的。他们不能好好地侍奉双亲君主，非常厌恶恭敬礼让，而喜欢傲慢无礼，贪图饮食而不努力从事生产，衣服食物的财用不充足，所以身处饥饿寒冷的忧患中。他一定不说"我疲弱不贤能，我不努力从事生产"，一定说"我命中注定是要受穷的"。从前三代虚伪的人也是这样。

　　昔者暴王作之，穷人术之①，此皆疑众迟朴。先圣王之患之也，固在前矣。是以书之竹帛，镂之金石，琢之盘盂，传遗后世子孙。曰：何书焉存？禹之《总德》有之，曰："允不著②，惟天民不而葆③。既防凶心④，天加之咎。不慎厥德，天命焉葆？"《仲虺之诰》曰："我闻有夏人矫天命，于下⑤，帝式是增⑥，用爽厥师⑦。"彼用无为有，故谓矫，若有而谓有，夫岂为矫哉！昔者，桀执有命而行，汤为《仲虺之告》以非之。《太誓》之言也，于去发曰⑧："恶乎君子！天有显德，其行甚章。为鉴不远，在彼殷王。谓人有命，谓敬不可行，谓祭无益，谓暴无伤。上帝不常，九有以亡；上帝不顺，祝降其丧⑨。惟我有周，受之大帝⑩。"昔纣执有命而行，武王为《太誓》去发以非之。曰：子胡不尚考之乎商周虞夏之记，从十简之篇以尚⑪，皆无之⑫，将何若者也？

【注释】

①术：通"述"。

②允：诚信。著：疑当为"若"（孙诒让说），顺。

③而：你。葆：通"保"，保全，保护。

④防：读为"放"（吴毓江说），放纵。

⑤于下：两字上，据上、中篇当补"布命"二字（孙诒让说）。

⑥增：当作"憎"，厌恶。

⑦爽：伤，败。

⑧去发：当为"太子发"（孙诒让说）。武王名发。

⑨祝：断绝。

⑩帝：当为"商"。

⑪十：什。古以十篇编为一卷，名之曰什。尚：即"上"。

⑫皆无之：指皆以命为无。

【译文】

　　从前暴虐的君王创造了这种说法，穷人传述它，这都是鼓惑众人愚弄百姓的。先世君王对这些的担心早就有了。所以写在竹帛上，刻在金石上，雕在盘盂上，传给后世的子孙。问：什么书上存着这些呢？禹的《总德》上有记载，说："如果不去向上天表明你的诚信恭顺，百姓就不会保你。既然放纵自己的凶心，上天就会加以责罚。不谨慎地修养德行，上天怎么会保佑？"《仲虺之诰》说："我听说夏人假借天命，布告于天下，上天恼怒他而覆灭了他的军队。"天命本来是没有的，所以说是假借；如果真的是有的，就说是有，那怎么能说是假借呢！从前桀主张有天命而行事，汤做《仲虺之诰》来反对他。《太誓》上有，太子发说："啊！君子！天有显著的德行，其行为是光明磊落的。可以作为借鉴的事迹相去不远，就在那殷王纣。他说人有'天命'，认为恭敬上天无益，祭祀没有意义，暴虐没有伤害。上帝因此不保佑他，九州因此而灭亡；上帝不保佑他，降下灾难让他覆灭。只有我的周朝从商朝接受了天下。"从前纣主张有天命而行事，武王用《太誓》去反对他。说：你们为什么不考察一下商周虞夏的记载，在十简的书卷里查找，都认为'命'是没有的，将要怎么办呢?

　　是故子墨子曰:今天下之君子之为文学出言谈也,非将勤劳其惟舌^①,而利其唇呡也^②,中实将欲其国家邑里万民刑政者也。今也王公大人之所以蚤朝晏退,听狱治政,终朝均分^③,而不敢怠倦者,何也?曰:彼以为强必治,不强必乱;强必宁,不强必危,故不敢怠倦。今也卿大夫之所以竭股肱之力,殚其思虑之知,内治官府,外敛关市、山林、泽梁之利,以实官府,而不敢怠倦者,何也?曰:彼以为强必贵,不强必贱;强必荣,不强必辱,故不敢怠倦。今也农夫之所以蚤出暮入,强乎耕稼树艺,多聚叔粟,而不敢怠倦者,何也?曰:彼以为强必富,不强必贫;强必饱,不强必饥,故不敢怠倦。今也妇人之所以夙兴夜寐,强乎纺绩织纴,多治麻统葛绪捆布缘^④,而不敢怠倦者,何也?曰:彼以为强必富,不强必贫;强必暖,不强必寒,故不敢怠倦。

【注释】

①惟舌:当为"喉舌"(王念孙说)。

②呡:同"吻",口边。

③分:名分,职分。

④统(liú):当为"丝"(王念孙说)。绪:"纻"之假借(毕沅说),苎麻。

　捆:《非乐上》作"绲",织。缘:当为"缲"(王念孙说),帛。

【译文】

　　因此,墨子说:现在天下的君子写文章、发表言论,不是为了勤劳他的喉舌,磨练他的嘴皮,心中确实是要为了国家和地方上众多的百姓和刑法政治。现在王公大人早朝晚退,治理政务,整天均衡恰当地分授职事而不敢有丝毫懈怠的原因,是什么呢? 回答是:他们一定认为努力治理政务就会使国家得到治理,不努力一定会使国家混乱;努力一定会安宁,不努力一定会危难,所以不敢懈怠。现在卿大夫用尽他们四肢的力量,用尽他们头脑的智慧,对内治理官府,对外征收关市、山林、泽梁的税利来充实府库,而不敢有丝毫的懈怠,是什么原因呢? 回答是:他们一定认为努力就会富贵,不努力就会贫贱;努力就会有荣誉,不努力就会有屈辱,所以不敢懈怠。现在农夫早出晚归,努力地耕作种植,多收集粮食豆类,而不敢有丝毫的懈怠,是什么原因呢? 回答是:他们一定认为努力就会富裕,不努力就会贫贱;努力就能吃饱,不努力就会挨饿,所以不敢懈怠。现在妇女早起晚睡,努力地纺纱织布,多制造丝麻布帛,不敢有丝毫的懈怠,是什么原因呢? 回答是:她们一定认为努力就会富裕,不努力就会贫贱;努力就会得到温暖,不努力就会受寒,所以不敢懈怠。

今虽毋在乎王公大人,蒉若信有命而致行之①,则必怠乎听狱治政矣,卿大夫必怠乎治官府矣,农夫必怠乎耕稼树艺矣,妇人必怠乎纺绩织纴矣。王公大人怠乎听狱治政,卿大夫怠乎治官府,则我以为天下必乱矣;农夫怠乎耕稼树艺,妇人怠乎纺织绩纴,则我以为天下衣食之财将必不足矣。若以为政乎天下,上以事天鬼,天鬼不使②;下以持养百姓,百姓不利,必离散不可得用也。是以入守则不固,出诛则不胜。故虽昔者三代暴王桀纣幽厉之所以共抎其国家③,倾覆其社稷者,此也。

【注释】

①蒉:当为"藉"之误。藉若,犹言"假如"(俞樾说)。

②使：《尔雅》："使，从也。"不从，即不顺。

③共：当为"失"之误（王念孙说）。抎(yǔn)：《说文》："抎，有所
　失也。"

【译文】

现在王公大人如果确实相信天命是有的，而且致力于实行，那么一
定会懈怠于治理政务，卿大夫一定会懈怠于治理官府，农夫一定会懈怠
于耕作种植，妇女一定会懈怠于纺纱织布。王公大人懈怠于治理政务，
卿大夫懈怠于治理官府，那么我以为天下一定会混乱；农夫懈怠于耕作
种植，妇女懈怠于纺纱织布，那么我以为天下衣服食物的财用就一定会
不充足。如果这样处理天下的政治，对上侍奉天帝鬼神，鬼神就不依
顺；对下保养百姓，百姓就得不到利益，一定会离散而不能任用。所以
在内防守就不能坚固，外出征讨就不会取胜。所以从前三代暴虐的君
王桀纣幽王厉王，他们之所以丧失国家，颠覆社稷，原因就是这个啊！

是故子墨子言曰：今天下之士君子，中实将欲求兴天下
之利，除天下之害，当若有命者之言，不可不强非也①。曰：
命者，暴王所作，穷人所术，非仁者之言也。今之为仁义者，
将不可不察而强非者，此也。

【注释】

①强：竭力，尽力。

【译文】

因此，墨子说：现在天下的士人君子，心中确实想要兴盛天下的利
益，除去天下的祸害，对于有天命的说法就不能不极力地反对。说：命，
是暴虐的君王编造出来，而穷人加以传述的，并不是仁义的人的言论。
现在仁义的人，就不能不明察并且极力地反对它，就是这个原因啊。

非儒下

【题解】

《非儒》上篇缺,现存下篇,是对儒家的批评和责难。

文章首先非难儒家的婚丧礼节,认为是"厚所至私,轻所至重";接着非难有"天命"的说法,这是墨子的核心思想之一,在《非命》篇中有专门的论述;然后还非难了各种繁文缛节,认为都是表面上遵循仁义,实则是谋利害世的行为;最后又以孔子的四件事例来说明儒者实是"饥约则不辞妄取以活身,赢饱则伪行以自饰",从根本上否定了儒者。

儒、墨是先秦诸子中最重要的两大学派,其学说观点互有冲突,但各有可取之处,也各有弊端和片面性。墨子在此篇中,对儒家的一些弊端的批评是切合实际的,如儒家的各种繁文缛节等,但认为儒家处世恬漠,是不符合实际情况的,所列举的关于孔子的一些传闻,也不尽合于史实,有诋訾之嫌。

儒者曰:"亲亲有术,尊贤有等。"言亲疏尊卑之异也。其《礼》曰①:"丧父母三年②,妻、后子三年,伯父叔父弟兄庶子其③,戚族人五月。"若以亲疏为岁月之数,则亲者多而疏者少矣,是妻、后子与父同也。若以尊卑为岁月数,则是尊其妻子与父母同,而亲伯父宗兄而卑子也④,逆孰大焉?其亲死,列尸弗敛,登屋,窥井,挑鼠穴,探涤器⑤,而求其人焉⑥。以为实在则戆愚甚矣;如其亡也,必求焉⑦,伪亦大矣!

【注释】

①其:疑衍(王念孙说)。《礼》:指《丧服经》(孙诒让说)。

②丧:这里指服丧之期。

③其:通"期",一年。

④亲:当为"视"之误(王念孙说)。而:通"如"(王引之说)。卑子:即"庶子"。

⑤登屋窥井,挑鼠穴,探涤器:当时儒者代人治丧用以招魂之仪节(吴毓江说)。

⑥求其人:这里指招魂。

⑦亡:无,没有。

【译文】

儒家的人说:"亲近亲人有等差,尊敬贤能的人有等级。"这是说亲近疏远尊卑之间的差异。《丧服经》说:"服丧之期,父母是三年,妻子和长子是三年,伯父、叔父、兄弟和庶子为一年,亲戚族人为五个月。"如果以亲疏关系来确定服丧时间的长短,那么亲近的人多而疏远的人少,那么,就是妻子、长子和父母亲是一样的。如果用尊卑来确定服丧时间的长短,那么就是把妻子和长子看做和父母亲一样尊贵,而把伯父、宗兄看作和庶子一样,还有比这更有悖常理的事吗?他的双亲死了,陈放着尸体不收敛,登上屋顶,看水井,挖鼠穴,拨动先人手泽,来寻找父母死后的灵魂。如果认为灵魂是确实存在的,实在是太愚蠢了;如果知道是没有的,还要这样寻找,实在是太虚伪了。

取妻,身迎①,祗褕为仆②,秉辔授绥,如仰严亲③;昏礼威仪,如承祭祀。颠覆上下,悖逆父母,下则妻子④,妻子上侵事亲,若此可谓孝乎? 儒者⑤:迎妻,妻之奉祭祀⑥,子将守宗庙,故重之。应之曰:此诬言也。其宗兄守其先宗庙数十年,死丧之其,兄弟之妻奉其先之祭祀弗散⑦,则丧妻、子三年,必非以守奉祭祀也。夫忧妻、子以大负纍⑧,有曰"所以重亲也",为欲厚所至私,轻所至重,岂非大奸也哉⑨!

【注释】

①取:同"娶"。

②祇:敬。褍(duān):通"端",端正。

③仰:当作"御"(俞樾说),迎。严亲:敬奉父亲。

④则:准比。

⑤儒者:两字下当有"曰"字(毕沅说)。

⑥之:当作"且",将(王焕镳说)。

⑦散:当为"服"(卢文弨说)。弗服,指不为其服丧。

⑧忧:通"优"字(孙诒让说),优待。负:即"服"(曹耀湘说)。大负纍(lěi):指增妻、子服至三年(曹耀湘说)。纍,重叠。

⑨奸:狡诈。

【译文】

娶妻,要亲自前往迎娶,态度恭敬端正,像仆人似的牵着马,把登车用的缰绳交给新娘,像敬奉父亲一样;婚礼的仪式隆重,就像在承受祭祀的使命一样。这样颠倒上下尊卑,悖逆父母,把父母降到妻子、长子的地位,把妻子、长子提升到父母的地位,像这样侍奉双亲,可以说是孝顺吗? 儒家的人说:这样迎娶妻子,是因为妻子将要奉行祭祀,长子将要守宗庙,所以看重迎接的仪式。回答说:这是胡言乱语。他的宗兄守他祖先的宗庙数十年了,死后的丧期只有一年,兄弟的妻子也奉行祖先的祭祀,死后却没有丧期,那么妻子、长子的丧期为三年,并不是因为他们奉行祖先的祭祀。因为优待妻子、儿子而把他们的服丧期增加到三年,还要说"这是为了尊重父母",想厚待自己偏爱的人,便轻视重要的人,这难道不是太奸诈了吗?

　　有强执有命以说议曰:寿夭贫富,安危治乱,固有天命,不可损益①。穷达赏罚幸否有极②,人之知力,不能为焉。群吏信之,则怠于分职③;庶人信之,则怠于从事。吏不治则乱④,农事缓则贫,贫且乱政之本,而儒者以为道教⑤,是贼天下之人者也。

【注释】

①损:减少。益:增加。

②幸:吉而免凶。极:适中。

③分职:份内之职。

④吏不治则乱:"不治"上据上文疑脱"职"字。

⑤道:引导。

【译文】

　　坚持有天命的人说:长寿夭折贫穷富贵,安定危难混乱治理,本来是有天注定的,不能减损和增加。穷困顺达奖赏惩罚吉祥祸患都有定数,人们自己的智慧和力量是不能改变的。官吏们相信了这种说法就会懈怠分内的职责,百姓相信这种说法就会懈怠于所从事的生产。官吏不治理政务,社会就会混乱,农事懈怠就会变得贫穷,贫穷是混乱的政治的根本,而儒家的人却把这作为教化之道,其实是有害于天下的。

　　且夫繁饰礼乐以淫人,久丧伪哀以谩亲①,立命缓贫而高浩居②,倍本弃事而安怠傲③,贪于饮食,惰于作务,陷于饥寒,危于冻馁,无以违之。是若人气④,繲鼠藏,而羝羊视⑤,贲彘起⑥。君子笑之,怒曰:"散人⑦! 焉知良儒。"夫夏乞麦禾,五谷既收,大丧是随,子姓皆从⑧,得厌饮食,毕治数丧,足以至矣。因人之家翠以为⑨,恃人之野以为尊⑩,富人有丧,乃大说,喜曰:"此衣食之端也。"

【注释】

①谩:欺。

②缓:舒。浩居:同"傲倨"(毕沅说),傲慢。

③倍:背。傲:通"遨",游戏。

④人气:疑当作"乞人"(孙诒让说),即乞丐。

⑤繲鼠:即田鼠。羝(dī):牡羊。

⑥贲彘(fén zhì):野猪。

⑦散人:乃儒之称墨(吴汝纶说)。

⑧子姓:众子孙。

⑨因人之家翠以为:此句疑当为"因人之家以为翠"(孙诒让说)。
　翠,当为"膵"之省(毕沅说),肥。

⑩尊:同"樽",酒器。

【译文】

况且用繁杂的礼乐迷惑人,长期的服丧和虚伪的哀痛欺骗亲人,设立有天命的理论来甘于贫困而且态度十分倨傲,背离根本放弃正事而安于倦怠,贪图饮食,懒于劳作,于是遭受饥饿寒冷,无法摆脱。像乞丐一样乞求温饱,像田鼠一样储藏食物,像公羊一样盯住食物不放,像野猪一样纵身跃起吃食。君子笑他们,他们就发怒说:"你们这些人怎么知道贤良的儒者。"夏天向人求乞麦子,五谷都收获了以后,就有富贵人家大办丧事,子孙都跟随其后,饮食得以满足,办了几家丧礼以后,家用就足够了。借他人的丧事来养活自己,靠别人的田里的米麦来酿酒,富人家里有了丧事就很高兴,说:"这是衣服食物的来源。"

　　儒者曰:君子必服古言然后仁①。应之曰:所谓古之言服者,皆尝新矣。而古人言之,服之,则非君子也。然则必服非君子之服,言非君子之言,而后仁乎?又曰:君子循而不作②。应之曰:古者羿作弓,伃作甲,奚仲作车,巧垂作舟,然则今之鲍、函、车、匠皆君子也③,而羿、伃、奚仲、巧垂皆小人邪?且其所循,人必或作之,然则其所循皆小人道也?

【注释】

①服古言:当为"古言服"(王念孙说)。

②循:述。

③鲍:通"鞄",制造柔革的工人。函:制造铠甲的工人。

【译文】

　　儒家的人说:君子一定要说古代的话、穿古代的衣服,然后才是仁人。回答说:所谓古代的言论和衣服,都曾经是新的。而古代人那么说那么穿,就不是君子了。既然这样,那么一定要穿不是君子穿的衣服,说不是君子说的话,然后才是仁人吗?又说:君子遵循前人而不创新。回答说:古代羿制造了弓,伃制造了铠甲,奚仲制造了车,巧垂制造了舟,既然这样,那么现在的皮革工、铠甲工、造车匠、木匠都是君子,而后羿、伃、奚仲、巧垂都是小人吗?并且,凡是所遵循的事情,必定有人开始去做,那么君子所遵循的就都是小人之道了?

　　又曰:君子胜不逐奔,揜函弗射①,施则助之胥车。应之曰：若皆仁人也，则无说而相与②。仁人以其取舍是非之理相告，无故从有故也③，弗知从有知也，无辞必服，见善必迁，何故相④？若两暴交争，其胜者欲不逐奔，揜函弗射，施则助之胥车，虽尽能犹且不得为君子也。意暴残之国也⑤，圣将为世除害，兴师诛罚，胜将因用儒术令士卒曰："毋逐奔，揜函勿射，施则助之胥车。"暴乱之人也得活，天下害不除，是为群残父母⑥，而深贼世也，不义莫大焉！

【注释】

①揜（yǎn）函弗射：意谓敌困急则不忍射（孙诒让说）。揜函，当为"奄卒"。

②相与：相敌对。

③无故：没有道理。从：服从。

④何故相："相"下当有"与"字，指相敌（王念孙说）。

⑤意：抑或。

⑥群：大。

【译文】

又说：君子得胜之后不会去追赶战败的人，不射身陷坎险之中的敌人，敌车败走还帮他推车。回答说：如果都是仁义的人，那就没有理由相互敌对了。仁人把他们取舍是非的道理告诉对方，没有道理的服从有理的，无知的服从有知的，理屈词穷了就一定服从，见到好的就依从，怎么还会相互敌对呢？如果暴虐的双方相互争斗，胜利的想要不去追赶战败的人，不射身陷坎险之中的敌人，敌车败走还帮他推车，即使都能做到也不能算是君子。对于残暴者统治的国家，圣人要替世人除害，兴兵加以诛罚，用儒家的说法命令他的士兵说："胜利了不要追赶战败的人，不射身陷坎险之中的敌人，敌车败走要帮他推车。"暴虐的人也可以存活，天下的祸害不被除去，这是大大地残害父母，并且深深地戕害世人，不仁义没有比这更大的了。

又曰：君子若钟，击之则鸣，弗击不鸣。应之曰：夫仁人事上竭忠，事亲得孝，务善则美①，有过则谏，此为人臣之道也。今击之则鸣，弗击不鸣，隐知豫力②，恬漠待问而后对③，虽有君亲之大利，弗问不言，若将有大寇乱，盗贼将作，若机辟将发也④，他人不知，己独知之，虽其君亲皆在，不问不言，是夫大乱之贼也！以是为人臣不忠，为子不孝，事兄不弟，交，遇人不贞良。夫执后不言之朝物，见利使己，虽恐后言。君若言而未有利焉⑤，则高拱下视⑥，会噎为深⑦，曰："唯其未之学也。"用谁急，遗行远矣。夫一道术学业仁义也⑧，皆大以治人，小以任官，远施周偏⑨，近以修身，不义不处，非理不行，务兴天下之利，曲直周旋，利则止⑩，此君子之道也。以所闻孔某之行，则本与此相反谬也。

【注释】

①事亲得孝，务善则美：此两句疑当为"事亲务孝，得善则美"（俞樾说）。

②知：同"智"。豫：犹"储"（俞樾说）。

③恬：安。

④机辟：猎兽的工具。

⑤君：此字疑衍。

⑥拱：敛手。

⑦会：通"哙（kuài）"，不言之意。

⑧一：统一。学业：指学术和事业。

⑨远施周遍：疑当为"远用遍施"（曹耀湘说）。

⑩利则止："利"上脱"不"字（俞樾说）。

【译文】

又说：君子就像钟一样，敲它就会响，不敲就不响。回答说：仁义的人，侍奉上面竭尽忠心，侍奉双亲竭尽孝顺，君主实行善政就赞美，有过错就进谏，这是做人臣下的正道。现在敲它就响，不敲就不响，隐藏自己的智慧，懒于出力，沉静冷漠，等待君主发问然后才回答，即使是非常有利于君主双亲的事情，不问就不说，如果将要有严重的寇乱，强盗贼人将要作乱，如果机关一触即发，别人不知道，而独独他知道，即使他的君主和双亲都在，不问就不说，这就是制造祸乱的贼子了！这样做人臣下是不忠诚，做人儿子是不孝顺，侍奉兄长是不敬悌，与人交往是不忠贞善良。遇事持后退不言的态度，在朝廷上见到对自己有利的东西，只怕比别人说得晚了。如果说了而无利可图，就把手拱得高高的，眼睛看着下面，像被饭噎住了一样，说："这个我没有学过。"尽管君主急于用他，却远远地躲开。道理和学术事业都统一于仁义，都是在大处说可以治理百姓，从小处说可以任用百官，从远处说就能遍施于天下，从近处说能用来修养身心，不符合道义的地方就不停留，不符合常理就不做，一定追求兴盛天下的利益，回旋曲直达到目的，如果不利就停止，这就是君子的道。我们所听说的孔某人的行为，就根本是和这相反的。

齐景公问晏子曰："孔子为人何如？"晏子不对。公又复问，不对。景公曰："以孔某语寡人者众矣，俱以贤人也。今寡人问之，而子不对，何也？"晏子对曰："婴不肖，不足以知贤人。虽然，婴闻所谓贤人者，入人之国，必务合其君臣之亲，而弭其上下之怨。孔某之荆，知白公之谋，而奉之以石乞，君身几灭，而白公僇①。婴闻贤人得上不虚，得下不危。言听于君必利人，教行下必于上②，是以言明而易知也，行明而易从也,行义可明乎民,谋虑可通乎君臣。今孔某深虑同谋以奉贼③,劳思尽知以行邪,劝下乱上,教臣杀君,非贤人之行也;人人之国而与人之贼,非义之类也;知人不忠,趣之为乱,非仁义之也④。逃人而后谋,避人而后言,行义不可明于民,谋虑不可通于君臣,婴不知孔某之有异于白公也,是以不对。"景公曰:"呜呼!贶寡人者众矣⑤,非夫子,则吾终身不知孔某之与白公同也。"

【注释】

①傮:通"戮",杀。

②"言听"二句:此两句当作"教行于下,必利上"(俞樾说)。

③同:疑"周"之误(俞樾说)。周谋,言其谋周密。

④非仁义之也:依上句当为"非仁之类也"。

⑤贶(kuàng):赐,赏赐,这里指进言。

【译文】

　　齐景公问晏子说:"孔子为人怎么样啊?"晏子不回答。齐景公又问,又不回答。景公问:"向我说孔子的人很多,都认为是贤能的人。现在我问你,而你不回答,为什么呢?"晏子回答说:"我是无能的,不能够知道贤能的人。即使这样,我所听说的贤能的人,到了一个国家,一定促使国中君臣亲和,平息上下的怨气。孔子到了楚国,知道白公的阴谋,却把石乞交给他,君主几乎被杀害,而白公也被杀掉了。我听说贤能的人得到上面的任用,不会图得虚名;得到下面的民心,不会危害君主。言论为君主所采纳一定有利于百姓,教化下面一定有利于君主,所以言论明白而且容易知晓,行动明确容易跟从,奉行道义可以让百姓明白,谋划思考可以通达于君臣。现在孔子深谋远虑去侍奉贼人,劳费思考竭尽智慧去推行邪恶的事,鼓动下面去犯上,教唆臣下去谋杀君主,这不是贤良人的行为;进入一个国家却结交贼人,这不是正义的人;知道别人不忠诚,反而劝说他作乱,这不是仁义的人。躲开别人在背后谋划,避开人在背后说话,奉行道义不让人民知道,谋划思考不可以通达于君臣,我不知道孔子的行为和白公有什么区别,所以不回答。"景公说:"唉! 向我进言的人很多,如果不是先生您,我终身都不知道孔子和白公是一样的啊!"

孔某之齐,见景公①,景公说,欲封之以尼谿,以告晏子。晏子曰:"不可。夫儒浩居而自顺者也②,不可以教下;好乐而淫人③,不可使亲治;立命而怠事,不可使守职;宗丧循哀④,不可使慈民;机服勉容⑤,不可使导众。孔某盛容修饰以蛊世⑥,弦歌鼓舞以聚徒,繁登降之礼以示仪,务趋翔之节以观众⑦,博学不可使议世,劳思不可以补民,絫寿不能尽其学⑧,当年不能行其礼,积财不能赡其乐⑨,繁饰邪术以营世君⑩,盛为声乐以淫遇民⑪,其道不可以期世⑫,其学不可以导众。今君封之,以利齐俗,非所以导国先众。"公曰:"善!"于是厚其礼,留其封,敬见而不问其道。孔某乃恚,怒于景公与晏子,乃树鸱夷子皮于田常之门⑬,告南郭惠子以所欲为,归于鲁。有顷,间齐将伐鲁⑭,告子贡曰:"赐乎! 举大事于今之时矣!"乃遣子贡之齐,因南郭惠子以见田常,劝之伐吴,以教高、国、鲍、晏,使毋得害田常之乱,劝越伐吴。三年之内,齐、吴破国之难,伏尸以言术数⑮,孔某之诛也。

【注释】

①之:到。

②浩居：傲倨，傲慢。自顺：谓任情意而不能矫其失。

③淫人：指怠惰放松于事。

④宗：通"崇"（孙诒让说），崇尚。

⑤机服：即"异服"（于省吾说）。勉容：强为仪容。

⑥蛊：诱惑，欺骗。

⑦务：致力，从事。趋：小步快走，表示恭敬。翔：盘旋地飞。

⑧絫：同"累"，重叠。

⑨赡：供给，供养。

⑩营：惑。

⑪遇：通"愚"。

⑫期：当为"示"之误（俞樾说）。

⑬鸱夷子皮：即范蠡。

⑭间：当作"闻"（苏时学说）。

⑮言：为"意"之误，即"億"，亿（孙诒让说）。术：通"率"（孙诒让说）。《广雅·释言》："率，计校也。"

【译文】

孔某人到齐国去，见到景公，景公很高兴，想要把尼谿封给他，把这个想法告诉了晏子。晏子说："不可以。儒家的人十分高傲而且自以为是，不可以教化下面；爱好音乐而使人倦怠于政务，不可以让他们亲身治理国家；主张有命而怠于从事，不可以让他们出任官职；崇尚厚葬，并且久哀不止，不可以让他们慈爱百姓；穿着奇异的服装，强作庄敬的面容，不能让他们来引导大众。孔某人极力修饰庄盛的仪容来蛊惑世人，用歌舞音乐来聚集徒众，把登降的礼节变得繁复以示有礼，追求各种礼节来吸引人观看，学问广博却不可以用来议论世事，思虑劳苦却不能有利于百姓，人们花几辈子也学不完他们的学术，年富力强的也不能奉行他们的礼节，积聚财物也不能供养他们享乐，繁复地修饰自己的学说来迷惑当世的君主，创作盛大的音乐来迷乱愚蠢的百姓，他们的学术不能公之于世,他们的学说不能引导民众。现在君王封他希望有利于齐国的风俗,这不是用来引导国家和民众的。"齐景公说:"好!"于是给他很多礼物,而留下封地,恭敬地接见他,但不询问他的学说。孔某于是对景公和晏子很愤然,就把范蠡安排在田常的门下,把自己想要做的一切都告诉南郭惠子,然后回到鲁国。过了一段时间,听说齐国将要讨伐鲁国,就告诉子贡说:"赐,做大事就在现在了!"就派子贡到齐国去,通过南郭惠子拜见田常,劝说他讨伐吴国,叫高氏、国氏、鲍氏、晏氏不要妨碍田常作乱,劝说越国讨伐吴国。三年之内,齐国和吴国都遭到了国家破灭的灾难,死去的人以十万计数,这都是孔某人的责任。

　　孔某为鲁司寇,舍公家而奉季孙。季孙相鲁君而走,季孙与邑人争门关,决植①。孔某穷于蔡、陈之间,藜羹不糁②。十日,子路为享豚③,孔某不问肉之所由来而食;号人衣以酤酒④,孔某不问酒之所由来而饮。哀公迎孔某,席不端弗坐⑤,割不正弗食⑥,子路进,请曰:"何其与陈、蔡反也?"孔某曰:"来!吾语女,曩与女为苟生⑦,今与女为苟义。"夫饥约则不辞妄取以活身,赢饱则伪行以自饰⑧,污邪诈伪,孰大于此!

【注释】

①决:疑当为"抉"(孙诒让说),撬开。植:关门的直木。

②糁(sǎn):以米和羹。

③享:同"烹"字。豚:小猪。

④号:当为"褫(chǐ)"之误(毕沅说),剥。酤:买。

⑤席不端:指座席铺得不端正。

⑥割不正:指肉切得不方正。

⑦苟：读为"亟"，急（王念孙说）。

⑧赢：盈（王念孙说），有余。

【译文】

孔某人做鲁国的司寇，舍弃公家之事而去侍奉季孙氏。季孙氏身为鲁国的相国而出走，与城中的人争抢门栓，孔某人撬断了城关大门上的直木让他逃走。孔子被困在陈、蔡之间的时候，用野菜叶做羹，没有米粒掺在中间。到了第十天，子路为他蒸了一只小猪，孔子不问肉是从哪里来的就吃了；子路剥下人家的衣服去买酒，孔子不问酒是从哪里来的就喝。哀公迎接孔子，席子摆得不正就不坐，肉切得不方正就不吃，子路走上前问："为什么表现得和在陈、蔡的时候相反呢？"孔子说："来！我告诉你：从前和你是急于为了求生，现在和你是为了求义。"在饥饿的时候就不惜随意地取用来使自己生存，在饱食的时候就伪装自己的行为来自我粉饰，卑污奸邪、狡诈虚伪的行为，还有比这更明显的吗！

孔某与其门弟子闲坐①，曰："夫舜见瞽叟孰然②，此时天下圾乎③！周公旦非其人也邪④？何为舍亓家室而托寓也⑤？"孔某所行，心术所至也。其徒属弟子皆效孔某⑥：子贡、季路辅孔悝乱乎卫，阳货乱乎齐，佛肸以中牟叛，桼雕刑残，莫大焉。夫为弟子后生，其师⑦，必修其言，法其行，力不足、知弗及而后已⑧。今孔某之行如此，儒士则可以疑矣。

【注释】

①门弟子：及门的弟子，门生。

②瞽（gǔ）叟：舜的父亲。孰：当为"蹴"之误（孙诒让说）。蹴然，吃惊不安的样子。

③圾：通"岌"，危险。

④非其人：当作"其非人"。"人"与"仁"通(孙诒让说)。

⑤亓：即古"其"字。

⑥徒属：犹言党友。

⑦其：之。

⑧知：同"智"。已：停止。

【译文】

　　孔子和他的弟子们闲坐，说："舜看见父亲就局促不安，那时天下真是危险啊！周公旦不是仁义的人吧？为什么要舍弃自己的家而独自住在外面呢？"孔子的所为，都是出于他的心术。他的弟子都仿效他：子贡、子路辅佐孔悝在卫国作乱，阳货在齐国作乱，佛肸在中牟叛乱，漆雕刑杀残暴，罪过没有比这更大的了。大凡那些做弟子的后生，去向老师学习，一定是修养自己的言论，规范自己的行为，直到自己力量不足、智慧不够，然后才停止。现在孔子的行为像这样，那么儒士们的行为就值得怀疑了。

经上

【题解】

本篇从体式上看,由一连串解释性的语句排列而成,无篇章结构;从内容上看,涉及面非常之广,包括语词诠释(如:"平,同高也"、"仁,体爱也"等等)、科学技术(如"圜,一中同长也"、"方,柱隅四谨也"均属几何学范畴等等)、逻辑学(如"坚白,不相外也"等等)、政治观念(如:"君,臣、萌,通约也"、"赏,上报下之功也"等等)以及其他许多方面。总之,本篇及《经下》、《经说上》、《经说下》诸篇,可视作墨家对于自然、社会、科技、语言领域各种现象、概念、词汇的理解和解读。由于历史上长时期缺少整理,本篇字词错讹、语句杂乱之处甚多,以致难以卒读。

故,所得而后成也。止,以久也。体,分于兼也。必,不已也。知,材也。平,同高也。虑,求也。同长,以正相尽也。知,接也。中,同长也。恕①,明也。厚,有所大也。仁,体爱也。日中,正南也。义,利也。直,参也。礼,敬也。圜,一中同长也。行,为也。方,柱隅四谨也②。实,荣也。倍,为二也。忠,以为利而强低也③。端,体之无序而最前者也。孝,利亲也。有间,中也。信,言合于意。间,不及旁也。佴④,自作也⑤。纻,间虚也。诮,作嗛也⑥。盈,莫不有也。廉,作非也⑦。坚白⑧,不相外也。令,不为所作也。撄,相得也。任士,损已而益所为也。似⑨,有以相撄,有不相撄也。勇,志之所以敢也。次,无间而不撄撄也。力,刑之所以奋也。

【注释】

①譓恕:同“智”。

②(huān):为“杂”字之误。杂,通“匼”,这里指四角形的周边。

③低:同“氐”,在此处为“君”字之误(孙诒让说)。

④佴:副贰,即辅助者(俞樾说)。

⑤作:同“佐”,辅佐。

⑥嗛:当作“狷”,即孔子所谓的“有所不为”、狷介独行的作风。

⑦廉:同“慊(qiǎn)”(孙诒让说),不满、怨恨之意。

⑧坚白:指集于“石头”这一整体的“色白”和“质坚”两种性质,关于二者的分合,是先秦逻辑学上的一个重要辩题。

⑨似:为“仳”字之误,同“比”,有相连和并列之意。

【译文】

缘故,是指事物由此而成为某种状态的原因。止,是经历长久时间后静止。体,是由整体区分而成的。必,就是不得不如此。智慧,就是才性。平,就是高度相等。谋虑,就是有所希求。同长,物与物相比较,在长度上吻合无差。知觉,就是应接外物的能力。中,就是长度相等。恕,就是明白事理。厚,意味着必然先有“大”的方面。仁,是以“爱人”为本质。日中,就是正南方向。义,是利之本。直,就是参照物。礼,是敬意的体现。圆,就是以圆心为中,半径同长。行,就是作为。方,是由直线匼起的四角形。实质,是获得荣名的根本。倍,就是原数的两倍。

忠，就是做有利于君主的事而使之强大。端，就是一个没有首尾方向的形体最靠前的地方。孝，就是做有利于双亲的事情。间隙，是两事物的中间。信，就是说合乎原意。俾，意思来自"辅佐"。纑，是两柱上端之间空虚无物处。谓，指有所不为的狷介作风。盈满，就是一切无不具备。廉，就是做不正确的事。坚白，是不可分割的整体。令，就是让他人做事，自己无须动手。撄，就是有所牵缠。任侠之士，就是甘愿损害自己的利益而相助他人的人。似，就是有些相连，又有些不相连。勇，是使人得以果敢地行其志向的条件。次，就是两者间无间隙，但又不相牵连。

　　法，所若而然也。生，刑与知处也①。俾②，所然也。卧，知无知也。说，所以明也。梦，卧而以为然也。攸不可③，两不可也。平，知无欲恶也。辩，争彼也。辩胜，当也。利，所得而喜也。为，穷知而县于欲也。害，所得而恶也。已，成、亡。治，求得也。使，谓故。誉，明美也。名，达、类、私。诽，明恶也。谓，移、举、加。举，拟实也。知，闻、说、亲。名、实、合、为。言，出举也。闻，传、亲。且，言然也。见，体、尽。君、臣、萌④，通约也。合，正、宜、必。功，利名也。欲正，权利；且恶正，权害。赏，上报下之功也。为，存、亡、易、荡、治、化。罪，犯禁也。同，重、体、合、类。罚，上报下之罪也。

【注释】

①刑：通"形"，形体。

②俾：犹"尒"，必然。

③攸：当作"彼"。在辩论中，每一方对于对方而言都是"彼方"，共为两个"彼方"，因此可以说"彼不可"就是"两不可"，双方作为对

立面互不认可。

④萌：通"氓"，百姓，黎民。

【译文】

法，是可以顺从、效法的规则。生命，是形体与心智的结合。佴，就是必然。睡卧，就是在有知觉与无知觉之间。言说，是用来明辨事理的。梦，是在睡卧的状态下误以为真实的情景。攸不可，就是辩争中双方对对方观点都不认可，加起来是两个"不认可"。平，就是忘却了欲念与厌恶的正当心态。辩论，就是与持对立观点者相争。辩论获胜，是证明了观点正确。利，是得到后带给人喜悦感的东西。为，就是被欲望牵系而丧失了智慧。害，就是得到自己厌恶的东西。已，有两层意思：完成、衰亡。治，就是得偿所愿。使，是故意让人做某事。誉，是彰显他人的优点。名，有三层意思：达、类、私。诽，是彰显别人的坏处。谓，有三层意思：转移、举起、增加。举，就是依据事实而定。知，有三种意思：听闻、喜好、亲近。名、实、合、为，意思是说四者言虽相异而义实相因。言，就是将事物的情形用口阐述出来。闻，有两层意思：传闻、亲近。且，就是说"是这样"。见，就是体察详尽。君、臣、民，是按尊卑等级对世人的一个大略分类概括。合，意味着正当、适宜、必要。功，意味着利益和名声。正当之事，权衡其有利方面；不正当之事，权衡其害处。赏，是上级对下级的功劳进行酬报。为，有六层意思：存在、灭亡、改变、动荡、治理、教化。罪，是违反了禁令。同，包含四方面：重复、体、吻合、类似。罚，是上级对下级所犯罪过的惩治。

异，二、不体、不合、不类。同，异而俱于之一也。同、异交得，放有无①。久，弥异时也。宇②，弥异所也。闻，耳之聪也。穷，或有前不容尺也。循所闻而得其意，心之察也。尽，莫不然也。言，口之利也。始，当时也。执所言而意得见,心之辩也。化,征易也。诺,不一利用。损,偏去也。服、执、说③。巧转则求其故。大,益。儇④,稹柢⑤。法同,则观其同。库,易也⑥。法异,则观其宜。动,或从也。止,因以别道。读此书旁行。正无非。

【注释】

①放有无:知晓"有"和"无"的道理。放,当作"知"(孙诒让说)。

②宇:即"宇宙"之宇,意指上下四方无限空间。

③服:指交谈中双方相互听从。执:指交谈中双方各执己见。说(nì):意为"伺",即交谈窥伺对方意向和话语漏洞,伺机行事。

④儇:犹"环"。

⑤柢:当作"柢"(孙诒让说),原意为树根部,引申为事物的基础、基点。

⑥易:当作"物"。

【译文】

异,就是有不同的二者、非一体、不吻合、不类似。同,就是将相异的事物合而为一。领悟了同和异,也就知晓了有和无。长久,就是经历许多不同时代。宇,就是天地四方所有空间。闻,是耳朵具备的听力。穷尽,有时前方空间不足一尺。依照所听闻的事情而明白它所表达的意思,这是内心的思考能力。尽,就是无不如此。语言,是口的功能。始,就是当时。依据言语,而明白其含义,这是心的辨别力。化,就是转变。许诺,虽然并非同一种言辞口气,但各有所宜。损,就是减去其半。言谈有三种情形:相互听从叫"服"、各持己见叫"执"、候察对方言语,待机而动叫"伺"。对于巧妙的器物,要传承其旧法式。大,增加。环,上面的每一点都是基点。以同样的法度应对相同的情况。库,是藏物之所。用适宜的法则来应对不同的情况。动,是转移了位置。止,要区分什么道路上该停止,什么道路上不该停止。这篇书当一行行地读。圣人也不会有非议。

经下

【题解】

本篇性质与《经上》篇相近，都是墨家对自然、社会、科技、逻辑学、语言学等各领域中的概念、词汇的解读和诠释。不同之处是，《经上》篇更多是对单一概念的解释，本篇则重在探讨单一概念与其所属的大范畴以及具体语境的关系。本篇中涉及镜面与光影的部分，与《经说下》中的相关段落结合，可以代表我国先秦时期光学的研究成果，这种对自然科技的关照，正是墨家不同于其他诸子学派的特色之一。另外，本篇中讹字、错句、倒文的情况，较之《经上》篇更为严重。

止，类以行人①，说在同。所存与者，于存与孰存？驷异说②，推类之难，说在之大小。五行毋常胜，说在宜。物尽同名：二与斗，爱，食与招，白与视，丽与夫与履。一，偏弃之，谓而固是也，说在因。不可偏去而二，说在见与俱、一与二、广与修。无欲、恶之为益、损也，说在宜。不能而不害。说在害，损而不害，说在余。异类不吡，说在量。知而不以五路，说在久。偏去莫加少，说在故。必热③，说在顿④。假，必悖，说在不然。知其所以不知，说在以名取。物之所以然，与所以知之，与所以使人知之，不必同，说在病。无，不必待有，说在所谓。疑，说在逢、循、遇、过。擢虑不疑⑤，说在有、无。合与一，或复否，说在拒。且然，不可正，而不害用工，说在宜欧⑥。物，一体也，说在俱一、惟是⑦。均之，绝、不，说在所均。宇或徙⑧，说在长宇久。尧之义也，生于今而处于古，而异时，说在所义。

【注释】

①类：这里意为"类推"。

②驷：四足兽的统称。

③必热：当作"火不热"，是先秦哲学论辩中的一个重要命题。

④顿：当作"睹"，从视觉角度观火，自然不觉其热。

⑤擢：当作"榷"（孙诒让说），即"扬榷"的省文，意为大略思量。

⑥宜欧：半信半疑的状况。

⑦俱一：从分割的角度来立论。惟是：从合为整体的角度来立论。

⑧或：犹"域"，疆域。

【译文】

止，可以拿"行"的概念来类推，是同类概念。所存在的地方、存在的人，存在的地方以及存在者为谁？类推是件困难的事情，好比驷是四足兽的总名，其下却有许多分类，事物总有大的总名和小的分类名。五行中，没有一种能永居胜位，其相生相克，是按照彼此的特殊属性。事物有许多称呼相同者："二"与"斗"，"爱"、"食"与"招"，"白"与"视"，"丽"与"夫"与"履"。事物就整体而言，是完整的"一"，抛弃其中一部分，认为事物本是如此，这是就因果关系而言。不可将完整事物割裂出一部分而成为两者，这是从"见"与"俱"、一与二、范围大小与长度方面论说。没有欲求、憎恶造成的损益，这就是所谓适宜。不足以造成损害的事情,不足为"害"。凡是损减而无害的,就意味着此事物过度丰饶。不同类的事物不加以比较,这就是度量标准。有智慧,而不局限于五行,这意味着长久。将事物一分为二,事物的量却没有变少,事物就等于依然如故。说"火"不热,那是因为只是用眼睛看火。假的必定是谬误的,这就是所谓"不正确"。知道自己知识的局限,是通过由事物的名称探取事物实质。事物呈现起面貌与性质的原因,与知道这原因的方法,乃至之所以使人能知道这原因的方法,不一定相同,这是可病可伤之事。"无"无须依赖于"有",因为二者指称的意义不同。怀疑,有逢、循、遇、过四种起因。经过大略计算思量而消除怀疑,是从有、无两方面考虑。事物或者可以合于一,或者不可,这是从事物间的拒斥性来考虑。事物性质可能如此,也可能不如此,无法定性,但并不妨碍其实用功效,这就是所谓半信半疑的状况。事物本为一体,这是从合与分两方面来看。悬挂重物的绳索,将断而不断,是由所牵引的物体决定的。空间、疆域会转移,这就是所谓"长宇久"。尧的道义,产生于当今,而被傅会到古代,古今时代不同,关键在于道义本身。

二临鉴而立,景到①,多而若少,说在寡区。狗,犬也,而杀狗非杀犬也,可,说在重。鉴位,景一小而易②,一大而正,说在中之外内。使殷美③,说在使。鉴团景一。不坚白,说在……荆之大,其沈④,浅也,说在具⑤。无久与宇坚白,说在因。以槛为抟⑥,于"以为",无知也,说在意。在诸其所然、未者然⑦,说在于是推之。意未可知,说在可用过仵⑧。景不徙,说在改为。一,少于二而多于五,说在建。住景二,说在重。非半弗新,则不动,说在端。景到在午,有端与景长,说在端。可无也,有之而不可去,说在尝然。景迎日,说在抟。正而不可擔⑨,说在抟。景之小、大,说在地正、远近。宇进无近，说在敷⑩。天而必正⑪，说在得。

【注释】

①景：同"影"。到：通"倒"。

②易：倾斜。

③殷：当作"殿"，指不佳的称谓。

④沈：湖泊沼泽。

⑤具：当作"有"，意谓楚国的湖泽为楚境所有，包含在楚国疆域之内。

⑥抟：捆束起来的木柴。

⑦在：犹"任"，因任。

⑧仵：犹"悟"，抵牾不合之处。

⑨擔：当作"摇"（孙诒让说）。

⑩敷：分布。

⑪天：当作"大"。

【译文】

二人面对平铺在地面上的镜子站立，镜中影是颠倒的，由于距离镜中影看上去比实体小，这是镜子所能照的区域有限之故。狗就是犬，但可以说"杀狗"不同于"杀犬"，因为二者实质相同但语言表述不同。站在镜子前，斜立则影子小，正立则影子大，这是由于投影的角度不同。不好的称谓，在某种语境中也会成为美名，要看具体的运用。正圆的镜子，照出的影子集中、端正。否定"坚白"之说，理由是……楚国面积很大，和其国内湖泽很浅，二者并不矛盾，因为湖泽是包含在楚国疆域之内。由于某种因素，时间上的"无久"和空间意义上的"字"，像石头的"坚"、"白"二性质一样，构成统一关系。将很宽的门框当作束扎起来的木柴，是无知的想法，就是所谓妄想。对既成事实持因任的态度，去考虑事物的未来走向，就是所谓"由此类推"。意思不能明了，因为遇到了抵悟之处。影子不移动，因为一有变化，旧的影子就被新的影子取代。"一"比"二"少，却可以比"五"多，这是将"一"放置在更高数位上时的情况。同时出现两个影子，是因为有交叉的两重光。想从中间砍断，却无从看起，是因为已经到了末端。以交叉光线照射物体上下端，光线交汇点通过一个小孔，会在小孔另一边等距离的地方形成倒立的影像。存在的事物，都可不复存在，但其"存在性"不可抹杀，因为毕竟曾经存在过。端正而不可摇动，就是所谓"抟"。影子的大小，是由地点、远近决定的。宇宙虽然很大，但坚持行进，由近及远，可以到达目的地。大而正，就是所谓"得"。

行循以久，说在先后。贞而不挠，说在胜。一法者之相与也尽，若方之相合也，说在方。契与枝板①，说在薄。狂举，不可以知异，说在有不可。牛马之非牛，与可之同，说在兼。倚者不可正，说在剃②。循此循此，与彼此同，说在异。推之必往③，说在废材④。唱和同患，说在功。买无贵，说在仮其贾⑤。闻所不知若所知，则两知之，说在告。贾宜则售，说在尽。以言为尽誖，誖，说在其言。无说而惧，说在弗心⑥。唯吾谓非名也，则不可，说在仮。或，过名也，说在实。无穷不害兼，说在盈否知。知之否之，足用也，谆⑦，说在无以也。不知其数而知其尽也，说在明者。谓辩无胜，必不当。说在辩。不知其所处，不害爱之，说在丧子者。

【注释】

①契（qiè）：通"挈"，拉力。枝：当作"收"，回缩力。板：当作"反"，相反。

②剃：当作"梯"。

③往：当作"住"，意谓原地不动。

④废材：种植木材。废，这里意同"置"。

⑤仮其贾：还价。仮，同"返"（孙诒让说）。

⑥心：当作"必"，确定。

⑦谆：当作"悖"，悖谬，错误。

【译文】

　　修行要靠长久坚持，因为有先后渐进次序。坚正不曲，就是所谓"胜"。持同样原则、主张的人，彼此交往非常合拍，犹如两个方型物体相叠，严丝合缝。拉力与回缩力相反，这就是所谓"薄"。狂妄者不能理解与自己不同的观点，因为他坚决不认可。"牛马"不是牛，因为前者是兼称，后者是独称。需要斜倚的事物不能强迫它"正"过来，例如梯。"循此循此"，意思相当于"彼此"，因为立场的差异，此方的"彼"，就是彼方的"此"。推它却推不动，这样才符合栽种林木的要求。提倡而无人应和，或应和而无人提倡，都是劳而无功的行为。买物要不贵，需要靠还价。听人说起自己所未知的事理，结合自己已经知道的，就拥有了原先双倍的知识，靠的是他人相告知。价格适宜，货物就能售出，是因为定价恰当。认为他人言论都是错的，这种做法也是错误的，应尽力分析言论对、错的所在。无缘由地忧惧，是因为对安危状况无法肯定。如果我的言说不符合事物本应有的名称，就不能够得到完全的认同，而遭到反对。每个地域，其地点是固定的，其方位名称则随人经过方向的不同而变。人的数量虽然无穷，但不妨碍对他们施以平等的"兼爱"。若不能确知事实，却认为足以承担使命，是悖谬的，因为没有根据。不知天下人数的多少，但若能明扬"兼爱"之义，就可以说是尽爱天下人。如果辩论没有获胜，那么要反思辩论过程，找出自己观点、辩论方法的不当之处。不能确知天下人所在的地点，不妨碍去关爱他们，就好像失去孩子的人，对孩子的爱心并未消失。

无不让也，不可，说在始①。仁、义之为内、外也，内，说在仵颜。于一，有知焉，有不知焉，说在存。学之益也②，说在诽者③。有指于二，而不可逃，说在以二絫④。诽之可否，不以众寡，说在可非。所知而弗能指，说在春也、逃臣、狗犬、贵者。非诽者谆。说在弗非。知狗，而自谓不知犬，过也，说在重。物甚不甚，说在若是。通意后对，说在不知其谁谓也。取下以求上也，说在泽。是是与是同，说在不州⑤。

【注释】

①始：当作"殆"，危险。

②学之益也：当作"学之无益也"（孙诒让说）。

③诽：通"非"，错误的理论。

④絫：增加。《说文》："絫，增也。"

⑤不州：不同（毕沅说）。

【译文】

一切都退让，是不可取的，是危险的行为。仁是义的内因，义是仁的外在行为体现，"内"与"外"是一对相反相成的概念。对于作为整体的事物，关照了某一角度，就忽略了其他角度，而这一切都存在于该事物的整体之中。学习悖谬的理论，是无益的行为。明了了"一"的概念，那么"二"、"三"的概念的出现就不可避免。非议，不在乎遣词多寡，关键在于对象有可非议之处。知道却无以准确指说，是"春也"、逃臣、狗犬、贵者之类。知道狗，却说自己不知道犬，是错的，因为狗和犬实质相同。事物过分与否，就看其是否恰倒好处。交谈中，必须彼此用意相通之后，再作应答，否则双方都会不知所谓。以处于低处的事物来度量处于高处事物的高度，例如以湖泽之低显衬出山之高。"是是"和"是"相同，这就是所谓不同。

经说上

【题解】

本篇是对《经上》篇中所提出的若干概念的详细阐释。如"知也者，以其知过物而能貌之"一句，就是对《经上》篇中"知，接也"一语的阐释。但由于时代久远，导致文字错讹、语句脱漏，使得本篇有些地方无法和《经上》篇一一对应，自身文句也颇显诘屈聱牙。

故：小故，有之不必然，无之必不然。体也，若有端。大故，有之必无然，若见之成见也。体：若二之一、尺之端也。知①，材：知也者，所以知也，而必知，若明。虑：虑也者，以其知有求也，而不必得之，若睨。知：知也者，以其知过物而能貌之②，若见。恕：恕也者，以其知论物，而其知之也著，若明。仁：爱己者③，非为用己也，不若爱马，著若明。义：志以天下为芬④，而能能利之，不必用。礼：贵者公，贱者名，而俱有敬僈焉。等，异论也。行：所为不善名⑤，行也；所为善名，巧也，若为盗。实：其志气之见也，使人如己，不若金声玉服⑥。忠：不利弱子亥⑦。足将入，止容⑧。孝：以亲为芬，而能能利亲，不必得。

【注释】

①知，材：知也者：此处二"知"皆通"智"。下文"知：知也者"亦然。

②过：当作"遇"。

③己：当作"民"（孙诒让说）。

④芬：美。

⑤善：当作"著"（王引之说）。显扬。

⑥不：当作"必"（孙诒让说）。一定。

⑦不利弱子亥：为幼主尽忠，甚至不怕承担"将要篡权"的罪名。典出西周初年，成王年幼，周公辅政，管叔等人作乱，流言说："周公将不利于孺子（指成王）。"

⑧止：犹"正"。

【译文】

缘故：小的缘故，有了它不一定能造成某种结果，但缺了它必定形不成这种结果。事物的实体，似乎总会有端点。大的缘故，有了它，必然造成某种结果，没有它，必然不会有这种结果。事物的实体：例如将一尺长的事物从中间分割为二，那么分割点就成了其端点。智慧是才性：智慧，是赖以知晓事物、事理的，有智慧者必然能够明晰地知晓这些。忧虑：造成忧虑的原因，是知道自身有所欲求，而不一定能够得到满足，就好比用眼角余光斜视人，未必能看清楚。知：所谓知，就是运用其智慧交接外物，能准确把握其形貌，就像亲眼所见一样。恕：就是运用智慧来讨论分析事物，将其对该事物的认识彰显出来，透彻明达。仁：就是爱民，且不是为了利用人民，和为利用马而爱马不同，这是明明白白的事情。义：就是以全天下人美满为志向，并且拥有为天下人谋福利的才能，推行此"义"，不必在乎是否被用。礼节：低贱者称呼高贵者为"公"，高贵者称呼低贱者直呼其名，不过两类身份的人中都有恭敬者和怠慢者。行为：不显扬名声地做事，是真正的勤恳躬行；为显扬名声而做事，是投机取巧、欺世盗名的行为。实：指人的心志、气质外露，以对待自己的态度来对待他人,这种品格发扬起来,一定像是金声玉服一般华贵荣耀。忠:要强势地引导君主走正道,就像周公为幼主尽忠,甚至不怕承担"将要篡权"的罪名。但同时要做到举手投足都端正恭敬。孝:尽力为双亲做好事,发挥能力使他们得益,而不必处处都完全符合双亲心意。

信:不以其言之当也①,使人视城得金。佴:与人遇,人众,循②。诇:为是为是之台彼也③,弗为也。廉:已惟为之,知其靦也④。所令:非身弗行。任:为身之所恶,以成人之所急。勇:以其敢于是也命之,不以其不敢于彼也害之。力:重之谓下、与重奋也。生:楹之生⑤,商不可必也⑥。卧:梦。平:惔然。利:得是而喜,则是利也。其害也,非是也。害:得是而恶,则是害也。其利也,非是也。治:吾事治矣,人有治,南北。誉之,必其行也,其言之忻⑦,使人誉之⑧。诽:必其行也。其言之忻。举:告以文名⑨,举彼实也。故言也者,诸口能之,出民者也⑩,民若画虎也⑪。言也,谓言犹石致也⑫。

【注释】

①不:当作"必"。

②循:通"揗",摩擦。

③台:通"诒(yí)",哄骗。

④靦:当作"惆",恐惧(孙诒让说)。

⑤楹:当作"形"(毕沅说),形体。

⑥商:当作"常"(孙诒让说)。

⑦忻:愉悦。

⑧督:通"笃",踏实笃行。

⑨文:当作"之"。

⑩民:同"名"(孙诒让说)。

⑪俿:同"虎"。

⑫石:通"实",实质。

【译文】

　　诚信:意味着所说的话必须准确得当,比如告诉人"城上有金",对方到城上看,果然得到了金,这样才算是诚信。伔:就是与人相遇,人数众多,摩肩接踵。谞:就是从来不欺瞒哄骗他人的人。廉:就是那种虽然也做坏事,但知道这种行为不对,并为之愧疚恐惧的人。下命令:需要靠他人力行完成命令中的事情。任侠:就是愿意做损害自身利益之事,以成就他人的迫切需求。勇:人在某方面行事果敢,就可以称为勇;不能因为此人在另一方面行事不果敢,就否定他的"勇"。力:当重物自上而下压来时,能够奋力将其撑起,这就堪称有力。生:当形体诞生到世界上,没有恒定的规则。睡卧:就是在梦乡里。平和:就是无欲无恶、心态安舒的境界。利:得到某事物之后感到快乐,那么某事物就是利,而不是害。害:得到某事物之后感到厌恶,某事物就是害,而不是利。治:自身的事情,自身料理;而治理人民,则必须广求四方贤士。称誉某人,是为了使他坚持自己的好行为,怀着称誉之言带来的愉悦,继续笃行善事。推举,要宣告出被推举者的名声,同时举出其事实行为。语言是口舌的能力,能够指称事物之名称,名称犹如画虎,不能等同于实质。语言,是由实质引发而来的。

　　且:自前曰且,自后曰已,方然亦且。若石者也①,君以若名者也。功:不待时②,若衣裘。赏③。罪:不在禁,惟害无罪,殆姑。赏:上报下之功也。罚:上报下之罪也。伺④:二人而俱见是楹也,若事君。久:古今旦莫。宇:东西家南北⑤。穷:或不容尺,有穷;莫不容尺,无穷也。尽:但止动⑥。始:时或有久,或无久,始当无久。化:若蛙为鹑。损:偏去也者,兼之体也,其体或去或存,谓其存者损。儇:眴民也⑦。库:区穴若,斯貌常。动:偏祭从者⑧,户枢免瑟⑨。止:无久之不止,当牛非马,若矢过楹。有久之不止,当马非马,若人过梁。必:谓台执者也⑩。若弟兄,一然者,一不然者,必不必也,是非必也。

【注释】

①若石:当作"臣民"(孙诒让说)。

②不:当作"必"。

③赏:此字当在"上报下之功也"前。

④侗:当作"同"。

⑤家:衍文,应删去(王引之说)。

⑥但:当作"俱"(孙诒让说)。

⑦眴民:当作"俱氏",参见《经上》篇。

⑧偏:通"遍"。祭:通"际"。"从":当作"徙"

⑨瑟:蛀虫。

⑩台:握。

【译文】

且:即将到来的叫"且",已经过去的叫"已",正在发生过程中的也叫"且"。臣民,是君主赖以成为君主的条件。一切事功,都是要符合时宜,以利于人民,就像夏季适宜穿薄衣,冬季适宜穿厚裘。犯罪:未必是触犯禁令才是犯罪,只要有害于无罪的人,就都算是犯罪。赏:是上级对立有功劳的下级的报偿。罚:是上级对下级所犯过失的惩处。同:例如两个人都看见一处门楹,都把它叫做"楹",这就是同,两人都为一个君主效力，也是"同"。久：从古到今，从早晨到晚间，都是经历了不同时间长度的"久"。宇：指东西南北的空间范围。穷尽：有时前方余地不足一尺，也算是"有穷尽"；不存在前方余地不足一尺的情况，就是"无穷尽"。尽：停止了所有的行动。始：时间可能过去了很久，可能没有过去多久，没有过去多久的那个阶段就叫做"始"。化：例如蛙转化为鹑。损：就是减去某事物的一部分，此事物必须是多个部分的结合体，有些部分还保留，有些部分被减去，就保留部分而言，是已经受损。在圆环上，每一点都可以视作起点。库，是内部有大空间的建筑，这是其常见形态。行动：要将周边地方全部周游一番，就像常动门轴免遭蛀虫。停止：没有永久不停止的事，这道理就像"牛不是马"一样明了。若非要说"有永久不停止的事"，这说法就像"马不是马"一般荒诞，就像人过桥梁，不过去，就不停止；过去了，就停止。必：指能够将观念握持不移。如果想法混乱，像两弟兄一个赞同、一个反对，就不算是"必"。

同：捷与狂之同长也[1]，心中自是往相若也。厚：惟无所大。圜：规写攴也[2]。方：矩见攴也。倍：二尺与尺，但去一。端：是无同也。有间：谓夹之者也。间：谓夹者也。尺[3]，前于区穴，而后于端，不夹于端与区内。及：及非齐之，及也。纑间虚也者[4]，两木之间，谓其无木者也。盈：无盈无厚。于尺[5]，无所往而不得。得二，坚异处不相盈，相非，是相外也。撄：尺与尺俱不尽，端与端俱尽。尺与或尽或不尽。坚白之撄相尽，体撄不相尽。端。仳[6]：两有端而后可。次：无厚而后可。法：意、规、员三也[7]，俱可以为法。佴：然也者，民若法也。彼：凡牛枢，非牛，两也，无以非也。辩：或谓之牛，谓之非牛，是争彼也，是不俱当。不俱当，必或不当，不若当犬。

【注释】

①捷：建屋时，立在中央的标杆。狂：建屋时，立在四边的标杆。

②攴：当作"交"。

③尺：距物体的前端一尺之处。

④纑：同"栌"。

⑤尺：当作"石"（孙诒让说）。

⑥仳：同"比"（王引之说），并列。

⑦员：同"圆"。

【译文】

　　同：就好比建屋时，立在中央的标杆和四边的标杆等高；又好比圆周上的每个点到圆心的距离同长。厚：指大到无法再增大。圜：是由圆规所画出的线相交而成。方：是由直尺画出的线相交而成。倍：就像二尺和一尺，相差一倍分量。端：与该物体上其他部分都不同。有间：指当中夹有空间。间：指被夹在物当中的空间。尺：在区穴之前，而在前端之后，三者一体相连，因此"尺"也并非夹在二者之间。及：与"齐"的意思不同，是在某一范围内相连接。两根柱子上的方木，彼此间是空虚的，因为两块木头间隔着一段没有木头的空间。充盈：事物之内必须有东西充盈其中，才能够成其厚重。如坚白在石，同体相盈，全体，无往弥漫而不得坚与白。坚、白这两个性质，都包含在石头这一事物的整体中，吻合无间，如将得坚得白分为二，就不是完全的相互包含。撄：尺和尺相交，两者并不完全吻合，端点和端点相交，两者都完全重合。尺与尺相叠，则可能完全吻合，可能不完全吻合。仳：必须两者都有"端"才行。次：必须两者形体都不过大才行。法：意想中的圆、画圆用的圆规和成形的圆三角，都可以视作法则。佴：正确的道理，人们顺应它来行事。彼：那种叫做"牛枢"的植物并不是牛，与牛是两种事物。辩：爱争辩的人，有的把牛枢当成牛，有的强调牛枢不是牛，就是为和对方争一时胜负，这些都不尽恰当。不尽恰当，必然有不恰当的一方，如此争辩，还不如说"狗就是犬"这样正确无疑的话。

为：欲斲其指①，智不知其害，是智之罪也。若智之慎文
也，无遗于其害也，而犹欲斲之，则离之。是犹食脯也，骚之
利害，未可知也，欲而骚，是不以所疑止所欲也。墙外之利
害，未可知也，趋之而得力②，则弗趋也，是以所疑止所欲也。
观为穷知而悬于欲之理，斲脯而非恕也，恕指而非愚也，所为
与不所与为相疑也，非谋也。

【注释】

①斲：当为"斫"，砍。

②力：当为"刀"。

【译文】

行为：要砍指头，而智慧不足以知晓这样做的害处，这是智力不够
的过错。如果智力充足，又谨慎行事，还是要砍指头，那就是要遭遇这
一祸患了。这就好比吃肉脯，味道的好坏，无从预知，因为有吃肉的欲
念而去尝味，这就是不因为有所怀疑而停止想做的事情。墙外的利害，
墙内人无从知晓，假如有人说"步出墙外可以捡到把刀"，而听者怀疑，
不走出墙外看看，这就是因为怀疑而停止了得刀的欲念。如果行为总
是被欲念牵扯着，人的认知有时就会走向末路，切割肉脯吃，不能算是
有智慧；砍掉指头，不能算是愚蠢。犹疑着究竟是否要做这些事，这不
能算是审慎的谋划。

已：为衣，成也；治病，亡也①。使：令谓，谓也，不必成
湿②；故也，必待所为之成也。名：物，达也③，有实必待文多
也。命之马，类也，若实也者，必以是名也。命之臧④，私也，

是名也，止于是实也。声出口，俱有名，若姓字⑤。洒谓狗犬⑥，命也⑦。狗犬，举也。叱狗，加也。知：传受之，闻也；方不障，说也；身观焉，亲也。所以谓，名也；所谓，实也；名实耦⑧，合也；志行，为也。闻：或告之，传也；身观焉，亲也。见：时者，体也，二者尽也。古：兵立反中，志工⑨，正也。臧之为，宜也。非彼，必不有，必也。圣者用而勿必，必去者可勿疑。仗者两而勿偏⑩。

【注释】

①亡：使病症消失。

②湿：败（孙诒让说）。

③达：通"大"，指某类事物的共名。

④臧：奴仆。

⑤宇：当作"字"（孙诒让说）。

⑥洒：当作"鹿"（孙诒让说）。

⑦命：移动。

⑧耦：并列，搭配。

⑨工：通"功"，事功。

⑩仗：当作"权"，权衡（孙诒让说）。

【译文】

说事情"已经完成"：例如做衣服完工，治愈病症。使：就是要求别人做事，要求既已说出，事情的成败则难以确定；故，则必须等待所做的事情成功。名："物"，是万物的通名，是个大总称，对具体事物的命名，则必须等到语言文字丰富起来后。如命名某种动物为"马"，"马"就成了这类动物的统称，同类的每个个体，都必须以此为名。命名地位低贱的人为"奴仆"，则是针对具体的人，这个名称，只符合具体的人。凡是说出口的，都是事物的名称，例如人的姓字。把鹿称作狗、犬，这是将名实移动错位了。称狗为犬，则是名实相合。叱骂时说"狗"，则是将蔑称加于被叱骂的对象上。知识：由传授而得，是闻知；不受方域的障碍，由推论而得，是说知；由亲身体验而得，是亲自获知。用来言说的，是事物的名；被言说的对象，是事物的实；名和实搭配无误，就是合；发自意志的举动，就是"作为"。闻：有时是受他人告诫而进行的举动，就是所谓"传习"；亲身观察所得，是亲见。见：见到事物的独特性及其本质二者，就充分实现了"见"的目的。古：军队建立，返归中央，志向与事功吻合，就是所谓"正"。臣仆的行为，尊奉君主之命，就是适宜的。不属于其所有的，就一定不拥有，这就是所谓"一定"。圣人运用各种因素、条件，不拘泥偏执，一定要去除的，可不必犹疑。权衡，就是要衡量利、害两方面，不可偏于其一。

　　为：早台①，存也；病，亡也；买鬻，易也；霄尽②，荡也；顺长，治也；蛙买③，化也。同：二名一实，重同也；不外于兼，体同也；俱处于室，合同也；有以同，类同也。异：二必异，二也；不连属，不体也；不同所，不合也；不有同，不类也。同异交得，于福家良④，恕有无也⑤。比度，多少也。免蚓还园⑥，去就也。鸟折用桐⑦，坚柔也。剑尤早⑧，生死也。处室子子母，长少也。两绝胜⑨，白黑也。中央，旁也。论行行行学实，是非也。难宿，成未也。兄弟，俱适也⑩。身处志往，存亡也。霍，为姓故也。贾宜，贵贱也。

【注释】

①早：当作"甲"，甲胄。台：城台。
②霄：通"消"，消失，消灭。

③买:当作"鼠"(孙诒让说)。

④褔:同"偪",逼迫(谭介甫说),这里指家境窘迫。

⑤恕:当作"恕",知。

⑥免:蛇。蚓:蚯蚓。

⑦鸟:不作"象",偶人(孙诒让说)。

⑧尤:当作"戈"(孙诒让说)。早:当作"甲"。

⑨绝:颜色。

⑩适:犹"敌"。

【译文】

为:以甲胄备战于城台,这是保存自己的方法;治病,是为了除去病症;买卖,是进行交易;消失,是全体消尽;顺长,是治理的行为;蛙变为鼠,是生物演化。同:两个名称同指一种实物,叫"重同";两者相联不分,是体同;同处一室之中,是相合而同;有相同的性质,是种类上的相同。异:两者名实均不同,就一定是相异的二物;不相连属,就是不同体;不在同一地点,就是不相合;没有相同的性质,就是不同类。通过对穷困之家与境遇优良之家的对比,知晓"有"和"无"的差别。通过度量比较,就可以知道事物量的多与少。蛇和蚯则屈伸旋转,有进有退。用桐木做木偶人,有坚与柔。剑、戈、甲,是用以在战斗中决定生死的。同一家人,有子有母,有长有少;黑、白两种颜色此消彼长;有了中央,才有了四方;人们议论行为与学问,是非见解各不相同;难宿,就是成和未成。兄弟意见相反,则成为敌手;身体静处,而心志飘往他处,前者存在于此处,而后者不在此处;霍,是个约定俗成的姓氏;物品价格或贵或贱,各有所宜。

诸:超、城、员、止也。相从、相去、先知、是、可,五色①。长短、前后、轻重援,执服难成。言务成之,九则求执之②。法法取同观巧,传法取此择读彼,问故观宜。以人之有黑者有不黑者也，止黑人；与以有爱于人有不爱于人，心爱人是孰宜心？彼举然者，以为此其然也，则举不然者而问之。若圣人有非而不非。正五诺，皆人于知有说；过五诺，若负，无直无说；用五诺，若自然矣。

【注释】

①色：当作"也"（孙诒让说）。

②九：同"说"，详见《经上》篇。

【译文】

诺：有超、城、员、止四种性质。有随顺对方意思，敷衍了事的；有与对方想法相冲突的；有预先揣测对方想法，加以应付的；有暂时认可对方意见，将来却有可能违背的；有适可而止的，一共有这五种"诺"。运用起来，时间长短、次序先后、分量轻重各有不同，或是坚持自己的见解，或是服从他人的见解，是非难以论定。言语一旦说出，就务必使其成为现实，探究事理的根本，并坚持它。顺应法则，做到对同样的法则巧妙运用；传授法则，则有所取舍，根据具体事实选择适宜者。因为人有的黑，有的不黑，而禁止说人黑；因为有关爱人的人，有不关爱人的人，而禁止去关爱人，这两种都是不适宜的做法。对方有以为某道理应当如此，我却认为不应当如此，那么就举对方观点中不合理的地方来质问他。圣人对于人，虽然有所非议，但并不刻意去非议。使用五种诺正确，都有个人自己的知识和观点；使用五种诺的过错，好比无能力，是个人的无知和无自己见解；使用这五种诺，好比事物自然而成。

经说下

【题解】

本篇是对《经下》篇内容的阐释。同样由于年代久远、文字错讹、语句窜乱而显得非常晦涩难读。但虽然如此，本篇内容中，还是有很多值得挖掘的地方，如关于光和影的部分，涉及到小孔成像等光学现象，可以说代表了我国先秦时代光学的最高水平。另外，关于力学、逻辑学、语言学的部分，也都各臻其妙。曾有人将本篇视作"先秦时代科技文化大全书"，虽有过誉之嫌，但还是能见出本篇不可取代的意义和价值所在。

止：彼以此其然也，说是其然也；我以此其不然也，疑是其然也。谓四足兽，与生鸟与①，物尽与，大小也。此然是必然，则俱。为麋同名②。俱斗，不俱二，二与斗也。包、肝、肺、子，爱也。橘、茅，食与招也。白马多白，视马不多视，白与视也。为丽不必丽，不必丽与暴也③。为非以人是不为非，若为夫勇不为夫，为屦以买衣为屦，夫与屦也。

二与一亡，不与一在，偏去未④。有文实也，而后谓之；无文实也，则无谓也。不若敷与美：谓是，则是固美也；谓也,则是非美;无谓,则报也。见不见,离一二,不相盈,广修坚白。举不重,不与箴⑤,非力之任也;为握者之觭倍⑥,非智之任也。若耳目异。木与夜孰长? 智与粟孰多? 爵、亲、行、贾,四者孰贵? 麋与霍孰高⑥? 麋与霍孰霍? 蚓与瑟孰瑟?

【注释】

①与生鸟与:当作"与牛马异"(孙诒让说)。

②为:当作"如"(孙诒让说)。

③暴:丑恶。

④未:此字疑衍(孙诒让说)。

⑤箴:同"针"。

⑥为握者之觭倍:此句是描述一种手握小物,让人猜测数目是奇是偶的游戏。觭倍,当作"奇偶"。

⑦霍:当作"虎"(孙诒让说)。

【译文】

止:对方以为事理是这样,就说事理确实是这样;我方认为事理不是这样,于是怀疑对方所坚持的"事理应该是这样"的观点。说"四足兽",与说"牛、马"不同,因为前者包含了所有的四足动物,两者的涵盖范围不同。如果两个概念完全吻合,则是相同概念。例如麋鹿,也可冠以"四足兽"的总名。再如两人相斗,虽然是在一起打斗,不可以说成"二人在一起"。美色、肝肺、子女,都是人们所爱的,而爱的原因却各不相同。橘与茅,前者用来食用,后者虽然也可食用,但主要在祭典中用以招致神灵。"白马"一词和专指视力好的马的"视马"一词,语法结构相同,但意思不同,白马身上多白色,而"视马"并非看得多。被说成美丽的,不一定美丽,但也未必就是丑恶。对于是非,以世人认可的为是,不敢独立提出相异见解。因为勇气而被称为大丈夫,与夫妻关系意义上的"丈夫"不同;说"做鞋",自己做鞋子,与花钱雇人做鞋买来穿,意义也不同,这里的"丈夫"和"做鞋",是名称相同而事实不相同的例子。

　　一个整体一旦分割为二,原先作为整体的"一"就消失了。既然一体已分为二,则其中一偏可弃去。有名称,有实体,然后才可加以言说;没有名称,也没有实体,就无从说起。说某物是美的:如果所说符合事实,就是的确美;如果只是空言悦美,就是并不美;如果不是空言妄说,则是真美了。对体现在同一事物中的两种性质,见此而不见彼,将二者分离,不将其结合起来看待,例如将事物的广度与长度分割,将对于同一石头触感上的"坚硬"与视觉上的"白色"分割。举不重的东西,并不包括操针缝线,因为会不会操针缝线与力气的大小无关;手握小物,让别人猜测数目是奇是偶,无论猜对还是猜错,都与智力水平无关。耳朵和眼睛功用不同。说木头长,与说"夜长",两个"长"的概念不同。说"智慧多"与说"粮食多",两个"多"的概念也不同。爵位、亲戚、德行、货价四者,都可以用"贵"来形容,内涵却各异。麋鹿和老虎,哪个更高?蚯蚓和蛇哪个更卑微瑟缩呢?

　　偏:俱一无变。假:假必非也而后假。狗,假霍也,犹氏霍也①。物:或伤之,然也。见之,智也;告之,使智也。疑:逢为务则士,为牛庐者夏寒,逢也。举之则轻,废之则重,非有力也;沛从削②,非巧也,若石羽,循也。斗者之敝也以饮酒,若以日中,是不可智也,愚也。智与? 以己为然也与?愚也。俱:俱一,若牛马四足;惟是,当牛马。数牛数马,则牛马二;数牛马,则牛马一。若数指,指五而五一。长宇:徙而有处,宇。宇,南北在旦有在莫。宇徙久。

【注释】

①氏：即"姓氏"之氏，这里用作动词，意为"命名"。

②沛：当作"柿"，柿树（孙诒让说）。

【译文】

偏：将事物中分为二，原物的总量并无改变。假：必定是不符合事实而后称之为假。如将狗命名为"虎"，就是假虎。事物有时遭到损伤，是存在的现象。亲见事理，是凭借智慧；告诉别人事理，是使别人获得智慧。疑：遇到处理事务者就以为是贤士，遇到建造牛棚者就以为是为了夏季乘凉，这是由于偶然遭遇而非深入了解的缘故。举起东西的时候觉得轻，放下东西来又觉得重，不能算是有力；柿树的形态，是由自然之力削斫而成，并非刻意追求精巧，就像石头和羽毛，只是顺应自然罢了。出现争斗等不良现象，或是因为饮酒，或是发生在人多而易生是非的集市上，这种行为是愚蠢不明智的。有的人，是有智慧呢？还是只不过自以为是，实则愚蠢呢？俱：同一类事物可视作一个整体，如牛、马可以统摄于"四足兽"这一概念下；在这一情况下，牛、马又分别有自身的名和实。分别举说牛、马，则牛和马为两种动物；说"牛马"，则牛和马为同类的四足兽。就像说"指头"，指头有五根，但五根同属于"指头"这一整体概念。无处不是宇宙：即使改变了地方，却依然处于宇宙之中，这是宇宙的特点。宇宙范围广大，不同方位的不同地点，同一时刻，有的处于早晨，有的处于傍晚。宇宙处于长久的迁徙流变状态中。

无坚得白，必相盈也。在尧善治，自今在诸古也。自古在之今，则尧不能治也。景：光至，景亡；若在，尽古息①。景：二光夹一光，一光者景也。景：光之人煦若射，下者之人也高，高者之人也下。足敝下光，故成景于上；首敝上光，故成景于下。在远近有端，与于光，故景障内也。景：日之光反烛人，则景在日与人之间。景：木柂②，景短大；木正，景长小。大小于木③，则景大于木。非独小也，远近临正鉴，景寡④。貌能白黑、远近柂正⑤，异于光。鉴、景当俱就，去亦当俱。俱用北⑥。鉴者之臭⑦，于鉴无所不鉴，景之臭无数，而必过正。故同处其体俱，然鉴分。鉴：中之内，鉴者近中，则所鉴大，景亦大；远中，则所鉴小，景亦小。而必正，起于中，缘正而长其直也。中之外，鉴者近中，则所鉴大，景亦大；远中，则所鉴小，景亦小。而必易⑧，合于中，而长其直也。鉴：鉴者近，则所鉴大，景亦大；其远，所鉴小，景亦小。而必正，景过正。

【注释】

①尽古：终古，永远。

②柂（yí）：通"迤"，倾斜。

③大：当作"光"。

④景寡：当作"景多寡"（孙诒让说）。

⑤能：当作"态"，形态。

⑥北：当作"此"（孙诒让说）。

⑦臭：当作"道"（张惠言说）。这里意谓属性。

⑧易：偏斜。

【译文】

以视觉考察，只能看到石头的"白"，不能看到其"坚"，但坚和白还是相结合而共存于"石头"这一统一体中。考察尧治理天下的好措施，是以今天的立场考察古代的事情。如果以古代的眼光考察今世，那么尧也不能治理好当今天下。影，光线照到的地方，影子就不存在；如果光线始终存在，所照之处就终古不会产生影子。影，两条光线夹一条光线,一条光线就会形成影子。光线照射到人,如果人在下方,影子就会投射到上方;如果人在下方,影子就会投射到上方。因为足部挡住了自下而来的光,因此成影在上方;头挡住了自上面射来的光,故而成影在下方。光通过小孔照过来,投射到或远或近的壁面上,就会形成倒立的投影。日光通过反射照到人,影子会形成于太阳的方位和人之间。光照到倾斜的木柱,形成的影子短而粗大;若照到直立的木柱,则形成的影子长而纤细。光比木柱小,照出的影子就比木柱大。面对镜子站立,距离或远或近,镜中影子或多或少。不同的事物映像在镜子中,状貌形态、颜色黑白、距离远近、姿态斜正,都各不相同。不同的影子随光照一起产生,也随光灭而一起消失。"俱"的意思,和"比"相同。镜的原理是:凡是照到其中的物体无不形成影像,影像的形态有无数种,都必须正处在镜子所能照到的范围内。因此镜子同时照出的影像,实体也必在一处。然而镜子也有不同种类,凹面镜:正对其中央的地方,所能照到的范围大,影子也大;斜对其中央的地方,照到的范围小,影子也小。但无论大小,影子都是正的,这是由于影子产生于中央,沿着正方向而向外反射。如果是在凸面镜的边缘,离边缘的中心近的地方,照到的范围大,影子也大;离边缘的中心远的地方,照到的范围小,影子也小。而且无论如何,影子都是偏的。不过虽然影子偏斜,依然和在凸面镜中心一样,沿着正方向向外反射。照镜子者距离镜子近时,实体大,影像就也大;距离镜子远时,实体小,影子也小。实体正,影像也正。

　　故招负衡木[①],加重焉而不挠[②],极胜重也。右校交绳,无加焉而挠,极不胜重也。衡,加重于其一旁,必捶,权重相若也。相衡,则本短标长[③],两加焉重相若,则标必下,标得权也。挈:有力也;引,无力也,不正。所挈之止于施也,绳制挈之也,若以锥刺之。挈,长重者下,短轻者上,上者愈得,下下者愈亡。绳直权重相若,则正矣。收,上者愈丧,下者愈得;上者权重尽,则遂挈。两轮高,两轮为辐,车梯也。重其前,弦其前④,载弦其前,载弦其轴⑤,而县重于其前,是梯。挈且挈则行。凡重,上弗挈,下弗收,旁弗劫,则下直;拖⑥,或害之也。流⑦,梯者不得流,直也。今也废尺于平地⑧,重,不下,无蹞也。若夫绳之引轴也,是犹自舟中引横也。倚:倍拒坚,䡅⑨,倚焉则不正⑩。

【注释】

①招:引水机械桔槔。

②挠:弯曲。

③本:称重时,挂物的一端秤杆。标:挂秤砣的一端秤杆。

④弦:当作"引"(孙诒让说),牵,拉。

⑤轴:当作"轴"(孙诒让说),车轴。

⑥拖:通"柂",倾斜。

⑦流:受倾斜度的影响而下滑。

⑧废:放置。

⑨蹞:当作"踦"(孙诒让说),有"向一侧偏"的意思。

⑩䡅:当作"邪",同"斜"(孙诒让说)。

【译文】

　　用横木做成的引水机械桔槔,承受重量却不会弯曲,是因为横木非常能够承重。交叉的绳子,无须什么重物相加就会弯曲,是因为不能承重。秤杆,若加重其一端,就必然向下倾斜。称重时,挂物的一端秤杆短,叫做"本";挂秤砣的一端秤杆长,叫做"标"。两边加上相同的重量,"标"就必然下垂,因此标用来挂比所称物体轻的秤砣。如果向上提的力气大,向下拉的力气小,那么被拉的物体就会倾斜。所提起的东西的正或斜,用绳子来提起它,像以锥子刺它。提起时,长而重的一边下沉,短而轻的一头上翘,上翘一边加重愈多,则下沉一边下坠的力量会越少。绳子直,秤砣重量适宜,那么秤杆就正了。上翘一边重量越减,下沉一边会越来越下沉;如果上翘一边的上翘力被秤砣的重量抵消,就可以顺利称重了。一车四轮,两个轮子高,两个轮子低,这就是车梯。在其前方悬挂重物,然后向前拉它,拉动它的轴承,而且在其前方悬挂重物,是云梯。拉而又拉,使其前行。大凡重物,不受向上的牵引,不必向下拉拽,不受侧力的干扰,皆会自然垂直下落;倾斜,那一定是有外力害得它不正了。梯子倾斜了,重物却不会下滑,是因为有个向上牵引直升的力。现在将一尺大小的重物放置在平地上,重物也不会滑移,因为没有偏斜的坡面使之下滑。至于用绳子牵引车梯的轴承使之前行,就好比用纤绳牵引船头横木,使之在水中前行一样。倚,就是靠着坚固的东西。斜倚的话,形体就不端正。

谁并石絫石耳^①。夹寝者,法也^②。方石去地尺,关石于其下,县丝于其上,使适至方石。不下,柱也。胶丝去石,挈也。丝绝,引也。未变而名易,收也^③。买:刀、籴相为贾。刀轻、则籴不贵;刀重,则籴不易^④。王刀无变,籴有变。岁变籴,则岁变刀。若鬻子,贾尽也者,尽去其所以不售也。其所以不售去,则售。正贾也宜不宜,正欲不欲。若败邦、鬻室、嫁子、无子。在军,不必其死生;闻战,亦不必其生。前也不惧,今也惧。或:知是之非此也,有知是之不在此也,然而谓此南北,过而以已为然。始也谓此南方,故今也谓此南方。智论之^⑤,非智无以也谓^⑥。所谓非同也,则异也。同则或谓之狗,其或谓之犬也;异则或谓之牛,牛或谓之马也。俱无胜,是不辩也。辩也者,或谓之是,或谓之非,当者胜也。无让者酒⑦，未让⑧，始也，不可让也。于石，一也；坚、白，二也，而在石。

【注释】

①谁：当作"唯"（孙诒让说）。

②法：当作"柱"（孙诒让说）。

③收：当作"仮"，同"反"。

④易：当作"轻"。

⑤智论之：有了知识，然后产生言论（张惠言说）。

⑥非智无以也谓：当作"非智无以谓也"。

⑦无让者酒：指宾主献酬而相敬的酒，按礼节不得推让。

⑧未：当作"不"。

【译文】

仅仅是合并石头，只是将石头堆垒起来罢了，难免会倾斜。将寝室夹于其中的，是两边的柱子。柱子下面有方形的基石，高一尺，基石下方再设一块"关石"，"关石"上系绳索，让它恰好连接到方形基石上。绳索能悬挂石头，是因为上方有柱提着它；如果绳子断了，那是下方石块的拉力所致。事物没有变，名称却更改了，这是相反的情况。购买，用刀币买粮谷，刀币和粮谷的贵贱相对产生。所花刀币少，那么粮谷的价格就不贵；所花刀币多，粮谷的价格就不便宜。王者所铸的刀币并没有变，只是每年的粮谷价位不同。每年粮谷价位有变更，就等于刀币的价值每年也有变化。就像买卖子女，所谓"尽数出价"，就是完全消除导致无法成交的因素。无法成交的因素消除了，那么就能顺利成交。根据适宜还是不适宜，确定何为正当的买卖；根据自己心意，确定想要还是不想要。就好比战败国出售房屋、卖掉妻室、嫁出女儿、失去儿子。在军队里，无从确定其生死；听说发生了战斗，也无法确定其生死。在前线军中的人不恐惧，在后方的人却因听说有战斗，不能确定此人生死而恐惧。或：知道"是"并非"此"，还知道"是"有时在空间上并不在"此"处，说某处为"南"或"北"，是将自身所在之处视作中点，越过这一点往北，就是北方；越过这一点往南，就是南方。一开始所说的南方，待到再向南越过它之后，就有产生了新的"南方"。有了知识，然后产生言论，没有知识，就没什么可以论说的。所谓不是相同的，就是相异的。相同的例子，比如有的称狗为狗，有的称狗为犬；相异的例子，比如有的称牛为牛，有的称牛为马。这些都是同异对错明显，构不成辩论。所谓辩论，就是一方称某物"是什么"，另一方持相反意见，哪一方的观点恰当就得胜。宾主献酬而相敬的酒，按礼节不得推让，不推让，是事先便已经确定的，因为不可推让。石头是个统一的整体；"坚硬"、"白色"是石头的两种不同方面的性质，但又都包含在石头这个统一体中。

　　故有智焉，有不智焉，可。有指：子智是，有智是吾所先举①，重。则子智是，而不智吾所无举也，是一。谓"有智焉，有不智焉"，可。若智之，则当指之智告我，则我智之，兼指之以二也。衡指之，参直之也②。若曰"必独指吾所举，毋举吾所不举"，则者固不能独指，所欲相不传，意若未校③。且其所智是也，所不智是也，则是智是之不智也，恶得为一？谓而"有智焉，有不智焉"。

　　所：春也，其执固不可指也。逃臣不智其处；狗犬，不智其名也；遗者，巧弗能两也④。

【注释】
①有：当作"又"。先：当作"无"。
②参：通"三"。直：恰当（张惠言说）。
③校：喜悦（张惠言说）。

④两：当作"网"，网罗（孙诒让说）。

【译文】

因此有知道的，有不知道的，这是可以成立的。有具体的意指：你知道这一点，并且知道我没有举出的另一点，这就是双重的"知"。如果你知道这一点，而不知道我没有举出的另一点，是单一的"知"。说"有知道的，有不知道的"，是可以的。如果你知道一点，并且将你的意指告知我，我原本知道的和你告知我的意指相结合，就有了双重的"知"。再对意指加以权衡，"权衡"与原先的二重"知"合二为三，就能得出恰当的认识。如果说"只许指出我已经举出的一点，不得指出我所未举出的另一点"，那么有二名的同一事物，或者同类、同处的两事物，本来就不该指单举其一，不能明确传达想要传达的意指，是令人不快的。况且所知道是此，所不知道的是彼，怎么能将知道的与不知道的混淆为一呢？所以说有的被知晓了，有的未被知晓。

"所"就如春天的变化，其形势有不可指明的地方。逃亡的臣子，不知道其逃往何处；狗、犬种类繁多，并不能尽知它们的具体名称；已经遗失的东西，巧手也无法将它网罗住。

智：智狗，重，智犬，则过；不重，则不过。通①，问者曰："子知赢乎②？"应之曰："赢，何谓也？"彼曰："施。"则智之。若不问赢何谓，径应以弗智，则过。且应必应③，问之时若应，长应有深浅④。大常中在⑤，兵人长所⑥。室堂，所存也。其子，存者也。据在者而问室堂，恶可存也？主室堂而问存者，孰存也？是一主存者以问所存，一主所存以问存者。五合，水、土、火，火离然。火铄金，火多也。金靡炭，金多也。合之府水⑦。木离木⑧。若识麋与鱼之数，惟所利，无欲恶。伤生损寿，说以少连⑨，是谁爱也？尝多粟，或者欲不有能伤也,若酒之于人也。且恕人利人,爱也,则唯恕,弗治也。损:饱者去余,适足,不害。能害,饱。若伤糜之无脾也⑨。且有损而后益智者,若疟病之之于疟也。

【注释】

①通:沟通见解。

②羸(luó):同"骡"。公驴与母马交配而生的牲畜。

③且应必应:当作"且问必应"(孙诒让说)。

④长:当作"其"(孙诒让说)。

⑤常:当作"堂"(毕沅说)。

⑥兵人长所:当作"其人其所"(孙诒让说)。

⑦合之府水:金与火相合,就熔化成水(孙诒让说)。

⑧木离木:当作"木离土"。离,同"丽",附丽(孙诒让说)。

⑨连:当作"适",适度节俭以合乎养生之道(孙诒让说)。

⑩脾:通"髀",大腿部分。

【译文】

知:知道狗和知道犬是相同的,如果知道狗又知道犬,却不知道狗就是犬,这就是错了;如果狗和犬不是同一物,那么知此而不知彼就不错。两人沟通见解,一人发问道:"'羸'是什么意思?"对方回答:"就是'施'。"那么问者就知道了。如果不问羸的意思,直接说自己不知道,就是错误的。而且遇到疑问一定要应答,要在对方发问时回应,所应答的内容有深有浅。在大堂中,每个人都有其固定的位置。室堂是人所举出的地方。某人,是居处于室堂中者。以居处者为主视角问室堂,问居处者"居处在哪里"? 或以室堂为主视角,问居处于其中者是谁? 前者是以居处者为主而问居处之地,后者是以居处之地为主而问居处者。五行相合的有:水、土、火,火附丽于木而燃。火可以熔金,这是火克金。金可以碾碎木炭,这是金克木。金与火相合,就熔化成水。木必须附丽于土才能生长。如果知道了麋鹿和鱼的数目，用来供应膳馐的便利，不用偏爱二者之一。伤害身体，减损寿命，是因为缺少适度的节俭以符合养生之道。你到底爱哪一种呢？吃过多的粮食，也许不能给人带来好处，就像喝酒并不能有益身体一样，不如少喝、少吃。而且知道人的需求，想要施利于人，光凭"知道"，是达不到目的的。损：减少欲望、享受等等，例如已经吃饱的人，舍弃多余的食物，以足够吃饱为适度，就不会损害身体。吃得过饱，则是会伤害身体的。就好像用麋鹿肉供祭祀，臀部是不用的。有所减损而后带来益处，就好像患疟疾的人，疟疾症状的减除有益于身体。

智以目见；而目以火见，而火不见。惟以五路智久不当。以目见，若以火见火，谓火热也，非以火之热。我有若视，曰智。杂所智与所不智而问之，则必曰："是所智也，是所不智也。"取、去，俱能之，是两智之也。无：若无焉，则有之而后无；无天陷^①，则无之而无。擢疑，无谓也。臧也今死，而春也得文^②，文死也可，且犹是也。且然，必然；且已，必已；且用工而后已者，必用工而后已。均：发均县轻重而发绝，不均也。均，其绝也莫绝。尧、霍^③，或以名视人，或以实视人。举友富商也，是以名视人也；指是臛也，是以实视人也。尧之义也，是声也于今，所义之实处于古。若殆于城门^④，与于臧也。狗：狗，犬也。谓之杀犬，可，若两腴^⑤。使：令，使也。我使我，我不使，亦使我。殿戈亦使^⑥，殿不美，亦使殿。

【注释】

①无天陷：当作"无失陷"，预先告诫别人行事不要有闪失（孙诒让说）。

②春：当作"养"，供养。文：当作"之"。下"文"同（孙诒让说）。

③霍：同"臛（huò）"，肉羹，这里当指"做肉羹的厨人"。

④殆：接近（孙诒让说）。

⑤腜：通"髀"，大腿部分。

⑥殿戈：殿军（张惠言说），部队撤退时断后的军队。

【译文】

凭借视觉知道某物；而视觉依靠火光才能见物，但火光本身并不能见物。只是以"五路"知道事物，很久以来就是不恰当的。用视觉看火，就是凭借火光见到火，说火是热的，并非因为视觉能看出火的热。我通过视觉来看物，可以说是知道了事物。将已知的和未知的交织在一起问询别人，必须说清："这些是我已知的，这些是我不知道的。"彼此保留知道的，消减去不知道的，双方就都获得了知识。无：好像是"无"，然而必须以"有"作参照，才能确定什么是"无"；预先告诫别人行事不要有闪失，就是依据本来没有的事来说"无"。攫疑，是无谓的事情。奴仆现在死了，而得到了供养；得到供养，足以抵消奴仆之死的损失。将要如此，就是定会如此；将要停止，就是定会停止；将花功夫而完成，就是一定要花了功夫才能完成。均：假使以头发悬挂物品，有的头发断了，有的头发没断，这就是所悬物品轻重不均造成的。如果轻重均匀，那些断掉的头发就不会断。称人为"尧"，与称人为"做肉羹的厨子"，前者是以名称呼人，后者是以实称呼人。将当富商的朋友以"富商"的名义介绍给人，是以名义看人；指着做肉羹的厨子，称之为"做肉羹的厨子"，则是以实质看人。尧的道义，在今天是一种声望，其道义的实质行为，则在古代。如果接近城门，就和奴仆相似。狗就是犬。将"杀狗"说成"杀犬"，是可以的，"狗"、"犬"是同一物的两个名称，就像人有两条大腿一样。使，就是以令派遣人做事。假如是派遣自己，那么无需下令，也是使自己做事。派遣部队殿后，也是一种使令，即使负责殿后的军队不精锐，也要派遣。

荆沈①，荆之贝也②，则沈浅非荆浅也，若易五之一③。以楹之抟也，见之，其于意也不易。先智④，意，相也。若楹轻于秋⑤，其于意也洋然⑥。段、椎、锥⑦，俱事于履，可用也。成绘屦过椎，与成椎过绘屦同⑧，过忤也⑨。一：五有一焉；一有五焉；十，二焉。非斫半，进前取也。前，则中无为半。犹端也，前后取，则端中也。斫必半，毋与非半，不可斫也。可无也，已给⑩，则当给，不可无也。久有穷无穷。正九，无所处而不中县，抟也⑪。伛宇不可偏举⑫，字也⑬。进行者，先敷近，后敷远。行者行者，必先近而后远。远近，修也；先后，久也。民行修，必以久也。一方尽类，俱有法而异，或木或石，不害其方之相合也。尽类犹方也。物俱然。

【注释】

①沈：大沼泽。

②贝：当作"具"。参见《经下》篇。

③之：当作"与"（孙诒让说）。

④先：当作"无"。

⑤秋：通"萩"，蒿类植物。

⑥洋然：茫然，无知的样子。

⑦段：犹"断"。

⑧绘：当为"缯"，丝帛。

⑨忤：当作"忤"，相逆。

⑩给：当作"具"（张惠言说）。

⑪抟：当作"摇"。

⑫伛：通"区"，区域。

⑬字：当作"宇"。

【译文】

楚国的大沼泽，是楚国境内所有的，说楚国的大沼泽浅，不等于说楚国浅，否则就好比是因为"五"中包含"一"就把"五"换做"一"，是同样的错误。将柱子当作成捆的木柴，一见便知是错误的，哪怕只是靠猜想也知道这样不妥当。无知，就是单凭"意"、"相"。把柱子当成荻草，这种臆度就茫然无知了。断、椎、锥，都是用来制作履的，因为合用。丝帛履触到锥子，和锥子触到丝帛履相同，因为这是一个相逆的动作。"五"中间包含"一"；将"一"放于高数位上，则"一"又包含低数位的"五"；例如十位上的"一"，就包含两个"五"。并非砍去一半，因为每砍一次必须前进一点。每砍掉前边一点，就没有了用以标示"一半"的中点。就好比端点，前端与后端之间的中点，就是标示"一半"的位置。如果每次必须砍掉一半，而不允许砍掉的并非一半，就没法砍了。本来可以使之不复存在的物体，如果已经具有的部分始终具有，就不可使之不复存在。再久的时间，也有其穷尽的终点。正圆形的丸子，没有一处不可以用作悬挂的重心，这是不可摇撼的真理。无限宇宙的区域，无法全部描述出来。行进，就是要先到近处，再到远处。行进者的目标，也就必须先近而后远。远近，是个长度范畴；先后，是个时间范畴。人要行过很长的距离，必须花去长久的时间。方的物体之间可以相合，虽然方的物体各有不同材质，或为木，或为石，但并不影响它们相合无间，因为同属"方形物体"一类。

牛狂与马惟异①。以牛有齿，马有尾，说牛之非马也，不可。是俱有，不偏有，偏无有。曰之与马不类，用牛有角、马无角,是类不同也。若举牛有角、马无角,以是为类之不同也,是狂举也①。犹牛有齿、马有尾,或不非牛而非牛也,可;则或非牛或牛而牛也②,可。故曰:牛马非牛也未可,牛马牛也未可。则或可或不可,而曰"牛马牛也未可"亦不可。且牛不二,马不二,而牛马二。则牛不非牛,马不非马,而牛马非牛非马,无难。

【注释】

①狂:当作"性"(俞樾说)。

②或非牛或牛而牛也:当作"或非牛而牛也"(孙诒让说)。

【译文】

牛的性质与马不同。但说"牛有牙,马有尾",以此为据说牛不是马,却是不行的。因为牛和马都有齿、尾,并非是一个有,一个没有。说牛与马不是同类,当以牛有角而马无角为依据,这是牛、马不同类的根本,是说明了二者的不同性质。如果只是说牛有齿、马有尾,有的并非牛所不具有的特点(如"有齿"是牛所具有的特点,但马齿却不是牛齿),却不是牛;有的与牛所具有的特点不尽同(如"马尾"与"牛尾"不同,但"有尾"也是牛的特点),却是牛。因此说:那些认为"牛马"不是"牛"的论点是不对的,那些将"牛马"等同于"牛"的观点也是不对的。不确定对或不对的情况下,说"不能说'牛马是牛'"也是不对的。而且牛是单一个体,马也是单一个体,"牛马"则是两个概念的合成体。那么牛就是牛,马就是马,而"牛马"既不等于"牛",也不等于"马",就不难理解了。

彼:正名者彼、此,彼此,可。彼彼止于彼,此此止于此,彼此,不可。彼且此也,彼此亦可。彼此止于彼此,若是而彼此也,则彼亦且此此也。

唱无过①,无所周②。若粺,和无过③,使也,不得已。唱而不和,是不学也。智少而不学,必寡④。和而不唱,是不教也;智而不教,功适息。

使人夺人衣,罪或轻或重;使人予人酒,或厚或薄。

【注释】

①唱无过:歌唱而没有应和者。也可解为"提倡而没有响应者"。

②周:当作"用"。

③粺:稗子,比喻无所用。

④必寡:当作"功必寡"。

【译文】

彼、此是相对应而产生的名称,在这个意义上说"彼此"是可以的。如果仅就"彼方"而定为"彼",仅就"此方"而定为此,如此限死了"彼此",是不可以的。意识到"彼"也是"此",说"彼此",是可以的。说"彼此"仅限于"彼此",意识到任何一方都包含"彼"、"此"两重性质,此方对对方而言就成了"彼","彼方"站在己方立场而言也是"此"。

歌唱而没有应和,就没有用处。有应和者却没有主唱者,是由于缺少主唱者,是不得已的事情,不是应和者之错。主唱者是教导方,应和者是学习方,有主唱而无应和,是"不学"之过。所知甚少而又不学,那么达到的功效必然少得可怜。有应和却无主唱,这是教导者的缺失,有所知而不用来教导,那么功用必将灭绝。

假使有人抢夺别人的衣服,那么此人所犯的罪依照衣服的贵贱或轻或重;就好像有人请别人饮酒,酒的味道或厚或薄。

闻在外者所不知也,或曰:"在室者之色,若是其色。"是所不智若所智也。犹白若黑也,谁胜? 是若其色也,若白者必白。今也智其色之若白也，故智其白也。夫名，以所明正所不智，不以所不智疑所明。若以尺度所不智长。外，亲智也；室中，说智也。

　以诤，不可也。出入之言可[①]，是不诤，则是有可也。之人之言不可，以当，必不审。惟：谓是霍[②]，可，而犹之非夫霍也。谓彼是是也，不可，谓者毋惟乎其谓，彼犹惟乎其谓，则吾谓不行；彼若不惟其谓，则不行也。

【注释】

①出入：当作"之人"（孙诒让说）。

②霍：同"虎"。

【译文】

　在室外听到有人在室内，并不知道是谁，有人说："在室内的颜色，与在室外的颜色相同。"这是把不知道的等同为已知道的。就好像黑色和白色，哪个更恰当呢？如果其颜色和白色的物品相像，那就一定是白色的。现在知道了某物颜色与白色物品相像，因而知道了该物是白色的。名称，是要用已经明白的事物来正未知事物之名，不是拿所不知道的事物来质疑已经明白的事物。就好像用尺子来度量长度不明的物体。身处室外，对室外物体是亲身知晓的；对于室内物体，则需要通过室内人告说才知晓。

　认为别人告知的话是错误的，必然是这些话有不可信的地方。如果说某人的话可信，那么就意味着这些话并非悖谬，即是有可信之处。某人说的话不可信，却被认为是恰当的，一定是没有仔细审查的缘故。随心所欲地命名：说它是虎就是虎，虽然并非真虎，但既然可以随我所欲而命名，就可以说它叫"虎"。说不可以这样称呼它，是因为别人不会使用我妄加于某物的称谓，他们仍然坚持他们认可的称谓，于是我加于某物的称谓就不会通行；如果他们不坚持他们认可的称谓，那么他们认可的称谓也不会通行。

无：南者有穷则可尽，无穷则不可尽。有穷、无穷未可智，则可尽、不可尽，不可尽，未可智。人之盈之否未可智，而必人之可尽、不可尽亦未可智，而必人之可尽爱也，诗。人若不盈先穷①，则人有穷也，尽有穷无难，盈无穷，则无穷尽也，尽有穷无难。不二智其数②，恶智爱民之尽文也③？或者遗乎其问也？尽问人，则尽爱其所问。若不智其数，而智爱之尽文也，无难。

　　仁：仁爱也；义，利也。爱、利，此也；所爱、所利，彼也。爱、利不相为内、外，所爱、利亦不相为外内。其为仁内也，义外也。举爱与所利也，是狂举也，若左目出，或目入。学也以为不知学之无益也，故告之也，是使智学之无益也，是教也。以学为无益也，教，诗。

【注释】

①先：当作“无”（孙诒让说）。

②二：当作“一一”。

③文：当作“之”。

【译文】

无：如果南方有尽头，就可以穷尽；如果没有尽头，就不可以穷尽。既然南方是否有尽头是未知数，那么究竟可以穷尽还是不可以穷尽，也无从知晓。四方空间是否都住满了人，尚未可知，就连世间人数有没有极限，也未可知，在这种情况下，那种认为可以做到爱尽天下人的观点，是错误的。世间人数如果无法盈满无穷的空间，就意味着人数有极限，爱尽有数目极限的世人，是不难做到的。如果不一一知晓世间人数，怎么能知道已经尽爱世间所有人了呢？或者中间会有所遗漏呢？如果过问所有人，那么就爱尽其所过问的人。虽然不知道具体的人数，而已经爱尽了这所有人，并没有什么困难。

仁，就是仁爱；义，就是施利于他人。爱与利，都在此心之中；所爱所利的对象，则是其他人。爱和利彼此不分内外，所爱所利的对象也彼此不分外和内。那些认为仁是由内心生发，义则是由外物所感。并遍举所爱之在此与所利之在彼，这就是所谓"狂举"，就好像是从左眼出，从右眼进。学习，因为学习者不知道有时学习某些东西是无益的，要告知他这一点，目的是使他明白学习某些东西是无益的。如果已经知道了学习某些东西是无益的，还去教他，这是错误的。

论诽①：诽之可不可。以理之可诽，虽多诽，其诽是也；其理不可非，虽少诽，非也。今也谓多诽者不可，是犹以长论短。不诽②，非己之诽也。不非诽，非可非也。不可非也，是不非诽也。物甚长甚短，莫长于是，莫短于是，是之是也非是也者，莫甚于是。取高下，以善不善为度，不若山泽。处下善于处上，下所请上也③。不是：是，则是，且是焉。今是文于是④，而不于是，故是不文。是不文，则是而不文焉。今是不文于是，而文与是，故文与是、不文同说也。

【注释】

①诽：非议，批评。

②不诽：当作"非诽"，即非议爱非议他人者。

③请：当作"谓"。

④文：当作"之"，以下"文"字并同。

【译文】

讨论一下"非议"的问题,关键在于"非议"是否得当。如果按道理是应当加以非议的,即使多加非议,这些非议也都是合理的;按照道理不可非议的,即使加以很少的非议,也是不对的。现在人常说"不可以非议太多",这是以长论短,不考虑是否恰当。非议爱非议他人者,等于同时非议了自己的"非议"。不非议好非议他人者,是因为被非议的对象有可非议之处。如果他的非议不妄,就不可非议,即不可非议他的非议。事物有很长和很短之分,没有比此物长的,此物就很长;没有比此物短的,此物就很短,如果不是这样,此物就不是很长或很短。判断事物的高低,以"善"和"不善"为标准,并非像山丘和湖泽那样高低差距明显。如果居于下位者好于居上位者,那么"下"也就成了所谓"上"。不是:是就是,而且正是这样。现在是之于是,而又不于是,因此是不之。是不之,就是是而之。现在是不之于是,而又之于是,因此"之于是"、"不之"是相同的意思。

大取

【题解】

　　本篇是墨家世界观、价值观、伦理观的总概括。全篇以"爱人"、"利人"发端,反复探究二者的真义所在。文章先是否定了厚葬、求乐为爱利父母子女的世俗观念,进而否定了经过反复权衡而趋利避害的行为,认为这样即使有时与道义相合,却不是真正发自内心的行义。文章还将儒家观念里那种有亲疏等次之分的"爱人",与墨家一视同仁的"兼爱"相对比,凸显出后者的公平和博大。可以说,本文堪称一篇传播墨家兼爱天下、尽利苍生精神的宣言书。而篇中穿插的一些逻辑思辨性的段落,则更丰富了文章的内容与趣味性。

　　天之爱人也,薄于圣人之爱人也;其利人也,厚于圣人之利人也。大人之爱小人也,薄于小人之爱大人也;其利小人也,厚于小人之利大人也。以臧为其亲也[①],而爱之,非爱其亲也;以臧为其亲也,而利之,非利其亲也。以乐为爱其子,而为其子欲之,爱其子也[②];以乐为利其子,而为其子求之,非利其子也。

【注释】

①臧:通"葬",这里指为墨家所反对的"厚葬"。亲:这里指父母、双亲。

②爱其子也:其上脱一"非"字。

【译文】

上天对人的爱,比起圣人对人的爱要淡薄;它施利于人,却比圣人施利于人更富厚。君子爱小人的程度,不如小人爱君子;君子施利给小人的程度,却比小人施利于君子的程度要厚重。认为厚葬是爱双亲的行为,因此喜欢厚葬,并不算是真的爱双亲;认为厚葬是有利于双亲的行为,因此以厚葬为有利,实则并非真有利于其双亲。认为给子女欣赏音乐是爱子女的表现,而去为子女希求音乐,其实并不能算是真爱子女的行为;以为音乐对子女有利,而为子女寻求音乐来赏听,并不是真的对子女有利。

于所体之中①,而权轻重之谓权②。权,非为是也,非非为非也③。权,正也。断指以存擎,利之中取大,害之中取小也。害之中取小也,非取害也,取利也。其所取者,人之所执也。遇盗人,而断指以免身,利也;其遇盗人,害也。断指与断腕,利于天下相若,无择也。死生利若,一无择也④。杀一人以存天下,非杀一人以利天下也;杀己以存天下,是杀己以利天下。于事为之中而权轻重之谓求。求为之,非也。害之中取小,求为义,非为义也。

【注释】

①体:事体。

②权:本义指秤砣,这里引申为"权衡"。

③非非为非也：当作"非为非也"，第一个"非"字衍。

④一：当作"非"（依孙诒让说）。

【译文】

在所行的各种事体之中，分别权衡其轻重，就叫做"权"。权，并非为了根究对与错，权，就是讲究公正。为保存手腕而砍断手指，是为取得最大的利，而避免了最大的害。是在权衡之后选取了两种伤害之中较小者，这不是选取害，而恰是选取利。其所选择的砍断手指，正是一般人紧抓不放的。遭遇强盗，砍断指头以避免杀身，是利；遭遇强盗，是害。砍断指头和砍断手腕，对天下而言，利益差不多，没有什么区别。死与生，只要关系到有利于天下，也都没有选择。杀一个人以保存天下，并不是杀一个人以使天下得利；杀死自己以保存天下，这是杀死自己以使天下得利。在行事过程中权衡轻重，是所谓"求"。只通过求来行事，是不正确的。选取较小的"害"，通过权衡求得它合乎道义的地方，算不上真正的"行义"。

为暴人语天之为是也而性①，为暴人歌天之为非也②。诸陈执既有所为③，而我为之陈执；执之所为，因吾所为也。若陈执未有所为，而我为之陈执，陈执因吾所为也。暴人为我为天之，以人非为是也而性，不可正而正之。

【注释】

①而：犹"尔"。

②歌：当作"语"（张纯一说）。

③陈执：相当于《当染》篇中的"所染"，即影响人性情的种种后天因素（张纯一说）。

【译文】

对暴戾的人说上天的安排就是如此，符合你的天性，这就等于对暴戾的人说真正的天意是不对的。各种影响人性的后天因素在发挥作用，而“我”的行为也会成为影响后人心性的因素；这些后天因素产生的影响，也是由我的行为所造成。如果既成的后天因素并未产生影响，而我的行为造成了新的“后天因素”，也就等于影响人性的后天因素由我的行为而产生。暴戾的人一切行为出于自我私心，却说成是天意，理由是人性并非由人事形成，把不可当作正当的事情当作正当的。

利之中取大，非不可得已也；害之中取小，不得已也。所未有而取焉，是利之中取大也；于所既有而弃焉，是害之中取小也。

义可厚，厚之；义可薄，薄之。谓伦列。德行、君上、老长、亲戚，此皆所厚也。为长厚，不为幼薄。亲厚[①]，厚；亲薄，薄。亲至，薄不至。义，厚亲不称行而顾行[②]。

为天下厚禹，为禹也。为天下厚爱禹，乃为禹之爱人也。厚禹之加于天下，而厚禹不加于天下。若恶盗之为加于天下，而恶盗不加于天下。爱人不外己，己在所爱之中。己在所爱，爱加于己。伦列之爱己、爱人也。

【注释】

①亲厚：血缘关系密切的近亲（孙诒让说）。

②顾：当作“类”（孙诒让说）。

【译文】

在利益中选取较大的，并非不得已；在危害中选取较小的，则是不得已。选取原本不为自己所有的事物，是在利益中选取较大的；在原本拥有的事物中有选择性地舍弃,是在危害中选取较小的。

在儒家看来,依据道义可以厚爱的,就厚爱;依据道义可以薄爱的,就薄爱。这就是所谓伦常序列。有德行者、君上、长者、亲戚,这些都是要厚爱的。厚爱长者,并非不薄爱幼者。近亲要厚爱;远亲要薄爱。有血缘关系最近的"至亲",但却没有要最薄爱的对象。依据儒家的道义,厚爱至亲,无需以至亲的行为为标准,而是要由亲疏关系的类别来决定。

儒家为全天下而厚待禹,这是为了禹。而墨家为全天下而厚爱禹,是因为禹博爱世人。厚待禹的行为,能够加利于天下,但对禹的厚待,并不等于对天下其他人的厚待,这就像厌恶强盗的行为,能够加利于天下,但对强盗的厌恶,并不等于对天下其他人的厌恶。"爱人"并不排除自己,自己也属于所爱之人。所爱之人既包括自己,爱也施加于自己。儒家强调的有伦理序列差别的爱,却要强行划分爱自己和爱人的区别。

圣人恶疾病,不恶危难。正体不动,欲人之利也,非恶人之害也。圣人不为其室臧之①,故在于臧。圣人不得为子之事。圣人之法:死亡亲②,为天下也。厚亲,分也;以死亡之,体渴兴利。有厚薄而毋③,伦列之兴利为已④。

语经⑤,语经也,非白马焉,执驹焉说求之,舞说非也,渔大之舞大⑥,非也。三物必具⑦,然后足以生。

臧之爱己,非为爱己之人也。厚不外己,爱无厚薄。举己⑧,非贤也。义,利;不义,害。志功为辩。

有有于秦马,有有于马也,智来者之马也⑨。爱众众世与爱寡世相若⑩。兼爱之,有相若。爱尚世与爱后世⑪,一若今之世人也。

鬼,非人也;兄之鬼,兄也。天下之利骔⑫。"圣人有爱而无利"，倪日之言也^⑬，乃客之言也。天下无人，子墨子之言也犹在。

【注释】

①臧：奴仆。

②亡：同"忘"（孙诒让说），忘却。

③有厚薄而毋：当作"有厚而毋薄"。毋，犹"无"。

④伦列：这里指墨家一视同仁的平等"伦列"，与上段中儒家的有亲疏差别的伦列不同。

⑤语经：孙诒让解为"言语之常经"，指正经言论的常轨。

⑥渔大之舞大：当作"杀犬之无犬"（孙诒让说），意即"杀狗非杀犬"，也是名家学派的一个诡辩命题。

⑦三物：指缘故、道理、类推。必：通"毕"，全都。

⑧举：当作"誉"。

⑨智：同"知"。

⑩众众世：衍一"众"字，当删去。"众世"、"寡世"，孙诒让认为当以地域广狭区分，我们则认为当以人口众寡区分为宜。

⑪尚世：上古之世。

⑫雕：同"欢"。

⑬倪日：当作"儒者"。

【译文】

圣人厌恶疾病，并不厌恶危难。端正形体，不为外物所动，是为了希望世人获得利益，并非厌恶人间各种危害。圣人不会因为自家屋室可以藏身，就一味藏身远害。圣人不能仅仅为父母尽为子应尽的孝道。圣人的法则：父母去世，就忘却他们，这是为了全心造福天下。厚爱父母，是本分；父母死后就忘却他们，是因为急于投身造福天下的事业。圣人爱人，只有厚没有薄，一视同仁地做为他们谋福利的事而已。

语经，言语的常经，辩者说"白马非马"，坚执"孤驹不曾有母"等怪论，这是舞弄口舌，说"杀狗"不是"杀犬"，也是错误的。缘故、道理、类推三者都具备了，才足以产生言辞。

奴仆爱自己，并不是爱自己的身份、为人。厚爱的对象，无需将自己排除在外，爱人，要没有厚薄的差别。赞誉自己，不是贤能。义，就是利；不义，就是害。义与不义，都由志向和事功来判断。

有人强调"有秦国产的马跑来了"，有人只说"有马跑来了"，只需要知道来的是马即可。爱人口众多的时世与爱人口寡少的时世相同。这是"兼爱"必然要求的相同之爱。爱上古之世与爱后世，也要和爱当今世上之人一样。

鬼，不是人；兄长的鬼，则是哥哥。全天下的人都得到利益而欢乐。"圣人有爱而无利"，这是儒者的话，是对方的观点。即使天下无人信奉墨家，墨子的言论也将依然存在于世上。

不得已而欲之，非欲之也。非杀臧也①。专杀盗，非杀盗也。凡学爱人。

小圜之圜，与大圜之圜同。方至尺之不至也②，与不至钟之至③，不异。其不至同者，远近之谓也。

是瑞也④，是玉也。意楹，非意木也，意是楹之木也。意指之也，非意人也。意获也⑤，乃意禽也。志功，不可以相从也。

利人也，为其人也；富人，非为其人也，有为也以富人。富人也，治人有为鬼焉。为赏誉利一人，非为赏誉利人也，亦不至无贵于人。

智亲之一利，未为孝也，亦不至于智不为己之利于亲也。智是之世之有盗也，尽爱是世。智是室之有盗也，不尽是室也。智其一人之盗也，不尽是二人。虽其一人之盗，苟不智其所在，尽恶其弱也⑥。

【注释】

①非杀臧也：此句之上应脱漏"欲杀臧"一句。

②方：当作"不"（孙诒让说）。

③钟：当拆为"千里"二字（孙诒让说）

④璜：半璧。璧为环形，半璧即半环形。

⑤获：狩猎的收获，即猎物。

⑥弱：当作"朋"，朋党，同伙。

【译文】

不得已而想要某物，并非真的想要它。想杀奴仆，并非杀了奴仆。说"专门杀盗"，不同于"杀盗"的具体行为。大凡学着去爱人。

小圆圈的圆，与大圆圈的圆相同。"不到一尺"的"不到"，与"不到千里"的"不到"没有区别。"不到"是相同的，差别只在远近而已。

半璧为璜，也是玉。"考虑柱子"，不同于"考虑木头"，而是考虑做成这柱子的木头。想着某人的手指，并不是想着整个的某人。想着猎物，则是想着禽鸟。志向和事功，不可相等同。

施利于某人，是为了该人；使某人富起来，却并非不是为了该人，使其富起来是另有目的。使某人富起来，是为了使其有能力处理人事和祭祀鬼神。通过赏誉使某个人受利，并不能凭借赏誉普遍使天下人受利，但也不能因此就不去赏誉人。

只知道某一事有利于双亲，还称不上"孝"，但也不能至于明知有利于双亲之事却不去做。知道世间有盗贼，依然兼爱所有世人。知道这个房间里有盗贼，不要去厌恶房间里所有人。知道某一个人是盗贼，不能随便怀疑其他人。知道某一个人是盗贼，若不能确定为何人，不能将所有人都视作盗贼的同伙来厌恶。

　　诸圣人所先为，人欲名实①。名实不必名②。苟是石也白，败是石也③，尽与白同。是石也唯大，不与大同，是有便谓焉也。以形貌命者，必智是之某也，焉智某也。不可以形貌命者，唯不智是之某也，智某可也。诸以居运命者④，苟人于其中者⑤，皆是也，去之因非也。诸以居运命者，若乡里、齐、荆者，皆是。诸以形貌命者，若山丘室庙者，皆是也。

　　智与意异。重同⑥，具同⑦，连同，同类之同，同名之同，丘同⑧，鲋同⑨，是之同，然之同，同根之同。有非之异，有不然之异。有其异也，为其同也，为其同也异。一曰乃是而然，二曰乃是而不然，三曰迁，四曰强。

【注释】

①欲：当作"效"（孙诒让说），遵从。

②名实不必名：当作"名不必实，实不必名"（曹耀湘说）。

③败：打碎。

④居运：居住或迁徙。运，迁徙。

⑤人：当作"入"。

⑥重同：表示同一事物的两个名称。

⑦具同：两物体在同一屋舍内。

⑧丘同：两物体位于同一区域。

⑨鲋同：某物附丽于另一物而构成统一体。鲋，通"附"。

【译文】

　　那些圣人首先做的，是遵从正确的名实。有名不一定有相符的实，有实不一定有相符的名。如果这块石头为白色，打碎这块石头，每块碎片都也是白色的，与原石相同。说石头是"大"的，而不同程度的"大"各有差别，只有根据具体情况来称呼。用形貌命名的事物，必须知道此物的本质成因,并清楚赖以知道的根据。不能用形貌命名的,无需知道其本质成因,只要知道其自身属性即可。那些以居住和迁徙命名的,如果是进入其中的,就都是与之名实相符的,离去的,就不是。那些以居住或迁徙命名的,像乡里、齐、楚都是。那些以形貌命名的,像山、丘、室、庙都是。

靠感官知觉与靠体悟意会不同。说事物"相同",有多种情况,两个名称表示同一事物,叫"重同";两物体在同一屋舍内,叫"具同";事物相连接,叫"连同",还有同类之同、同名之同、形容两物体位于同一区域的"丘同"、形容某物附丽于另一物的"附同"、"是"之同、"然"之同、同根之同。说事物"相异",也有多种情况,有"性质不同"产生的异,有"不相赞同"而产生的异。之所以有"异",正是因为有"同"的存在,"异"是相对于"同"而产生。第一种是"是而然";第二种是"是而不然";第三种叫"迁",即从前是,现在不是,从前然,现在不然;第四种叫"强",即表面是,内心不是,表面然,内心不然。

子深其深,浅其浅,益其益,尊其尊①。察次山、比、因至优指复②;次察声端、名、因请复③。正夫辞恶者④,人右以其请得焉⑤。诸所遭执而欲恶生者,人不必以其请得焉。

圣人之附濆也⑥,仁而无利爱。利爱生于虑。昔者之虑也,非今日之虑也。昔者之爱人也,非今之爱人也。爱获之爱人也,生于虑获之利。虑获之利,非虑臧之利也;而爱臧之爱人也,乃爱获之爱人也。去其爱而天下利,弗能去也。昔之知墙⑦,非今日之知墙也。贵为天子,其利人不厚于正夫。二子事亲,或遇孰⑧,或遇凶⑨,其亲也相若⑩,非彼其行益也,非加也⑪。外执无能厚吾利者⑫。藉臧也死而天下害⑬,吾持养臧也万倍,吾爱臧也不加厚。

【注释】

①尊其尊:第一个"尊"意为"减"(俞樾说)。

②察次:当作"次察"(张子晋说)。山:当作"由",指事理产生的根由。比:学说中的比附。因:道理成立的原因。指:归指,即事理的精义要旨之所在。

③声:声教,即声音言教。端:端绪。请复:当作"情得"。

④正夫:当作"匹夫"(孙诒让说)。

⑤右:当作"有"。请:当作"情"。

⑥附:当作"拊",犹"抚"。溃:当作"覆",即天下万物(曹耀湘说)。

⑦墙:当作"啬",吝啬,节用(俞樾说)。

⑧孰:同"熟",丰年。

⑨凶:荒年。

⑩其亲也相若:当作"其爱亲也相若"。

⑪非加也:当作"非损也",针对上文的"凶"年而言(张纯一说)。

⑫执:通"势"。

⑬藉:假使。

【译文】

对于墨子的学说,你要深入研讨那些深奥的,浅近领会那些浅显的,增加该增添的东西,删减该减少的部分。接着考察事理产生的根由、学说中的比附、道理成立的原因,直至精益求精地探明事理的精义要旨;接着再考察墨子声音言教的端绪、核证名实的观点以及之所以如此的原因,了解其情实。这样,墨家学说的实情就能够了解。普通人言辞粗恶,人们却还可以从中了解实情。那些遭囚系而不想活的人,虽有怨屈也不愿申诉,就必定不能了解他的案情了。

圣人抚爱天下万物,怀抱仁心而刻意"爱人"、"利人"。"爱人"、"利人"的想法产生于思虑。从前的思虑,不是现今的思虑。从前的"爱人",也不是今日的爱人。关爱婢女,这种爱人的行为,产生于考虑婢女的利益。考虑婢女的利益，不是考虑奴仆的利益；但是，"关爱奴仆"与"关爱奴婢"，在抽象的爱人的层面，是相同的。如果要求去掉所爱的具体对象而使天下获利，就使人无法做到了。从前一般的人对他人吝啬，不同于先进墨家强调的对自己吝啬，即节用。贵为天子，他带给人的利益并不多于普通人。两个儿子侍奉父母，一个遇到丰年，一个遇到荒年，他们对双亲的爱则是相同的，不因丰年而增多，也不因荒年而减少。外物无法让我使父母获益的心意更强烈。假使奴仆死了会使天下受害，我对奴仆的奉养一定好于先前万倍，但我对奴仆的爱心并没有增加。

　　长人之异，短人之同①，其貌同者也，故同。指之人也与首之人也异，人之体非一貌者也，故异。将剑与挺剑异②。剑，以形貌命者也，其形不一，故异。杨木之木与桃木之木也同。诸非以举量数命者，败之尽是也。故一人指③，非一人也；是一人之指，乃是一人也。方之一面，非方也，方木之面，方木也。以故生④，以理长，以类行也者。立辞而不明于其所生，忘也⑤。今人非道无所行，唯有强股肱而不明于道，其困也，可立而待也。夫辞以类行者也，立辞而不明于其类，则必困矣。

【注释】

①长人之异，短人之同：当作长人之与短人也不同（俞樾说）。

②将剑：扶剑（孙诒让说）。挺剑：拔剑。

③故一人指：当作"故一指"（王引之说）。

④以故生：当作"夫辞以故生"（曹耀湘说）。

⑤忘：通"妄"。

【译文】

高个子的人与矮个子的人也会有相同点,因为他们的外表有相同之处,因而相同。不同人的手指不同,不同人的头部也不同,因为虽都是人体器官,但因为人们形貌各异,而存在差异。扶剑和拔剑不同。剑,是以形貌来命名的,每把剑的形貌不一,因而也不同。杨木的木与桃木的木相同。那些命名时没有强调数量的事物,破碎分裂成许多块,也都是该事物。所以说"一根手指",没有限定是具体某一个人的;说"是某一个人的手指",才限定了是具体某个人的。立方体的一面,不能等同于立方体,但方木的任何一面,都是方木。言辞由缘故而产生,顺应事理而丰富,通过类推的方式来拓展。创立言辞,却不明白它产生的根由,实属狂妄。当今之人不遵循大道,就无法行事,只有强健的肢体,而不明大道,那么此人遭遇困境,是可立待的事情。言辞要依照类推才能拓展,假如创立言辞却不懂得其所针对的事物类别,就必将陷入困境。

故浸淫之辞,其类在鼓栗①。圣人也,为天下也,其类在于追迷。或寿或卒,其利天下也指若,其类在誉石②。一日而百万生,爱不加厚,其类在恶害。爱二世有厚薄③,而爱二世相若,其类在蛇文。爱之相若,择而杀其一人,其类在阬下之鼠④。小仁与大仁,行厚相若,其类在申。凡兴利除害也,其类在漏雍⑤。厚亲不称行而类行,其类在江上井。不为己之可学也,其类在猎走。爱人非为誉也,其类在逆旅。爱人之亲若爱其亲,其类在官苟⑥。兼爱相若,一爱相若。一爱相若,其类在死也⑦。

【注释】

①鼓栗：即"股栗"，恐惧战栗。

②誉：同"豫"，愉悦（张纯一说）。石：当作"后"（张纯一说）。

③二：当作"三"（张纯一说）。三世：上古之世，当今之世，后世。

④阮：当作"院"，同"苑"（曹耀湘说），养物的苑囿。

⑤雍：同"瓮"（王念孙说）。

⑥官：公而无私（张纯一说）。苟：敬（张纯一说）。

⑦也蛇：指蛇在性命受到危害的时候，就会首尾相救。也，当作"它"，古"蛇"字（刘再赓说）。

【译文】

　　所以由亲附而渐渐侵染人心的言辞，终将使有些人恐惧战栗。圣人懂得言辞，为天下尽力，目的在追回迷惑者，使之归于正路。有的长寿，有的早死，圣人们为天下谋利的要旨是相同的，目的都是使世人获得悦乐。一天之内有百万新的生灵诞生，但我的爱并未增多，这和对危害世人的事物的厌恶之情一样。对上古之世、当今之世、后世的爱有厚有薄，但"兼爱"的用心是相同的，正如蛇身上的花纹相似一样。兼爱世人的心是相同的，但有时却要选择其中一人杀掉，是为天下除害，就像杀死苑囿中的老鼠。小的仁义与大的仁义，德行的厚薄相等，关键看行仁义者如何引申拓展。大凡兴利除害，就好比堵住瓮的漏水处。儒家认为厚爱至亲，不依照其行为，而由亲疏远近关系类推排序，决定给予关爱的厚、薄，这就像在江边凿井，舍去无限江水而专以有限的井水供给人。"不为己"是可以学的，就如同打猎时奔跑追逐猎物。爱人并非为了名誉，正像旅店一样，是方便他人。像爱自己的亲人一样爱别人的亲人，这是一种公敬的行为。兼爱，和爱一个人一样。一旦世人都做到了兼爱如一，就会像蛇当性命受到危害时首尾相救一样，彼此互相救助。

小取

【题解】

　　本篇与《大取》篇相同，都是后世所谓"墨辩"的重要篇章。本篇探讨辩论的意义、方法，并由此引申出一系列修辞学、逻辑学方面的观点。作者开宗明义地指出论辩并非单纯的口舌之争，而是可以"明是非"、"审治乱"、"明同异"、"察名实"、"处利害"、"决嫌疑"，是关乎探寻真理乃至经纶天下的要务。这一点，既是墨家区别于不得已而辩的儒家（孟子自称"好辩"乃是由于"不得已"）、齐同是非的道家的一大鲜明特色，又直接影响了之后的名家学派。在论辩方法上，作者举出了"辟、侔、援、推"等等，并强调对它们的适当运用，不过火、不偏执。在逻辑思维方面，作者指出了事物的一般概念与特殊概念的相同与不同之处，指出了某一事物的集合与其子集合间的关联与区别，堪称中国逻辑学的源头。

　　夫辩者，将以明是非之分，审治乱之纪，明同异之处，察名实之理，处利害，决嫌疑。焉摹略万物之然，论求群言之比。以名举实，以辞抒意，以说出故。以类取，以类予①。有诸己不非诸人，无诸己不求诸人。

　　或也者，不尽也。假者，今不然也。效者，为之法也。

所效者,所以为之法也。故中效,则是也;不中效,则非也。此效也。辟也者,举也物而以明之也。侔也者,比辞而俱行也。援也者,曰:"子然,我奚独不可以然也?"推也者,以其所不取之同于其所取者,予之也。"是犹谓"也者,同也。"吾岂谓"也者,异也。

【注释】

①类:这里指以事、理是否同类为标准。

【译文】

辩论,是要以此明了是非的区别,探明治乱的规律,弄清事物的相同与相异之处,考察名称与实质的道理,审断利害,解决疑惑。于是要探求万物的本质,分析、比较多方面言论。用名称反映事物实质,以言词抒发思想,用言论揭示原因。以类别相同与否来取予事物。自己有坚持的观点,不因此而非议别人的观点,自己所不具有的,也不强求他人具有。

或,意为"并非全都如此"。假,意为"现在不是这样"。效,是要为事物设立法则。设立法则所依据的标准叫"所效",与"所效"相符,就是正确的;不相符,就是错误的。这就叫"设立法则"。辟,是以彼事物来说明此事物。侔,是两个词义相同,可以通用。援,是指像:"你正确,我为什么偏不可以正确呢?"这种论辩方式。推,是用对方所不赞同的观点,比附于对方所赞同的观点,以此将对方的观点证谬。"是犹谓",是指观点相同。"吾岂谓",是指观点不同。

夫物有以同而不率遂同。辞之侔也,有所至而正①。其然也,有所以然也;其然也同,其所以然不必同。其取之也,有所以取之;其取之也同,其所以取之不必同。是故辟、侔、援、推之辞，行而异，转而危^②，远而失，流而离本，则不可不审也，不可常用也。故言多方，殊类异故，则不可偏观也^③。夫物或乃是而然，或是而不然，或一周而一不周^④，或一是而一不是也。不可常用也。故言多方殊类异故，则不可偏观也，非也。

【注释】

①正：当作"止"（孙诒让说）。

②危：通"诡"，诡辩。

③偏：偏执。

④周：周遍，这里指事物具有普遍性。

【译文】

各种事物有相同的地方，但并非全都相同。辞义的相等，到一定的限度而止。事物呈现某种形态，有其之所以如此的原因；呈现的形态相同，背后的原因则不一定相同。赞同，有赞同的原因；赞同是相同的，赞同的原因则未必相同。所以辟、侔、援、推这些论辩之辞，滥用起来会变味，会转成诡辩，会离题太远而失去意义，会脱离论题进而离开本意，这就不能不审察，不可总是运用。所以，言语有多种表达方式，不同事物有不同的类别和成因，因而在推论中就不能偏执观点。事物有些为"是"而正确，有些为"是"而不正确，有时事物在某方面具有普遍性，在另一方面却不具备普遍性；有时事物在某方面"是"，而另一方面则"不是"。不能总按常规推断。所以言辞是多方面、多类别、多差异、多缘由的，不能偏执地观照事物，偏执是不正确的。

白马，马也；乘白马，乘马也。骊马^①，马也；乘骊马，乘马也。获^②，人也；爱获，爱人也。臧，人也；爱臧，爱人也。

此乃是而然者也。

　　获之亲，人也；获事其亲，非事人也。其弟，美人也；爱弟，非爱美人也。车，木也；乘车，非乘木也。船，木也；人船③，非人木也。盗人，人也；多盗，非多人也；无盗，非无人也。奚以明之？恶我盗，非恶多人也；欲无盗，非欲无人也。世相与共是之。若若是，则虽盗人人也，爱盗非爱人也，不爱盗非不爱人也，杀盗人非杀人也，无难盗无难矣。此与彼同类，世有彼而不自非也，墨者有此而非之，无也故焉④，所谓内胶外闭与心毋空乎？内胶而不解也，此乃是而不然者也。

【注释】

①骊马：深黑色的马。

②获：奴婢，与下文"臧"义近。而后者多指男性奴仆。

③人：当作"入"。

④也：当作"他"，其他。

【译文】

　　白马是马；乘白马是乘马。深黑色的马是马；乘深黑色的马是乘马。奴婢是人；爱奴婢是爱人。奴仆是人；爱奴仆是爱人。这就是"是"而正确的情况。

　　奴婢的双亲，是人；奴婢事奉她的双亲，不能等同于"事奉人"。奴婢的弟弟，是个美人；奴婢爱其弟弟，不能等同于"爱美人"。车是木头造的；乘车却不是乘木。船是木头做的，进入船不是进入木头。盗贼是人，"盗贼多"却不能等同于"人多"，没有盗贼，也并不是"没有人"。如何能说明这点呢？厌恶盗贼多，并不是厌恶人多；希望没有盗贼，不是希望没有人。这是世人所共同认可的。如果肯定了这一点，那么虽然盗贼是人，但爱盗贼却不是爱人，不爱盗贼不意味着不爱人，杀盗贼也不是杀人，这没有什么疑难的。这与前面提出的观点是同类，然而世人赞同前面那个观点，从不认为自己错误；墨家提出这后一个主张却遭到非议，没有其他的缘故，不就是所谓内心固执、耳目闭塞并且心不空吗？内心固执到无法开解的程度。这就是"是"却不正确的情况。

　　且夫读书，非好书也。且斗鸡，非鸡也①；好斗鸡，好鸡也。且入井，非入井也；止且入井，止入井也。且出门，非出门也；止且出门，止出门也。若若是，且夭，非夭也；寿夭也。有命，非命也；非执有命，非命也，无难矣。此与彼同类。世有彼而不自非也，墨者有此而罪非之，无也故焉，所谓内胶外闭与心毋空乎？内胶而不解也，此乃是而不然者也。

【注释】

①非鸡也："非"字下疑脱一"好"字。

【译文】

　　即将读书，不能说是喜欢书。即将斗鸡，不能说是真的喜欢鸡；爱好斗鸡，才是喜欢鸡。即将入井，不能说是入井；阻止将要入井者，是阻止入井。将要出门，不能说是出门；阻止将要出门者，就是阻止出门。以此类推，即将夭折，不是夭折；已经寿终才是真的夭折。有命运，不能说是命运；不认为有命运，就是没有命运，这没有什么疑难。这与前面提出的观点是同类。然而世人赞同前面那个观点，从不认为自己错误；墨家提出这后一个主张却遭到非议，没有别的缘故，不就是所谓内心固执、耳目闭塞并且心不空吗？内心固执到无法开解的程度。这就是"是"却不正确的情况。

爱人,待周爱人而后为爱人。不爱人,不待周不爱人;不周爱,因为不爱人矣。乘马,不待周乘马然后为乘马也;有乘于马,因为乘马矣。逮至不乘马,待周不乘马而后为不乘马。此一周而一不周者也。

居于国,则为居国;有一宅于国,而不为有国。桃之实,桃也;棘之实,非棘也。问人之病,问人也;恶人之病,非恶人也。人之鬼,非人也;兄之鬼,兄也。祭人之鬼,非祭人也;祭兄之鬼,乃祭兄也。之马之目盼则为之"马盼"①;之马之目大,而不谓之"马大"。之牛之毛黄,则谓之"牛黄";之牛之毛众,而不谓之"牛众"。一马,马也;二马,马也。马四足者,一马而四足也,非两马而四足也。一马,马也。马或白者,二马而或白也,非一马而或白。此乃一是而一非者也。

【注释】

①盼:眼珠黑白分明。

【译文】

爱人,待到普遍爱了所有人,然后才可以算是爱人。不爱人,不必待到普遍不爱所有人;不普遍爱所有人,已经算是不爱人了。乘马,不必待到乘遍一切马才算是乘马;只要乘了马,就可算是乘马了。至于"不乘马",就要等到不乘一切马,然后才算是不乘马。这是一方面具有普遍性而另一方面不具普遍性的情况。

居住于某国,就是居住于某国;在某国有一所住宅,并不是拥有整个国家。桃的果实,是桃;棘的果实,不是棘。探望人的疾病,是探望人;厌恶人的疾病,不是厌恶其人。人的鬼魂,不是"人";哥哥的鬼魂,则是哥哥。祭祀人的鬼魂,不是祭人;祭祀哥哥的鬼魂,是祭祀哥哥。

眼睛黑白分明叫"盼",这匹马的眼睛黑白分明,就称之为"马盼";这匹马的眼睛大,却不能称之为"马大"。这头牛的毛黄,就称它是"黄牛";这头牛的毛多,却不能称之为"牛多"。一匹马,是马;两匹马,也是马。说马有四蹄,则是说一匹马有四个蹄子,而不是两匹马有四个蹄子。一匹马,是马。"有的马是白色的",是说两匹马中有一匹白色的,而不是一匹马而有时是白色。这就是一方面正确而另一方面错误的情况。

耕柱

　　本文取首句"耕柱"二字命篇。全文篇幅较长，大多为对话体式，记载了墨子与弟子等人的对话。各段之间无必然联系，文字也有错乱脱落处，当出于墨家弟子的记载。

　　本篇论述内容较广，观点比较分散，其中论及"义"的相对较多。墨子认为为义犹筑墙，要各尽其能，各守其职，分工合作，才能使"义事成"，而行仁义之事，并不是为了做给别人看，所以人见亦为，人不见亦为。总之，墨子认为"义"是"天下之良宝"。除此以外，还较多地论述了言与行的关系，即言论足以付之实行的就说，不足以实行的就不说，无用而妄言就是"荡口"，从而否定了信口胡言的做法。

　　子墨子怒耕柱子①，耕柱子曰："我毋俞于人乎②？"子墨子曰："我将上大行③，驾骥与羊，子将谁驱④？"耕柱子曰："将驱骥也。"子墨子曰："何故驱骥也？"耕柱子曰："骥足以责。"子墨子曰："我亦以子为足以责。"

【注释】

　　①怒：责备。耕柱：墨子的弟子。

②俞：当作"愈"，胜。

③大：当作"太"。

④驱：驰马。

【译文】

墨子责备耕柱子。耕柱子说："我难道不比别人强一点吗？"墨子说："我将要去太行，用马或羊驾车，你将要哪一种驱车啊？"耕柱子说："将用马驱车。"墨子说："为什么要用马驱车呢？"耕柱子说："马足以承担责任。"墨子说："我也认为你足以承担责任。"

巫马子谓子墨子曰①："鬼神孰与圣人明智？"子墨子曰："鬼神之明智于圣人，犹聪耳明目之与聋瞽也。昔者夏后开使蜚廉折金于山川②，而陶铸之于昆吾③，是使翁难雉乙卜于白若之龟④，曰：'鼎成三足而方，不炊而自烹，不举而自臧⑤，不迁而自行，以祭于昆吾之虚⑥，上乡'⑦！乙又言兆之由曰⑧：'飨矣！逢逢白云⑨，一南一北，一西一东，九鼎既成，迁于三国。'夏后氏失之，殷人受之；殷人失之，周人受之。夏后、殷、周之相受也，数百岁矣。使圣人聚其良臣与其桀相而谋⑩，岂能智数百岁之后哉⑪！而鬼神智之。是故曰：鬼神之明智于圣人也，犹聪耳明目之与聋瞽也。"

【注释】

①巫马子：疑为孔子弟子巫马期。

②夏后开：当为"夏后启"，即夏禹之子夏启，汉人避讳而改（苏时学说）。蜚廉：伯益之子。折金：开发矿藏。

③陶：指作陶范。铸：指镕金。

④翁难雉乙："雉"字疑衍。翁难乙，当为卜人姓名（王焕镳说）。白

若:或为地名,或当读为"百若"。百若之龟,犹言"百灵之龟"(高亨说)。

⑤臧:当作"藏"(毕沅说)。

⑥虚:大土山。

⑦上乡:即"尚飨"(毕沅说),古人祭辞中的用语。

⑧兆:古代占卜时,占卜者观看龟甲烧灼形成的裂纹,用来判断吉凶,这种裂纹叫做兆。由:通"繇"(孙诒让说),卜辞。

⑨逢逢:通"蓬蓬"(孙诒让说),盛行的样子。

⑩桀:通"杰"。

⑪智:此与下"鬼神智之"之"智"字,别本作"知"。

【译文】

巫马子对墨子说:"鬼神和圣人谁更明智?"墨子说:"鬼神比圣人明智,就像聪耳明目的人比于聋盲之人一样。从前夏后启让蜚廉到山里去开采矿藏,在昆吾陶铸,叫翁难乙用百灵之龟占卜,说:'鼎铸成了,三只脚,方形,不用烧就自己能煮熟东西,不用放东西就会有东西自己藏在里面,不迁徙而自己会行走,用它在昆吾之乡祭祀,请诸神享用祭品吧!'然后又念卦上的占辞说:'神已经享用了。蓬蓬的白云,一会向南一会向北,一会向西一会向东,九鼎铸成以后,将流传在三个国家。'夏后氏失去了以后,殷人接受了它;殷朝失去了以后,周人接受了它。夏、商、周的相继接收,有几百年了,如果让圣人聚集了他贤良的臣子和他杰出的国相一起来谋划,又怎么能知道几百年后的事情呢?而鬼神知道。所以说:鬼神是比圣人明智的,就像聪耳明目的人比于聋盲之人一样。"

治徒娱、县子硕问于子墨子曰①:"为义孰为大务②?"子墨子曰:"譬若筑墙然,能筑者筑,能实壤者实壤③,能欣者欣④,然后墙成也。为义犹是也。能谈辩者谈辩,能说书者说书⑤，能从事者从事，然后义事成也。"

【注释】

①治徒娱、县子硕：均为墨子的弟子。

②务：事务，事情。

③实壤：指把泥土倾倒在筑墙用的夹板之中。

④欣：通"掀"，挖土。

⑤说书：这里指解释典籍。

【译文】

治徒娱、县子硕问墨子说："做仁义的事，什么是最重要的呢？"墨子说："就像建筑城墙，能筑土的就筑土，能填土的就填土，能挖土的就挖土，然后城墙才能建成。做仁义的事也是这样。能谈论分辨的就谈论分辨，能解释经书典籍的就解释经书典籍，能身体力行的就身体力行，然后仁义的事就能做成。"

巫马子谓子墨子曰："子兼爱天下，未云利也①；我不爱天下，未云贼也。功皆未至，子何独自是而非我哉？"子墨子曰："今有燎者于此②，一人奉水将灌之③，一人掺火将益之④，功皆未至，子何贵于二人⑤？"巫马子曰："我是彼奉水者之意，而非夫掺火者之意。"子墨子曰："吾亦是吾意，而非子之意也。"

【注释】

①云：《广雅·释诂》："云，有也。"下同。

②燎：放火。

③奉：通"捧"。灌：浇灭。

④掺（shǎn）：即"操"之异文（毕沅说）。

⑤贵：重视，崇尚。

【译文】

巫马子对墨子说："你兼爱天下，也没什么利益；我不爱天下，也没什么贼害。功效都没有达到，你为什么自以为是而非难我呢？"墨子说："现在有人在这里放火，一个人拿着水要灭火，一个人拿着火要助长火势，功效都没有达到，你看重哪一个呢？"巫马子说："我认为那个拿着水的人的用意是对的，而那个拿着火的人的用意是不对的。"墨子说："我也是认为我的用意是对的，而认为你的用意是不对的。"

子墨子游荆耕柱子于楚①，二三子过之②，金食之三升③，客之不厚④。二三子复于子墨子曰："耕柱子处楚无益矣。二三子过之，食之三升，客之不厚。"子墨子曰："未可智也⑤。"毋几何，而遗十金于子墨子⑥，曰："后生不敢死⑦，有十金于此，愿夫子之用也。"子墨子曰："果未可智也。"

【注释】

①游：谓游扬其名而使之仕（毕沅说）。"荆"字疑衍（王念孙说）。

②二三子，指几个弟子。过：访。

③食之三升：每餐供食三升，言其不足。

④客：招待。厚：优厚。

⑤智：同"知"。

⑥遗（wèi）：给予，赠送。十金：古以一镒为一金，二十两为一镒。

⑦后生：弟子自称。不敢死：谓不敢贪图财物以取死。

【译文】

墨子推荐耕柱子到楚国去做官，有几个墨子的弟子去拜访他，他每餐只给他们三升米做食物，招待得很不周到。几个人回去对墨子说："耕柱子在楚国没什么好处。我们去拜访，他每餐只给我们三升米做食物，招待得很不周到。"墨子说："还不能判断。"没过多久，耕柱子送了十镒黄金给墨子，说："我不敢贪图财物以取死，有十镒金子在这里，希望您能用它。"墨子说："果然还不能判断。"

巫马子谓子墨子曰："子之为义也，人不见而耶^①，鬼而不见而富^②，而子为之，有狂疾^③！"子墨子曰："今使子有二臣于此^④，其一人者见子从事，不见子则不从事；其一人者见子亦从事，不见子亦从事，子谁贵于此二人？"巫马子曰："我贵其见我亦从事，不见我亦从事者。"子墨子曰："然则，是子亦贵有狂疾也。"

【注释】

①而：你。耶：当为"助"（孙诒让说）。

②鬼而不见而富：前"而"字疑衍。富，通"福"（王引之说）。

③有狂疾："疾"下当有"乎"字（吴汝纶说）。

④臣：家臣，奴隶。

【译文】

巫马子对墨子说："你奉行道义，却没有看到有人帮助你，也没有看到鬼神降福给你，而你这样做，恐怕是有疯病吧！"墨子说："现在假如你有两个臣子，有一个人看到你就做事，不看到你就不做事；有一个人看到你就做事，不看到你也做事，你看重这两个人中的哪一个呢？"巫马子说："我看重看到我做事，不看到我也做事的人。"墨子说："既然这样，那么你也是有疯病的人。"

子夏之徒问于子墨子曰①："君子有斗乎？"子墨子曰：
"君子无斗。"子夏之徒曰："狗狶犹有斗②，恶有士而无斗
矣？"子墨子曰："伤矣哉！言则称于汤文，行则譬于狗狶，伤
矣哉！"

【注释】

①子夏：孔子的弟子。徒：弟子。

②狶（xī）：猪。

【译文】

子夏的弟子问墨子说："君子之间有争斗吗？"墨子说："君子没有争
斗。"子夏的弟子说："狗和猪尚且有争斗，士君子怎么会没有争斗呢？"
墨子说："可悲啊！你们言谈就称赞汤文王，行为上却和狗猪相比，可
悲啊！"

巫马子谓子墨子曰："舍今之人而誉先王，是誉槁骨
也①。譬若匠人然，智槁木也②，而不智生木。"子墨子曰："天
下之所以生者，以先王之道教也。今誉先王，是誉天下之所
以生也。可誉而不誉，非仁也。"

【注释】

①槁（gǎo）：干枯。

②智：同"知"。

【译文】

巫马子对墨子说："舍弃现在的人而称赞先王，是称赞枯骨。就好
比木匠，只知道枯木，而不知道活的树木。"墨子说："天下存在的原因，
是因为先王的道德教诲。现在称赞先王，是称赞天下存在的根本。应

该称赞的不称赞,是不仁义啊!"

　　子墨子曰:"和氏之璧^①,隋侯之珠^②,三棘六异^③,此诸侯之所谓良宝也。可以富国家,众人民,治刑政,安社稷乎?曰:不可。所谓贵良宝者,为其可以利也^④。而和氏之璧、隋侯之珠、三棘六异不可以利人,是非天下之良宝也。今用义为政于国家^⑤,人民必众,刑政必治,社稷必安。所为贵良宝者,可以利民也,而义可以利人。故曰:义,天下之良宝也。"

【注释】

①和氏璧:相传楚人卞和得璞于山,理而得宝玉,故称"和氏之璧"。

②隋侯之珠:古代传说中的明珠。

③三棘六异:当为"三翮六翼"(孙诒让说),即九鼎。

④为其可以利也:"利"下当有"人"字(陶鸿庆说)。

⑤今用义为政于国家:此句下当补"国家必富"四字(吴毓江说)。

【译文】

　　墨子说:"和氏的璧玉,隋侯的珠宝,三翮六翼的九鼎,这些都是诸侯所认为的珍宝。这可以用来使国家富强,使人口众多,使刑法政治得到治理,使社稷得到安定吗?说:不可以。所谓的珍贵的宝贝,是因为可以带来利益。而和氏的璧玉,隋侯的珠宝,三翮六翼的九鼎,不可以让人们得到利益,这不是天下珍贵的宝贝。现在用道义来治理国家的政治,国家一定会富强,人口一定会众多,刑法政治一定会得到治理,社稷一定会得到安定。所谓珍贵的宝贝可以使人们得到利益,而道义可以使人们得到利益。所以说:道义,是天下珍贵的宝贝。"

　　叶公子高问政于仲尼曰："善为政者若之何？"仲尼对曰："善为政者，远者近之，而旧者新之①。"子墨子闻之曰："叶公子高未得其问也，仲尼亦未得其所以对也。叶公子高岂不知善为政者之远者近也②，而旧者新是哉③？问所以为之若之何也，不以人之所不智告人，以所智告之，故叶公子高未得其问也，仲尼亦未得其所以对也。"

【注释】

①旧者新之：言待故旧如新，无厌怠（孙诒让说）。

②也：当作"之"（毕沅说）。

③是：当作"之"（苏时学说）。

【译文】

　　叶公子高向仲尼询问治理政治的方法说："善于治理政治的人是怎么样的呢？"仲尼回答说："善于治理政治的人，让远方的人亲近，对待老朋友就像新交一样友好。"墨子听说了，说："叶公子高没有得到他想问的内容，仲尼回答得也不得要领。叶公子高难道不知道善于治理政治的人要让远方的人亲近，对待老朋友要像新交一样友好？他想问的是怎么去做，不拿别人不知道的去告诉别人，而把别人知道的告诉别人，所以叶公子高没有得到他想问的内容，仲尼回答得也不得要领。"

　　子墨子谓鲁阳文君曰："大国之攻小国，譬犹童子之为马也①。童子之为马，足用而劳。今大国之攻小国也，攻者农夫不得耕②，妇人不得织，以守为事；攻人者，亦农夫不得耕，妇人不得织，以攻为事。故大国之攻小国也，譬犹童子之为马也。"

【注释】

①童子之为马：谓小孩模仿马做游戏。

②攻者：旧本作"守者"。

【译文】

墨子对鲁阳文君说："大国攻打小国，就像小孩子模仿马做游戏一样。小孩子模仿马行使自己的脚很劳累。现在大国攻打小国，被攻打的国家，农民不能耕种，妇人不能织布，把防守作为自己的事业；攻打别人的国家，农民也不能耕种，妇人也不能织布，把攻打作为自己的事业。所以大国攻打小国，就像小孩子模仿马行一样。"

子墨子曰："言足以复行者①，常之；不足以举行者，勿常。不足以举行而常之，是荡口也②。"

【注释】

①复行：谓可举行。

②荡口：谓信口胡言。

【译文】

墨子说："言论足以付诸行动的，就常常说，不足以付诸行动的，就不要常常说；不足以付诸行动的却常说，是信口胡言。"

子墨子使管黔滶游高石子于卫①，卫君致禄甚厚，设之于卿。高石子三朝必尽言，而言无行者。去而之齐，见子墨子曰："卫君以夫子之故，致禄甚厚，设我于卿。石三朝必尽言，而言无行②，是以去之也。卫君无乃以石为狂乎③？"子墨子曰："去之苟道④，受狂何伤！古者周公旦非关叔⑤，辞三公，东处于商盖⑥，人皆谓之狂。后世称其德，扬其名，至今不息。且翟闻之'为义非避毁就誉'，去之苟道，受狂何伤！"
高石子曰："石去之，焉敢不道也。昔者夫子有言曰：'天下
无道，仁士不处厚焉⑦。'今卫君无道，而贪其禄爵，则是我为
苟陷人长也⑧。"子墨子说，而召子禽子曰⑨："姑听此乎！夫
倍义而乡禄者⑩，我常闻之矣。倍禄而乡义者，于高石子焉
见之也⑪。"

【注释】

①管黔：墨子弟子。洴：疑为衍字。

②据上文"行"下当有"者"字。

③无乃：恐怕。

④苟：如果，假设。道：这里指合乎道。

⑤关："管"之假音（毕沅说）。

⑥商盖：即"商奄"。成王亲政后，周公旦辞相位，东处于奄地。

⑦厚：这里指厚禄之位。

⑧陷：疑当为"啗"，即"啖"（孙诒让说）。长：当为"粮"之省文（吴毓
　　江说），米粮。

⑨子禽子：即禽滑釐，墨子弟子，在墨家的地位仅次于墨子，故称子
　　禽子。

⑩倍：通"背"，违背。乡：通"向"，追求。

⑪焉：乃。

【译文】

　　墨子让管黔到卫国去称扬高石子，让高石子仕于卫，卫国的国君给
他很丰厚的俸禄，让他列为卿。高石子三次朝见卫君，一定把话说尽，
但言论没有得到施行的。高石子就离开卫去齐国，见到墨子说："卫国
国君因为您的缘故，给我很丰厚的俸禄，让我列为卿。我三次朝见卫

君，一定把话说尽，但言论没有得到施行的，所以就离开了，卫国国君恐怕会觉得我很狂妄吧？"墨子说："离开是合乎道的，怎么会狂妄呢？古代的时候周公旦斥责管叔，辞去三公的职位，东行到商奄居住，大家都说他是狂妄的。后世的人称赞他的德行，传扬他的名声，到现在也不停止。并且我听说'奉行道义并不是为了逃避毁谤或得到赞誉'，离开是合乎道的，怎么会狂妄呢？"高石子说："我离开卫国，怎么敢不奉行道义呢？从前夫子说：'天下不行道义，仁人不处于厚禄的地位。'现在卫国没有道义，却贪图他的俸禄，那么我只是贪图别人的粮食了。"墨子听了很高兴，召来禽滑釐说："姑且听听高石子说的话吧。违背道义而追求俸禄的人，我常常听说，舍弃俸禄而追求道义的人，在高石子身上看到了。"

　　子墨子曰："世俗之君子，贫而谓之富，则怒；无义而谓之有义，则喜。岂不悖哉①！"

【注释】

　　①悖：谬误，荒谬。

【译文】

　　墨子说："世俗的君子，本来是贫穷的，说他富裕就要生气，没有道义而说他有义就高兴，难道不是不合乎常理吗？"

　　公孟子曰："先人有则三而已矣①。"子墨子曰："孰先人而曰有则三而已矣②？子未智人之先有③。"

【注释】

　　①则：效法。三：当为"之"之误（王焕镳说）。下同。

　　②此句疑当为"孰曰先人有，则之而已矣"（王焕镳说）。

③智：当为"知"。此句疑当为"子未智人之先而有后在焉"（王焕镳说）。

【译文】

公孟子说："先人已经有的，后人效法它就可以了。"墨子说："谁说先人有的，后人只要效法就可以了？你不知道先人也有先人，那么先人也就变成后生的人了。"

后生有反子墨子而反者①："我岂有罪哉？吾反后。"子墨子曰："是犹三军北②，失后之人求赏也③。"

【注释】

①上"反"，谓背弃。下"反"为"返"之假字。"者"下当有"曰"字（孙诒让说）。

②北：败走。

③失：通"佚"，逃走。

【译文】

有背弃墨子而又回到了墨子门下的学生说："我难道有罪过吗？我是在后面背叛的。"墨子说："这就像三军打了败仗，在后面逃走的人还要求奖赏一样啊！"

公孟子曰："君子不作，术而已①。"子墨子曰："不然，人之其不君子者②，古之善者不诛③，今也善者不作。其次不君子者，古之善者不遂④，已有善则作之，欲善之自己出也。今诛而不作，是无所异于不好遂而作者矣。吾以为古之善者则诛之，今之善者则作之，欲善之益多也。"

【注释】

①术：同"述"（毕沅说）。

②其：当为"綦"之省文（于省吾说），极。

③诛：当为"述"（毕沅说）。下同。

④遂：当作"述"（毕沅说）。下同。

【译文】

　　公孟子说："君子不创作，只是阐述先贤之言而已。"墨子说："不是这样的。极端没有君子品格的人，不阐述古代的善行，也不做现在的善行。其次没有君子品格的人，对古代的善行不阐述，自己有善行就去做，希望善行是自己做的。现在阐述而不作，这和不喜欢阐述却喜欢做的人是没有区别的。我以为古代的善就阐述，现在的善就做，是希望善行更多一些。"

　　巫马子谓子墨子曰："我与子异，我不能兼爱。我爱邹人于越人①，爱鲁人于邹人，爱我乡人于鲁人，爱我家人于乡人，爱我亲于我家人②，爱我身于吾亲，以为近我也。击我则疾③，击彼则不疾于我，我何故疾者之不拂④，而不疾者之拂？故有我有杀彼以我，无杀我以利⑤。"子墨子曰："子之义将匿邪，意将以告人乎⑥？"巫马子曰："我何故匿我义？吾将以告人。"子墨子曰："然则，一人说子⑦，一人欲杀子以利己；十人说子，十人欲杀子以利己；天下说子，天下欲杀子以利己。一人不说子，一人欲杀子，以子为施不祥言者也⑧；十人不说子，十人欲杀子，以子为施不祥言者也；天下不说子，天下欲杀子，以子为施不祥言者也。说子亦欲杀子，不说子亦欲杀子，是所谓经者口也⑨，杀常之身者也⑩。"子墨子曰："子之言恶利也？若无所利而不言⑪，是荡口也。"

【注释】

①于:逾,超过。

②亲:指父母双亲。

③疾:痛。

④拂:除去。

⑤"故有我"二句:此两句疑当为"有杀彼以利我,无杀我以利彼"（苏时学说）。

⑥意:通"抑",还是。

⑦说:同"悦"。说子,指悦其所言（孙诒让说）。

⑧施:散布。

⑨经:当作"刭"（王焕镳说）,用刀割脖子。

⑩之:至（姚永概说）。

⑪若无所利而不言:"不"字疑衍（曹耀湘说）。

【译文】

　　巫马子对墨子说:"我和你不一样,我不能做到兼爱。我爱邹人超过越人,我爱鲁人超过邹人,我爱我的乡人超过鲁人,我爱我的家人超过我的乡人,我爱我的双亲超过家人,我爱自己超过双亲,因为和我亲近。打我就痛,打别人我就不痛,我为什么不除去自己的疼痛,反而去解除与自己无关的别人的疼痛呢? 所以我只会杀别人来让自己得利,不会杀自己来使别人得利。"墨子说:"你的道义想要藏起来呢,还是想要告诉别人呢?"巫马子说:"我为什么要藏起我的道义呢? 我将要告诉别人。"墨子说:"既然这样,那么一个人喜欢你的主张,就有一个人要杀掉你来使他自己得利;十个人喜欢你的道义,就有十个人想要杀掉你来使他得到利益;天下人都喜欢你的道义,天下人就都想杀掉你来使他们得到利益。一个人不喜欢你的主张,一个人想要杀掉你,认为你是散布不祥言论的人;十个人不喜欢你的主张,十个人想要杀掉你,认为你是散布不祥言论的人;天下人不喜欢你的主张,天下人想要杀掉你,认为你是散布不祥言论的人。喜欢你的言论也要杀掉你,不喜欢你的言论也要杀掉你,这就是口出不祥之言,常常招致杀身之祸。"墨子说:"你的言论有什么益处呢?如果没有益处还要说,就是信口胡言。"

　　子墨子谓鲁阳文君曰:"今有一人于此,羊牛犉犓①,维人但割而和之②,食之不可胜食也。见人之作饼③,则还然窃之④,曰:'舍余食⑤。'不知日月安不足乎⑥,其有窃疾乎?"鲁阳文君曰:"有窃疾也。"子墨子曰:"楚四竟之田,旷芜而不可胜辟,评灵数千⑦,不可胜⑧,见宋、郑之间邑⑨,则还然窃之,此与彼异乎?"鲁阳文君曰:"是犹彼也,实有窃疾也。"

【注释】

①犉犓犓:即"刍豢",指家畜。

②维人:当为"饔(yōng)人"之误(毕沅说)。饔,烹饪。古代有饔人之官。但割:即"袒割"(毕沅说),指去牲畜之毛,再加以切割。

③作:当作"生"(毕沅说),同"胜",恶臭(尹桐阳说)。

④还然:便捷的样子。

⑤舍:当为"予"之假(孙诒让说)。舍余食,犹言"给我食"。

⑥日月:当为"甘肥"之误(曹耀湘说)。

⑦评(hū)灵:谓山泽之有神灵者。

⑧不可胜:"胜"下当有"度"字,计算(王焕镳说)。

⑨间邑:空邑(孙诒让说)。

【译文】

　　墨子对鲁阳文君说:"现在有一个人,牛羊牲畜任人宰割烹饪,多得吃不完,但看到别人发臭的饼还要迅速地去偷吃,说:'给我食物。'不知道他是美味的食物不充足呢,还是有偷窃的癖好呢?"鲁阳文君说:"是有偷窃的癖好。"墨子说:"楚国境内的土地,空旷荒芜,开辟不完的多得数不清,灵秀的川泽山林多得数不清,看到宋、郑的空城还想迅速去偷窃,这和那偷饼的人有什么区别呢?"鲁阳文君说:"这就像那人一样,实在是有偷窃的癖好。"

子墨子曰:"季孙绍与孟伯常治鲁国之政,不能相信^①,而祝于丛社^②,曰:'苟使我和^③。'是犹弇其目^④,而祝于丛社也,'苟使我皆视'。岂不谬哉!"

【注释】

①相信:相互信任。

②祝:祝祷。丛社:指立于丛林中的祠庙。

③苟:犹"尚"(王引之说),这里表示希望。

④弇(yǎn):遮住。

【译文】

墨子说:"季孙绍与孟伯常治理鲁国的政治,互相不信任,而在神庙里祷告说:'希望让我们和睦相处吧。'这就像遮住眼睛,却在神庙里祷告,说'希望让我们都能看得到吧'。这难道不是很荒谬吗?"

子墨子谓骆滑氂曰:"吾闻子好勇。"骆滑氂曰:"然。我闻其乡有勇士焉,吾必从而杀之。"子墨子曰:"天下莫不欲与其所好^①,度其所恶^②。今子闻其乡有勇士焉,必从而杀之,是非好勇也,是恶勇也。"

【注释】

①与:当为"兴"(王引之说)。

②度：当为"废"（王引之说）。

【译文】

墨子对骆滑氂说："我听说你喜好勇力。"骆滑氂说："是。我听说那个乡里有勇士就一定要去杀了他。"墨子说："天下没有人不想帮助自己喜欢的人，除去自己厌恶的人。现在你听说那个乡有勇士就一定要去杀了他，不是喜欢勇力，而是厌恶勇力啊！"

贵义

【题解】

　　本篇取首句"贵义"二字作题目,各段都以语录体形式记载墨子与他人的对话,当出于其弟子之手。

　　全文分段较细,各段间无必然联系,结构较为分散,但其论述的中心多在于"义"。文章开篇就提出"万事莫贵于义",所以一切行为都要合于"义",认为"义"本身是绝对正确的,若不能行义,只能归咎于自己,而不能"排其道"。

　　墨子尤其批判了那些满嘴仁义,实则所为却与仁义相背的人,认为其无异于只知黑白之名,而不辨黑白之实的盲者。可见,墨子认为"足以迁行"之言才是当言者,如果是不足以付诸实践的言论就是"荡口"。

　　子墨子曰:"万事莫贵于义。今谓人曰:'予子冠履①,而断子之手足,子为之乎?'必不为,何故? 则冠履不若手足之贵也。又曰:'予子天下而杀子之身,子为之乎?'必不为,何故? 则天下不若身之贵也。争一言以相杀,是贵义于其身也。故曰:万事莫贵于义也。"

【注释】

①冠：帽子。履：鞋子。

【译文】

墨子说："万事没有比道义更珍贵的了。现在对人说：'给你帽子和鞋子，却要砍断你的手脚，你愿意吗？'一定不愿意，为什么呢？那就是帽子和鞋子不像手脚那么珍贵。又说：'给你天下却要杀了你，你愿意吗？'一定不愿意，为什么呢？那是因为天下没有自己的命珍贵。为了一言之争而相互残杀，是因为道义比身体更珍贵的缘故。所以说：万事没有比道义更珍贵的了。"

子墨子自鲁即齐①，过故人②，谓子墨子曰："今天下莫为义③，子独自苦而为义，子不若已。"子墨子曰："今有人于此，有子十人，一人耕而九人处④，则耕者不可以不益急矣。何故？则食者众而耕者寡也。今天下莫为义，则子如劝我者也⑤，何故止我？"

【注释】

①即：去，往。

②过：访，探望。

③莫：没有人。

④处：闲处。

⑤如：犹"宜"（王念孙说）。劝：勉励，鼓励。

【译文】

墨子从鲁到齐国去，去探望一位老朋友，老朋友对墨子说："现在天下没有人追寻道义，你独自苦苦地追寻道义，你不如停止吧。"墨子说："现在有一个人，有十个儿子，有一个人耕作而九个人都闲居，那么耕作的人就不能不更加努力。这是什么原因呢？那是因为吃饭的人多而耕作的人少。现在天下没有人追寻道义，那么你应该勉励我，怎么反而阻止我呢？"

子墨子南游于楚，见楚献惠王，献惠王以老辞，使穆贺见子墨子。子墨子说穆贺，穆贺大说①，谓子墨子曰："子之言则成善矣②！而君王天下之大王也，毋乃曰'贱人之所为'，而不用乎？"子墨子曰："唯其可行。譬若药然，草之本，天子食之以顺其疾③，岂曰'一草之本'而不食哉？今农夫入其税于大人，大人为酒醴粢盛，以祭上帝鬼神，岂曰'贱人之所为'而不享哉？故虽贱人也，上比之农，下比之药，曾不若一草之本乎？且主君亦尝闻汤之说乎？昔者，汤将往见伊尹，令彭氏之子御。彭氏之子半道而问曰：'君将何之？'汤曰：'将往见伊尹。'彭氏之子曰：'伊尹，天下之贱人也。若君欲见之，亦令召问焉，彼受赐矣。'汤曰：'非女所知也。今有药此④，食之则耳加聪，目加明，则吾必说而强食之。今夫伊尹之于我国也，譬之良医善药也。而子不欲我见伊尹，是子不欲吾善也。'因下彭氏之子，不使御。彼苟然，然后可也。"

【注释】

①说：同"悦"。

②成：古以"成"为"诚"（王念孙说），确实。

③顺：调治。

④"药"下当有"于"字（苏时学说）。

【译文】

墨子南游到楚国，想见楚献惠王，惠王借口年老而不见，让穆贺接见墨子。墨子游说穆贺，穆贺很高兴，对墨子说："你的言论的确很好！但我们的君王是天下的大王，恐怕会说你的学说'是下等人的东西'，而不会采用吧？"墨子说："只要可行，就好比是良药，本来只是一种草，天子服用了它却可以调治疾病，难道会说'不过是一棵草'而不吃它吗？现在有农夫向大人缴租，大人们以此来准备酒食祭品来祭祀上帝鬼神，难道说因为是'低贱的人所缴的租'就不享用吗？所以虽然是低贱的人，对上和农夫比较，对下和草药比较，难道还不如一棵草吗？并且君王也曾经听说过汤的传说吧？从前汤去拜见伊尹，让姓彭的人来驾车。姓彭的人在半路上说：'您要到哪里去呢？'汤说：'要去拜见伊尹。'姓彭的人说：'伊尹是低贱的人，您如果想要见他，就让人召见他来问话，他是接受赏赐的啊。'汤说：'这不是你知道的。现在有药在这里，吃了就会让耳朵更灵敏，眼睛更明亮，那么我必定喜欢而一定要吃下它。现在伊尹对于我的国家，就好比好的医生和好的药一样。而你不想我去拜见伊尹，是你不想我好。'于是让姓彭的人下去，不让他驾车。楚王如果也像商汤一样，那么就可以采纳我的意见。"

子墨子曰："凡言凡动[1]，利于天鬼百姓者为之；凡言凡动，害于天鬼百姓者舍之；凡言凡动，合于三代圣王尧舜禹汤文武者为之；凡言凡动，合于三代暴王桀纣幽厉者舍之。"

【注释】

①动：行动，行为。

【译文】

墨子说："一切言论和行动，只要是有利于上天鬼神和百姓的就做；一切言论和行动，只要是有害于上天鬼神和百姓的就不做；一切言论和行动,只要是合乎三代圣明的君王尧舜禹汤文王武王的道理的就做;一切言论和行动,只要是合乎于三代暴虐的君王桀纣幽王厉王的所为的就舍弃。”

子墨子曰:“言足以迁行者,常之;不足以迁行者,勿常。不足以迁行而常之,是荡口也。”

【译文】

墨子说:“可以付诸行动的言论,就常常去说;不足以付诸行动的言论,就不要常常说。不足以付诸行动却常常说,这就是信口胡言。”

子墨子曰:“必去六辟①。嘿则思②,言则诲③,动则事,使三者代御④,必为圣人。必去喜,去怒,去乐,去悲,去爱⑤,而用仁义,手足口鼻耳从事于义⑥,必为圣人。”

【注释】

①必去六辟:此句当移于“必去喜”之前(吴毓江说)。六辟,指喜、　怒、乐、悲、爱、恶。

②嘿:即“默”字。

③诲:教导,指教。

④三者:指“默”、“言”、“动”。御:用。

⑤去爱:此两字下当有“去恶”二字(俞樾说)。

⑥手足口鼻耳:“耳”下当有“目”字(孙诒让说)。

【译文】

墨子说:“静默时就能思考,说话时就能教导人,有符合道义的行为就能成就事业,如果这三者交替运用,就能成为圣人。一定要除去六种邪僻。要除去喜和怒，除去乐和悲，除去爱和恶，而以仁义作为准则，让手脚口鼻耳朵眼睛都从事仁义的事，这样就一定能成为圣人。"

子墨子谓二三子曰："为义而不能，必无排其道^①。譬若匠人之斲而不能^②，无排其绳。"

【注释】

①排：诋毁。

②斲（zhuó）：把木头砍削成器物。

【译文】

墨子对弟子们说："奉行道义而不能做好，一定不能诋毁道义本身。就像木匠削木材不能做得很好，不能诋毁他的墨绳一样。"

子墨子曰："世之君子，使之为一犬一彘之宰^①，不能则辞之；使为一国之相，不能而为之。岂不悖哉！"

【注释】

①彘（zhì）：猪。宰：杀牲畜，割肉。

【译文】

墨子说："世上的君子，让他们去做杀狗杀猪的屠夫，不能做就推辞；让他们做一个国家的丞相，不能做却勉强去做。难道这不是违背常理的吗！"

子墨子曰："今瞽曰：'钜者白也^①，黔者黑也^②。'虽明目者无以易之。兼白黑^③，使瞽取焉，不能知也。故我曰瞽不知白黑者，非以其名也，以其取也。今天下之君子之名仁也,虽禹汤无以易之。兼仁与不仁,而使天下之君子取焉,不能知也。故我曰:天下之君子不知仁者,非以其名也,亦以其取也。"

【注释】

①钜:当作"岂","皑"之假字(俞樾说),白。

②黔:黑色。

③兼:同时具有几样东西。

【译文】

墨子说:"现在有一个盲人说:'皑是白色,黔是黑色。'即使是眼睛明亮的人也不能改变这种说法。如果把黑和白混在一起,让盲人去选择,就不能够分辨了。所以我说盲人不知道黑和白,不是不知道它们的名称,而是不能加以选取。现在天下的君子给仁义下定义,即使是禹和汤也不能改变。把仁义和不仁义的事放在一起,让天下的君子去选择,就不能分辨了。所以我说:天下的君子不知道仁义,不是不知道仁义的名称,而是不能够选取。"

子墨子曰:"今士之用身,不若商人之用一布之慎也①。商人用一布布②,不敢继苟而雠焉③,必择良者。今士之用身则不然,意之所欲则为之,厚者入刑罚④,薄者被毁丑⑤,则士之用身不若商人之用一布之慎也。"子墨子曰:"世之君子欲其义之成,而助之修其身则愠⑥,是犹欲其墙之成,而人助之筑则愠也,岂不悖哉!"

【注释】

①布:古代的一种货币。

②布布：当为"布市"（孙诒让说），谓以一个钱币买东西。

③继：疑当为"轻"（王焕镳说）。讐：即"售"字（毕沅说），买。

④入：这里指遭受。

⑤薄：轻。毁：诽谤。丑：耻辱。

⑥愠：怨恨，生气。

【译文】

墨子说："现在的士人处世，还不如商人用一个钱币慎重。商人用一个钱币买东西，不敢轻率地买下货物，一定选择好的。现在士人处世却不是这样，心中想做的就做，过错严重的就受到刑罚，轻的就遭受诽谤和耻辱，那么士人的处世，还不如商人使用一个钱币慎重。"墨子说："世上的君子，想要成就仁义，但帮助他修养身心却很生气，这就像想要建成城墙，但别人帮助他建筑却很生气，这难道不是有悖于常理吗！"

子墨子曰："古之圣王，欲传其道于后世，是故书之竹帛，镂之金石，传遗后世子孙，欲后世子孙法之也①。今闻先王之遗而不为②，是废先王之传也。"

【注释】

①法：效法。

②遗：当为"道"之误（王念孙说）。

【译文】

墨子说："古代圣明的君王，想要让他的道术流传于后世，所以写在竹帛上，刻在金石上，来传给后世的子孙，希望后世的子孙能够效法。现在听说了先王的遗训却不去施行，是废弃了先王所传的道。"

子墨子南游使卫①，关中载书甚多②，弦唐子见而怪之，曰:"吾夫子教公尚过曰:'揣曲直而已^③。'今夫子载书甚多,何有也^④?"子墨子曰:"昔者周公旦朝读书百篇,夕见漆十士^⑤。故周公旦佐相天子,其修至于今。翟上无君上之事,下无耕农之难,吾安敢废此? 翟闻之:'同归之物,信有误者^⑥。'然而民听不钩^⑦,是以书多也。今若过之心者^⑧,数逆于精微^⑨,同归之物,既已知其要矣,是以不教以书也。而子何怪焉?"

【注释】

①使:当为"于"字。

②关中:犹言"扃(jiōng)中"(毕沅说),指车上的横阑,中间可以放东西。

③揣:揣度。

④有:犹"为"。

⑤漆:当为"七"之假音(毕沅说)。

⑥同归之物,信有误者:此两句谓理虽同归,而言不能无误。

⑦钧:通"均"。

⑧过:指公尚过。

⑨数:理。逆:溯。

【译文】

墨子南游到卫国,车子里装了很多书,弦唐子看到感到奇怪说:"夫子曾经教导公尚过说:'书仅仅为了揣度是非曲直而已。'现在夫子装了这么多书,有什么用呢?"墨子说:"从前周公旦早上读书百篇,晚上接见了七十位士人。所以周公旦辅佐天子,他的名声流传到现在。现在我上不承担国君授予的职事,下没有农民耕作的辛劳,我怎么敢废弃读书呢? 我听说:'天下的事物殊途同归,但说法的确会有误差。'然而百姓的听闻是不一样的，所以记载其见闻的书就多了。现在像公尚过这样，对于事物已经能够洞察精微，对于殊途同归的道理，已经能够把握要领了，就不必把书中的东西教给他了。而你又有什么可奇怪的呢？"

子墨子谓公良桓子曰①："卫，小国也，处于齐、晋之间，犹贫家之处于富家之间也。贫家而学富家之衣食多用，则速亡必矣。今简子之家②，饰车数百乘，马食菽粟者数百匹，妇人衣文绣者数百人，吾取饰车、食马之费与绣衣之财以畜士③，必千人有余。若有患难，则使百人处于前④，数百于后⑤，与妇人数百人处前后，孰安？吾以为不若畜士之安也。"

【注释】

①公良桓子：卫国的大夫。

②简：阅，审视。

③吾：当为"若"之误（俞樾说）。

④则使百人处于前："百人"前当有"数"字（王念孙说）。

⑤数百于后："数百"后当脱"人处"二字（毕沅说）。

【译文】

墨子对公良桓子说："卫只是一个小国家，处于齐国和晋国之间，就像穷人家处于富人家之间一样。穷人家如果要学富人家的穿衣吃饭及大手大脚花钱，那么他的迅速灭亡是一定的。现在看你的家，装饰了彩纹的车子有数百辆，吃粮食的马有几百匹，穿着锦绣衣服的妇女有几百人，如果用装饰车马、让马吃粮食的费用和锦绣衣服的费用来供养士人，一定可以供养一千多人。如果有患难，那么让几百人在前面，让几百人在后面，这和让几百个妇人在前面和后面相比，哪个更安全呢？我以为不如供养士人更安全。"

子墨子仕人于卫,所仕者至而反①。子墨子曰:"何故反?"对曰:"与我言而不当②。曰:'待女以千盆③。'授我五百盆,故去之也。"子墨子曰:"授子过千盆,则子去之乎?"对曰:"不去。"子墨子曰:"然则非为其不审也④,为其寡也。"

【注释】

①反:犹"返"。

②当:适应,相符。

③女:通"汝",你。盆:这里表示俸禄的数目。

④不审:谓不守信用。

【译文】

墨子推荐人到卫国去做官,去的人到了就回来了。墨子说:"为什么回来啊?"回答说:"卫国国君和我说话没有信用。说:'给你一千盆俸禄。'实际上给了我五百盆,所以离开。"墨子说:"如果给你一千盆,那么你还离开吗?"回答说:"不离开。"墨子说:"那么不是因为他不守信用,而是因为俸禄太少了。"

子墨子曰:"世俗之君子,视义士不若负粟者。今有人于此,负粟息于路侧,欲起而不能,君子见之,无长少贵贱①,必起之。何故也? 曰:义也。今为义之君子,奉承先王之道以语之,纵不说而行①,又从而非毁之。则是世俗之君子之视义士也,不若视负粟者也。"

【注释】

①无:无论。

②纵:即使。说:同"悦"。

【译文】

墨子说："世俗的君子,看待仁义的士人还不如对待背米的人。现在有一个人,背着米在路边休息,想要站起来却站不起来,君子看到了,无论年纪长幼高贵贫贱,一定都助他起来。这是什么原因呢? 说:出于道义。现在那些行仁义的君子,奉行先王的道义来告诫世俗的君子,世俗的君子即使不高兴走开也就罢了,却还要诋毁和非难行义君子。那么世俗的君子看待仁义的士人还不如对待背着米的人。"

子墨子曰:"商人之四方①,市贾信徙②,虽有关梁之难③,盗贼之危,必为之。今士坐而言义,无关梁之难,盗贼之危,此为信徙,不可胜计,然而不为。则士之计利,不若商人之察也④。"

【注释】

①之:到……去。

②市:交易。贾:同"价",价钱。信:当为"倍"(毕沅说)。徙:当为"蓰"(孙诒让说),五倍。

③关:关口,要塞。梁:桥。

④察:明察。

【译文】

墨子说:"商人到四方去,买进和卖出货物的价钱相差一倍或几倍,即使有关卡的险阻和遇到强盗的危险,也一定要去做。现在的士人坐着谈论道义,没有关卡的险阻和遇到强盗的危险,而获得的利益是不可胜数的,但是却不做。那么士人对利益的考察,还比不上商人的明察。"

子墨子北之齐,遇日者①。日者曰:"帝以今日杀黑龙于北方②,而先生之色黑,不可以北③。"子墨子不听,遂北,至淄水,不遂而反焉④。日者曰:"我谓先生不可以北。"子墨子曰:"南之人不得北,北之人不得南,其色有黑者,有白者,何故皆不遂也? 且帝以甲乙杀青龙于东方⑤,以丙丁杀赤龙于南方,以庚辛杀白龙于西方,以壬癸杀黑龙于北方,若用子之言,则是禁天下之行者也。是围心而虚天下也⑥,子之言不可用也。"

【注释】

①日者:卜筮的人。

②帝:天帝。

③北:向北。

④遂:顺利地做到。

⑤甲乙:指甲日和乙日。古人以天干记日。

⑥围:当作"囿",阻止。

【译文】

墨子向北到齐国去,遇到一个占卜的人。占卜的人说:"今天天帝在北方杀黑龙,而您的脸的颜色是黑色的,不可以到北边去。"墨子不听从,于是向北走到淄水,没有渡过淄水就返回来了。占卜的人说:"我对先生说不能向北。"墨子说:"南面的人不能到北面去,北面的人不能到南面去,脸的颜色有黑的,有白的,为什么都不能顺利地渡过去呢? 并且天帝要在甲乙日在东方杀青龙,丙丁日在南方杀赤龙,庚辛日在西方杀白龙,壬癸日在北方杀黑龙,如果按照你的话,那就是禁止天下的人行走。这是困蔽人心,让天下人不相往来而使天下如虚空无人,你的话不能用。"

子墨子曰:"吾言足用矣,舍言革思者①,是犹舍获而攈粟也②。以其言非吾言者,是犹以卵投石也,尽天下之卵,其石犹是也,不可毁也。"

【注释】

①舍言革思者:"舍"下当有"吾"字(孙诒让说)。言,这里指学说主张。革,改变,变革。

②攈(jùn):拾取,搜集。

【译文】

墨子说:"我的学说值得采用,舍弃我的学说而考虑别的,就好像放弃收割而去捡遗留的谷穗一样。用他的言论来反对我的言论,就像用鸡蛋去碰石头,用尽天下的鸡蛋,那石头还是那样不可毁坏。"

公孟

【题解】

　　此篇取首句中"公孟"二字命题，全文都是问答的形式，记录了墨子与其弟子等人的对话。对话的内容涉及较广，但主要围绕墨子的基本主张，包括"非命"、"明鬼"、"节葬"、"非儒"等。

　　由于主要采用问答的形式，所以文中辩驳的成分较多。如墨子批驳公孟子"无鬼神"的说法，就采用以其矛攻其盾的方法，即先端出公孟子关于"君子必学祭祀"的主张，进而指出，既然认为没有鬼神，何以要学习祭祀之礼？这就是从公孟子自己的主张中找出矛盾之处，从而推翻了其立论之本。文中此类精彩而有力的辩驳还有很多。

　　从文中也可看出，墨子的学说遭受的怀疑和非议也颇多，所以墨子必须力辩自己学说之善。

　　公孟子谓子墨子曰："君子共己以待①，问焉则言，不问焉则止。譬若钟然，扣则鸣②，不扣则不鸣。"子墨子曰："是言有三物焉③，子乃今知其一身也④，又未知其所谓也。若大人行淫暴于国家，进而谏，则谓之不逊⑤；因左右而献谏⑥，则谓之言议，此君子之所疑惑也。若大人为政，将因于国家之难,譬若机之将发也然⑦,君子之必以谏,然而大人之利,若此者,虽不扣必鸣者也。若大人举不义之异行,虽得大巧之经⑧,可行于军旅之事,欲攻伐无罪之国,有之也,君得之,则必用之矣。以广辟土地,著税伪材⑨,出必见辱,所攻者不利,而攻者亦不利,是两不利也。若此者,虽不扣必鸣者也。且子曰:'君子共己待,问焉则言,不问焉则止,譬若钟然,扣则鸣,不扣则不鸣。'今未有扣,子而言,是子之谓不扣而鸣邪? 是子之所谓非君子邪?"

【注释】

①共:当为"拱"(孙诒让说)。

②扣:敲打。

③三物:指三种情况,即"叩则鸣"、"不叩则不鸣"、"不叩而鸣"。

④一:当为"二"(王焕镳说),指"叩则鸣"、"不叩则不鸣"。身:当为"耳"(王引之说)。

⑤逊:谦逊,恭顺。

⑥因:依靠,凭借。左右:指左右的近臣。

⑦机:弓弩上发射箭的机关。可引申为作战设备或其他机械。

⑧大巧之经:大机巧的方法。

⑨著:当读为"赋"(于省吾说)。伪:疑当为"贩",《说文》云:"此古'货'字,读若贵。"(毕沅说)。材:通"财"(孙诒让说)。

【译文】

　　公孟子对墨子说:"君子应该拱起手恭敬地等待,问他就说话,不问他就停止。就好像钟一样,敲它就响,不敲就不响。"墨子说:"这话有三层意思,你现在只知道其中的二层,而且还不知道它是什么意思。如果王公大人在国家中施行暴虐的行为,若进谏就是不恭敬;通过左右的人去进谏，又会被说是故意议论，这就是君子的疑惑。如果王公大人治理政务，国家将有大难发生，就像一触即发的机关一样，君子就一定要进谏，因为这是王公大人最大的利益，那么在这样的利益关头，即使不敲也一定要响。如果王公大人做出不道义的行为，即使有巧妙的方法可以让它在军队中实行，想要攻克没有罪过的国家，君主得而用之。以此来开辟土地，搜刮税利财货，但外出作战一定会遭受耻辱，被攻打的国家得不到利益，攻打别人的也得不到利益，是两者都得不到利益。如果像这样，即使不敲也一定要响。并且你说：'君子应该拱起手恭敬地等待，问他就说话，不问他就停止，就好像钟一样，敲它就响，不敲就不响。'现在没有敲而你说话，是你所说的不敲却响呢？还是你所认为的不是君子呢？"

公孟子谓子墨子曰："实为善人，孰不知？譬若良玉①，处而不出有余糈②。譬若美女，处而不出，人争求之。行而自炫③，人莫之取也④。今子遍从人而说之，何其劳也！"子墨子曰："今夫世乱，求美女者众，美女虽不出，人多求之；今求善者寡，不强说人⑤，人莫之知也。且有二生于此，善筮。一行为人筮者，一处而不出者。行为人筮者与处而不出者，其糈孰多？"公孟子曰："行为人筮者其糈多。"子墨子曰："仁义钧⑥，行说人者，其功善亦多，何故不行说人也！"

【注释】

①玉：疑当为"巫"（孙诒让说）。

②糈(xǔ)：用于祀神的米。

③炫(xuàn)：炫耀，自夸。

④取：同"娶"。

⑤强：竭力，尽力，勉强。

⑥钧：通"均"。

【译文】

公孟子对墨子说："真正行善的人，谁不知道呢？就好像高明的巫师，在家里不出来也有多余的粮食吃。就好比美女，在家里不出来，人们也争着去追求。到处去炫耀的反而没有人要娶她了。现在你到处向人游说，是多么辛苦啊！"墨子说："现在世道混乱，追求美女的人很多，美女即使不出来，也有很多人追求她；现在追求行善的人少，不努力去游说，就没有人会知道。并且有两个人在这里，都善于占卜。一个到处走为人占卜，一个人在家里不出来。到处走和在家里为人占卜的人，谁得到的粮食多呢？"公孟子说："到处走给人占卜的人得到的粮食多。"墨子说："如果两个人同样施行仁义，到处行走游说人的人，他的功业和善行也多，那么为什么不行走去游说人呢！"

公孟子戴章甫①，搢忽②，儒服，而以见子墨子，曰："君子服然后行乎？其行然后服乎？"子墨子曰："行不在服。"公孟子曰："何以知其然也？"子墨子曰："昔者齐桓公高冠博带③，金剑木盾，以治其国，其国治。昔者，晋文公大布之衣④，牂羊之裘，韦以带剑，以治其国，其国治。昔者楚庄王鲜冠组缨⑤，绛衣博袍⑥，以治其国，其国治。昔者越王勾践剪发文身，以治其国，其国治。此四君者，其服不同，其行犹一也。翟以是知行之不在服也。"公孟子曰："善！吾闻之曰：'宿善者不祥⑦。'请舍忽、易章甫，复见夫子可乎？"子墨子曰："请因以相见也。若必将舍忽、易章甫而后相见，然则行果在服也。"

【注释】

①章甫:古代一种礼帽。

②搢(jìn)忽:即"搢笏",插笏。古代臣子朝见时均执笏,用以记事备忘,不用时插于腰带上。

③博带:大带,系于外衣之腰部,即"绅"。

④大布:粗布。

⑤鲜冠:当为"解冠",即"獬冠"(陈汉章说)。组:冠缨。

⑥绛:深红色。

⑦宿:止,留。

【译文】

公孟子戴着礼帽,腰间插着记事板,穿着儒服去见墨子,说:"君子应该先讲究服饰然后才有所作为,还是先有所作为然后才讲究服饰呢?"墨子说:"作为不在于衣服。"公孟子说:"怎么知道是这样的呢?"墨子说:"从前齐桓公戴着高帽子,系着宽大的带子,带着金剑木盾,来治理他的国家,他的国家得到了治理。从前晋文公穿着粗布的衣服,母羊皮做的衣服,用牛皮带挂剑,来治理他的国家,他的国家得到了治理。从前楚庄王戴着漂亮的镶着带子的帽子,穿着深红色的宽大衣袍,来治理他的国家,他的国家得到治理。从前越王勾践剪去头发,在身上纹上花纹,来治理他的国家,他的国家得到了治理。这四位国君所穿的衣服不一样,他们的行为是一样的。我因此知道在作为不在于衣服。"公孟子说:"好啊!我听说:'心知善行而不施行的人是不吉祥的。'请让我放下笏板、换掉礼服,再来见您怎么样呢?"墨子说:"请您就像现在这样相见好了。如果一定要放下笏板、换掉礼服再来相见,那么作为就果然是在于衣服了。"

公孟子曰:"君子必古言服,然后仁。"子墨子曰:"昔者商王纣卿士费仲为天下之暴人,箕子、微子为天下之圣人,此同言而或仁不仁也。周公旦为天下之圣人，关叔为天下之暴人[①]，此同服或仁或不仁。然则不在古服与古言矣。且子法周而未法夏也，子之古非古也。”

【注释】

①关叔：即"管叔"（孙诒让说）。

【译文】

公孟子说："君子一定要说古代的话，穿古代的衣服，然后才称得上是仁义的。"墨子说："从前商纣王的卿士费仲是天下的残暴之人，箕子、微子是天下的圣人，这是说的话相同，却有的人仁义、有的人不仁义。周公旦是天下的圣人，管叔是天下的残暴之人，这是衣服相同，却有的人仁义、有的人不仁义。既然这样，那么不在于古代的衣服和言语。并且你效法周而没有效法夏，你说的古代不是真正的古代。"

公孟子谓子墨子曰："昔者圣王之列也[①]，上圣立为天子，其次立为卿大夫。今孔子博于《诗》、《书》，察于礼乐，详于万物，若使孔子当圣王，则岂不以孔子为天子哉？"子墨子曰："夫知者，必尊天事鬼，爱人节用，合焉为知矣。今子曰'孔子博于《诗》、《书》，察于礼乐，详于万物'，而曰可以为天子，是数人之齿[②]，而以为富。"

【注释】

①列：位次。

②齿：指契之齿。古人刻竹木以记数，其刻处如齿，故谓之齿。

【译文】

公孟子对墨子说："从前圣人的安排位次，最上的圣人被立为天子，其次的圣人列为卿大夫。现在孔子广泛地读诗书，明察礼乐制度，详细地了解万物，如果让孔子处于圣王的时代，那难道不是要让孔子做天子了吗？"墨子说："有智慧的人，一定会尊敬上天侍奉鬼神，爱护百姓，节俭用度，合乎这些才是有智慧的。现在你说'孔子广泛地读诗书，明察礼乐制度，详细地了解万物'，却又说可以让他做天子，这不过是数着别人契据上的刻数，却自以为富有罢了。"

公孟子曰："贫富寿夭，齰然在天①，不可损益。"又曰："君子必学。"子墨子曰："教人学而执有命，是犹命人葆而去亓冠也②。"

【注释】

①齰(cuò)然：犹云确然（曹耀湘说）。齰，同"错"。

②葆：包裹其发（毕沅说）。亓：即"其"字。

【译文】

公孟子说："贫穷富贵长寿夭折，都是由天决定的，不能减少或增加。"又说："君子一定要学习。"墨子说："教人学习却又主张有天命，这就像叫人裹头以便戴帽子却又拿走他的帽子一样。"

公孟子谓子墨子曰："有义不义，无祥不祥。"子墨子曰："古圣王皆以鬼神为神明，而为祸福①，执有祥不祥，是以政治而国安也。自桀纣以下，皆以鬼神为不神明，不能为祸福，执无祥不祥，是以政乱而国危也。故先王之书《子亦》有之曰②：'亓傲也，出于子，不祥。'此言为不善之有罚，为善之有赏。"

【注释】

①而：同"能"（毕沅说）。

②《子亦》：疑当作"亓子"。亓，古"其"字。其子，即"箕子"。《周
书》有《箕子》篇，今亡（戴望说）。

【译文】

公孟子对墨子说："只有仁义和不仁义，没有吉祥和不吉祥。"墨子
说："古代圣明的君王都认为鬼神是神圣明达的，能够降祸或赐福，主张
因人之义与不义而有吉祥或不吉祥，所以政务得到治理而国家得到安
宁。从桀纣以后的君王都认为鬼神不是神圣明达的，而不能够降祸或
赐福，主张不会因人之义与不义而有吉祥或不吉祥，所以政务混乱而国
家危难。所以先王的书《箕子》说：'如果太傲慢，你就会不吉祥。'这就
是说不为善会有惩罚，为善会有奖赏。"

　　子墨子谓公孟子曰："丧礼，君与父母、妻、后子死，三年
丧服；伯父、叔父、兄弟期①；族人五月②；姑、姊、舅、甥皆有数
月之丧。或以不丧之间③，诵《诗三百》，弦《诗三百》④，歌《诗
三百》，舞《诗三百》。若用子之言，则君子何日以听治？庶
人何日以从事？"公孟子曰："国乱则治之，国治则为礼乐。
国治则从事⑤，国富则为礼乐。"子墨子曰："国之治，治之废，
则国之治亦废⑥。国之富也，从事，故富也。从事废，则国之
富亦废。故虽治国，劝之无餍，然后可也。今子曰：'国治则
为礼乐，乱则治之。'是譬犹噎而穿井也⑦，死而求医也。古
者三代暴王桀纣幽厉，茶为声乐⑧，不顾其民，是以身为刑
僇，国为戾虚者⑨，皆从此道也。"

【注释】

①期：期服，即服丧一年。

②族人五月："族人"上当有"戚"字（王念孙说）。

③或：又。

④弦：指诵诗时鼓琴瑟以配乐。《诗三百》：《诗经》共三百零五篇，举其大曰《诗三百》。

⑤国治：当为"国贫"（王念孙说）。

⑥"国之治"三句：当为"国之治也，听治故治也；听治废，则国之治亦废"（陶鸿庆说）。

⑦噎（yē）：谓食物堵住喉咙。

⑧㪇（ěr）：盛。

⑨庆虚：当为"虚庆"，即"虚厉"（王念孙说）。居宅无人曰虚，死而无后曰厉。

【译文】

　　墨子对公孟子说："按照丧礼，君主和父母、妻子、长子死去，要穿三年的丧服；伯父、叔父、兄弟死去，要穿一年的丧服；族人死去要穿五个月的丧服；姑姑、姐姐、舅舅、外甥死去都要穿几个月的丧服。又在不办丧事的时候，要读诗三百篇，配乐弹奏诗三百篇，歌唱诗三百篇，舞蹈诗三百篇。如果像您所说的，那么君子哪一天用来听政？平民哪一天用来从事生产呢？"公孟子说："国家混乱就治理，得到治理就制作礼乐。国家贫穷就去从事生产，国家富裕就制作礼乐。"墨子说："国家得到治理，治理了才能得到治理，如果治理废止了，那么国家也就荒废了。国家富裕，进行生产才会使之富裕。生产废弃了，那么国家的富裕也就丧失了。所以治理国家，要勤勉不停止，然后国家才能得到治理。现在你说：'国家得到治理就制作礼乐，混乱就进行治理。'这就像吃饭噎了才去挖井，人死了才去找医生。古时候三代暴虐的君王，桀纣幽王厉王，兴盛音乐，不顾及百姓，所以身体遭到杀戮，国家也成为一片废墟，都是由这种主张造成的。"

公孟子曰："无鬼神。"又曰："君子必学祭祀①。"子墨子曰："执无鬼而学祭礼，是犹无客而学客礼也，是犹无鱼而为鱼罟也②。"

【注释】

①祀：当为"礼"（毕沅说）。

②罟（gǔ）：网。

【译文】

公孟子说："没有鬼神。"又说："君子一定要学习祭祀的礼节。"墨子说："主张没有鬼神却要学习祭祀的礼节，就像是没有客人却要学习待客的礼节一样，就好像没有鱼却要制造鱼网一样。"

公孟子谓子墨子曰："子以三年之丧为非，子之三日之丧亦非也。"子墨子曰："子以三年之丧非三日之丧，是犹倮谓撅者不恭也①。"

【注释】

①倮：同"裸"（毕沅说），袒露。撅（guì）：揭衣（洪颐煊说）。

【译文】

公孟子对墨子说："你认为三年的丧期是不对的，那么你的三天的丧期也是不对的。"墨子说："你用三年的丧期来非议三天的丧期，就像自己脱衣服却说掀起衣服的人不恭敬一样。"

公孟子谓子墨子曰："知有贤于人①，则可谓知乎②？"子墨子曰:"愚之知有以贤于人,而愚岂可谓知矣哉?"

【注释】

①有贤于人:谓偶有一事贤于他人。

②知:同"智"。

【译文】

公孟子对墨子说:"有个人的所知,有胜过别人的地方,那么就可以说是有智慧的人吗?"墨子说:"愚蠢人的所知,有的时候也会胜过别人,那么愚蠢的人难道可以说是有智慧的吗?"

公孟子曰:"三年之丧,学吾之慕父母①。"子墨子曰:"夫婴儿子之知②,独慕父母而已。父母不可得也,然号而不止③,此亓故何也④? 即愚之至也。然则儒者之知,岂有以贤于婴儿子哉?"

【注释】

①学:仿效。"吾"下当有"子"字(俞樾说)。吾子,指小男小女,即小孩子。

②婴儿子:即婴儿。

③号:大声哭。

④亓:古"其"字。

【译文】

公孟子说:"三年的丧期是效仿孩子依恋父母。"墨子说:"婴儿的智慧,只是知道依恋父母而已。找不到父母,就大哭不停止,这是什么缘故呢? 这就是愚蠢到了极点。那么儒者的智慧,难道有胜过婴儿的地方吗?"

　　子墨子曰：“问于儒者①：‘何故为乐？’”曰：‘乐以为乐也。’”子墨子曰：“子未我应也。今我问曰：‘何故为室？’曰：‘冬避寒焉，夏避暑焉，室以为男女之别也②。’则子告我为室之故矣。今我问曰：‘何故为乐？’曰：‘乐以为乐也。’是犹曰：‘何故为室？’曰：‘室以为室也。’”

【注释】

①子墨子曰：问于儒者：当作“子墨子问于儒者曰”。

②室：当为“且”之误（俞樾说）。

【译文】

　　墨子问儒者说：“为什么要制作音乐？”回答是：“用音乐来作为娱乐。”墨子说：“你没有回答我的问题。现在我问：‘为什么要制造房子。’说：‘冬天躲避寒冷，夏天避免暑热，用这些来使男女有区别。’那么你告诉我为什么要制造房子的原因。现在我问：‘为什么要制造音乐？’说：‘用音乐来作为娱乐。’就像说‘为什么要制造房子？’回答说‘为了房子而制造房子’一样。”

　　子墨子谓程子曰①：“儒之道足以丧天下者，四政焉②。儒以天为不明，以鬼为不神，天鬼不说，此足以丧天下。又厚葬久丧，重为棺椁，多为衣衾，送死若徙③，三年哭泣，扶后起，杖后行，耳无闻，目无见，此足以丧天下。又弦歌鼓舞，习为声乐，此足以丧天下。又以命为有，贫富寿夭、治乱安危有极矣④，不可损益也。为上者行之，必不听治矣；为下者行之，必不从事矣，此足以丧天下。”程子曰：“甚矣⑤！先生之毁儒也。”子墨子曰：“儒固无此若四政者⑥，而我言之，则是毁也。今儒固有此四政者，而我言之，则非毁也，告闻也。”程子无辞而出。子墨子曰："迷之⑦!"反，后坐⑧，进复曰⑨："乡者先生之言有可闻者焉⑩，若先生之言，则是不誉禹⑪，不毁桀纣也。"子墨子曰："不然。夫应孰辞⑫，称议而为之⑬，敏也。厚攻则厚吾⑭，薄攻则薄吾。应孰辞而称议⑮，是犹荷辕而击蛾也⑯。"

【注释】

①程子：程繁（苏时学说）。

②四政：四种教义。

③徙：迁徙。

④有极：犹言有常。

⑤甚：厉害，严重。

⑥此若：即"此"。

⑦迷：当为"还"之误（孙诒让说），回来。

⑧后：当为"复"（王念孙说）。

⑨复：白（曹耀湘说），陈述。

⑩乡：通"向"，刚才。闻：当为"间"（毕沅说），指责。

⑪则是不誉禹："禹"下当有"汤"字。

⑫孰辞：习熟之辞，犹云"常语"（孙诒让说）。

⑬称义而为之：谓信口酬答。

⑭吾：读为"御"（王引之说）。

⑮应孰辞而称议："称议"前当有"不"字。

⑯荷：担。辕：车辕。

【译文】

墨子对程子说："儒家的道术足以丧失天下的原因有四点。儒家认为天是不明察的,认为鬼是不神灵的,天帝和鬼神因此感到不高兴,这就足以丧失天下。又要求厚葬,长期服丧,做很多的衣服和棺椁,送葬就像搬家,哭泣三年,扶着墙然后才能站起来,拄着拐杖然后才能行走,耳朵听不见,眼睛看不见,这就足以丧失天下。而且主张琴瑟歌舞,以声乐之事为常习,这就足以丧失天下。又认为命是有的,贫穷富贵长寿夭折,治理混乱安定危难,都是有定数的,不可以减少或增加。在上位的人这样做,一定不能处理政务;在下面的人这样做,一定不能从事生产,这就足以丧失天下。"程子说:"先生诋毁儒家实在是太厉害了!"墨子说:"儒家如果根本就没有这四种主张,而我这样说,那就是诋毁。现在儒家本来就有这四种主张,而我这样说,那么就不是诋毁,而只是说我听到的事情而已。"程子没有说话就出去了。墨子说:"回来!"程子又返回来,坐下,程子又对墨子说:"刚才先生说的话也有可指责的地方,按先生的话,那么就不是称赞大禹商汤,也不是诋毁桀纣。"墨子说:"不是这样的。应付平常的言辞,不必辩驳就信口作答,这就是机敏。如果对方言辞激烈,我也言辞激烈以应对,如果对方温婉,我也言辞温婉以应对。应付平常的言辞如不用与之相称的方法,这就像拿着车辕去扑打飞蛾一样。"

子墨子与程子辩,称于孔子①。程子曰:"非儒,何故称于孔子也?"子墨子曰:"是亦当而不可易者也。今鸟闻热旱之忧则高,鱼闻热旱之忧则下,当此虽禹汤为之谋,必不能易矣。鸟鱼可谓愚矣,禹汤犹云因焉②。今翟曾无称于孔子乎?"

【注释】

①称:称赞。

②云:犹"或"(王念孙说)。

【译文】

　　墨子和程子辩论,称赞孔子。程子说:"非议儒家,为什么还要称赞孔子呢?"墨子说:"这也是正当而不能改变的。现在鸟儿听说要有炎热和干旱的灾难就飞向高处,鱼听说有炎热和干旱的灾难就游向水下,在这个时候即使是让大禹和汤为他谋划,也一定不能改变。鸟和鱼可以说是愚蠢的,可是大禹和汤还是要依顺他们的做法。现在我怎么不能称赞孔子呢?"

　　有游于子墨子之门者,身体强良①,思虑徇通②,欲使随而学。子墨子曰:"姑学乎,吾将仕子。"劝于善言而学。其年,而责仕于子墨子③。子墨子曰:"不仕子,子亦闻夫鲁语乎? 鲁有昆弟五人者④,亓父死⑤,亓长子嗜酒而不葬,亓四弟曰:'子与我葬,当为子沽酒⑥。'劝于善言而葬。已葬,而责酒于其四弟。四弟曰:'吾末予子酒矣⑦,子葬子父,我葬吾父,岂独吾父哉? 子不葬,则人将笑子,故劝子葬也。'今子为义,我亦为义,岂独我义也哉? 子不学,则人将笑子,故劝子于学。"

【注释】

①良:强。

②徇:疾。

③责:求。

④昆:兄。

⑤亓(qí):古"其"字。

⑥沽:买。

⑦末：当作"未"。

【译文】

有人来到墨子门下，身体强健，思维敏捷，想要跟着墨子学习。墨子说："姑且跟着我学习，我将要让你去做官。"那人听从墨子的善言而跟着他学习。过了一年他向墨子提出做官的要求。墨子说："不让你做官，你也听说过鲁国人的故事吗？鲁国人有兄弟五人，他们的父亲死了，长子嗜好喝酒而不主张埋葬，他的四个弟弟说：'你帮我们埋葬，我们为你买酒。'听从了他们的好话而埋葬父亲。埋葬了以后，就去向四个弟弟要酒。四个弟弟说：'我们不给你酒，你埋葬你的父亲，我们埋葬我们的父亲，难道只是我们的父亲吗？你不埋葬父亲，那么别人就会取笑你，所以劝你埋葬父亲。'现在你为了道义，我也为了道义，难道只是我的道义吗？你不学习，那么别人就会取笑你，所以劝你学习。"

有游于子墨子之门者，子墨子曰："盍学乎^①？"对曰："吾族人无学者。"子墨子曰："不然。未好美者^②，岂曰吾族人莫之好，故不好哉？夫欲富贵者，岂曰我族人莫之欲，故不欲哉？好美、欲富贵者，不视人犹强为之。大义，天下之大器也，何以视人必强为之？"

【注释】

①盍（hé）：何不。
②未：当为"夫"字。

【译文】

有人来到墨子门下，墨子说："为什么不去学习呢？"回答说："我的族人中没有学习的。"墨子说："不是这样的。那些爱美的人，难道说我的族人中没有爱美的，所以我也不爱美吗？想要富贵的人，难道说我的族人中没有想要的，所以我也不要吗？爱美和想要富贵的人，不管别人而自己仍然努力地追求。道义，是天下最重要的东西，为什么要去看别人呢？一定要努力地去做。"

　　有游于子墨子之门者，谓子墨子曰："先生以鬼神为明知，能为祸人哉福①，为善者富之②，为暴者祸之。今吾事先生久矣，而福不至，意者先生之言有不善乎③？鬼神不明乎？我何故不得福也？"子墨子曰："虽子不得福，吾言何遽不善④？而鬼神何遽不明？子亦闻乎匿徒之刑之有刑乎⑤？"对曰："未之得闻也。"子墨子曰："今有人于此，什子⑥，子能什誉之，而一自誉乎⑦？"对曰："不能。""有人于此，百子⑧，子能终身誉亓善，而子无一乎？"对曰："不能。"子墨子曰："匿一人者犹有罪，今子所匿者若此亓多，将有厚罪者也，何福之求？"

【注释】

①能为祸人哉福：此句疑当为"能为祸福"，"人哉"疑衍（王念孙说）。

②富：同"福"（王念孙说）。

③意：疑。

④何遽(jù)：即"何"。

⑤子亦闻乎匿徒之刑之有刑乎：此句疑当为"匿刑徒之有刑乎"（孙诒让说）。

⑥什子：是说其贤胜过你十倍。

⑦而一自誉乎：据下文例"一"上当有"无"字。

⑧百子：是说其贤胜过你百倍。

【译文】

　　有人来到墨子门下，对墨子说："先生认为鬼神是聪明智慧的，能够给人降福和赐祸，行善的人就给他赐福，做坏事的人就给他祸害。现在我侍奉先生您很久了，而福气没有到，是先生的言论有不好的？还是鬼神不明察呢？我为什么得不到福气呢？"墨子说："即使你没有得到赐福，我的言论怎么会有不好呢？鬼神又怎么会不明察呢？你没有听说过隐藏犯人的人也是有罪的吗？"回答说："没有听说过。"墨子说："现在有这样一个人，他的贤能胜过你十倍，你能十倍地称赞他，而一点不称赞自己吗？"回答说："不能。""有一个人在这里，胜过你百倍，你能终身称赞他，而一点不称赞自己吗？"回答说："不能。"墨子说："隐藏一个人尚且有罪，现在你所隐藏的如此之多，就有很大的罪，怎么还想要获得赐福呢？"

　　子墨子有疾，跌鼻进而问曰①："先生以鬼神为明，能为祸福，为善者赏之，为不善者罚之。今先生圣人也，何故有疾？意者先生之言有不善乎？鬼神不明知乎？"子墨子曰："虽使我有病，何遽不明？人之所得于病者多方，有得之寒暑，有得之劳苦，百门而闭一门焉，则盗何遽无从入？"

【注释】

　　①跌鼻：墨子的弟子。

【译文】

　　墨子有病，跌鼻进来问他说："先生认为鬼神是圣明的，能够降祸和赐福，做善事的人就奖赏他，做坏事的人就惩罚他。现在先生是圣人，为什么会生病呢？是先生的言论有不好的地方？还是鬼神不明察呢？"墨子说："即使我有病，为什么鬼神就不明察呢？人生病的原因有很多，有的是因为寒冷和暑热,有的是因为劳累,这就好比一百扇门只关了一扇,那么盗贼怎么会没有地方进来呢?”

二三子有复于子墨子学射者①,子墨子曰:“不可。夫知者必量亓力所能至而从事焉,国士战且扶人②,犹不可及也③。今子非国士也,岂能成学又成射哉?”

【注释】

①复:告诉。学射:既从学,又习射(曹耀湘说)。

②国士:这里指国中杰出的人物。

③及:犹“兼”(毕沅说),兼顾。

【译文】

有几个弟子想要向墨子学习射箭,墨子说:“不可以。有智慧的人必定要估量自己的力量然后才去做事,才能出众的人,一边和敌人交战,一边去挽扶受伤的士兵,尚且不能兼顾。现在你并不是才能出众的人,岂能又学好学业又学好射箭呢?”

二三子复于子墨子曰:“告子曰①:‘言义而行甚恶。’请弃之。”子墨子曰:“不可。称我言以毁我行②,愈于亡③。有人于此④,翟甚不仁,尊天、事鬼、爱人,甚不仁。犹愈于亡也。今告子言谈甚辩,言仁义而不吾毁,告子毁,犹愈亡也。”

【注释】

①告子:墨子的弟子。

②以:而。

③愈:胜过。亡:无,没有。

④有人于此:"此"下当有"曰"字(王闿运说)。

【译文】

有几个学生告诉墨子说:"告子说:'您言论仁义而行为十分恶劣。'请抛弃他吧。"墨子说:"不可以。称赞我的言论却诋毁我的行为,总比完全不提到我好。有一个人在这里,说:墨翟很不仁义,只是尊敬上天、侍奉鬼神、热爱百姓,但行为却非常不仁义。这总比完全不提到我好。现在告子说话非常强辩,诋毁我却不诋毁我所主张的仁义,但是告子诋毁我,还是总比完全不提到我好。"

二三子复于子墨子曰:"告子胜为仁①。"子墨子曰:"未必然也! 告子为仁,譬犹跂以为长②,隐以为广③,不可久也。"

【注释】

①胜:胜任。

②跂:踮起脚后跟。

③隐:当作"偃",犹"仰"(毕沅说)。

【译文】

有几个学生告诉墨子说:"告子能担当奉行仁义的重任。"墨子说:"未必是这样啊! 告子奉行仁义,就像踮起脚让身高增加,仰起身体来使身体加宽,这是不能持久的。"

告子谓子墨子曰:"我治国为政①。"子墨子曰:"政者,口言之,身必行之。今子口言之,而身不行,是子之身乱也。子不能治子之身,恶能治国政? 子姑亡子之身乱之矣②!"

【注释】

①我治国为政："我"下当有"能"字（王焕镳说）。

②亡：当作"防"（毕沅说）。

【译文】

告子对墨子说："我能治理国家，处理政务。"墨子说："政务，嘴上说，身体也必定要实行。现在你嘴上说，而身体不实行，是你的言论和行为错乱。你不治理好自己，怎么能治理好国家呢？你姑且先提防你自身的矛盾吧。"

鲁问

【题解】

此篇以第一段的大意名篇。各段内容多为墨子与诸侯、弟子等的对话，当为其弟子所记。

全文篇幅较长，涉及内容较广，对墨子的主要观点，如"兼爱"、"非攻"等都有所论及。其中墨子和其弟子的对话，主要是墨子对弟子如何辅佐国君的教导，如对胜绰的指责，正因为胜绰不能"济骄而正嬖"，所以墨子认为他是不称职的，项子牛应将其辞退。

所有论述所围绕的中心仍在于"义"。墨子将"义"提至极高，认为应该以"义"为"钩强"，"钩之以爱，揣之以恭"，这样才能兼相爱、交相利。以"义"为要务，才能得人心，最终得天下。他所说的"忠臣"的标准，也正在于不为俸禄而为"义"。

从此篇也可看出墨子对自己的学说是否被采用是很看重的。对于能真正听其言、用其道的国君，他不在意俸禄的多寡；对于不能真正听其言、用其道的国君，他认为对其言道，无异于出卖一件普通的货物，是不屑为之的。

　　鲁君谓子墨子曰^①："吾恐齐之攻我也，可救乎?"子墨子曰："可。昔者三代之圣王禹汤文武，百里之诸侯也^②，说忠行义,取天下。三代之暴王桀纣幽厉,仇怨行暴③,失天下。吾愿主君之上者尊天事鬼,下者爱利百姓,厚为皮币④,卑辞令,亟遍礼四邻诸侯⑤,驱国而以事齐,患可救也。非此,顾无可为者⑥。"

【注释】

①鲁君:即鲁穆公(孙诒让说)。

②百里:百里见方,这里指小国家。

③仇怨:以抱怨的人为仇。

④币:古人用作礼物的丝织品。

⑤亟:急速。

【译文】

鲁君对墨子说:"我怕齐国攻打我,可以解救吗?"墨子说:"可以。从前三代的圣明君王大禹汤文王武王,都是地方只有百里的小国家的诸侯,他们喜欢忠臣,奉行仁义,于是取得了天下。三代暴虐的君王桀纣幽王厉王,仇视抱怨的人,施行暴行,于是丧失了天下。我希望主君您对上要尊敬上天侍奉鬼神,对下要仁爱百姓,并为百姓谋得利益,多准备毛皮丝织品等作为礼物,用谦卑的辞令,赶紧用礼结交四邻的诸侯,驱使整个国家的人去对抗齐国,祸患可以解救。如果不是这样,就没有办法了。"

齐将伐鲁,子墨子谓项子牛曰①:"伐鲁,齐之大过也。昔者吴王东伐越,栖诸会稽②;西伐楚,葆昭王于随③;北伐齐,取国子以归于吴④。诸侯报其仇,百姓苦其劳而弗为用,是以国为虚戾,身为刑戮也。昔者智伯伐范氏与中行氏,兼三晋之地,诸侯报其仇,百姓苦其劳而弗为用,是以国为虚

戾,身为刑戮用是也⑤。故大国之攻小国也,是交相贼也,过
必反于国⑥。"

【注释】

①项子牛:齐将。

②栖:停留,居住。

③葆:通"保"(孙诒让说)。随:随国,在今湖北随州一带。

④国子:指齐将国书(王念孙说)。

⑤身为刑戮用是也:据上文,"用是"二字疑衍(王念孙说)。

⑥过:当为"祸"字。

【译文】

齐国将要去攻打鲁国,墨子对项子牛说:"攻打鲁国,是齐国的大过
错。从前吴王向东去攻打越国,让勾践困于会稽;向西去攻打楚国,让楚
昭王出逃到随;向北攻打齐,抓获了齐国大将国书回到吴国。诸侯要报
仇,百姓苦于劳役,而不听从他的差遣,所以国家成为废墟而身体遭受刑
戮。从前智伯攻打范氏和中行氏,兼并了三晋的地方,诸侯要报仇,百姓
苦于劳役,而不听从他的差遣,所以国家成为废墟而身体遭受刑戮。所
以大国攻打小国,是相互贼害,灾祸一定会反过来殃及自己国家。"

子墨子见齐大王曰①:"今有刀于此,试之人头,倅然断
之②,可谓利乎?"大王曰:"利。"子墨子曰:"多试之人头,倅
然断之,可谓利乎?"大王曰:"利。"子墨子曰:"刀则利矣,孰
将受其不祥?"大王曰:"刀受其利,试者受其不祥。"子墨子
曰:"并国覆军,贼敖百姓③,孰将受其不祥?"大王俯仰而思
之,曰:"我受其不祥。"

【注释】

①齐大王，当为齐太公田和。

②倅(cù)：当为"卒"，仓猝(毕沅说)。

③敖：当作"杀"(毕沅说)。

【译文】

墨子去见齐太公田和说："现在这里有一把刀，用人头来试一下，立刻就能砍断，这可以说是锋利吗？"国君说："锋利。"墨子说："用很多人的头来试，立刻就能砍断，这可以说是锋利吗？"国君说："锋利。"墨子说："刀是试出了锋利，但是谁将遭受不吉祥呢？"国君说："刀有了锋利之名，被实验的人遭受了不吉祥。"墨子说："吞并别人的国家，灭亡别人的军队，残杀别人的百姓，谁将遭受不吉祥？"国君抬头低头思考，说："我将接受不吉祥。"

鲁阳文君将攻郑，子墨子闻而止之，谓阳文君曰①："今使鲁四境之内，大都攻其小都，大家伐其小家，杀其人民，取其牛马狗豕布帛米粟货财，则何若？"鲁阳文君曰："鲁四境之内，皆寡人之臣也。今大都攻其小都，大家伐其小家，夺之货财，则寡人必将厚罚之。"子墨子曰："夫天之兼有天下也，亦犹君之有四境之内也。今举兵将以攻郑，天诛亓不至乎②？"鲁阳文君曰："先生何止我攻郑也？我攻郑，顺于天之志。郑人三世杀其父③，天加诛焉，使三年不全④。我将助天诛也。"子墨子曰："郑人三世杀其父而天加诛焉，使三年不全。天诛足矣，今又举兵，将以攻郑，曰：'吾攻郑也，顺于天之志。'譬有人于此，其子强梁不材⑤，故其父笞之⑥，其邻家之父举木而击之，曰：'吾击之也，顺于其父之志。'则岂不悖哉？"

【注释】

①谓阳文君曰："谓"下当有"鲁"字（毕沅说）。

②亓：即"其"。

③父：当作"君"。

④三年不全：谓其凶岁。

⑤强梁：多力强悍。

⑥笞（chī）：鞭打。

【译文】

　　鲁阳文君将要攻打郑国，墨子听说了就制止他，对鲁阳文君说："现在让鲁国的四境之内，大城去攻打小城，大家去攻伐小家，杀害他的人民，夺取牛马狗猪布匹粮食财货，那么要怎么办呢？"鲁阳文君说："鲁国的四境之内，都是我的臣民。现在大城去攻打小城，大家去攻伐小家，夺取他的财货，那么我一定要给予他重重的惩罚。"墨子说："上天兼有天下，就像国君拥有四境之内一样。现在举兵要去攻打郑国，上天的惩罚怎么会不来到呢？"鲁阳文君说："先生为什么要制止我攻打郑国呢？我攻打郑国，是顺应上天的意志。郑国人三代杀掉自己的国君，上天降下诛罚，让他连续三年遭受饥荒。我将要帮助上天来诛罚他。"墨子说："郑国人三代杀掉自己的国君，上天降下诛罚，让他连续三年遭受饥荒。上天的惩罚已经足够了，现在你又举兵，将要攻打郑国，说：'我攻打郑国，是顺应上天的意志。'就像有一个人在这里，他的儿子强横不成材，所以他的父亲鞭打他，他邻居的父亲举起木棍打他，说：'我打他，是顺应他父亲的意志。'这难道不是有悖常理吗？"

　　子墨子谓鲁阳文君曰："攻其邻国，杀其民人，取其牛马粟米货财，则书之于竹帛，镂之于金石，以为铭于钟鼎①，传遗后世子孙，曰：'莫若我多。'今贱人也，亦攻其邻家，杀其人民，取其狗豕食粮衣裘，亦书之竹帛，以为铭于席豆②，以

遗后世子孙,曰:'莫若我多。'亓可乎?"鲁阳文君曰:"然,吾
以子之言观之,则天下之所谓可者,未必然也。"

①铭:铭文。

②席:同"度",杖(尹桐阳说)。豆:古代一种盛食物的器皿。

【译文】

墨子对鲁阳文君说:"攻打他的邻国,杀害他的人民,夺取他们的牛
马粮食财物,就书写在竹帛上,雕刻在金石上,在钟鼎上刻写铭文,传给
后世的子孙,说:'没有人有像我这么多的战果。'现在平民们也去攻打
他的邻居,杀死他的邻人,夺取他们的牛马粮食财物,也书写在竹帛上,
刻在杖和器皿上,传给后世的子孙,说:'没有人有像我这么多的战果。'
这样可以吗?"鲁阳文君说:"这样,我按照你的话来看,那么天下可以说
是对的事情,都未必是这样了。"

　　子墨子为鲁阳文君曰①:"世俗之君子,皆知小物而不知
大物。今有人于此,窃一犬一彘则谓之不仁,窃一国一都则
以为义。譬犹小视白谓之白,大视白则谓之黑。是故世俗
之君子知小物而不知大物者,此若言之谓也。"

【注释】

①为:通"谓"。

【译文】

墨子对鲁阳文君说:"世俗的君子,都知道小道理而不知道大道理。
现在有这样一个人,偷了一条狗一只猪就被称为不仁义,偷了一个国家
一个城市却认为是仁义。就像看到一点白叫白,看到很多白就称之为

黑。所以世俗的君子知道小道理而不知道大道理，就是这些话所说的。”

鲁阳文君语子墨子曰：“楚之南有啖人之国者桥①，其国之长子生，则鲜而食之②，谓之宜弟。美③，则以遗其君④，君喜则赏其父。岂不恶俗哉？”子墨子曰：“虽中国之俗，亦犹是也。杀其父而赏其子，何以异食其子而赏其父者哉？苟不用仁义，何以非夷人食其子也？”

【注释】

①啖(dàn)：吃。桥：其国之名(吴汝纶说)。

②鲜：亦作“解”(毕沅说)。

③美：味美。

④遗：赠送。

【译文】

鲁阳文君对墨子说：“楚国的南面有个吃人的国家叫做桥国，国家中有长子生下来，就剖开把他吃掉，称这样是有利于他的弟弟的。如果味道鲜美，就拿去送给国君，国君喜欢的话就会赏赐他的父亲。这难道不是一种恶劣的风俗吗？”墨子说：“即使是中原国家的风俗，也是像这样的。杀了他的父亲而奖赏他的儿子，和吃了他的儿子却奖赏他的父亲有什么区别呢？如果不奉行仁义，又怎么能非难蛮夷之人吃他的孩子呢？”

鲁君之嬖人死①，鲁君为之诔，鲁人因说而用之②。子墨子闻之曰：“诔者，道死人之志也③。今因说而用之④，是犹以来首从服也⑤。”

【注释】

①嬖(bì)人：这里指受宠爱的妃子。

②"鲁君为之诔"二句：当为"鲁人为之诔，鲁君因说而用之"（苏时学说）。

③道：言。

④说：同"悦"。

⑤来首：疑即"狸首"（孙诒让说）。服：驾车。

【译文】

鲁君宠幸的妃子死了，鲁人为她做了一篇祭文，鲁君很高兴就采用了。墨子听说了，说："祭文是用来表明死者的心志的。现在因为高兴而采用，就好像用狸来驾车一样。"

鲁阳文君谓子墨子曰："有语我以忠臣者：令之俯则俯，令之仰则仰；处则静①，呼则应。可谓忠臣乎？"子墨子曰："令之俯则俯，令之仰则仰，是似景也②。处则静，呼则应，是似响也③。君将何得于景与响哉？若以翟之所谓忠臣者，上有过则微之以谏④；己有善则访之上⑤，而无敢以告。外匡其邪而入其善⑥，尚同而无下比，是以美善在上而怨仇在下，安乐在上而忧戚在臣，此翟之所谓忠臣者也。"

【注释】

①处：居住。

②景：即古"影"字。

③响：应声，回声。

④微：伺察之意。

⑤访：《尔雅·释诂》："访，谋也。"此句谓进其谋于上，而不敢以告

人(孙诒让说)。

⑥入：纳。

【译文】

鲁阳文君对墨子说："有人对我说忠臣是这样的：叫他低头就低头，叫他抬头就抬头；居住在那里就很安静，叫他就答应。这可以说是忠臣吗？"墨子说："叫他低头就低头，叫他抬头就抬头，那就像影子一样；居住在那里就很安静，叫他就答应，那就像回声一样。您能从影子和回声那里得到什么吗？如果按我所说的忠臣，那应该是：上面有过错，就伺机加以进谏；自己有了好的见解就进献给主上，而不敢告诉别人。匡正君主的邪念，而让他进入正道，和上面保持一致而不和下面结党营私，所以美、善归于主上而怨恨留给臣下，安乐归于主上而忧患留给臣下，这就是我所说的忠臣。"

鲁君谓子墨子曰："我有二子，一人者好学，一人者好分人财，孰以为太子而可？"子墨子曰："未可知也。或所为赏与为是也①。鲂者之恭②，非为鱼赐也；饵鼠以虫，非爱之也。吾愿主君之合其志功而观焉③。"

【注释】

①与：当为"誉"之假(孙诒让说)。

②鲂："钓"之俗字(毕沅说)。

③志：志向。功：功劳。

【译文】

鲁君对墨子说："我有两个儿子，一个好学，一个喜欢把财物分给别人，你认为谁适合做太子？"墨子说："还不知道。或许只是为了得到赏赐和好名声才这么做。就像钓鱼的人态度恭敬，并不是为了鱼的恩赐；

用虫子来诱捕老鼠，并不是为了喜欢老鼠。我希望君主您能把他们的志向和功效结合起来去考察。"

　　鲁人有因子墨子而学其子者①，其子战而死，其父让子墨子②。子墨子曰："子欲学子之子，今学成矣，战而死，而子愠，是犹欲粜③，籴讐④，则愠也。岂不费哉⑤？"

【注释】

①因：亲（尹桐阳说）。学：教。

②让：责怪。

③粜（tiào）：卖。

④籴：当为"粜"字之误。讐：同"售"，卖出去。

⑤费：读为"悖"（王念孙说），荒谬。

【译文】

　　鲁国有个人因为信奉墨子而让他的儿子向墨子学习，他的儿子因为打仗死了，他的父亲就责怪墨子。墨子说："你想要你的儿子跟我学习，现在学成了，打仗死了，而你生气，就像卖谷物，卖出去了，却又生气。这难道不是很荒谬吗？"

　　鲁之南鄙人有吴虑者①，冬陶夏耕②，自比于舜。子墨子闻而见之。吴虑谓子墨子："义耳义耳，焉用言之哉？"子墨子曰："子之所谓义者，亦有力以劳人③，有财以分人乎？"吴虑曰："有。"子墨子曰："翟尝计之矣。翟虑耕而食天下之人矣，盛④，然后当一农之耕，分诸天下，不能人得一升粟。籍而以为得一升粟⑤，其不能饱天下之饥者，既可睹矣。翟虑织而衣天下之人矣，盛，然后当一妇人之织⑥，分诸天下，不能人得尺布。籍而以为得尺布,其不能暖天下之寒者,既可睹矣。翟虑被坚执锐救诸侯之患⑦,盛,然后当一夫之战,一夫之战,其不御三军,既可睹矣。翟以为不若诵先王之道而求其说⑧,通圣人之言而察其辞,上说王公大人,次匹夫徒步之士⑨。王公大人用吾言,国必治;匹夫徒步之士用吾言,行必修。故翟以为虽不耕而食饥,不织而衣寒,功贤于耕而食之、织而衣之者也⑩。故翟以为虽不耕织乎,而功贤于耕织也。"吴虑谓子墨子曰:"义耳义耳,焉用言之哉?"子墨子曰:"籍设而天下不知耕⑪,教人耕,与不教人耕而独耕者,其功孰多?"吴虑曰:"教人耕者其功多。"子墨子曰:"籍设而攻不义之国,鼓而使众进战,与不鼓而使众进战,而独进战者,其功孰多?"吴虑曰:"鼓而进众者其功多。"子墨子曰:"天下匹夫徒步之士,少知义而教天下以义者,功亦多,何故弗言也?若得鼓而进于义,则吾义岂不益进哉?"

【注释】

①鄙:边疆,边远的地方。

②陶:制作陶器。

③劳:谓替人任劳。

④盛:程度深,这里指极其努力。

⑤籍:假如。

⑥然后当一妇人之织:据上文例,"人"字疑衍。

⑦被:同"披"。

⑧诵:诉说,陈述。

⑨次匹夫徒步之士:"次"下当有"说"字(毕沅说)。匹夫,平民男

子。徒步,古代平民出门无车,因而以此代称平民。

⑩贤:胜过,甚于。

⑪籍设:假设。

【译文】

　　鲁国的南面有一个叫吴虑的人,冬天做陶器,夏天耕种,把自己比做舜。墨子听说了去见他。吴虑对墨子说:"义啊义啊,哪里用得着用言语去说呢?"墨子说:"你所谓的义,也是有力气就来帮助人,有财物就来分给别人吗?"吴虑说:"是。"墨子说:"我曾经计算过。我考虑耕作来养活天下的人,努力地做然后可以抵得上一个农夫的工作,分给天下,每个人还分不到一升粟。即使能分到一升粟,不能让天下饥饿的人都吃饱,这是显而易见的。我考虑织布来给天下的人衣服穿,努力地做然后可以抵得上一个妇人的工作,分给天下,每个人还分不到一尺布。即使能分到一尺布,不能让天下寒冷的人都得到温暖,这是显而易见的。我考虑身穿坚固的铠甲,拿着尖利的兵器,来解救诸侯的祸患,努力地做然后可以抵得上一个士兵,一个士兵作战不能抵御三军,这是显而易见的。我认为不如去传诵先王的道术,研究他们的学说,理通他们的言论,考察他们的言辞,对上劝说王公大人,其次是平民百姓。王公大人采用我的言论,国家一定会得到治理,平民百姓采用我的言论,品行一定会得到修养。所以我认为即使不耕作去让饥饿的人吃饱,不去织布让寒冷的人穿暖,功劳却比耕作让饥饿的人吃饱,织布让寒冷的人穿暖更大。所以我认为即使不耕作织布,功劳却比耕作织布更大。"吴虑对墨子说:"义啊义啊,哪里用得到言语啊?"墨子说:"如果天下人都不知道耕作,教人耕作,和不教人耕作而自己耕作的,谁的功劳大呢?"吴虑说:"教人耕作的人功劳大。"墨子说:"假设去攻打没有道义的国家,击鼓让众人进攻,和不击鼓让众人作战而自己单独进攻的人,谁的功劳大?"吴虑说:"击鼓让众人进攻的人功劳大。"墨子说:"天下的平民百姓知道道义的很少,而教导天下人知道道义的人功劳大,为什么不说话呢? 如果我能鼓励大家去追求道义，那么我的义不是更加发扬光大了吗?"

　　子墨子游公尚过于越。公尚过说越王^①，越王大说，谓公尚过曰:"先生苟能使子墨子于越而教寡人^②，请裂故吴之地^③，方五百里，以封子墨子。"公尚过许诺。遂为公尚过束车五十乘^④，以迎子墨子于鲁，曰:"吾以夫子之道说越王，越王大说，谓过曰:'苟能使子墨子至于越，而教寡人，请裂故吴之地，方五百里，以封子^⑤。'"子墨子谓公尚过曰:"子观越王之志何若? 意越王将听吾言，用我道，则翟将往，量腹而食，度身而衣，自比于群臣^⑥，奚能以封为哉^⑦? 抑越不听吾言^⑧，不用吾道，而吾往焉，则是我以义粜也^⑨。钧之粜^⑩，亦于中国耳，何必于越哉?"

【注释】

①越王:当为勾践之后的一个越王。

②"先生苟能"一句:"于"上据下文当有"至"字(孙诒让说)。

③裂:分割。故吴:因此时吴已为越国所灭，所以称"故吴"。

④束车:指备好马车。乘(shèng):古代一车四马叫"乘"。

⑤子:据上文当为"子墨子"(陶鸿庆说)。

⑥比:并列。

⑦能:乃(吴汝纶说)。

⑧抑越不听吾言:"越"下当有"王"字(孙诒让说)。

⑨粜:卖。

⑩钧:通"均"。之:是(尹桐阳说)。

【译文】

墨子让公尚过到越国去。公尚过游说越王，越王很高兴，对公尚过说:"先生您如果能让墨子到越国来教导我,我将要把原来吴国的土地分五百里来分封给墨子。"公尚过答应了。于是为他准备了五十辆马车,到鲁国去迎接墨子,说:"我用先生您的道术去游说越王,越王很高兴,对我说:'如果能让墨子到越国来教导我,将要把原来吴国的土地分五百里来分封给墨子。'"墨子对公尚过说:"你看越王的志向是怎么样的呢? 如果越王能够听从我的言论,用我的道术,那么我就将前往,考虑肚子而吃饭,考虑身体而裁制衣服,自己能够处于群臣之间就可以了,又怎么能因为会获得分封才前往呢? 如果越王不听从我的言论,不采用我的道术,而我前往,那么我就是出卖道义。同样是出卖道义,在中原国家就可以了,为什么要在越国呢?"

子墨子游,魏越曰①:"既得见四方之君②,子则将先语③?"子墨子曰:"凡入国,必择务而从事焉④。国家昏乱,则语之尚贤、尚同⑤;国家贫,则语之节用、节葬;国家憙音湛湎⑥,则语之非乐、非命;国家淫僻无礼,则语之尊天、事鬼;国家务夺侵凌,即语之兼爱、非攻。故曰择务而从事焉。"

【注释】

①魏越:墨子的弟子。

②四方之君子:指各国的国君。

③先:当为"奚"之误(吴汝纶说)。

④务:要务。

⑤语:告诉。

⑥憙(xǐ):同"喜"。湛湎:沉于酒。

【译文】

墨子出游,魏越说:"如果能够看到各国的国君,将要先说什么呢?"

墨子说:"凡是到一个国家,一定要选择紧迫的事情去做。国家混乱,那么就说尚贤和尚同;国家贫穷,那么对他说节用和节葬;国家纵情声色并沉湎于酒,那么就说非乐和非命;国家淫邪无礼,那么就说尊敬上天、侍奉鬼神;国家抢夺侵略,那么就说兼爱和非攻。所以说一定要选择紧迫的事情去做。"

子墨子出曹公子而于宋①,三年而反②,睹子墨子曰:"始吾游于子之门,短褐之衣,藜藿之羹③,朝得之则夕弗得,祭祀鬼神④。今而以夫子之教,家厚于始也。有家厚,谨祭祀鬼神。然而人徒多死⑤,六畜不蕃⑥,身湛于病⑦,吾未知夫子之道之可用也。"子墨子曰:"不然! 夫鬼神之所欲于人者多,欲人之处高爵禄则以让贤也,多财则以分贫也。夫鬼神岂唯擢季拊肺之为欲哉⑧? 今子处高爵禄而不以让贤,一不祥也;多财而不以分贫,二不祥也。今子事鬼神唯祭而已矣,而曰:'病何自至哉?'是犹百门而闭一门焉,曰:'盗何从入?'若是而求福于有怪之鬼⑨,岂可哉?"

【注释】

①出:当为"士",通"仕"(俞樾说),引申为推荐。曹公子:当为墨子的弟子。而:此字疑衍。

②反:犹"返"。

③藜藿之羹:指粗劣的食物。

④祭祀鬼神:"祭祀"上当有"弗得"二字(孙诒让说)。

⑤徒:众。

⑥蕃:繁殖,滋生。

⑦湛(chén):同"沉"。

⑧擢(zhuó)：疑为"攫"(孙诒让说)，取。季：当为"黍"(王引之说)。

　　拑(qián)肺：各家说法不一，疑与"攫黍"同义，即获取食物。

⑨怪：奇异，这里指有灵验。

【译文】

　　墨子推荐曹公子到宋国去做官，三年后回来，看到墨子说："开始的时候我在您的门下学习，穿着短衣服，吃着粗粮野菜的羹，早上吃得到，到晚上就吃不到了，所以不能去祭祀鬼神。现在因为夫子的教导，家里因此而变得富裕。家里富裕了，就恭谨地祭祀鬼神。然而人死得很多，牲畜不繁殖，身染重病，我不知道先生您的道术是不是可行。"墨子说："不是这样的！鬼神希望人做的事很多，希望人处在高位，享受丰厚的俸禄，那么就让给贤能的人，财物多就拿来分给贫穷的人。鬼神难道只是贪图酒食祭品吗？现在你处在高位，却不让给贤能的人，这是一种不吉祥；财物很多却不拿来分给贫穷的人，这是第二种不吉祥。现在你侍奉鬼神，只是重视祭祀而已，却说：'病是从哪里来的呢？'就像有一百扇门只关了一扇，说：'盗贼是从哪里进来的呢？'像这样去祈福于有神灵的鬼神，难道可以吗？"

　　鲁祝以一豚祭①，而求百福于鬼神。子墨子闻之曰："是不可②。今施人薄而望人厚，则人唯恐其有赐于己也。今以一豚祭，而求百福于鬼神，唯恐其以牛羊祀也③。古者圣王事鬼神，祭而已矣。今以豚祭而求百福④，则其富不如其贫也。"

【注释】

①祝：祭祀时主持祝告的人。豚(tún)：小猪。

②是：这。

③唯恐其以牛羊祀也："唯恐"上当有"鬼神"二字（孙诒让说）。

④今以豚祭而求百福：据上文，"豚"上当有"一"字。

【译文】

鲁国的人用一头小猪去祭祀，而向鬼神祈求降下各种福气。墨子听说了，说："这样是不可以的。现在给予人的少而要求别人的多，那么别人就会害怕再给予他。现在用一头小猪来祭祀，却向鬼神祈求降下各种福气，那么鬼神就会害怕你再用牛羊去祭祀。古代圣明的君王侍奉鬼神，只是祭祀而已。现在用一头猪来祭祀，却向鬼神祈求降下各种福气，那么祭品丰富还不如贫乏呢。"

彭轻生子曰①："往者可知，来者不可知。"子墨子曰："籍设而亲在百里之外，则遇难焉②，期以一日也，及之则生，不及则死。今有固车良马于此，又有奴马四隅之轮于此③，使子择焉，子将何乘？"对曰："乘良马固车，可以速至。"子墨子曰："焉在矣来④！"

【注释】

①彭轻生子：疑墨子弟子（孙诒让说）。

②则：即。

③奴马：劣马。隅：角。

④焉在矣来：此句当作"焉在不知来"（卢文弨说）。

【译文】

彭轻生子说："从前的事情是可以知道的，将来的事情是不可以知道的。"墨子说："假设你的双亲在百里之外，即将遭受灾难，以一日为期限，来得及赶到就能生存，来不及赶到就会死去。现在有坚固的车子和好的马在这里，又有劣马和四方轮子的车子在这里，让你选择，你要乘哪一个呢?"回答说:"乘好的马、坚固的车子,可以快点到。"墨子说:"那又怎么说不能预料未来呢!"

孟山誉王子闾曰①:"昔白公之祸,执王子闾,斧钺钩要②,直兵当心③,谓之曰:'为王则生,不为王则死。'王子闾曰:'何其侮我也! 杀我亲而喜我以楚国④,我得天下而不义,不为也,又况于楚国乎?'遂而不为。王子闾岂不仁哉?"子墨子曰:"难则难矣,然而未仁也。若以王为无道⑤,则何故不受而治也? 若以白公为不义,何故不受王,诛白公然而反王⑥? 故曰难则难矣,然而未仁也。"

【注释】

①孟山:疑墨子弟子(孙诒让说)。王子闾:楚平王之子,名启。

②要:古"腰"字。

③直兵:指剑、矛之类的兵器。

④杀我亲:白公作乱,杀子西、子期,皆王子闾兄,故有此说。

⑤王:楚惠王。

⑥然:犹"焉"(俞樾说)。

【译文】

孟山称赞王子闾说:"从前白公制造祸乱,挟持了王子闾,用斧钺逼着他的腰,用剑矛抵着他的心,对他说:'做王就生,不做王就死。'王子闾说:'为什么要这样侮辱我呢! 杀了我的亲人却拿楚国王位来让我欢喜,假如我得到天下而不仁义,也不去做,何况是楚国呢?'于是不答应。王子闾难道是不仁义的吗?"墨子说:"难是难的,但还不是仁义。如果认为楚王无道,为什么不能接受而把国家治理好呢? 如果认为白公是不仁义的,为什么不接受王位,杀了白公然后把王位还给楚王呢? 所以说：难是难，但还不是仁义。"

子墨子使胜绰事项子牛^①，项子牛三侵鲁地，而胜绰三
从。子墨子闻之，使高孙子请而退之曰^②："我使绰也，将以
济骄而正嬖也^③。今绰也禄厚而谲夫子^④，夫子三侵鲁，而绰
三从，是鼓鞭于马靳也^⑤。翟闻之：'言义而弗行，是犯明
也。'绰非弗之知也，禄胜义也。"

【注释】

①胜绰：墨子弟子。项子牛：齐将。

②高孙子：亦墨子弟子。"曰"下为高孙子转述墨子的话。

③济：止（毕沅说）。嬖：通"僻"（毕沅说）。

④谲(jué)：欺诈。夫子：指项子牛。

⑤靳：胸。

【译文】

墨子让胜绰去辅佐项子牛，项子牛三次侵略鲁国，而胜绰三次都跟
从着。墨子听说了，让高孙子去劝说项子牛辞退胜绰，说："我让胜绰
去，是要让他制止骄傲和纠正邪僻。现在胜绰，拿着优厚的俸禄却要欺
骗先生，先生三次侵略鲁国，而胜绰三次都跟从着，这是用鞭子去抽打
马胸。我听说：'说的是道义，但却不实行，是明知故犯。'胜绰并不是不
知道，只是看重俸禄胜过道义。"

昔者楚人与越人舟战于江^①，楚人顺流而进，迎流而退，
见利而进，见不利则其退难。越人迎流而进，顺流而退，见
利而进，见不利则其退速。越人因此若埶^②，亟败楚人^③。公
输子自鲁南游楚^④，焉始为舟战之器^⑤，作为钩强之备^⑥，退

者钩之，进者强之。量其钩强之长，而制为之兵，楚之兵节⑦，越之兵不节，楚人因此若埶，亟败越人。公输子善其巧⑧，以语子墨子曰："我舟战有钩强，不知子之义亦有钩强乎？"子墨子曰："我义之钩强，贤于子舟战之钩强。我钩强，我钩之以爱，揣之以恭⑨。弗钩以爱则不亲，弗揣以恭则速狎，狎而不亲则速离⑩。故交相爱，交相恭，犹若相利也。今子钩而止人，人亦钩而止子；子强而距人，人亦强而距子。交相钩，交相强，犹若相害也。故我义之钩强，贤子舟战之钩强。"

【注释】

①江：长江。

②若：亦"此"义（王念孙说）。埶：通"势"。

③亟（qì）：屡次。

④公输子：即鲁盘（"盘"或作"般"、"班"），公输为其号，鲁国的巧匠。

⑤焉：于是。

⑥钩强：即《释名》所谓"钩镶"，引来曰"钩"，推去曰"镶"（尹桐阳说）。

⑦兵：兵器。节：适用。

⑧善：认为是好的。

⑨揣：当为"强"（吴毓江说）。

⑩狎：侮。

【译文】

从前楚国人和越国人在江上作战，楚国人顺流而上，逆流而下，看到有利就进攻，看到不利就要撤退却很困难。越人逆流而上，顺流而下,看到有利就进攻,看到不利要后退就很迅速。越人凭借这种水势,屡次打败楚人。公输子从鲁国南游到楚,于是开始制造水战的兵器,做了钩和镶两种兵器,船退的时候就用钩子钩住它,进攻的时候就用镶去推动它。估量钩和镶的长度,而制造成兵器,楚国的兵器适用,越国的兵器不适用,楚人凭借这种兵器的优势而屡次打败越人。公输子夸耀它的巧妙,来对墨子说:"我水战的时候有钩镶,不知道你的道义,也有像钩镶这样的武器吗?"墨子说:"我的仁义的钩镶,比你水战时的钩镶要强得多。我的仁义的钩镶,用爱做成钩,用恭敬来抗拒。不用爱来钩就不会亲近;不用恭敬来抗拒就会轻慢不敬;轻慢而不亲近,就会很快地离心离德。所以相互兼爱相互恭敬,就好像相互给予利益。现在你用钩来阻止人,别人也会用钩来阻止你;你用镶来抗拒别人,别人也会用镶来抗拒你。相互钩住,相互推开,就好比相互残害。所以我的义的钩和镶,胜过你水战的钩和镶。"

公输子削竹木以为鹊①,成而飞之,三日不下,公输子自以为至巧。子墨子谓公输子曰:"子之为鹊也,不如匠之为车辖②。须臾刘三寸之木③,而任五十石之重。故所为功④,利于人谓之巧,不利于人谓之拙。"

【注释】

①鹊:同"鹊"。

②辖:安在车轴末端的键,用以挡住车轮,使不脱落。

③须臾:一会儿。刘:当为"斯"(王念孙说),砍,削。

④功:当为"巧"(于省吾说)。

【译文】

公输子用竹子和木头削喜鹊,做成了以后飞走了,三天没有下来,公输子认为自己的技巧再巧妙不过了。墨子对公输子说："你做喜鹊，比不上木匠做车辖。木匠一会儿就能砍成三寸厚的车辖，让它来装五十石重的东西。所以所做的东西，有利于人的就叫做巧妙，不利于人的就叫做拙劣。"

公输子谓子墨子曰："吾未得见之时，我欲得宋。自我得见之后，予我宋而不义，我不为。"子墨子曰："翟之未得见之时也，子欲得宋，自翟得见子之后，予子宋而不义，子弗为，是我予子宋也①。子务为义，翟又将予子天下。"

【注释】

①是我予子宋也：此句谓重"义"而可得宋之民心，就好像给予了宋国一样。

【译文】

公输子对墨子说："我没有看到你的时候，想要得到宋国。从我看到你以后，给我宋国但是不仁义的，我不会要。"墨子说："我没有看到你的时候，你想要得到宋国，自从我见到你以后，给你宋国，但是不仁义，你不会要，这是我给了你宋国。你如果追求道义，我还要给予你整个天下。"

公输

【题解】

本篇记述了墨子劝阻楚王攻宋的故事,是《墨子》中艺术性和情节性都很强的作品。文章充分表现了这位墨家领袖不尚空谈,为了维护正义而不辞奔劳的可贵精神和勇敢机智的品性。鲁迅先生《故事新编》中的《非攻》篇,即是以此为本而进行再创作的。

公输盘为楚造云梯之械①,成,将以攻宋。子墨子闻之,起于齐,行十日十夜而至于郢②,见公输盘。

【注释】

①公输盘:鲁盘("盘"或作"般"、"班"),战国初鲁国的巧匠,公输为其号。云:极言梯之高。

②郢:楚国都城,在今湖北江陵东南。

【译文】

公输盘为楚国制造云梯,造成后,准备用来攻打宋国。墨子听说以后,当即从齐国出发,走了十天十夜来到楚国郢都,面见公输盘。

公输盘曰:"夫子何命焉为①?"子墨子曰:"北方有侮

臣②，愿藉子杀之③。"公输盘不说④。子墨子曰："请献十金。"公输盘曰："吾义固不杀人⑤。"子墨子起，再拜曰："请说之。吾从北方闻子为梯，将以攻宋。宋何罪之有？荆国有余于地⑥，而不足于民，杀所不足，而争所有余⑦，不可谓智。宋无罪而攻之，不可谓仁。知而不争，不可谓忠。争而不得，不可谓强。义不杀少而杀众，不可谓知类⑧。"公输盘服。子墨子曰："然，乎不已乎⑨？"公输盘曰："不可。吾既已言之王矣⑩。"子墨子曰："胡不见我于王⑪？"公输盘曰："诺。"

【注释】

①为：以。此句犹"夫子何为命焉"。

②侮臣：下脱"者"字（俞樾说）。侮臣者：欺负我的人。

③藉：凭借，依靠。

④说：同"悦"。

⑤义：崇尚仁义。固：决。

⑥荆国：即楚国。

⑦所有余：指土地。

⑧类：对事物进行类比而明白它的道理。

⑨乎：前一个"乎"子当为"胡"，何，为什么。

⑩既已：已经。

⑪见（xiàn）：引荐。

【译文】

公输盘说："先生有何见教？"墨子说："北方有人欺侮我，我想请你帮我把他杀掉。"公输盘面露不悦。墨子说："我奉送十镒黄金。"公输盘说："我尊崇仁义，决不杀人。"墨子站起身，再行礼，说："请允许我说一些话。我从北方听说你造了云梯，准备用来攻打宋国。宋国有什么罪过呢？楚国的土地有余而人口不足，牺牲自己本来不足的人口去争夺本来就已有富余的土地，不能算作明智的做法。宋国没有过错而攻打它，不能算作仁义的举动。明白这个道理而不据理力争，不能算作忠诚。力争而没有达到制止的目的，不能算有力量。你自以为奉行'义'，不杀一个人，却去杀害众多百姓，不可以说是懂得类推事理。"公输盘被说服了。墨子说："既然这样，那么为什么不取消攻宋呢？"公输盘说："不行。我已经把攻宋之事告诉大王了。"墨子说："为什么不向大王引荐我？"公输盘说："好。"

子墨子见王，曰："今有人于此，舍其文轩①，邻有敝舆②，而欲窃之；舍其锦绣，邻有短褐③，而欲窃之；舍其粱肉，邻有糠糟，而欲窃之。此为何若人④？"王曰："必为窃疾矣。"子墨子曰："荆之地，方五千里，宋之地，方五百里，此犹文轩之与敝舆也；荆有云梦⑤，犀兕麋鹿满之⑥，江汉之鱼鳖鼋鼍为天下富⑦，宋所为无雉兔狐狸者也⑧，此犹粱肉之与糠糟也；荆有长松、文梓、楩楠、豫章⑨，宋无长木，此犹锦绣之与短褐也。臣以三事之攻宋也⑩，为与此同类。臣见大王之必伤义而不得⑪。"王曰："善哉！虽然⑫，公输盘为我为云梯，必取宋。"

【注释】

①文轩：有花纹彩绘装饰的华丽车子。

②敝舆：破烂的车子。

③短褐(hè)：穷苦人穿的粗布衣。

④何若人：什么样的人。

⑤云梦：楚国大湖名。古云梦本为两个大泽，分跨今湖北境内大江

南北,江南为"梦",江北为"云"。后渐干涸。

⑥犀:犀牛。兕(sì):雌性犀牛。麋:鹿的一种,角大尾短。

⑦鼋(yuán):鳖类,俗称"癞头鼋"。鼍(tuó):即今扬子鳄,俗名猪婆龙。

⑧雉:野鸡。

⑨文梓(zǐ):梓树,因其文理细,故称"文梓"。楩(pián):黄楩木,南方大木名。楠:楠木。豫章:樟树。

⑩三事:当作"王吏"(毕沅据《战国策》),谓楚王之臣下,即公输盘。一说当作"三吏"(孙诒让据《逸周书》及《左传》)。

⑪伤义:损害正义。

⑫虽然:即使这样。

【译文】

墨子见到楚王,说:"现在有人,舍弃他的华丽彩车,想去偷窃邻家的破车;舍弃他的锦绣衣裳,想要偷窃邻家的粗布短衫;舍弃他的精美食物,想要偷窃邻家的粗食糟糠。这是怎么样的人?"楚王说:"肯定有好偷窃的毛病。"墨子说:"楚国的土地,方圆五千里,宋国的土地,方圆才五百里,这就好比彩车与破车;楚国有云梦湖,满布着犀牛、麋鹿一类的珍禽异兽,江汉之中又多有鱼鳖鼋鼍,是天下少有的物产丰富之地,宋国所谓连野鸡、兔子、狐狸也没有,这就好比精食与粗饭;楚国有松梓楩楠等高大优质的木材,宋国却连大树都没有,这就好比锦绣和粗布衣。我以为公输盘的攻宋建议,是与这些同类的行为。我预见大王必定要损害仁义而不会有所收获。"楚王说:"说得好啊!即使这样,公输盘已经为我造好了云梯,一定要攻下宋国。"

于是见公输盘,子墨子解带为城,以牒为械①,公输盘九设攻城之机变②,子墨子九距之③,公输盘之攻械尽,子墨子之守圉有余④。公输盘诎⑤,而曰:"吾知所以距子矣,吾不言。"子墨子亦曰:"吾知子之所以距我,吾不言。"楚王问其故,子墨子曰:"公输子之意,不过欲杀臣。杀臣,宋莫能守,可攻也。然臣之弟子禽滑釐等三百人⑥,已持臣守圉之器,在宋城上而待楚寇矣。虽杀臣,不能绝也。"楚王曰:"善哉!吾请无攻宋矣⑦。"

【注释】

①牒(dié):小木片。

②九:虚数,极言其多。设:陈设。

③距:通"拒",抵挡。

④守圉(yǔ):防守抵御。

⑤诎(qū):屈.

⑥禽滑釐:墨子的弟子,魏国人。

⑦无:通"毋",不要。

【译文】

于是,墨子会见公输盘。墨子解下腰带围作城池的样子,以木片作为守备器械,公输盘多次设计机巧多变的方法,墨子就多次击退他,直到公输盘的进攻器械用尽,墨子的防御战术仍是绰绰有余。公输盘无奈,就说:"我知道用什么办法对付你,我不说。"墨子也说:"我知道你用什么办法对付我,我也不说。"楚王问他原因。墨子说:"公输先生的意思,不过是想要杀我。以为杀了我,宋国就守不住,楚国就能攻克它。可是我的弟子禽滑釐他们三百人,已经拿着我的守城兵器,在宋国的城墙上等着楚兵入侵了。即使杀了我,也不能杀尽守御的人。"楚王说:"好吧!我同意不再攻打宋国了。"

子墨子归,过宋,天雨,庇其闾中①,守闾者不内也②。故曰："治于神者③，众人不知其功；争于明者④，众人知之。"

【注释】

①庇：蔽。闻：里门。

②内：同"纳"。

③神：事变正在酝酿的隐微阶段。

④争于明：在明处争辩。

【译文】

墨子回去，路过宋国，天上突然下雨，想要在一个大门下避雨，守门人却不让他进去。所以说："那些把灾祸在酝酿阶段就解决掉的人，众人不知道他的功劳；那些在明处争辩不已的人呢，却是人人都知晓。"

备城门

【题解】

《备城门》是《墨子》中讲解防御战术的第一篇。主要讲解小国进行防御战的基本条件、如何建设相应的防御设施、守成器材等等。文章开头总结出了当时常用的十二种进攻方法，但并未立即给出对策，而是站在宏观的角度，探讨防守方要进行成功防御所必备的主观条件，如上下相亲、吏民和睦、守将有能力又得信用、赏罚严明等等，归纳出十四条成功防御的前提。在这一基础上，文章进一步详细讲说各种防御工事、装备、器材的安排，大至城门机关、堑壕吊桥，小到一矛一矢，乃至后勤安排、士卒生活细节等等，都讲述得历历分明。

墨家反对非正义侵略战争，并非仅仅停留在主张上，而是同时精研防御战术，扶助小弱之国抗击强敌。这一点在《公输》篇中墨子止楚攻宋，安排众弟子协助宋国守城的行为中已有鲜明体现。而重身体力行的墨家对于防御战术的研究成果，则详尽记载在自本篇以下至《杂守》各篇里。先秦兵家谈军事，多是从宏观角度出发，谈用兵之道，对具体的武器、工事、战术细节，则语焉不详。《墨子》谈防御战的这些篇章，一定程度上填补了这一空白，为我国早期军事史留下了宝贵资料。

禽滑釐问于子墨子曰："由圣人之言，凤鸟之不出，诸侯

畔殷周之国^①，甲兵方起于天下，大攻小，强执弱，吾欲守小
国，为之奈何？"子墨子曰："何攻之守？"禽滑釐对曰："今之
世常所以攻者：临、钩、冲、梯、堙、水、穴、突、空洞、蚁傅、轒
辒、轩车^②，敢问守此十二者奈何？"子墨子曰："我城池修，守
器具，推粟足^③，上下相亲，又得四邻诸侯之救，此所以持也。
且守者虽善，则犹若不可以守也。若君用之，守者又必能乎
守者，不能而君用之，则犹若不可以守也。然则守者必善而
君尊用之，然后可以守也。"

【注释】

①畔：通"叛"。殷周之国：指周王室。

②临：筑土山居高临下地进攻。钩：用钩梯牵引登爬城墙。冲：用
　冲车撞击城门。梯：用云梯攻城。堙：填塞护城河。水：决水灌
　城。穴：挖掘地道。突：穿凿城墙。空洞：打洞。蚁傅：众军蚂蚁
　似地爬城。轒辒：包着牛皮以增强防御力的四轮车。轩车：高大
　的楼车。

③推：柴。

【译文】

　　禽滑釐问墨子说："从圣人的说法来看，现在凤鸟没有出现，诸侯背
叛周王室，天下战争兵戈正在兴起，大国攻小国，强国侵弱国，我想为小
国防守，该如何做呢？"墨子说："防守什么方式的进攻？"禽滑釐回答：
"当今世上常用的进攻法有：筑土山以居高临下地进攻、用钩梯牵引登
爬城墙、冲车撞击、云梯攻城、填塞护城河、决水灌城、挖掘地道、穿凿城
墙、打洞、众军蚂蚁似地爬城、驾乘包着牛皮以增强防御力的四轮轒辒
车、使用高大的楼车攻城等等，敢问该如何防守这十二种攻法呢？"墨子
说："我方城池修固，守城器械足备，柴粮充足，上下层关系亲和，又能得

到四方近邻诸侯国的援救,这有了赖以与敌方相持的防守条件。并且若守将虽擅长守御却不得国君信任,那么仍然无法成功防守。国君若选用某人防守,此人必须是富有防守能力的人,无能者却得到国君任用,也是不能防守的。因此,守城的人确实善于防守并且国君尊重信任他,这样才可以防守得住。”

凡守围城之法:厚以高①,壕池深以广,楼撕揗②,守备缮利,薪食足以支三月以上,人众以选③,吏民和,大臣有功劳于上者多,主信以义,万民乐之无穷。不然,父母坟墓在焉;不然,山林草泽之饶足利;不然,地形之难攻而易守也;不然,则有深怨于适而有大功于上④;不然,则赏明可信而罚严足畏也。此十四者具,则民亦不宜上矣⑤,然后城可守。十四者无一,则虽善者不能守矣。

【注释】

①厚以高:“厚”上原当有一“城”字,指城墙。

②楼撕揗:此句指高出城上用以了望敌情的高楼,即下文所谓“高磨襕”。撕,小楼。揗,槛栏。

③选:经过拣选的精兵。

④适:犹“敌”。

⑤宜:犹“疑”。

【译文】

大凡守城的方法:城墙要厚而高,护城河要深且宽,修好用以了望敌情的高楼,准备好精良的守城器械,柴粮足够支撑三月以上,守城士卒是经过挑选的精锐,官民关系和睦,有许多曾为国君立下功勋的大臣,国君诚信守义,万民因此无比安乐。或者,此城是百姓父母坟墓之所在;或者,这里的山林草泽富饶而利于民生;或者,地形难攻易守;或者,守城者与敌人有深仇宿怨,而为君主立过功;或者,奖赏明白而可信,惩罚严厉而可畏。具备这十四点,民众就不会怀疑君上,然后城池才可以守住。若这十四点一点也不具备,那么即使善守之将,也无法防守成功。

故凡守城之法,备城门为县门沈机^①,长二丈,广八尺,为之两相如,门扇数令相接三寸。施土扇上,无过二寸。堑中深丈五,广比扇,堑长以力为度^②,堑之末为之县,可容一人所。客至,诸门户皆令凿而慕孔^③,孔之,各为二慕二^④,一凿而系绳,长四尺。城四面四隅皆为高磨襹^⑤,使重室子居其上候适,视其态状与其进左右所移处,失候斩。适人为穴而来,我亟使穴师选本^⑥,迎而穴之,为之且内弩以应之。

【注释】

①县:同"悬"。沈机:设置机关。

②力:为"方"字之误(俞樾说),这里指城的周长、见方。

③慕:犹"幕",遮挡在门前的幕布。

④各为二慕二:后一个"二"字系衍文。

⑤高磨襹:高高的望敌楼。

⑥选本:当作"选士"(孙诒让说),精兵。

【译文】

所以凡守城的方法:将城门设置为带有防御机关的"悬门",长二丈,宽八尺,制作这样相同的两扇,其间设置三寸重叠衔接使之无缝隙。将泥土涂于门扇上,厚度不超过二寸。护城河中央深一丈五尺,宽度与门扇相等,长度视城的大小见方而定,悬门就修建在护城河边,大小可容纳一人。敌军到来,下令各门都凿开空洞,用幕布遮蔽,每扇各凿两洞,凿开后,系上四尺长的绳子以加固。城上四边、四角都建起望敌高楼,使贵家子弟在上面候望敌情,观察其状态情形,以及前进、后退乃至左右转移扎营处,失职即处斩。敌兵挖地道而来,我方即刻派遣善于挖掘的精兵,迎头挖好深沟,带上适合洞穴作战的短弩以迎敌。

　　民室杵木瓦石①,可以盖城之备者②,尽上之,不从令者斩。昔筑③,七尺一居属④,五步一垒。五筑有锑、长斧柄长八尺。十步一长镰,柄长八尺。十步一斗,长椎,柄长六尺,头长尺,斧其两端⑤。三步一大铤⑥,前长尺,蚤长五寸⑦。两铤交之,置如平,不如平不利,兑其两末。穴队若冲队⑧,必审如攻队之广狭⑨,而令邪穿其穴⑩,令其广必夷客队。

【注释】

①杵:当为"材"字之误(王引之说)。

②盖:当为"益",增加。

③昔:犹"皆"。

④居属:类似锄头的挖掘工具。

⑤斧:当为"兑"(孙诒让说),磨锋利。

⑥铤:短矛。

⑦蚤:通"爪",武器尖端锐利部分。

⑧队(suì):通"隧",指进攻者挖掘的隧道。

⑨审:仔细探察。如:犹"知"。

⑩邪:犹"斜"。

【译文】

　　百姓家的木材瓦石,可用来增加守城所需材料的,尽数上缴,不服从命令者处死。一起参与修筑工事：每七尺一把锄头，每隔五步一只筐笼。每五筑有一把锑、一把柄长八尺的斧头。每十步一把长镰刀，柄长八尺。每十步一把斫，一把柄长六尺的长锥，锥头长一尺，将其两端磨锋利。每三步一把小矛，前端长一尺，锋刃长五寸。每两只短矛交叉放平，不平则不便利取用，两边锋刃都要磨利。挖隧道以抵御敌方的隧道进攻，必须仔细地察知敌方隧道的宽狭，让我方隧道斜穿过敌方隧道，宽度广度都与敌方的隧道相平。

疏束树木，令足以为柴抟①，毋前面树②，长丈七尺一，以为外面，以柴抟从横施之，外面以强涂，毋令土漏③。令其广厚，能任三丈五尺之城以上。以柴木土稍杜之，以急为故。前面之长短，豫蚤接之，令能任涂，足以为堞④，善涂其外，令毋可烧拔也。

大城丈五，为闺门⑤，广四尺。为郭门，郭门在外，为衡⑥，以两木当门，凿其木维敷上堞。为斩县梁⑦，酘穿断城⑧，以板桥邪穿外，以板次之，倚杀如城报⑨。城内有傅壤⑩，因以内壤为外。凿其间，深丈五尺，室以樵，可烧之以待适⑪。

【注释】

①柴抟：捆绑木料，用以屏蔽城墙的防御工事。

②毋：当为"毌"，用绳索之类穿过物体。

③土：当为"上"。

④堞：城头锯齿状的防御墙。

⑤闺门：小门。

⑥衡：用以插门的横木。

⑦斩：通"堑"，护城河。

⑧酹：同"令"，使。

⑨倚杀：倾斜。报：犹"势"。

⑩傅壤：辅助性的城堞。壤，应为"堞"字之误，女墙。

⑪适：犹"敌"。

【译文】

砍伐树木，捆扎木柴，将其制作成柴抟，将大的树干穿连起来，长一丈七尺一，作为外层，再将柴抟纵横交错地堆积其内，外面涂上粘土，不让上面的木柴脱漏下来。木柴堆积的宽度和厚度，要足以屏蔽三丈五尺高的城墙。用柴木加固城墙，尽可能地使之坚固。柴抟前面的长短，要提前处理好，使之便于涂上泥土，足以起到城堞一般的防御作用，要好好涂抹外面，使敌方无法烧掉或拔掉。

一丈五尺高的大城，小门宽四尺。外面修好郭门，在小门之外，做好两根横木，用以关闭郭门，在横木上凿孔穿绳，系到城堞上。建好护城河的悬梁，从城墙向外斜穿延伸，用木板连接而成，其倾斜的程度与城墙的形势吻合。城墙内修筑辅助性的城堞，原来的内堞就变成了外堞。在内外堞间开凿壕沟，深一丈五尺，里面塞满柴草，必要时焚烧御敌。

令耳属城①，为再重楼，下凿城外堞，内深丈五，广丈二。楼若令耳，皆令有力者主敌，善射者主发，佐皆广矢②。

治裾诸③，延堞，高六尺，部广四尺，皆为兵弩简格④。转射机，机长六尺，狸一尺⑤。两材合而为之辐⑥，辐长二尺，中凿夫之为道臂⑦，臂长至桓⑧。二十步一，令善射之者佐，一人皆勿离。

城上百步一楼，楼四植，植皆为通舄⑨，下高丈，上九尺，广、丧各丈六尺^⑩，皆为宁^⑪。三十步一突，九尺，广十尺，高八尺，凿广三尺，表二尺^⑫，为宁。城上为攒火^⑬，夫长以城高下为度，置火其末。城上九尺一弩、一戟、一椎、一斧、一艾，皆积参石、蒺藜。

渠长丈六尺^⑭，夫长丈二尺，臂长六尺，其狸者三尺。树渠毋傅堞，五寸。藉莫长八尺^⑮，广七尺，其木也广五尺，中藉苴为之桥^⑯，索其端；适攻^⑰，令一人下上之，勿离。城上二十步一藉车，当队者不用此数。

【注释】

①令耳：一种防御设施，类似于"羊坽"，参见《杂守》篇。

②广矢：锋利的箭矢。广，当为"厉"。

③裾诸：樊篱。

④简格：放置弩的设施。

⑤狸：同"埋"。

⑥辒：能承重的大车轮（孙诒让说）。

⑦中凿夫之为道臂：此句应为"中凿夫二，为通臂"（孙诒让说）。
　　夫，通"趺"，车的底座。

⑧桓：犹"坦"，城墙。

⑨舄（xì）：柱下基石。

⑩丧：当作"袤"，指长度（王引之说）。

⑪宁：当作"亭"。

⑫表：也当为"袤"，指长度。

⑬攒火：束柴草而成的火把，即《备蛾傅》篇所谓"火捽"。

⑭渠：一种守城器械，详见《杂守》篇。

⑮藉莫：即"藉幕"，以竿撑起布幕，悬于女墙下，以降低敌军矢石对

城墙的破坏力。

⑯藉苴：即"藉幕"。

⑰适：犹"敌"。

【译文】

沿城墙修筑令耳，以及两重的高楼，在城墙外堞下凿壕沟，深一丈五尺，宽一丈二尺。高楼与令耳，都派遣有勇力者负责杀敌，精于箭术的人负责射箭，配备以锋利的箭矢。

建造樊篱，与城堞相连，高六尺，每一部宽四尺，都配备兵弩弓箭。转射机，机身长六尺，一尺埋入土中。用两根木头合为车轮，直径二尺，在中间凿孔，插入横臂，臂长至车足。每隔二十步安置一台转射机，令善于射箭的人掌控，一人也不得离开。

城上每百步筑一楼，每楼有四根立柱，柱子皆安在基石上，楼下层高一丈，上层高九尺，长宽都一丈六尺，上面各建亭子。每三十步设置一个"突"，长九尺，宽十尺，高八尺，凿出三尺长二尺宽的空间，建亭。城上设置火捽，长短以城墙的高低为标准，在末端置有火把。城上每隔九尺设置一弩、一戟、一椎、一斧、一镰，各处都堆积好礌石、蒺藜。

渠长一丈六尺，所用箭矢长一丈二尺，臂长六尺，埋在地下三尺。建立"渠"时不要贴着城堞，应保持五寸间隔。藉幕长八尺，宽七尺，用以撑起藉幕的木架宽五尺，在藉幕中央设立一桥，用绳子捆住桥端，以便牵拉上下；敌军来攻时，派一人上下牵拉藉幕，不准擅离。城上每隔二十步安置一辆藉车，当攻隧道时不按此数。

　　城上三十步一苔灶①。持水者必以布麻斗、革盆，十步一。柄长八尺，斗大容二斗以上到三斗。敝裕②、新布长六尺，中拙柄，长丈，十步一，必以大绳为箭③。城上十步一钛④。水瓴，容三石以上，小大相杂。盆、蠡各二财⑤。

为卒干饭，人二斗，以备阴雨，面使积燥处⑥。令使守为城内堞外行餐。

置器备，杀沙砾、铁，⑦，皆为坏斗⑧，令陶者为薄缻，大容一斗以上至二斗，即用取，三秘合束⑩。

坚为斗城上隔，栈高丈二，剡其一末。

为闺门，闺门两扇，令可以各自闭也。

救阄池者，以火与争，鼓橐⑩，冯垣外内，以柴为燔。灵丁⑪，三丈一，火耳施之⑫。十步一人，居柴内弩；弩半为狗犀者环之。墙七步而一。

救车火，为烟矢射火城门上，凿扇上为栈，涂之，持水麻斗、革盆救之。门扇薄植，皆凿半尺，一寸一涿弋⑬，弋长二寸，见一寸，相去七寸，厚涂之以备火。城门上所凿以救门火者，各一垂水⑭，火三石以上⑮，小大相杂。

【注释】

①旮：犹"垄"。

②裕：犹"绤"（xì），粗葛布。

③箭：未详。

④钪（chén）：挖掘工具。

⑤蠡：即下文的"奚蠡"，一种容器。财：具。

⑥面：当作"而"。

⑦杀：撒。

⑧坏：同"坯"。

⑨三秘：为"累（lěi）施"之误（孙诒让说），意为"堆放"。

⑩橐：风箱。

⑪灵丁：长矛之名。

⑫火耳：为"犬牙"之误。

⑬弋：犹"杙"，小木桩。

⑭垂：瓮。

⑮火：为"水"之误。

【译文】

城上每三十步设置一具垄灶。必须用布麻斗、皮盆作为取水工具，每隔十步一件。麻斗柄长八尺，大小可以容纳两斗以上到三斗水。将长六尺的旧布、新布浸湿，中间安上一丈长的柄，每隔十步放置一件，必须用粗绳做箭。城上隔十步准备一支铣。将容量三石以上的水缸，大小相杂摆放。盆、蟊各准备二只。

做好士卒的干粮，每人二斗，以防备阴雨不能举火做饭的天气，让他们把干粮积贮在干燥处。派遣士卒为守卫内外城堞的人送饭。

城上设置器备，撒放沙砾、铁屑，让陶匠把瓦缸做得薄些，容量约在一斗到二斗之间，随用随取，捆束垒放在一起。

将城上的隔栈建造坚固，高一丈二尺，砍去其末端。

建造小门，小门由两扇组成，使之可以各自关闭。

抢救敌方填濠沟之急，用火攻的办法与敌抗争，鼓动风箱，在墙内外堆上木柴，纵火焚烧。

每隔三丈安一支"灵丁"长矛，犬牙交错地安放。每隔十步有一人居住在柴抟内，带弩箭，弩箭的半数是一种名叫"狗犀"的箭矢，环绕排列。每七步，一面墙。

抢救敌方以薰火攻城之急：敌人用燃烧着的箭射向城门以纵火，我军要凿门扇，装置木栈，涂上厚厚的泥来防火箭，拿早已备好的麻斗、皮盆盛水救火。门扇、壁柱上面皆凿半尺，每隔一寸置一小木桩，木桩长二寸，上下两排之间相距七寸，皆涂上厚泥以防。城门上凿开以救门火的地方，各准备一瓮水，容量在三石以上，大小相杂。

　　门植关必环锢①，以锢金若铁镆之②。门关再重，镆之以铁，必坚。梳关，关二尺，梳关一苋③，封以守印，时令人行貌封④，及视关入桓浅深。门者皆无得挟斧、斤、凿、锯、椎。

　　城上二步一渠，渠立程，丈三尺，冠长十丈⑤，辟长六尺⑥。二步一苔，广九尺，袤十二尺。二步置连梃、长斧、长椎各一物；枪二十枚，周置二步中。二步一木弩，必射五十步以上。及多为矢，节毋以竹箭⑦，楛、赵、掭、榆，可⑧。盖求齐铁夫⑨，播以射冲及桄枞⑩。

　　二步积石，石重千钧以上者，五百枚。毋百以亢⑪，疾犁、壁皆可善方。二步积苙⑫，大一围，长丈，二十枚。五步一罂⑬，盛水，有奚⑭，奚蠡大容一斗。五步积狗尸五百枚⑮，狗尸长三尺，丧以弟⑯，瓮其端⑰，坚约弋。十步积抟，大二围以上，长八尺者二十枚。

【注释】

①植关：顶城门的直木和和插门的横栓。

②锢：犹"铜"。镆(yè)：包裹住。

③苋：犹"管"，锁。

④貌：察看。

⑤丈：当作"尺"。

⑥辟：通"臂"，指渠的横臂。

⑦节：当作"即"。

⑧赵：通"桃"，桃木。掭：通"榇"，柘木。

⑨盖：为"益"字形误，意为"更加"。

⑩桄枞：用以冲击敌军的器械。

⑪亢：抵抗，抗御。

⑫苣：捆束苇草制作的火炬。

⑬罂：陶制的盛水容器。

⑭臾：葫芦瓢。

⑮狗尸：即"钩矢"，带钩的短箭。

⑯丧：覆盖。弟：当为"茅"，茅草。

⑰瓮：当为"兑"（孙诒让说），磨锋利。

【译文】

顶城门的直木和插门的横栓，必须坚固，要用铜、铁等金属包裹它们。门栓要两根合用，再包上铁，一定要坚固。门楗长两尺，锁只有一把，加上盖有守将印信的封条，要时时命人察看封条的情况，并视察门楗插入的深浅。守门者都不准随身挟带斧、凿、锯、椎子等可能毁坏门楗的工具。

城上每隔两步建造一"渠"，渠为立柱形，高一丈三尺，顶上长十尺，两臂长六尺。每隔两步摆放一组蒺藜，宽九尺，广十二尺。每隔两步安置连梃、长斧、长椎各一件；枪二十支，环绕放置于两步的范围内。每隔两步设置一架木弩，射程要保证在五十步以上。多造箭矢，即使没有足够的竹子做箭杆，楛木、桃木、柘木、榆木均可替代。再多寻找铁箭头，将弓弩箭矢分布城上，用来射敌人的冲车和栊枞。

每隔二步堆积石头，共准备重千钧以上的石头五百块。最少也不少于百块石头用以下投，抗击敌人，辅助以蒺藜、墙壁等法协同防御。每二步束起一捆苇草作火炬，大一围，长一丈，共二十根。每五步放置一口装满水的坛子，旁边放上葫芦瓢，每瓢容积一斗。城下每五步安插五百根钩矢，钩矢长三尺，覆盖上茅草，将尖端磨利，捆插坚实。每十步堆积起一座柴抟，大二围以上，长八尺，共堆积二十座。

二十五步一灶，灶有铁镭容石以上者一①，戒以为汤。及持沙，毋下千石。三十步置坐侯楼，楼出于堞四尺，广三尺,广四尺,板周三面,密傅之,夏盖其上。五十步一藉车^②,藉车必为铁纂^③。五十步一井屏^④,周垣之,高八尺。五十步一方^⑤,方尚必为关籥守之。五十步积薪,毋下三百石,善蒙涂,毋令外火能伤也。百步一栊枞,起地高五丈,三层,下广前面八尺,后十三尺,其上称议衰杀之。

　　百步一木楼,楼广前面九尺,高七尺,楼物居垲^⑥,出城十二尺。百步一井,井十瓮,以木为系连。水器容四斗到六斗者百。百步一积杂秆,大二围以上者五十枚。百步为橹,橹广四尺,高八尺,为冲术。百步为幽腠^⑦,广三尺高四尺者千^⑧。二百步一立楼,城中广二丈五尺二^⑨,长二丈,出枢五尺。城上广三步到四步,乃可以为使斗。

【注释】

①铁镭(zān):铁釜,铁锅。

②藉车:也叫"巢车",用以巡城及御敌的大战车。

③纂:这里指车轴。

④井屏:有遮蔽的厕所。

⑤方:供士兵休息的小屋。

⑥物:窗。垲:屏墙。

⑦幽腠:暗沟。

⑧千:当为"一"字之误(孙诒让说)。

⑨二丈五尺二:后"二"字系衍文(孙诒让说)。

【译文】

　　每隔二十五步修一座灶,灶上有一个可盛水一石以上的大铁锅,以备烧开水之用。另外要储备沙石,总量不少于一千石。每隔三十步建起一座候望楼,楼伸出城堞四尺远,宽三尺,长四尺,三面围上木板,涂上厚密的泥层,夏天时盖住上方以避日。每五十步配置一辆巢车,巢车的车轴必须用铁制作。每五十步建一座厕所,周围用八尺高的矮墙环绕。每五十步建一座休息室,锁楗要严密,以便住守。每五十步堆积柴木,分量不少于三百石,泥土封盖严密,以免被城外放的火引燃。每百步设置一座桅枑,距离地面五丈,共三层,下层前面宽八尺,后面宽十三尺,上层也按照这个比例,只是越往上越窄。

每隔一百步建一座木楼,楼靠前的一面宽九尺,高度为七尺,木楼有窗、有屏墙,伸出城墙外十二尺。每隔百步挖一口井,每口井安排十尺大瓮,系在木制的辘轳上以汲水。准备上百只可盛水四到六斗的容器。每隔百步堆积一堆各种植物的秆子,有五十捆在二围以上。每隔百步树立一面大盾牌,四尺宽,八尺高,用以抵挡敌人的冲击。每隔百步开挖一道暗沟,其中一条宽三尺、深四尺。每隔两百步建一座立楼,在城墙上部分宽二丈五尺,长二丈,伸出城墙外五尺。城墙上留出三步到四步宽的空间,才可供士兵活动战斗。

俾倪广三尺①,高二尺五寸。陛高二尺五②,广长各三尺,远广各六尺③。城上四隅童异④,高五尺,四尉舍焉。城上七尺一渠,长丈五尺,貍三尺,去堞五寸;夫长丈二尺,臂长六尺,半植一凿,内后长五寸。夫两凿,渠夫前端下堞四寸而适。貍渠、凿坎,覆以瓦,冬日以马夫寒⑤,皆待命,若以瓦为坎。

城上千步一表⑥,长丈,弃水者操表摇之。五十步一厕,与下同圂⑦。之厕者不得操。城上三十步一藉车,当队者不用。城上五十步一道陛,高二尺五寸,长十步。城上五十步一楼扡⑧,扡勇勇必重⑨。土楼百步一,外门发楼,左右渠之,为楼加藉幕,栈上出之以救外。城上皆毋得有室,若也可依匿者,尽除去之。城下州道内百步一积薪,毋下三千石以上,善涂之。城上十人一什长,属一吏士、一帛尉。百步一亭,高垣丈四尺,厚四尺,为闺门两扇,令各可以自闭。亭一尉,尉必取有重厚忠信可任事者。二舍共一井爨,灰、康、粃、杯、马矢⑩,皆谨收藏也。

【注释】

①俾倪:城上带孔的矮墙。

②陛:台阶。

③远:当作"道"(孙诒让说)。

④童异:当作"重虡",意为筑起亭楼。

⑤夫:当作"矢",屎。寒:当作"塞",覆盖。

⑥表:高杆。

⑦圂(hùn):同"溷",茅坑。

⑧扤:同"撕"。楼撕,栏槛。

⑨扤勇勇必重:此句多出一"勇"字。勇,当作"楼"(孙诒让说)。
重,双层。

⑩康:同"糠"。杯:同"麸"(毕沅说),谷皮。

【译文】

城上带孔的矮墙宽三尺,高二尺五寸。上城的阶梯高二尺五,宽和长各三尺,道路宽六尺。城上四角设置小岗亭,高五尺,四个尉官驻扎在这里。城上每隔七尺建立一"渠",长一丈五尺,下端三尺埋于地中,与城堞间隔五寸;由根至顶长一丈二尺,左右横臂长六尺,在中部凿一孔,内径长五寸。渠柱上开凿两个孔,渠柱前端低于城堞四寸最合适。为埋渠而挖的坎,上面用瓦覆盖,冬天则以马粪塞其中,皆待命令而施行,或即从瓦为坎。

城上每隔千步树立一根高杆，长一丈，要向城下倾倒废水的人，就持杆摇动以提醒下面行人。每五十步建一厕所，与城下的厕所通到同一粪坑。上厕所的人不准携带武器、物品。城上隔三十步设置一辆巢车，当抵御敌人挖隧道进攻时不用巢车。城上每五十步一道台阶，高二尺五寸，长十步。城上每隔五十步建一道栏槛，栏槛必须有双层。每百步建一座土楼，外设有机关的悬门，左右开挖壕沟渠，建楼时加上藉幕，上方架设栈道以便出击援救楼外我军。城墙上不允许盖任何居室，或其他可以借以藏身的建筑，如果有，就全部拆除掉。城下道路上每隔百步堆积柴薪，重量不少于三千石，涂上泥土以防火。城上每十人中任命一名什长，受辖于一名吏士、一名帛尉。每百步建一座亭，有一丈四尺高的围墙，墙厚四尺，安装两扇小门，可以各自开关。每亭安排一员尉官，必须选择稳重、忠厚值得信任又有能力的人担任。两舍共用一座井灶来做饭，灰、糠、粃谷、谷皮、马粪都要谨慎地收藏起来。

城上之备：渠谵、藉车、行栈、行楼、到、颉皋、连梃、长斧、长椎、长兹、距、飞冲、县□、批屈①。楼五十步一，堞下为爵穴，三尺而一。为薪皋②，二围，长四尺半，必有洁③。瓦石重二升以上，上城上。沙，五十步一积。灶置铁錯焉，与沙同处。木大二围，长丈二尺以上，善耿其本④，名曰长从，五十步三十。木桥长三丈，毋下五十。复使卒急为垒壁，以盖瓦复之。用瓦木罂，容十升以上者，五十步而十，盛水且用之。五十二者十步而二⑤。

城下里中家人，各葆其左右前后，如城上。城小人众，葆离乡老弱国中及他大城⑥。寇至，度必攻，主人先削城编⑦，唯勿烧。寇在城下，时换吏卒署，而毋换其养，养毋得上城。寇在城下，收诸盆瓮耕积，之城下，百步一积，积五百。城门内不得有室，为周室桓吏。四尺为倪，行栈内闬[8]，二关一堞。除城场外[9]，去池百步，墙垣树木小大俱坏伐，除去之。寇所从来，若昵道傒近若城场[10]，皆为扈楼[11]，立竹箭天中[12]。

【注释】

①谵：即前文所说的“藉幕”。到：应作“斫”，一种挖凿工具。颉皋：即“桔槔”，一种牵引机械。兹：同“镃”，类似锄的挖掘工具。距：钩钜，参见《备穴》篇。县□：悬梁。

②薪皋：桔皋。

③洁：同“挈”，提拉。

④耿：为“联”之误，意为捆联在一起。

⑤五十二者十步而二：当作“五斗以上者，十步而二”。

⑥国中：都城中。

⑦城编：城外附着于城的建筑物。

⑧闬：通“闭”。

⑨场：道路，。

⑩昵、傒、近：三词意思相同，都指“近道”。

⑪扈（hù）：大。

⑫天：为“水”之误。

【译文】

城上的各种守备器材：渠与藉幕、巢车、通行栈道、行楼、斫、桔槔、连梃、长斧、长椎、长锄、钩钜、飞冲、悬（梁）、批屈。楼五十步一座，在城堞下挖成“爵穴”，每隔三尺一穴，设立桔槔，大二围，长四尺半，必须有提拉之用。瓦石重二斤以上的，运上城。沙土，每隔五十步积起一堆。灶上安放铁锅，与沙堆置于同一处。木材大二围、长一丈二尺以上的，将它们好好捆扎在一起，这就是叫“长从”的守城设施，每五十步放置三十具。建造三丈长的木桥，数目不下五十。再派士卒急速建造垒壁，用瓦片覆盖其顶部。每五十步，放置十只容量在十升以上的瓦罐或木罐，以备盛水时使用。每十步再放置两个容量五斗以上的容器。

城内里巷中的百姓人家，各自保卫其左右前后，像城上士兵守卫全城一样。如果城小人多，就护送老弱离乡前往都城或者其他大城。故军到来，预计必将攻城，防守方就先拆除城旁的附属房屋，只是不要烧毁。故人兵临城下，我方应不时更换官吏士卒的职署，但并不更换给养人员，给养人员不得上城。故军在城下，我方收集盆、罐、耕种的积蓄，堆积于城墙内侧下方，每隔百步一堆，共五百堆。城门内不可有居室，安排官吏驻守。城上女墙高四尺，行栈门从内部关闭，每一处城堞，设置两关。清除城下周道外，距离护城河百步内的墙垣及大小树木，统统拆毁、砍伐、去除。故人途径的道路上，无论是近道、小路还是周道，都修建起防御楼，并在水中插上竹箭。

守堂下为大楼，高临城，堂下周散道。中应客，客待见。时召三老在葆宫中者①，与计事得先②，行德计谋合，乃入葆。葆入守，无行城，无离舍。诸守者审知卑城浅池，而错守焉。晨暮卒歌以为度③，用人少易守。守法：五十步丈夫十人、丁女二十人、老小十人④，计之五十步四十人。城下楼卒，率一步一人，二十步二十人。城小大以此率之，乃足以守圉。

客冯面而蛾傅之⑤，主人则先之知，主人利，客适⑥。客攻以遂⑦，十万物之众，攻无过四队者，上术广五百步⑧，中术三百步，下术五十步。诸不尽百五步者，主人利而客病。广五百步之队，丈夫千人，丁女子二千人，老小千人，凡四千人，而足以应之，此守术之数也。使老小不事者，守于城上不当术者。

城持出必为明填⑨,令吏民皆智知之。从一人百人以上,持出不操填章,从人非其故人,乃其積章也⑩,千人之将以上止之,勿令得行。行及吏卒从之⑪,皆斩,具以闻于上。此守城之重禁之,夫奸之所生也,不可不审也。

【注释】

①三老:城中最德高望重的三名长者。

②先:犹"失"。

③歌:应为"鼓"之误。

④丁女:成年女子。

⑤冯:依附。面:城之四面。

⑥客适:当作"客病"(孙诒让说),意谓对进攻方不利。

⑦遂:通"队"。

⑧术:军队队列。

⑨明填:盖有印信的身份证明。

⑩乃:当作"及"。積:当作"填"。

⑪从:同"纵",纵放。

【译文】

在守将堂下建造大楼,高度可以俯视全城,堂下四周道路畅通。守将在堂中应接客人,客人须等待接见。要时常召见住在葆宫中的三老,与他们商议战事得失,行事有得,计谋相合,三老再返回葆宫中。入城避难者,进入相应的房屋,不要上城走动,不要离开屋舍。每名守卫者都要清晰地知道城防的薄弱环节,例如何处城墙偏低,何处护城河过浅,而进行有针对性的防守。每日早晨和傍晚,士卒听鼓声调遣,每个士兵的守城岗位少有变动。守城安排:每五十步男子十人,成年女子二十人,老小十人,共计五十步四十人。城下守楼的士兵,一步一人,合计二十步二十人。无论城的大小,都以这个比例为标准,才足以守御。

　　如果敌军附城如蛾群般攀爬，守军预先知道，则对守军有利，对进攻者不利。如果敌方列队进攻，十万之众，进攻时不会超过四队（因为城仅四面），最宽的进攻队列为五百步，中等的为三百步，下等的五十步。凡是队列攻击面不足一百五十步宽的，都对防守方有利而对进攻方不利。防御宽五百步的进攻队伍，需要男子一千人，成年女子二千人，老弱一千人，共四千人，便足以应对，这就是防守列队进攻需要的人数。使那些不胜任战斗任务的老小，防守城上不直接面对敌军队列。

　　城内人员出城，必须持有"明填"，要使官民都充分了解这一规定。率一人至百人以上出城，未携带"明填"，或虽持有"明填"却并非原属部署，或人与"明填"不一致，部署千人以上的将官就要制止他们，不准许他们通行。一旦有无证出行情况出现，出行者及放纵其出行的吏卒，均斩首，并把具体情况向上级报闻。此乃守城的重要禁令，因为奸细往往通过这样的情形出现，故而不能不审慎考察。

　　城上为爵穴，下垫三尺，广其外，五步一。爵穴大容苴①，高者六尺，下者三尺，疏数自适为之。塞外堑②，去格七尺③，为县梁。城篪陕不可堑者勿堑④。城上三十步一聋灶⑤。人擅苣，长五节⑥。寇在城下，闻鼓音，燔苣。复鼓，内苣爵穴中，照外。诸藉车皆铁什。藉车之柱长丈七尺，其狸者四尺；夫长三丈以上至三丈五尺，马颊长二尺八寸⑥，试藉车之力而为之困⑧，失四分之三在上⑨。藉车，夫长三尺⑩，四二三在上⑪，马颊在三分中。马颊长二尺八寸，夫长二十四尺，以下不用。治困以大车轮。藉车桓长丈二尺半。诸藉车皆铁什，复车者在之⑫。

　　寇闉池来⑬，为作水甬⑭，深四尺，坚慕貍之⑮，十尺一，覆以瓦而待令。以木大围长二尺四分而早凿之，置炭火其中而合慕之,而以藉车投之。为疾犁投,长二尺五寸,大二围以上,涿弋⑯,弋长七寸,弋间六寸,剡其末。狗走⑰,广七寸,长尺八寸,蚤长四寸⑱,犬耳施之。

【注释】

①苴:火炬。与下文"苴"字意同。

②塞:为"穿"之误,意为挖掘。

③格:城下的栅栏。

④遴:狭。陕:古"狭"字。

⑤聋:当作"垄"。

⑥节:当作"尺"。

⑦马颊:比喻藉车两侧边缘形状外凸,像马的面颊。

⑧困:车轮。

⑨失:应为"夫",指藉车的底座。

⑩三尺:依上文当作"三丈"。

⑪二:应为"之"。

⑫复车:用来辅助藉车的战车。在:当为"后"。

⑬阗:填塞。

⑭水甬:漏水装置。

⑮慕:通"幕",封。

⑯涿弋:小木钉。

⑰狗走:即前面所说的"狗尸"。

⑱蚤:通"爪",尖钩。

【译文】

在城上挖凿爵穴,低于城堞三尺,外口要开得宽,每五步一个。爵穴的大小能插入火炬,深的有六尺,浅的有三尺,排列疏密视情况而定。在城外挖凿堑壕,距离城栅七尺,壕堑上方悬挂吊桥。城外狭窄无法挖掘处就不挖。城上每隔三十步建座垄灶。每人各持火炬一把，长度为五尺。敌军到达城下，听鼓声指挥，点燃火炬。第二番敲响鼓声后，将火炬插爵穴，照亮城外。每辆藉车都用铁为轴。藉车的车柱长一丈七尺，埋于地下的部分长四尺；底座长三丈至三丈五尺，马颊长二尺八寸，依据藉车的重量制造合适的车轮，底座的四分之三在车轮上方。藉车，底座长三丈，四分之三在车轮上方，马颊在其中三分之一的部位。马颊长二尺八寸，底座长二十四尺，低于这个长度的不中用。用大车轮作车困。藉车的车柱长一丈二尺半。每辆藉车都用铁做轴承，后面有车跟随辅助它。

　　敌人填塞护城河来进攻，我方就制作漏水装置，深为四尺，密封而埋在地下，每隔十尺埋一只，覆盖上瓦待命使用。准备二尺四寸粗的大木头，将中间凿空，放入炭火后再封合，用藉车上的机关投向敌军。制作"疾犁投"，长度为二尺五寸，粗两围以上，上面插满七寸长的小木钉，每根间相距六寸，削尖其顶端。地面上插设"狗走"，七寸宽，一尺八寸长，带着四寸长的尖钩，将它们犬牙交错地安放。

　　子墨子曰：守城之法，必数城中之木，十人之所举为十挈，五人之所举为五挈，凡轻重以挈为人数。为薪樵挈，壮者有挈，弱者有挈，皆称其任。凡挈轻重所为，吏人各得其任。城中无食则为大杀。去城门五步大堑之，高地三丈，下地至①，施贼其中②，上为发梁，而机巧之，比传薪土③，使可道行，旁有沟垒，毋可逾越，而出佻且比④，适人遂入⑤，引机发梁，适人可禽⑥。适人恐惧而有疑心，因而离。

【注释】

①高地三丈，下地至：应作"高地丈五尺，下地及泉三尺"（王引之说）。

②贼：当为"栈"（王引之说）。

③传：应作"傅"（孙诒让说）。比傅，意为"铺设"。

④佻：当作"挑"，挑战。比：当作"北"，败北。

⑤适：当作"敌"。

⑥禽：同"擒"。

【译文】

墨子说："守城的方法，一定要计算城中的木头，十人所能举起的便是十挈，五人所能举起的便是五挈，挈的轻重与守城人数相符。把木柴捆成挈，强壮的人用重挈，弱小的人用轻挈，与他们的力量相称。总之，挈的轻重要使每个人各自能胜任。"城中缺乏粮食就要大大减轻挈的重量。在离城门五步远的地方挖掘大壕沟，地势高的地方挖一丈五尺深，地势低的地方挖到有地下水之后再向下挖三尺即止，在壕沟上架设栈板，栈板上设置悬梁，装置机关，栈板表面铺上草木泥土，使人可以行走，两旁有沟墙不能翻越，然后派兵出城挑战，并假装战败逃回，引诱敌人走上栈板，开动悬梁的机关，敌人便可以擒到。若敌人恐惧生疑，就会因此撤离。

备高临

【题解】

本篇讲解当敌军积土成山、居高临下而发起进攻时,防守方应采取怎样的应对策略。进攻者"蒙橹俱前"、"兵弩俱上",看似来势汹汹,然而只要依照墨子从容指出的那样,建高城、备强弩,将精巧的防御机关和武器协作使用,便可挫败敌人攻势。

本篇对"连弩车"的说明,极其真实细致,堪称先秦文章中难得的说明文佳品。

禽子再拜再拜曰:敢问适人积土为高①,以临吾城,薪土俱上,以为羊黔②,蒙橹俱前③,遂属之城,兵弩俱上,为之奈何?

子墨子曰:子问羊黔之守邪?羊黔者,将之拙者也,足以劳卒,不足以害城。守为台城,以临羊黔,左右出巨④,各二十尺,行城三十尺,强弩之,技机藉之,奇器□□之,然则羊黔之攻败矣。

备临以连弩之车,材大方一方一尺,长称城之薄厚。两轴三轮,轮居筐中,重下上筐,左右旁二植,左右有衡植⑤,衡植左右皆圜内⑥,内径四寸。左右缚弩皆于植,以弦钩弦,至于大弦。弩臂前后与筐齐,筐高八尺,弩轴去下筐三尺五寸。连弩机郭同铜[7],一石三十钧,引弦鹿长奴[8]。筐大三围半,左右有钩距,方三寸,轮厚尺二寸,钩距臂博尺四寸,厚七寸,长六尺。横臂齐筐外,蚤尺五寸[9],有距,博六寸,厚三寸,长如筐有仪[10],有诎胜[11],可上下。为武重一石[12],以材大围五寸。矢长十尺,以绳□□矢端,如如戈射[13],以磨鹿卷收[14]。矢高弩臂三尺,用弩无数,出人六十枚[15],用小矢无留。十人主此车,遂具寇[16],为高楼以射道[17],城上以苔罗矢[18]。

【注释】

①适:通"敌"。

②羊黔:古代攻城的一种战具。高积土木,居高临下攻打敌城。

③橹:大盾牌。

④巨:通"距",原意指鸡腿,这里用来指支撑"台城"的巨木。

⑤衡植:木横梁。衡,一作"横"。

⑥圜:圆。内:柄,即榫头。

⑦同:当作"用"。

⑧鹿长奴:当作"鹿卢",即"辘轳"。

⑨蚤:通"爪",臂端尖细部分。

⑩仪:瞄准器。

⑪诎胜:通"屈伸"。

⑫武:弩床。

⑬如如戈射:前一"如"字多余。戈:当为"弋"。

⑭磨鹿:当作"磨鹿",即前面提到过的连弩车上的辘轳。

⑮出:当作"矢",这里指大箭。

⑯具:当作"见"。

⑰道：当作"敌"。

⑱笤：同"鞈"，多重皮革。

【译文】

禽滑釐四番下拜，说：请问：如果敌军用土堆积成高台，居高临下威胁我城，木头土石一齐用，堆建成名叫"羊黔"的土山，兵士从上面手持大盾冲锋下来，迅速接近城头，兵器、弩箭一起攻杀过来，该怎么对付这种情况呢？

墨子回答说：你问的是对付"羊黔"进攻的防御法吧？"羊黔"这种攻城办法，对为将者而言，是种笨拙的进攻法，只会使进攻方士卒疲劳不堪，不足以危害到城池。守城方只要再城头加高为"台城"，就会对羊黔保持居高临下之势，台城左右边上巨大的原木，各长二十尺，台城高三十尺，上面安置强弓硬弩，下面设置各种技术机关，配合以精妙的武器对付敌人，这样一来，"羊黔"攻势就被挫败了。

应对居高临下的进攻，可以使用连弩车，此车用一尺见方大小的木材造成，长度约略等于城墙厚度。两根车轴，三只车轮，轮子装于车箱中，车箱共上下两个，左右做两根立柱，两根横梁，横梁左右两端都制作成圆柄，内部直径四寸。将弩箭都缚在立柱上，弩弦把把相钩，连到一根总的大弦上。弩臂前后与车箱齐平，车箱高八尺，弩轴距下层车箱三尺五寸。连弩的机括用铜铸造，重一石三十钧，用辘轳拉弩弦。车箱周长三围半，左右两边安装三寸见方的钩距，车轮厚一尺二寸，钩距臂宽一尺四寸，七寸厚，六尺长。横臂与车箱外缘齐平，臂端一尺五寸的地方装有叫做"距"的横柄，柄宽六寸，厚三寸，与车箱同长，并装有瞄准仪，可上下屈伸调整。造一个弩床，重一石，所用材料是一围五寸的木头。箭长十尺，用绳子栓在箭尾，就像弋射用的箭一样，好用辘轳转动将箭回收。箭高出弩臂三尺，用箭量没有固定数目，每人要有六十枚大箭，小箭大量使用不必回收。此车由十个人操控，见到敌寇，筑高楼射击敌人，在城上用多重皮革制作掩体，遮挡并收取敌方的箭矢。

备梯

　　本篇讲解针对云梯进攻的守城方法。《公输》篇中曾讲到：公输盘为楚王造云梯，欲以攻打宋国，被墨子以道义、辩才和防守法制止。究竟墨子是用怎样的对策挫败了公输盘的云梯攻法呢？《公输》篇并未明说，阅读本篇，便可明了。

　　另外，由本篇开头对禽滑釐的行貌举止的描绘，从他那"手足胼胝，面目黧黑"的形容中，我们可以领略先秦墨家身体力行、不避勤苦，"摩顶放踵，利天下为之"（孟子语）的风范。而墨子言谈中体现出的对战争的谨慎态度，让我们再一次领略了他的"非攻"思想，并且进一步明白了"非攻"并非仅仅针对恃强凌弱的大国，也针对那些不自量力、自取灭亡的小弱之国。

　　禽滑釐子事子墨子三年，手足胼胝，面目黧黑，役身给使，不敢问欲。子墨子其哀之，乃管酒块脯，寄于大山②，昧葇坐之③，以樵禽子④。禽子再拜而叹。子墨子曰："亦何欲乎？"禽子再拜再拜曰："敢问守道？"子墨子曰："姑亡，姑亡。古有其术者，内不亲民，外不约治，以少间众⑤，以弱轻强，身死国亡，为天下笑。子其慎之，恐为身薑⑥。"

【注释】

①胼胝(pián zhī)：皮肤因摩擦增厚，生满老茧。

②大山：即泰山，此时墨家师徒当在齐鲁之地。

③昧菜：读为"灭茅"，在地上铺设茅草。

④樵：同"醮(jiào)"，这里的意思是用酒肉犒劳。

⑤间：挑拨。

⑥薑：通"僵"，死亡。

【译文】

禽滑釐事奉墨子三年，手脚生满了老茧，面容枯槁黝黑，劳身供老师使唤，不敢随心所欲开口发问。墨子很怜惜他，于是备好酒和大块干肉，登上泰山，铺些茅草坐下，用酒肉犒劳禽滑釐。禽滑釐两次下拜，叹息一声。墨子说："你有什么想知道的呢？"禽滑釐又拜了四拜，说道："请问守城之道。"墨子说："先别问，先别问。古代也曾有掌握守城法的人，但对内不亲抚百姓，对外不维护和平，以自己不多的兵力挑拨兵力多的国家，自己力量弱却轻视强大的敌国，结果身死而国家灭亡，被天下人耻笑。你要慎重对待此事啊，恐怕弄不好有杀身之祸呢！"

禽子再拜顿首，愿遂问守道。曰："敢问客众而勇，烟资吾池①，军卒并进，云梯既施，攻备已具，武士又多，争上吾城，为之奈何？"

子墨子曰：问云梯之守邪？云梯者重器也，其动移甚难。守为行城，杂楼相见②，以环其中。以适广陕为度③，环中藉幕，毋广其处。行城之法：高城二十尺，上加堞，广十尺，左右出巨各二十尺，高、广如行城之法。

为爵穴、辉鼠④，施苔其外，机、冲、钱、城⑤，广与队等，杂其间以镌、剑⑥，持冲十人，执剑五人，皆以有力者。令案目者视适⑦，以鼓发之，夹而射之，重而射，披机藉之，城上繁下矢、石、沙、炭以雨之，薪火、水汤以济之。审赏行罚，以静为故，从之以急，毋使生虑。若此，则云梯之攻败矣。

【注释】

①烟：通"堙（yīn）"，以土填埋。资：通"茨"，这里指用草填塞。

②见：犹"间"。

③陕：同"狭"。

④辉鼠：这里指小洞穴，以仅够老鼠容身来形容其小。辉，通"熏"。

⑤钱：通"栈"，指城上架设的栈道。城：即《备高临》篇所说的"台城"，也即前文所谓"行城"。

⑥镌：当作"斲"，用以开凿的工具，这里用来凿破敌军云梯。。

⑦案目者：视力非常好的人。适：通"敌"。

【译文】

禽滑釐拜了两拜，并叩头，希望能问清守城之道。问："请问，进攻方人多势众，又勇敢，填塞我方护城河，军士齐头并进，架起云梯，攻城设备已准备齐全，大量的勇武之士，争先恐后地登城，如何应对这种情况呢？"

墨子说：你问防御云梯的方法吗？云梯是笨重的器械，移动它非常困难。守城方可在城头筑起高高的'行城'，多座楼间相隔一段距离，将己方兵士环绕在中间。根据各行城间的宽窄，在行城圈中设置遮幕，因此各楼相隔不要太远。筑行城的方法是：高出原城墙二十尺，上面加上锯齿状的城堞，宽十尺，左右两边加上二十尺高的圆木支柱，高、宽均和行城一致。

　　城堞下部凿开名叫"爵穴"、"辉鼠"的孔洞，外部以皮革遮挡，还要备好投石机、冲车、栈道、行城等等，排列的宽度与敌人队列宽度相等，各器械之间安插进持斨、剑的士兵，十人掌冲车，五人执剑，都选用力大的精兵。用视力好的人观察敌军，用鼓声发出抗敌讯号，从两边向敌军交叉射箭，重点射其紧要人员，再发动各种器械，从城上将箭、沙、石、炭雨点般地倾泄到敌人头上，再辅之以投掷火把、倾倒开水等方法。同时做到赏罚严明公正，保持镇静的常态，关键时又能当机立断，不致发生其他变故。如此防守，云梯攻法便被挫败了。

　　守为行堞，堞高六尺而一等，施剑其面，以机发之，冲至则去之，不至则施之。爵穴，三尺而一。蒺藜投必遂而立[①]，以车推引之。裾城外[②]，去城十尺，裾厚十尺。伐裾，小大尽本断之，以十尺为传[③]，杂而深埋之，坚筑，毋使可拔。二十步一杀[④]，杀有一鬲[⑤]，鬲厚十尺。杀有两门，门广五尺。裾门一，施浅埋，弗筑，令易拔。城希裾门而直桀[⑥]。

　　县火，四尺一钩樴[⑦]。五步一灶，灶门有炉炭。令适人尽入，辉火烧门，县火次之。出载而立，其广终队。两载之间一火，皆立而待鼓而然火，即具发之。适人除火而复攻，县火复下。适人甚病，故引兵而去，则令我死士左右出穴门击遗师，令贲士、主将皆听城鼓之音而出[⑧]，即"诸产得宜"，又听城鼓之音而入。因素出兵施伏[⑨]，夜半城上四面鼓噪，适人必或[⑩]，有此必破军杀将。以白衣为服，以号相得。若此，则云梯之攻败矣。

【注释】

①蒺藜投：投掷蒺藜的机械。蒺藜，带刺的重物。遂：同"队"，意为面向敌军进攻队列。

②裾城外："裾"上当有"置"字（孙诒让说）。裾，通"椐"，以树木编成的藩篱，用以阻挡敌军。

③传：为"断"字之误，这里意为"砍断"。

④杀：用以伏兵，必要时突击杀敌的堡垒型建筑。

⑤鬲：通"隔"，与外界隔离，用以藏伏士兵的空间。

⑥直：通"置"。桀：通"楬"，作标记用的小木桩。

⑦钩樴：即带绳子的挂钩。樴，通"弋"，绳子。

⑧贲士：勇武有力之士。

⑨素：意为"故"，照例。

⑩或：通"惑"。

【译文】

　　守城者在行城上筑起城堞，高度统一为六尺，上面安装剑，用机械发射，敌方的冲车攻到，就将发射机撤走，冲车不到，就使用它。城堞上开凿名叫"爵穴"的孔洞，每隔三尺一个。"蒺藜投"一定要成列摆放，用车来推拉。在距城外十尺远处安置断树，叫做"椐"，厚度为十尺。采伐断树时，无论大小，一律连根拔起，每十尺砍成一段，错杂深埋，土要填埋坚固，消除被敌人拔出的可能。在椐围中每隔二十步设置一座"杀"，每座"杀"里构建一个用以储物和隐藏士兵的"鬲"，鬲厚十尺。每座"杀"安装两个五尺宽的门。椐围上也设一"门"，只要在此处将断木浅埋，不要太坚固，易被拔出即可。城上对着椐门的地方放置小木桩为标记，以便于我军识别。

　　悬挂火具，每隔四尺设置一只用以挂火具的绳钩。每隔五步设一口灶，灶门放炉炭。待敌人全军攻入，就放烟火烧门，继而投掷悬火。排列好作战器械，广度与敌军队列范围相当。两架器械之间设置一个火具,待到鼓声一响,即刻点燃火具,投放向敌军。如敌人灭火、避开火而持续进攻,就继续投放火具,敌军将痛苦疲惫不堪,因此撤兵而去,随即命令我军敢死队左右杀出,追击溃逃的败兵,命令勇士和主将全都要依照城上鼓声的指挥出击,再依照城上鼓声的指挥退守。照例要再反击时布置埋伏,半夜时在城上四面击鼓呐喊,敌人必定迷惑失措,一旦如此,伏兵必能乘机攻破敌营,斩杀敌将。伏兵要穿白衣,以暗号相互联络。这样,云梯攻城法就失败了。

备水

【题解】

　　本篇讲解应对敌军掘水灌城而攻的措施。分为被动和主动两方面：前者为挖堑防水、掘井泄水，后者则是主动性的驾船出击、冲破敌军堤防。双管齐下，进攻者的水攻计就破败了。

　　城内堑外，周道广八步，备水。谨度四旁高下。城地中徧下①，令耳其内②，及下地，地深穿之，令漏泉。置则瓦井中③，视外水深丈以上，凿城内水耳。

　　并船以为十临，临三十人，人擅弩，计四有方④，必善以船为辁辒⑤。二十船为一队，选材士有力者三十人共船，其二十人，人擅有方，剑甲鞮瞀⑥，十人，人擅苗。

　　先养材士，为异舍食其父母妻子以为质。视水可决，以临辁辒，决外堤，城上为射机，疾佐之。

【注释】

　　①徧：通“偏”。

　　②耳：当为“巨”，通“渠”，这里指挖渠。

③则瓦：即用以测量水位高低的瓦。则，通"测"。

④计四：当为"什四"，即总人数的"十分之四"，为十二人（岑仲勉
　　说）。方：锄头（岑仲勉说）。

⑤辀辒：蒙着牛皮的撞车，这里指以船冲决敌军敌方，与陆地上撞
　　车起同样作用。

⑥剑甲：厚甲。鞮瞀：即"兜鍪（dōu móu）"，先秦时意指"甲胄"，后
　　世指头盔。

【译文】

在城内和壕堑之外，周道宽八步，在这里要防备敌军掘水灌城，谨慎地审度四周地势高低。城中地势低处，下令挖掘渠道；更低的地方，要挖凿深井，以便泄除积水。在井里放上用以测量水位高低的"侧瓦"，若见城外水深已有一丈以上，凿开城内的水渠。

将船只两两相连，共十组，每组备三十人，要求每人都擅射弩箭，其中有十二人携带锄头，必须精妙地使用这种船，作为"撞车"。每二十只船编作一队，选孔武有力的勇士三十人共乘一条船，其中二十人操持锄头，身穿厚而坚实的甲胄头盔，其余十人，则擅使矛。

这些勇武战士要预先供养，另备一处房屋，供养他们的父母、妻儿，作为人质。观察到可以发船决堤时，派遣他们登上那水上"撞车"，冲击并决开外堤，同时开动城上的射箭机器向敌人放箭，作为配合。

备突

依照标题，本篇应当讲解防御"突"即穿挖城墙攻法的措施。但是就现存文字而言，却与防"突"法无关，而与下篇《备穴》中一些段落意思接近。因此，本篇应有不少的脱漏，原貌已不存。

城百步一突门①，突门各为窑灶②，窦入门四五尺③，为其门上瓦屋，毋令水潦能入门中。吏主塞突门，用车两轮，以木束之，涂其上，维置突门内④，使度门广狭，令之入门中四五尺。置窑灶，门旁为橐，充灶伏柴艾，寇即入，下轮而塞之，鼓橐而熏之⑤。

【注释】

①突门：用于防御的门，由防守方自凿，面向敌军营垒，便于出城突袭敌军。

②窑灶：类似瓦窑的灶，详见《备穴》篇。

③窦：当为"灶"（岑仲勉说）。

④维：用绳索牵系住。

⑤橐：皮制鼓风工具，风箱，详见《备穴》篇。

【译文】

城墙上每隔百步设置一个"突门"，每个"突门"内都砌起类似瓦窑的灶，灶位于突门内四五尺处，突门上方建起瓦屋，不让雨水流入门内。任命一名军吏负责堵塞突门，用两轮车一辆，束上木头，涂上泥，用绳索系住它悬置在突门内，根据门的宽窄，将它放置于门内四五尺处。砌窑灶，门旁安上风箱，用柴禾艾叶塞满窑灶内部，一旦敌人攻入，就放下车轮堵塞住通道，鼓动风箱，用烟火熏他们。

备穴

【题解】

　　本篇讲解在防御战中，面对敌军挖掘隧道偷袭的攻法，该如何应对。墨子从如何判断敌军挖掘隧道讲起，讲到如何挖井埋瓮以测听敌人隧道方位、如何挖隧道迎敌、如何设置以炉灶烧以熏敌乃至适合隧道作战的武器种类和配备数量等等，既详尽无遗，又切实可行，堪称古代隧道作战的教科书。本篇充分体现了墨子战术思想重细节、重预备、重应对的特点。全篇内容有重复处，可能是由于不同弟子记录所致。

　　禽子再拜再拜曰："敢问古人有善攻者①，穴土而入，缚柱施火，以坏吾城，城坏，或中人为之奈何②?"子墨子曰：问穴土之守邪? 备穴者城内为高楼，以谨候望适人。适人为变筑垣聚土非常者，若彭有水浊非常者③，此穴土也。急堑城内，穴其土直之。穿井城内，五步一井，傅城足④。高地，丈五尺，下地，得泉三尺而止。令陶者为罂，容四十斗以上，固顺之以薄鞈革⑤，置井中，使聪耳者伏罂而听之，审知穴之所在，凿穴迎之。

【注释】

①古人:当为"适人"之误,即"敌人"。

②或:犹"国",国中人,即指城中之人。

③彭:犹"暴",突然。

④傅:紧靠。城足:城墙根。

⑤鞈:生皮。

【译文】

禽滑釐两番再拜之后说:"敢问敌人中有善于攻城者,挖掘地洞潜入城墙下,建起立柱,捆上柴草而纵火,以此来破坏我方城池,城墙被破坏,城中守军该如何应对呢?"墨子回答:你问防御打隧道攻城的方法吗?防备隧道的攻法,要在城内建起高楼,好谨慎地观望敌情。见敌人修筑垣墙,而积聚起的土多得不合常理,或者水流突然出现不正常的浑浊,这便是在挖隧道。要赶快在城内挖掘堑壕,开凿隧道来应对敌军这一行动。在城内挖井,每隔五步挖一口,紧贴着城墙根基。地势高的地方挖掘到一丈五尺深,地势低的地方,挖到地下水平面以下三尺。命令陶匠烧制大罐子,容量在四十斗以上,用薄皮革裹紧坛口,放入井中,派听力好的人趴在坛口上细听,依据地下的声音,确切查清敌军隧道的位置,接着就挖隧道迎击他们。

令陶者为月明①,长二尺五寸,六围,中判之,合而施之穴中,偃一,覆一。柱之外善周涂,其傅柱者勿烧。柱者勿烧。柱善涂其窦际,勿令泄。两旁皆如此,与穴俱前。下迫地,置康若灰其中②,勿满。灰康长五窦③,左右俱杂,相如也。穴内口为灶令如窑,令容七八员艾④,左右窦皆如此。灶用四鞈⑤。穴且遇,以颉皋冲之,疾鼓橐熏之。必令明习橐事者,勿令离灶口。连版,以穴高下、广陕为度,令穴者与版俱前，凿其版令容矛，参分其疏数⑥，令可以救窦。穴则遇，以版当之，以矛救窦，勿令塞窦。窦则塞，引版而却⑦，过一窦而塞之，凿其窦，通其烟。烟通，疾鼓橐以熏之。从穴内听穴之左右，急绝其前，勿令得行。若集客穴，塞之以柴，涂，令无可烧版也。然则穴土之攻败矣。

【注释】

①月明：当为"瓦䍃"之误，这里指陶制的大圆筒。

②康：同"糠"。

③长五窦：意为塞满两边缝隙。五，犹"亘"。

④员：即"丸"，团。

⑤橐（tuó）：鼓风器械，风箱。

⑥参：通"三"。数：同"促"，与"疏"相对，意为"密"。

⑦却：同"却"，退却。

【译文】

命令陶匠制作大瓦筒，每只二尺五寸长，六围粗，从中间一劈为二，再合并放置在隧道中，两块一俯一仰。用泥料妥善地涂好柱子四周，贴附着柱子的不要焚烧。在瓦筒的接口处涂上泥，以免泄露。隧道的两边都如此安置，一只接一只，随隧道一直延伸向前。瓦筒下方紧贴地面，将糠和炭灰放入其内，不要塞死。炭灰和糠放满隧道两侧，要搭配合理。在隧道内口设灶，形制像陶器的窑，容量要能装下七八团艾草，两侧筒口都如此。灶上装备四只风箱。敌我双方的隧道即将碰头时，就用颉皋冲破间隔，立即鼓动风箱，用糠和炭灰的烟熏敌人。一定要派遣熟习风箱操作法的人，不让他们离开灶口。编连木板，以隧道的高低宽狭为标准，让挖隧道者推着木板前行，在板上或疏或密地凿开孔洞，直径刚好够长矛穿过，使之可用来援救敌人对瓦筒口的攻击。双方隧道一旦相遇，就用木板阻住敌人，将长矛从板孔中刺出，以此抢救瓦筒，以免被敌军堵塞。若瓦筒口已被堵，就拉板退后，退过一节瓦筒后阻住敌人，自瓦筒与前一节的衔接处凿开，让烟气畅通。烟已通，立刻鼓动风箱熏敌人。在隧道内细听左右有何声响，第一时间截断敌人任何前行的企图。若战斗转移到敌方隧道内，就用涂了泥的木柴堵塞他们，让敌人无法焚烧我方木板。如此这般，隧道攻城的方法就被挫败了。

　　寇至吾城，急非常也，谨备穴。穴疑有，应寇，急穴。穴未得，慎毋追。凡杀以穴攻者，二十步一置穴，穴高十尺，凿十尺。凿如前，步下三尺，十步拥穴，左右横行，高广各十尺，杀。俚两罂①，深平城，置板其上，姗板以井听②。五步一密③。用掘若松为穴户④，户穴有两蒺藜，皆长极其户。户为环，垒石外堳⑤，高七尺，加堞其上。勿为陛与石，以县陛上下出入。具炉橐，橐以牛皮，炉有两甄⑥。以桥鼓之百十⑦，每亦熏四十什，然炭杜之⑧，满炉而盖之，毋令气出。适人疾近五百穴⑨，穴高若下，不至吾穴，即以伯凿而求通之⑩。穴中与适人遇，则皆围而毋逐⑪，且战北，以须炉火之然也⑫，即去而入瓮穴杀⑬。有偏隤⑭，为之户及关籥独顺，得往来行其中。穴垒之中各一狗，狗吠即有人也。

【注释】

①俚：同"埋"。

②姗：当作"联"（孙诒让说）。

③密：井（孙诒让说）。

④掘：当作"柏"（孙诒让说）。

⑤堭：当作"郭"。

⑥瓴：容量为一石的大瓦缶。

⑦桥：用来鼓风的杠杆机关。

⑧然：同"燃"。杜：塞。

⑨五百：当为"吾"字之误。

⑩伯：当为"倚"（孙诒让说），这里意思为"斜向"。

⑪围（yǔ）：抵抗。

⑫须：等待。

⑬雍：通"拥"。

⑭偃匽：当作"鼠穴"（孙诒让说）。

【译文】

　　敌人兵临我方城下，形势非常危急，要谨防敌人挖隧道进攻。一旦疑似敌军穴攻，便紧急挖隧道。未弄清敌人隧道确切方位，就要审慎行事，不要急于出城攻敌。大凡歼击挖隧道来攻的敌人，要每隔二十步挖凿一洞穴，高宽均为十尺，挖向前方时，每步向下斜三尺，每十步就向左右开挖横向隧洞，名叫"拥穴"，高和宽也各为十尺，在这里设置一座"杀"，用以策应御敌。埋下两只瓦罐，深度恰好令坛口与城基齐平，上盖木板，凭借相连的覆盖木板来听取地下的声息。每五步挖一口井。用柏木和松木制作隧道门，门内安上两捆蒹葭，长度和门的高度相当。门要上环，门外用石头垒成高七尺的围墙，上有墙堞。围墙内不要修建阶梯和堆放石头，用悬梯上下出入。设置炉灶和风箱，风箱用牛皮制做，每炉上有两只大瓦缶。用杠杆机关鼓风，连续百十下，炉中放置有毒之物四十斤，将炭塞进炉灶。塞满后盖好，不让毒气外泄。当敌人即将接近我方隧道时，若敌隧道与我隧道高低不一，就立刻斜挖使两者相通。在隧道中遇敌，就加以抵抗，而并不驱逐他们，诈败诱敌，待到炉火燃起，就立刻离开敌人，躲入先前挖好的两侧进入"拥穴"中的"杀"里。在隧道中建构"鼠穴"，设置门锁和机关，以便在其中往来行走。每座穴垒中都放一条狗,狗叫就说明有人。

斩艾与柴长尺,乃置窑灶中,先垒窑壁,迎穴为连。凿井传城足,三丈一,视外之广陕而为凿井①,慎勿失。城卑穴高,从穴难。凿井城上,为三四井,内新斩井中②,伏而听之。审之知穴之所在,穴而迎之。穴且遇,为颉皋,必以坚材为夫③,以利斧施之,命有力者三人用颉皋冲之,灌以不洁十余石。趣伏此井中④,置艾其上七分⑤,盆盖井口,毋令烟上泄,旁其橐口,疾鼓之。以车轮辒⑥,一束樵,染麻索涂中以束之。铁锁县正当寇穴口。铁锁长三丈,端环⑦,一端钩。

【注释】

①陕:同"狭"。

②内:通"纳"。斩:当为"甄"之误(孙诒让说),罂一类的瓦器。

③夫:同"趺",指颉皋杆。

④趣:迅速。

⑤置艾其上七分:此句意为"在上方铺盖艾草井七八团"。七分,应为"七八员"之误。

⑥辒:同"辒",辖辒。

⑦端环:"端"字前当有"一"字。

【译文】

将艾草与木柴砍切成一尺一段,放置在窑灶中,先砌起灶壁,面向隧道拼接起连板,以便迎击敌人的进攻。在紧靠城墙根的地方打井,每三丈一口,打井时留心地形宽窄,小心勿致失误。城基深,洞口地势高,开凿起来很难。在城边掘井,共三四口,装入蒙着皮革的瓦罐,趴在上面细听,认清敌军隧道所在位置,就挖隧道迎面而上。敌我双方隧道即将接通,就制作颉皋,一定要选用坚硬的材质做颉皋杆,上面装上利斧,命令三个力士使用颉皋向前冲击,一旦打通,就将十几石污秽之物灌入敌方隧道。我军迅速埋伏于隧道井中,上方铺盖艾草七八团,用盆盖住井口,不要使烟火向上泄露,在旁边装设风箱,飞快地将毒烟鼓向敌方隧道。用车轮作为阻敌的"辒辒",用成捆的木柴相连,捆上浸湿又涂了泥的麻绳。用铁索将它悬挂到迎战敌人进攻的隧道口。铁索长三丈,一端为铁环,一端为挂钩。

　　佩穴高七尺五寸,广柱间也尺①。二尺一柱,柱下傅舄②,二柱共一员十一③,两柱同质,横员士④。柱大二围半,必固其员士,无柱与柱交者。穴二窑。皆为穴月屋⑤,为置吏、舍人各一人,必置水。塞穴门,以车两走⑥,为蒀⑦,涂其上,以穴高下广陕为度,令入穴中四五尺,维置之⑧。当穴者客争伏门⑨,转而塞之。为窑容三员艾者,令其突入伏尺⑩。伏傅突一旁,以二橐守之勿离。穴矛以铁,长四尺半,大如铁服⑪,说即刃之二矛⑫。内去窦尺⑬,邪凿之⑭,上穴当心⑮,其矛长七尺。穴中为环利率⑯,穴二。

　　凿井城上⑰,俟其身井且通⑱,居版上,而凿其一徧⑲,已而移版,凿一徧。颉皋为两夫⑳,而旁貍其植,而数钩其两端㉑。诸作穴者五十人,男女相半。五十人㉒。攻内为传土之口㉓,受六参㉔,约桑绳以牛其下㉕,可提而与投㉖。已则穴七人守退垒之中,为大庑一,藏穴具其中。

【注释】

①也:为"七"字之误。

②舄（xì）：这里指柱子下方的基石。

③员十一："员"字为"负"字之误。"十一"为"土"字之误。"负土"，
　即柱子上方用来支托隧道顶部的横板。

④员士：当为"负土"之误。

⑤月：为"瓦"字之误。

⑥走：当为"轮"字之误。

⑦菹：同"辒"，指"辕辒"之车。

⑧维：以绳索捆系。

⑨门：当作"斗"。

⑩尺：为"穴"字之误。

⑪服：同"耜"，耕田工具。

⑫说：通"锐"。

⑬内：当作"穴"。

⑭邪：犹"斜"。

⑮上：当为"下"之误。当心：挖到地心。

⑯环利率：带环的铁索。

⑰上：当为"下"字之误。

⑱身：当为"穿"。

⑲偏：同"偏"，侧。

⑳两夫：两端。

㉑数：当作"敷"，装。

㉒五十人：此三字当为衍文。

㉓内：当作"穴"。传：当为"持"字之误。士：当为"土"字之误。口：
　此字误，当指一种盛土的工具。

㉔参：当为"絫"字之误，一种盛土的筐。

㉕枲（　）绳：即麻绳。

㉖投：向外倒土。

【译文】

傗穴七尺五寸高,两边穴墙各设支柱,相距七尺。同侧穴壁的柱与柱间相隔二尺,支柱下方垫有基石,每两根支柱同顶起一块名叫"负土"的横板,根部共用一块基石,"负土"要横放。支柱粗二围半,"负土"必须安装牢固,不要让柱与柱倾斜相交。每条隧道口安设两个窑灶。隧道门上方都要盖成瓦屋,安排小吏和亲信各一人加以掌管,必须备足水。阻塞隧道门的方法:用一辆两轮车,作为"辒辒",车身涂上泥,以隧道的高低宽窄为标准,将其运入隧道中四五尺处,捆上绳子使之不滑向隧道深处。当隧道中敌人攻斗激烈时,就转动控制着辒辒上绳索的辘轳,使辒辒下冲,堵塞敌人来路。筑设能容下三团艾草的窑灶,让其前端一直延伸到伏穴中。安排人待在一旁,带着两只风箱,守住此地不可离开。隧道中使用的矛要以铁铸,长四尺半,宽度与铁秬相当,两边都要磨利锋刃。在距隧道口一尺处掘井,要倾斜向下挖掘到地心。这一带隧道比较高,要使用七尺长矛。隧道中安装带环铁索,以方便上下走动,每条隧道安装左右两条。

在城下掘井,等到快挖通时,就站到木板上,向一侧斜凿,凿成后,调转木板方向,开凿另一侧。颉皋分为两端,将其支柱埋在一旁作为支撑,两端都装上钩子。挖掘每条隧道都动用五十人,男女各半。打隧道,要用笼筐能装土,每条隧道用六只筐笼,用麻绳兜紧底部,可以提上地面将土倒出。挖掘完工,安排七人在守护于"退垒"之中,建一间大屋,将打隧道的工具藏置其中。

难穴,取城外池唇木月散之什①,斩其穴②,深到泉。难近穴,为铁钛③,金与扶林长四尺④,财自足⑤。客即穴,亦穴而应之。为铁钩钜长四尺者,财自足,穴彻,以钩客穴者。为短矛、短戟、短弩、蛩矢⑥,财自足,穴彻以斗。以金剑为难，长五尺，为銎⑦、木屎⑧，屎有虑枚⑨，以左客穴。

　　戒持罂⑩，容三十斗以上，貍穴中，丈一，以听穴者声。为穴，高八尺，广，善为傅置⑪。具全、牛交橐皮及坺⑫，卫穴二⑬，盖陈靃及艾⑭，穴彻熏之以⑮。斧金为斫，屎长三尺，卫穴四。为全⑯，卫穴四十，属四⑰。为斤、斧、锯、凿、钁⑱，财自足。为铁校⑲，卫穴四。为中橹，高十丈半⑳，广四尺。为横穴八橹盖㉑。具槀、枲，财自足，以烛穴中。盖持醯㉒，客即熏，以救目。救目分方醯穴，以益盛醯，置穴中，文盆毋少四斗㉓。即熏，以自临醯上㉔，及以泄目㉕。

【注释】

①池唇：池边。月：当为"瓦"字之误。什：通"外"。

②斩：通"堑"。

③铁：斧。

④扶：通"釱"。林：当作"枋"，通"柄"（孙诒让说）。

⑤财自足：刚刚够用。财，同"才"。

⑥茧矢：短箭。

⑦銎（qióng）：刀剑斧头等器物根部带孔用以装柄的部位。

⑧屎：即"柄"。

⑨虑枚：同"辘轳"，这里指柄上缠线以便于握持，形同辘轳。

⑩戒持：制备。罂：瓦坛。

⑪傅置：立起支柱。

⑫全：当作"炉"。橐：通"橐"，风箱。坺：当作"缶"。

⑬卫：当作"每"。

⑭靃：通"藿"，藿香（岑仲勉说）。

⑮熏之以：当作"以熏之"。

⑯垒：当作"蘲"，盛土用的筐笼。

⑰属：这里意为"配备"。

⑱钁大锄。

⑲铁校：铁栏杆。

⑳丈：当为"尺"之误。

㉑八：当作"大"。

㉒醯(xī)：醋。

㉓文：当为"大"字之误。

㉔自：当作"目"。

㉕油：当作"洒"，洗。

【译文】

阻碍敌人挖掘隧道时，先捡取护城河边的木头瓦砾散置于外，再以挖掘堑壕来阻断敌人挖隧道，深度接近地下水位即可。在隧道中与敌人作距离战斗，要准备铁斧，连柄共长四尺，数量足用即可，敌人挖隧道进攻，我方也挖掘隧道以应战。制作四尺长的铁钩钜，也是足够使用即可。双方隧道接通时，就用它钩击敌人。制作短矛、短戟、短弓、短箭，够用就行，待隧道贯通，拿这些与敌军战斗。还可以使用金属剑抗击敌军，剑长五尺，底端装上木柄，木柄上缠线犹如辘轳以便于握持，用来挫败敌人的隧道进攻。

制备若干瓦坛，容量在三十斗以上，埋于我方隧道中，每丈一只，用以探听敌人挖隧道的声音。挖掘隧道，高度、宽度均为八尺，妥善立起支柱。设置炉灶、牛皮风箱以及瓦盆，每条隧道准备二套，瓦盆中装满藿香和艾草，隧道一通，就焚烧以熏敌。用金属制作斧头，木柄长三尺，每条隧道配备四把。制作盛土用的筐笼，每条隧道配备四十只，挖土工具，每条隧道四把。制作斧头、锯子、凿子、大锄，数量够用即可。制作铁栏杆，每条隧道四道。制作中等大小的盾牌，高十尺半，宽四尺。制作横放在隧道中的大盾板，用以阻挡敌人。准备禾杆、麻梗，用于隧道中照明,够用即可。还要用盆装醋,以烟熏敌时,用来救护我方兵士的眼睛。救护眼睛的具体方法是:预先分头向各方挖洞穴,用盆盛着醋放在洞穴中,大盆盛醋量不要少于四斗。假如烟熏了,将眼睛凑近盆,用醋清洗眼睛。

备蛾傅

【题解】

本篇讲解了应对"蛾傅"进攻的防御法。"蛾傅"即《备城门》篇所说的"蚁傅",指进攻方凭借人多势众,蜂拥而上,如成群蚂蚁般强行爬城的攻法。作为军力较弱的防守方,容易被这种阵势吓得惊慌失措,从而无法采取正确的防御措施。而墨子首先指出:"蛾傅"攻法实质上是一种敌将愤怒焦躁之下的行为,不足畏惧。接着,墨子巧妙且详尽地设计了放置于城上的悬箱、篓苴、沙石、悬火等防御设施,以及设置于城外,兼具守、攻双重作用的木桩、屏障等等,这一系列设施,足以将"蛾傅"之攻击溃。由本篇可见,墨子的防守思想可谓真正做到了"战略上蔑视敌人"和"战术上重视敌人"的结合。

禽子再拜再拜曰:"敢问适人强弱①,遂以傅城,后上先断,以为泫程②;斩城为基③,掘下为室;前上不止,后射既疾,为之奈何?"

子墨子曰:子问蛾傅之守邪?蛾傅者,将之忿者也。守为行,临射之,校机藉之,擢之④,太氾迫之⑤,烧苔覆之,沙石雨之,然则蛾傅之攻败矣。

备蛾傅,为县脾⑥,以木板厚二寸,前后三尺,旁广五尺,高五尺,而折为下磨车⑦,转径尺六寸⑧,令一人操二丈四方⑨,刃其两端,居县脾中,以铁璅敷县二脾上衡⑩,为之机,令有力四人下上之,勿离。施县脾,大数二十步一,攻队所在六步一。

【注释】

①适:同"敌"。弱:当作"梁"。

②洁:当为"法"字之误。

③斩:通"堑",挖掘。

④擢:即"拔",这里指拔去敌军的爬城器具。

⑤太氾:当为"火汤"(孙诒让说),这里指滚水、热油等等。

⑥县脾:即"悬脾"(毕沅说),以铁索悬挂,用滑车牵引的方形木箱。

⑦磨车:即滑车。

⑧转:转轮。

⑨方:当作"茅"。

⑩铁璅:即"铁链"。璅,通"锁"。

【译文】

禽滑釐两番再拜,然后说:"请问,如果敌军恃强,强行攀爬城墙,对后上者斩首,以此为军法;同时在城下挖壕沟,筑土山,掘隧道。前面的士兵攀爬不止,后面弓箭猛射不停,如何对付这种状况呢?"

墨子回答说:你问怎样防守像蚂蚁一样爬城的攻法吗?这种让士兵像蚂蚁般强行攀爬,是敌将在恼火焦急的状态下的疯狂举动罢了。守城者只要加筑行城,居高临下箭射敌人,用机械投掷重物砸他们,拔去他们的爬城器具,用滚水、热油浇泼他们,朝他们头上扔掷燃烧物,将沙石像雨点般倾倒下去,像蚂蚁般攀爬城墙的攻法就被挫败了。

防备敌人像蚂蚁般爬城强攻，制造悬挂的木箱，用两寸厚的木板做成，前后各三尺宽，两旁宽五尺，高五尺，下方是滑车，轮子直径一尺六寸，派一个士兵拿一支二丈四尺长矛，矛头两边都磨出锋刃，至于木箱之上，用两条铁链悬箱上部的横木，装置辘轳，派四个强壮有力的兵士操纵滑车上升或下降，不要离开。设置悬箱，大约每隔二十步置一架，敌军进攻队伍所在方向，每六步一架。

为累苔①，广从丈各二尺②，以木为上衡，以麻索大遍之③，染其索涂中，为铁镳，钩其两端之县。客则蛾傅城，烧苔以覆之。连莚、抄大皆救之④。以车两走⑤，轴间广大，以圉犯之⑥，鬲其两端以束轮⑦，徧徧涂其上⑧，室中以榆若蒸⑨，以棘为旁，命曰火捽，一曰传汤，以当队。客则乘队，烧传汤，斩维而下之，令勇士随而击之，以为勇士前行，城上辄塞坏城。

城下足为下说镵杙⑩，长五尺，大围半以上，皆剡其末，为五行，行间广三尺，貍三尺，大耳树之⑪。为连殳⑫，长五尺，大十尺⑬。梃长二尺⑭，大六寸，索长二尺。椎，柄长六尺，首长尺五寸。斧，柄长六尺，刃必利。皆莽其一后⑮。苔广丈二尺，□□丈六尺，垂前衡四寸⑯，两端接尺相覆，勿令鱼鳞三，著其后行中央木绳一⑰，长二丈六尺。苔楼不会者以牒塞⑱，数暴干。苔为格，令风上下。

堞恶疑坏者，先貍木十尺⑲，一枚一⑳。节坏㉑，斩植㉒，以押虑卢薄于木㉓，卢薄表八尺㉔，广七寸，经尺一㉕，数施一击而下之，为上下钘而斩之㉖。

【注释】

①累苔:内装柴草以烧砸敌军的木制器械。

②从:同"纵",长度。丈各:当作"各丈"。

③以麻索大遍之:字序当调整为"以大麻索遍之"(孙诒让说)。遍,
　　同"编"。

④连筤:用来打击爬城敌人的工具。抄大:当作"沙火"(孙诒让说)。
　　救之:阻止敌人。

⑤走:通"辏(còu)",这里指车轮。

⑥圉:从外围圈箍物体的工具。犯:同"范",钳箍。

⑦触:通"融",即"熔"之意。

⑧徧徧:密密地(岑仲勉说)。

⑨室:这里指苔的内部。蒸:即"薪",柴木。

⑩说:当作"锐"。镵(chán):锋利。杙(yì):木桩。

⑪大耳:当作"犬牙"。

⑫殳(shū):古时的一种有棱无刃的竹木武器。

⑬尺:当作"寸"(孙诒让说)。

⑭偅:即《备城门》中的"连梃"。

⑮皆莽其一后:当作"皆著其后衡"(岑仲勉说)。

⑯四寸:当为"四尺"之误(岑仲勉说)。

⑰木:当作"大"。

⑱苔楼:苔展开,形状如楼。

⑲先狸木十尺:"十尺"上当有一"长"字(孙诒让说)。

⑳枚:当作"步"(岑仲勉说)。

㉑节:犹"即"。

㉒斲:即"钉",向下敲击(岑仲勉说)。

㉓押:压于上方。虑:衍文,当删。卢薄:柱上横木。

㉔表:当作"长"。

㉕经：犹"径"。

㉖钅于：钉。

【译文】

制作"累荅"，长和宽各一丈二尺，上面的横梁用木材制成，用大麻绳捆编，麻绳要在泥水中浸染过，装上铁链，钩住两头的挂环。如果敌人像蚂蚁般爬城而攻，就点燃"荅"投下，以覆盖敌人。用连筵、沙火等物来阻止敌人。配备两轮车，轮轴间距离要长，用"围"来固定，将钳箍的两端熔合使其紧束成一体，密密地涂上泥，内部塞满榆树枝叶和薪柴，外围用荆棘，这就叫作"火捽"，也叫"传汤"，布置在敌人进攻队伍正面。一旦敌人结队登城，就点燃"传汤"，砍断吊绳滚落它，命令勇士跟随其后反击敌人，将"火捽"作为勇士开路的工具，城上守卫要随时填塞抢修城墙毁坏的部分。

在城外墙根埋植锋利的木桩，长五尺，粗一围半以上，末端都要削尖，共埋五行，行距三尺，埋入土内的部分为三尺，犬牙交错地埋植。造连殳，五尺长，十尺宽。连梃长二尺，宽六寸，系连梃的绳索长二尺。椎，柄长六尺，顶部长一尺五寸。斧，柄长六尺，刃口一定要锋利。这些都放置在后边横木上。荅，宽一丈二尺，长一丈六尺，搭在前面横梁上，垂下四尺，两头衔接处要有一尺左右相覆盖，不要像鱼鳞那样交错，在后横梁的中间系一根大绳，长二丈六尺。荅体有不密合的地方，用板片填塞，多次曝晒使其干燥。要制作安放"荅"的格栏，令上下通风。

城堞破旧，有倒塌危险的地方，预先埋植十尺长的木桩，每隔一步埋一枚。一旦城堞倒塌，就钉紧木桩，在上面压上横木，横木长八尺，宽七寸，径围一尺，一锤一锤地将木桩打下去，上下端用钉钉牢。

经一①。钩、禾楼、罗石②。县荅植内，毋植外。杜格③，貍四尺，高者十尺，木长短相杂，兑其上，而外内厚涂之。为前行行栈，县荅。隅为楼，楼必曲里④。土五步一，毋其二十晶⑤。爵穴十尺一，下堞三尺，广其外。转脯城上⑥，楼及散与池⑦，革盆。若转攻，卒击其后煖、失⑧，治。车革火⑨。

凡杀蛾傅而攻者之法，置薄城外⑩，去城十尺，薄厚十尺。伐操之法⑪：大小尽木断之⑫，以十尺为断，离而深䢼坚筑之，毋使可拔。二十步一杀，有鬲，厚十尺。杀有两门，门广五步。薄门板梯䢼之⑬，勿筑，令易拔。

城上希薄门而置捣⑭。县火，四尺一椅⑮，五步一灶，灶门有炉炭。传令敌人尽入，车火烧门⑯，县火次之，出载而立，其广终队。两载之间一火，皆立而待鼓音而然⑰，即俱发之。敌人辟火而复攻，县火复下，敌人甚病。

敌引哭而榆⑱，则令吾死士左右出穴门击遗师⑲。令贲士、主将皆听城鼓之音而出，又听城鼓之音而入。因素出兵将施伏，夜半而城上四面鼓噪，敌人必或⑱，破军杀将。以白衣为服，以号相得。

【注释】

①经一：为上文"经一尺"之重复，当删除。

②钩：当作"钩"。禾：当作"木"。罗石：即"㠜石"，参见《备城门》篇。

③杜格：当为"柞格"，一种阻碍敌军行进的设施。

④曲里：当作"再重"（孙诒让说），参见《备城门》篇。

⑤晶：同"蘁"，筐笼。

⑥转脯城上：此句不知所谓，今不译。

⑦散：当作"杀"（孙诒让说）。

⑧煖：通"缓"。

⑨革火：当作"熏火"。

⑩薄：木桩做成的屏障。

⑪操：当作"薄"。

⑫尽木：即"连根"。木，当为"本"。

⑬板梯：应为"浅"。

⑭捣：当作"楬"（王引之说）。

⑮椅：当作"樴（zhí）"，挂"悬火"用的钩子。

⑯车：当作"辉"，熏灼。

⑰然：同"燃"。

⑱哭：应为"牵"，古"师"字。榆：犹"去"。

⑲遗：当作"溃"。

⑳或：通"惑"。

【译文】

  备好钩、木楼、累石等物。将"荅"悬挂在柱子内侧，不要悬挂在柱子外侧。再布置"柞格"，埋入地下四尺，露出地面的部分最高十尺，木头长短相杂，削尖顶端，内外侧都厚厚地涂上泥。制作军士前进用的行栈，悬挂荅。在城角建楼，楼一定要建成多层。积土，每五步一堆，每堆不少于二十笼。每十尺挖一个爵穴，在城堞下三尺处，外面的口要宽。修建行楼、杀、水池，准备好盛水用的皮盆。假如敌兵转移攻击方向，我方士兵出击过缓或错失战机，以军法惩治。用车辆装载熏火。

  大凡防阻敌人爬城强攻，在城外设置木桩做成的屏障，距离城墙十尺，高十尺。采伐用以做屏障的木桩的办法：树木不分大小连根挖起，砍作十尺长一段，间隔一段距离而深埋紧钉，不使敌人能够拔出。每二十步设置一座"杀"，杀中设"鬲"，鬲厚十尺。杀装有两门，门宽五步。木桩屏障对应"杀"门的地方要浅埋，不要钉紧，使它易于拔出。

  城上对着木桩屏障处，相应设置"楬"。悬挂火具，每隔四尺装一个悬挂火具的钩樴，每五步设一口灶，灶门前堆放炉炭。等敌人全部进入后下令点燃熏火烧门，随即抛投悬火，摆放作战器具，宽度与敌人队列宽度相等。每两个作战器具之间设一悬火，等待鼓声一响，全部点燃，一齐投射。敌人避开火继续进攻，就再次投放悬火，敌人必定非常痛苦。

敌人引兵退却，就命令我方敢死队左右两路从穴门冲出，追击溃败之敌。命令勇士和将官，出击或回城，都应遵从城上的鼓声。趁着多次出击的机会设下埋伏，半夜时分城上四面击鼓呐喊，敌兵一定惊疑不定，伏兵便可乘机攻破敌营，擒杀敌将。要穿白色战衣，凭暗号互相联络。

迎敌祠

【题解】

本篇讲述了如何在迎敌前和迎敌过程中进行祭祀、祈福、望气等趋吉避凶的活动。对于这些，我们今天不应冠以"封建迷信"而一笔抹杀，而应该意识到，如是种种，都是上古巫祭文化的遗留，是宝贵的文化史参考资料。

同时必须注意的是，本篇在铺陈大量祭祀祈福的内容之余，还是将战争胜利与否的关键落实在了人事上。例如：作者虽然认为通过请巫、卜望气可以测知战斗成败，但明确指出"望气"的结果只能由守将一人得知，不得流言惑众，扰乱军心民情，否则处斩巫、卜。可见作者虽然相信气数有定，但还是相信人能有所作为，不能将命运完全交付于气数。再如本篇于谈祭祀、祈福、望气之余，兼谈了"百官共财"、"百工即事"、"司马视城修卒伍"等一系列人事安排，可见在墨家的观念里，防御战的成败，即关乎天命，又决于人事，成功的防守者，应做到两方面都尽善尽美。

敌以东方来，迎之东坛，坛高八尺，堂密八^①；年八十者八人，主祭青旗；青神长八尺者八^②，弩八，八发而止；将服必青，其牲以鸡。敌以南方来，迎之南坛，坛高七尺，堂密七；年七十者七人，主祭赤旗；赤神长七尺者七，弩七，七发而止；将服必赤，其牲以狗。敌以西方来，迎之西坛，坛高九尺，堂密九；年九十者九人，主祭白旗；素神长九尺者九，弩九，九发而止；将服必白，其牲以羊。敌以北方来，迎之北坛，坛高六尺，堂密六；年六十者六人，主祭黑旗；黑神长六尺者六，弩六，六发而止；将服必黑，其牲以彘。从外宅诸名大祠，灵巫或祷焉，给祷牲。

【注释】

①密：总括长、宽、高三者而言（岑仲勉说）。

②青神：这里指著青衣、充当神体的祭祀者。下"赤神"、"素神"、"黑神"之神义同。

【译文】

如果敌人自东方而来，就迎祭神灵于东方的神坛，坛的高度、宽度和长度皆为八尺；安排八位八十岁的人来主祭青旗；让八个身高八尺的人充当八位东方青神，设八位弓弩手，每人要射八支箭；将领所穿之衣必须为青色，以鸡作为祭品。如果敌人自南方而来，就迎祭神灵于南方的神坛，坛的高度、宽度和长度皆为七尺；安排七位七十岁的人来主祭赤旗；让七个身高七尺的人充当七位南方赤神，设七位弓弩手，每人要射七支箭；将领所穿之衣必须为赤色，以狗作为祭品。如果敌人自西方而来，就迎祭神灵于西方的神坛，坛的高度、宽度和长度皆为九尺；安排九位九十岁的人来主祭白旗；让九个身高九尺的人充当九位西方素神，设九位弓弩手，每人要射九支箭；将领所穿之衣必须为白色，以羊作为祭品。如果敌人自北方而来，就迎祭神灵于北方的神坛，坛的高度、宽度和长度皆为六尺；安排六位六十岁的人来主祭黑旗；让六个身高六尺的人充当六位北方黑神，设六位弓弩手，每人要射六支箭；将领所穿之衣必须为黑色，以猪作为祭品。在城外诸多有名的大祠堂里，可能会有灵验的巫师在那祈祷神灵，要为他们提供祭品。

凡望气，有大将气，有小将气，有往气，有来气，有败气，能得明此者可知成败、吉凶。举巫、医、卜有所长，具药，宫之①，善为舍。巫必近公社②，必敬神之。巫、卜以请守③，守独智巫、卜望气之请而已④。其出入为流言，惊骇恐吏民，谨微察之，断罪不赦。望气舍近守官。牧贤大夫及有方技者若工⑤，弟之⑥。举屠、酤者置厨给事，弟之。

【注释】

①宫之：当作"宫养之"（孙诒让说）。

②公社：官方祭土地神的地方。

③请：通"情"，实情。按："守"上当补"报"字。

④智：同"知"。请：通"情"。

⑤牧：当作"收"，这里意为"集合"。

⑥弟：划分等级次第。

【译文】

但凡望气，有大将气、小将气、往气、来气、败气等，能明辨这些气的人可以预知成与败、吉和凶。推举出有特长的巫师、医师及卜师，为他们配备相关的药物，将他们照看起来，妥善地安排他们的起居。巫师的住所必定要靠近祭土地神的地方，必须要将其当作神灵一样敬重。巫师和卜师向城中长官报告望气及占卜的结果，只能让长官一人知道，不得告知他人。若巫师和卜师出入编造流言，造成官吏民众慌乱，就需谨慎地暗中探察，对这些传播流言的巫师和卜师进行处罚，绝不姑息。望气台要与长官署靠近。把贤良的大夫和有某些特长的专业人士集中到一起，对他们进行相应第等的划分。挑选出屠夫和酿酒人，将他们安排到厨房里做事,也要给他们划分职务等级。

凡守城之法,县师受事出葆①,循沟防②,筑荐通途③,修城。百官共财④,百工即事。司马视城修卒伍,设守门,二人掌右阉⑤,二人掌左阉,四人掌闭,百甲坐之。城上步一甲、一戟,其赞三人⑥。五步有五长,十步有什长,百步有百长,旁有大率,中有大将,皆有司吏卒长。城上当阶,有司守之。移中中处⑦,泽急而奏之⑧。士皆有职。

【注释】

①县师:军队中职官名称。葆:此处意为"堡垒"(孙诒让说)。

②循:巡察。

③荐:用以堵塞通路的障碍物。

④共:犹"供"。

⑤阉:同"掩",门扇。

⑥赞:辅助。

⑦移中中处:古人称簿书为"中"。中处,言适中之处。

⑧泽:当作"择"。

【译文】

但凡守城的法则,县师接受任务离开堡垒,巡察沟渠城防,修筑障碍物以阻断敌人的通道,修茸好城墙以抵御敌人。众多官吏须供应战争所需的钱财费用,诸多工匠要积极从事各项守城事务。司马要根据城池防御情况布置守门兵士,二人负责掌管右边城门,二人负责掌管左边城门,四人一起共同负责城门的开闭,百名全副武装的士兵坐守城门。城墙之上,每隔一步安置一个带甲的兵士及一名握戟的兵士,另配三人辅助。每五步安置一个伍长,每十步配放一名什长,每百步置备一名百长。城的每一面配有一位将领,城的中央配置大将,如此一来,每一级内都有长官,每一级都有明确的职责。安排官兵在城墙的阶梯处专门把守。将公文簿籍移至适当的地方,择取紧要的文书上报。每个军士都有自己特定的职责。

城之外,矢之所逮①,坏其墙,无以为客菌②。三十里之内,薪蒸、水皆入内。狗、彘、豚、鸡食其肉,敛其骸以为醢,腹病者以起。城之内,薪蒸庐室,矢之所逮,皆为之涂菌。令命昏纬狗纂马,擘纬③。静夜闻鼓声而噪,所以阖客之气也④,所以固民之意也,故时噪则民不疾矣。祝、史乃告于四望、山川、社稷,先于戎,乃退。公素服誓于太庙,曰:"其人为不道,不修义详⑤,唯乃是王⑥,曰:'予必怀亡尔社稷,灭尔百姓。'二参子尚夜自厦⑦,以勤寡人,和心比力兼左右,各死而守。"既誓,公乃退食。舍于中太庙之右,祝、史舍于社。百官具御,乃斗鼓于门⑧,右置旍,左置旌于隅练名,射参发,告胜,五兵咸备。乃下,出挨⑨,升望我郊。乃命鼓,俄升,役司马射自门右,蓬矢射之,茅参发,弓弩继之;校自门左,先以挥,木石继之。祝、史、宗人告社,覆之以甑。

【注释】

①逮:意为"及",这里指箭矢达到之处。

②菌:犹"黳",掩体。

③擘纬:束紧套牢。

④阖:犹"掩",压制。

⑤详:当作"祥"(孔诒让说)。

⑥唯乃是王：当作"唯力是正"（孙诒让说）。

⑦参：同"叁"。厚：为"厉"字之误（毕沅说），勉励。

⑧斗：疑为"升"之误（孙诒让说）。

⑨挨：当作"俟"，等候。

【译文】

城外的墙，如果箭能射到，要将其通通推倒，防止其为敌所利用，成为敌方的防御工事。将三十里以内的所有柴草树木及饮水全部运进城内。把狗、猪、鸡的肉吃掉之后，收集它们的骨头，把这些骨头制成酱，可用以治疗肠胃有病的人。城内的一切柴草堆和房屋，只要城外的箭能射到，都要抹上一层泥。黄昏以后，下令让城内的人将马和狗等牲畜拴紧套牢。夜里寂静的时候，一旦听到鼓声众人就一齐呐喊，用来压制敌人的气势，同时也能稳定民心，这样就不会令老百姓惊慌害怕了。太祝和太史需要在战前祭告四方的神祇、周围的山川和宗庙，祈祷战胜外敌，之后才能退下。国君要穿着白色祭服在太庙誓师，誓词这样说到："这些人做不道义的事，不行仁义之举，只知滥用暴力，还发狂言：'我一定会灭掉你的国家和你的百姓。'我的两位大臣尚且知道自我勉励，全力地辅助我，我更应该带领所有部下同心协力，同仇敌忾，誓死守卫国土。"誓师结束之后，国君才能退下用餐。他要临时性地住在中太庙右边的屋舍内，太祝和太史也临时住在社庙中。其余的诸多官吏各司其职，进而升鼓于太庙，在庙门的右边放置旗，在庙门的左边放置旌，在旌的飘带上书写将帅的名字，兵士们要发射三箭，祈祷战斗胜利，所有官兵齐集。然后出太庙等候，再登上城门，观望城外的情况。之后，命令擂鼓，随即登上门台，役司马在城门的右边发射由蓬蒿制成的箭，拿矛的兵士则持矛刺地三下，接着弓弩手向空射箭；军校先在城门左边挥动兵器，然后木头擂石一齐抛下。太祝、太史和礼官对社庙祭告，然后用作饭的陶器将祭品覆盖住。

旗帜

【题解】

　　本篇讲解了守城战斗中使用的各种旗帜。自古及今,旗帜便是军队和战争中不可取代的道具。而在墨子的防御战术思想中,旗帜的作用体现得更加淋漓尽致,不仅不同兵种有各自的旗帜、不同数量的旗帜意味着来袭敌军的距离、位置,而且特定色彩、图案的旗帜被赋予了特定的"旗语",如白色旗表示需要石头、黑色旗表示需要水等等。从中可以看出一些上古"五行"思想的影子,但更多的应是墨家在总结了古代军事思想后加以深化、细化的成果。

　　守城之法:木为苍旗,火为赤旗,薪樵为黄旗,石为白旗,水为黑旗,食为菌旗①,死士为仓英之旗②,竟士为雩旗③,多卒为双兔之旗,五尺男子为童旗,女子为梯末之旗④,弩为狗旗,戟为莪旗⑤,剑盾为羽旗,车为龙旗,骑为鸟旗。凡所求索,旗名不在书者,皆以其形名为旗。城上举旗,备具之官致财物,之足而下旗。

【注释】

①菌旗：图案为使用菌类（如蘑菇）的旗帜。

②仓英：同"苍鹰"（苏时学说）。

③竟士：精锐士卒。雩：当作"虎"。

④梯末：当作"姊妹"。

⑤莊：通"征"，鹰一类的猛禽。

【译文】

　　按照守城的法则：需要木材时就用青色旗，需要烟火就举赤色旗，需要柴草时就挂黄色旗，需要石头时就用白色旗，需要水时悬黑旗，需要食物就扬起绘有食用菌的旗，调集敢死队就打出画有苍鹰的鹰旗，调用精锐士卒时就挂出虎旗，征调多余的兵士时挂双兔旗，征用五尺童子时挂童旗，征集女子时挂姊妹旗，需要弓弩时就挂狗旗，需要戟时就挂上鹰旗，需要剑盾时挂羽毛旗，需要车时挂龙旗，需要马时挂鸟旗。凡是需要征调的物品，军书上无现成对应的旗帜名称的，就按该物的形状名称制作相应的旗帜。旗帜升上城头，后勤官就按照其含义调用财物，满足需求后降下相应的旗帜。

　　凡守城之法：石有积，樵薪有积，菅茅有积①，藋苇有积②，木有积，炭有积，沙有积，松柏有积，蓬艾有积，麻脂有积，金铁有积，粟米有积；井灶有处，重质有居；五兵各有旗，节各有辨，法令各有贞，轻重分数各有请③，主慎道路者有经④。

　　亭尉各为帜，竿长二丈五，帛长丈五、广半幅者大⑤。寇傅攻前池外廉⑥，城上当队鼓三，举一帜；到水中周⑦，鼓四，举二帜；到藩，鼓五，举三帜；到冯垣⑧，鼓六，举四帜；到女垣⑨，鼓七，举五帜；到大城，鼓八，举六帜；乘大城半以上，鼓无休。夜以火,如此数。寇却解,辄部帜如进数,而无鼓。

【注释】

①菅(jiān):一种光滑的茅草,也可作为茅草类植物的统称。

②萑(huán):同"荻"。

③请:通"情",实际。

④有经:意谓巡视道路者各有负责的区域。经,行。

⑤大:当作"六"。

⑥廉:边。

⑦周:通"洲",水中陆地。

⑧冯垣:城堞之外的外圈矮墙。

⑨女垣:即城堞,也叫"女墙"。

【译文】

　　大凡守城的法则:必须储备的石头、柴薪、茅草、芦苇、木料、木炭、沙子、松柏、蓬艾、麻脂、铜铁和粮食;在适当的地方打上水井安上炊灶,作为敌方的重要抵押品如人质要有居住的地方;各军兵种有各自的旗织,调兵遣将各有符节,法令有定条定例,等级轻重各根据实际情况而定,主持巡查道路的官吏也有各自划定的区域。

　　每个亭尉都配备有各自的旗帜,旗竿长二丈五尺,旗帛长一丈五尺,宽半幅,共六面旗帜。当敌军进攻到护城河外,与敌军进攻方位相对位的守军就击鼓三下,并悬旗一面;当敌军进攻到护城河中洲上,就击鼓四下,挂上二面旗;当敌军进入至护城河的藩篱边时,就击鼓五下,挂上三面旗;当敌军进入到外城的第一道墙时,就击鼓六下,挂上四面旗;当敌军进攻到女墙时,就击鼓七下,挂五面旗;当敌军深入到大城墙下时,就击鼓八下,挂六面旗;当敌军爬上城墙的一半时,就不停地擂鼓。如果是在夜晚,就用举火把来代替挂旗,所举火把的数目与白天挂旗的数目一致。假如敌人是由进攻转而退却,悬挂旗帜的数目同敌人进攻时所挂旗帜的数目一样，但不击鼓。

城为隆①，长五十尺，四面四门将长四十尺，其次三十尺，其次二十五尺，其次二十尺，其次十五尺，高无下四十五尺②。城中吏卒、民男女皆辨异衣章徽。城上吏卒置之背，卒于头上；城下吏、卒置之肩，左军于左肩，中军置之胸。各一鼓，中军一三③，每鼓三、十击之，诸有鼓之吏，谨以次应之。当应鼓而不应，不当应而应鼓，主者斩。

道广三十步，于城下夹阶者各二其井，置铁薅④。于道之外为屏，三十步而为之圂，高丈。为民圂⑤，垣高十二尺以上。巷术周道者⑥，必为之门，门二人守之；非有信符，勿行，不从令者斩。

诸守牺格者⑦，三出却适⑧，守以令召赐食前，予大旗，署百户邑，若他人财物⑨，建旗其署，令皆明白知之，曰某子旗。牺格内广二十五步，外广十步，表以地形为度。

靳卒中教⑩，解前后、左右，卒劳者更休之。

【注释】

①城为隆：当作"城将为绛旗"（孙诒让说）。

②四：此"四"字衍（孙诒让说）。

③一：此"一"字衍（孙诒让说）。

④薅：犹"罐"。

⑤圂：同"溷"，厕所。

⑥术：城中的街道。

⑦牺格：即"柞格"，木桩筑成的藩篱。

⑧适:通"敌"。

⑨若:或。

⑩靳:通"勒",部署。

【译文】

城中的大将悬挂绛色旗,长五十尺,东西南北四门守将的旗帜都是四十尺,次一等的将旗是三十尺,再次一等的二十五尺,然后是二十尺和十五尺的将旗,不过将旗的高度没有短于十五尺的。通过衣服上的不同徽章来区别城里的军官、士兵和男女百姓。城上小吏要把徽章戴在衣背上,士兵的徽章要戴在头上,城下的小吏和士兵要把徽章戴在衣肩上。左军的徽章戴在左肩上,中军的徽章戴在胸前。各军都有一面鼓,中军有三面鼓,每通鼓三至十下,其余有鼓的官吏按次第击鼓回应。应当击鼓回应时却没有回应,不当击鼓回应时却击鼓,要处斩责任人。

道路修建为三十步宽,城下夹阶的大道各置两口水井,设有铁罐。在道路的外边筑起屏障,隔三十步砌一个围墙,高一丈。建造民用厕所,墙高十二尺以上。城中街巷,凡是与周道相连的,一定要设门,每门派两人把守;没有通行凭证不许通过,不服从命令的就处斩。

每个据守柞格的兵将,出战击退敌兵三次的,主帅便传令他们到官署领取食物,授予他们大旗,并赏赐百户的封邑或与之相等的他人财物。把授予的大旗竖在他们的营垒中,让人们都知道他们立有战功,此种大旗称为"某人之旗"。柞格内宽二十五步,外宽十步,长度由地形来决定。

依照教令部署兵士,依照号令前进或后退,向左或向右。让疲惫的士兵轮流休息。

号令

【题解】

本篇主要讲解守城战进行期间的各种具体的人事安排、条例禁令等等。在人事安排上，本篇秉承了墨家防御战思想一贯的缜密、严谨作风，构筑了一个以守将为核心的职权明晰的人事体系，既做到了人尽其材，又尽可能降低了奸细渗透或内部生变的风险。

在条例禁令方面，我们可以看到，本篇中的诸多法令，乍一看显得繁琐而又严苛，全篇中"杀"、"斩"、"断"以及以箭穿耳等刑罚触目皆是。如此严刑峻法似乎与墨家平素的"兼爱"形象相违背。不过，只要意识到这仅仅是战时的紧急措施，一切就可以理解了。这些严刑峻法，是为了在战时将全城官吏、兵、民凝结成一个最高效的战斗集体，以保障防御战的最终获胜。在当时动辄"杀人盈野"、"杀人盈城"的时代大环境下，通过这些看似严苛的战时措施以守城护民，其实恰是墨家"兼爱"、"非攻"思想的最大也是最切实际的运用。

在严肃军纪法令的同时，本篇主张要毫不吝惜财富、爵位、荣誉，用以奖赏战斗勇敢者、战功卓著者以及承担重要而特殊的作战任务的人员（如谍报人员）等等。战后还要及时抚慰伤亡者家属，以安民心、得民望。可见，在墨家看来，恩威并重，赏罚公正严明，是取得战争胜利的重要保障。这一点，与先秦兵家的代表作《孙子兵法》不谋而合，而且说得更具体，更有实践性。

　　安国之道，道任地始，地得其任则功成，地不得其任则劳而无功。人亦如此，备不先具者无以安主，吏卒民多心不一者，皆在其将长，诸行赏罚及有治者，必出于王公。数使人行劳赐守边城关塞、备蛮夷之劳苦者，举其守率之财用有余、不足，地形之当守边者，其器备常多者。边县邑视其树木恶则少用，田不辟，少食，无大屋草盖，少用桑。多财，民好食。为内牒，内行栈，置器备其上，城上吏、卒、养①，皆为舍道内，各当其隔部②。养什二人③，为符者曰养吏一人④，辨护诸门。门者及有守禁者皆无令无事者得稽留止其旁，不从令者戮。敌人但至，千丈之城，必郭迎之，主人利；不尽千丈者勿迎也，视敌之居曲众少而应之，此守城之大体也。其不在此中者，皆心术与人事参之。凡守城者以呕伤敌为上，其延日持久以待救之至，明于守者也，不能此，乃能守城。

【注释】

①养：炊事员（岑仲勉说）。

②隔部：负责把守的分区。

③养什二人：每十个人安排两名炊事员。

④养吏：掌管符信的人。

【译文】

　　安邦定国之道，从利用地理条件开始，地理条件能得到利用，大功就能告成，地理条件不能获得利用就会劳而无功。人也是这样，不预先作好准备就无法安定国主,官吏、士兵和百姓不能同心同德,责任在于将领和官长,所有的赏赐和处罚的施行,都应以王公的名义。要经常派遣使臣慰劳赏赐镇守边关要塞、防备蛮夷的劳苦将士,并报告哪些守边将帅的军费是有余的,哪些是不足的,哪些地形应该派兵据守以及武器装备经常保持充足的将帅。对于边境的州县城市,如果那里树木生长不好就要少用木材,土地没有开垦就要节约粮食,没有大屋和草屋的地方就要少砍桑树。经济富裕,老百姓讲究吃喝。城内要构筑矮墙和行栈,城墙上要设置武器装备,守城的头目、士兵、炊事人员都要在城内各自的营区驻扎。每十个人安排两名炊事员,和掌管符信凭证的养吏一人,监护各城门。不允许无公事的人在守门人以及警戒人员旁边逗留,不听从命令的人可以杀掉。每当敌人攻来,千丈以上的大城,一定要在郊区迎战敌人,守城一方才有利;不够千丈的中小城市,不要出城迎敌,但要根据敌人的多少灵活应战,这些都是防守城池的大体原则。以上没有提到的,就根据心术智谋和人事策划参照处理。所有守城的一方都应以迅速歼灭敌人为上策,如果拖延持久,等到敌人的援兵到来,就是不懂得守城的方法,能懂得这些道理才能守城。

　　守城之法:敌去邑百里以上,城将如今尽召五官及百长①,以富人重室之亲,舍之官府,谨令信人守卫之,谨密为故。及傅城,守将营无下三百人,四面四门之将,必选择之有功劳之臣及死事之后重者,从卒各百人。门将并守他门,他门之上,必夹为高楼,使善射者居焉,女郭、冯垣一人一人守之②,使重室子。五十步一击③。因城中里为八部,部一吏,吏各从四人,以行冲术及里中。里中父老小不举守之事及会计者,分里以为四部,部一长,以苛往来不以时行、行而有他异者,以得其奸。吏从卒四人以上有分者,大将必与为信符;大将使人行守操信符,信不合及号不相应者,伯长以上辄止之,以闻大将。当止不止及从吏卒纵之,皆斩。诸有罪自死罪以上,皆逮父母、妻子、同产④。诸男女有守于城上者,什六弩、四兵;丁女子、老、少⑤,人一矛。

【注释】

①五官及百长:泛指城内的大小众多官吏。

②女郭:即"女垣",城头矮墙。一人一人:此处疑衍"一人"二字,当删去。

③击:当作"楼"(苏学时说)。

④同产:同胞兄弟姐妹。

⑤丁女子:成年女子。

【译文】

　　守城的法则:敌人在离城百里之外的时候,守城将领就要把所有的官吏、小军官以及富人、贵戚的亲眷全部集中起来住到官府,谨慎地派可靠的部下保卫他们,越谨慎机密越好。等到敌人开始爬城墙强攻时,将领所在兵营的守备兵力不得少于三百人,东西南北四个城门的将领一定要选择立过军功,以及为君王和国事效过死力而获得荣誉和官职的人担任,每人带兵一百人。每一方城门的将领如果兼守其他城门,就必须在另一城门上建立起高楼,派善射的士卒据守,城上矮墙、冯垣各派一人守卫,任用贵家子弟。每五十步建置一个楼把城中街巷分为八部,每部设置一个头目,每个头目带领四人,在城中要道和街巷中巡逻。街巷中的老年、儿童等没有参与守城的人和管理财物出入的人,按街巷分为四部,每部设一首领,让他们盘查来往行人中那些不按规定时间行动或举动异常的人,以便及时发现和捉拿奸细。带士兵四人以上的头目去执行守城任务，大将一定要给予信符作为凭证；大将派人巡查守卫情况之时，拿有大将给的信符，对信符不合及口号不相应的人，伯和长以上官吏就一律把这种人扣押起来，并报告大将。应当扣押而不扣押，以及放跑了人的官兵，一律斩首。凡是触犯刑律犯有死罪以上的人，他们的父母、妻子儿女和兄弟姐妹都要抓起来。在城上防守的男子，每十人中，六人拿弓箭，其余四人拿其他兵器；成年女子、老人和儿童每人执一矛。

　　卒有惊事①，中军疾击鼓者三，城上道路、里中巷街，皆无得行，行者斩。女子到大军，令行者男子行左，女子行右，无并行。皆就其守，不从令者斩。离守者三日而一徇②，而所以备奸也。里正与皆守宿里门，吏行其部，至里门，正与开门内吏，与行父老之守及穷巷幽间无人之处。奸民之所谋为外心，罪车裂。正与父老及吏主部者，不得，皆斩；得之，除，又赏之黄金，人二镒。大将使使人行守，长夜五循行，短夜三循行。四面之吏亦皆自行其守，如大将之行，不从令者斩。

【注释】

①卒：同"猝"，突然，仓猝。

②徇：查询。

【译文】

　　突然间有紧急情况，中军赶快击鼓三次，城上道路、城内街巷都要禁止通行，擅自通行的人要杀掉。女子参与大军行动时，男子走左边，女子走右边，不许并排一起行走。所有军民都要坚守各自的岗位，不听从命令的要杀掉。对擅自离开防守岗位的情况要三天查询一次，以防止奸细。街坊里正和年长的居民都要守护各街巷进出口，部吏巡行到他的划分的地方，到进出口，里正开门接待部吏，陪同巡查各居民父老所守的岗位和小巷中偏僻无人的地方。生有外心、图谋通敌的奸民，用车裂刑法处死。街坊里正、年长居民以及部吏，没有预先发觉和抓获图谋通敌的人，一律处以死刑；如果能及时发现和抓获，免罪之外，每人还得到赏金四十八两。大将派亲信巡查每一个防守区域，夜长时每晚巡查五次，夜短时每晚巡查三次。防守四方的将领都要像大将一样巡查各自的区域，不执行命令的斩首。

　　诸灶必为屏，火突高出屋四尺①。慎无敢失火，失火者斩其端②，失火以为事者车裂。伍人不得，斩；得之，除。救火者无敢讙哗③，及离守绝巷救火者斩④。其正及父老有守此巷中部吏，皆得救之，部吏乢令人谒之大将，大将使信人将左右救之，部吏失不言者斩。诸女子有死罪及坐失火皆无有所失，逮其以火为乱事者如法。

【注释】

①火突：烟囱。

②端：祸首。

③讙：同"欢"，喧哗。

④离守绝巷救火：离开防守岗位去其他街巷救火。

【译文】

　　所有炉灶一定要砌上防火的屏围，烟囱要比屋顶高出四尺。要谨慎不要失火，失火的主要责任人斩首，故意纵火的人，车裂处死。同伍中人或不抓住纵火犯的，斩首；抓住纵火犯就免于处罚。救火的人不许喧哗，喧哗者以及擅自离开防守岗位去其他街巷救火的人，处斩。失火地区的里正和居民，以及防守这一地方的部吏都要救火，部吏迅速派人报告大将，大将派遣亲信率领部下去救火，部吏隐瞒不向大将报告，也处斩。女子犯有死罪以及负失火责任的，一律逮捕勿失，故意纵火作乱的，逮捕并依法惩处。

　　围城之重禁：敌人卒而至，严令吏民无敢讙嚣、三最、并行、相视坐泣、流涕若视、举手相探、相指、相呼、相麾、相踵、相投、相击、相靡以身及衣、讼驳言语①，及非令也而视敌动移者，斩。伍人不得，斩；得之，除。伍人逾城归敌，伍人不得，斩；与伯归敌②，队吏斩；与吏归敌，队将斩。归敌者父母、妻子同产，皆车裂。先觉之，除。当术需敌离地③，斩。伍人不得，斩；得之，除。

【注释】

①命：当作"民"。三最：三人以上相聚。相靡：相摩擦。

②伯：伯长，即"百夫长"，一百人的小队伍的首领。

③当术：面对敌人所进攻的大道。术，道路。需：怯。离地逃离阵地。

【译文】

　　被敌军围困之城的重要禁令：敌人突至，要严令官吏、百姓不得喧哗、不准三人以上聚集、或两人以上并排行走、对坐相视哭泣、打手势探问、互相指手划脚、互相呼唤、互相挥动旗帜、互以脚跟相踵、互相抛掷东西、互相斗殴、身体衣服相互摩擦、互相争辩，以及不得命令而擅自察看敌人动向，否则一律处以死刑。同在一起的人不能及时制止和报告的，斩首；能及时报告和制止的，免罪。伍中有人翻越城墙投敌，同伍者没有及时抓住的，斩首；百夫长叛变投敌，队吏要斩首；队吏叛变投敌，队将要斩首。叛变投敌的人，他的父母、妻子、儿女、兄弟都要车裂处死。事先发觉欲投敌者的意图并上报的，免罪。因害怕敌人而临阵脱逃的，斩首。同伍的人不能发现并制止的，斩首；能及时发现和制止的，免罪。

　　其疾斗却敌于术①，敌下终不能复上，疾斗者队二人，赐上奉②。而胜围，城周里以上，封城将三十里地，为关内侯，辅将如令赐上卿，丞及吏比于丞者，赐爵五大夫；官吏、豪杰与计坚守者，十人及城上吏比五官者③，皆赐公乘④。男子有守者爵，人二级，女子赐钱五千，男女老小先分守者，人赐钱千，复之三岁，无有所与，不租税。此所以劝吏民坚守胜围也。卒侍大门中者，曹无过二人，勇敢为前行，伍坐，令各知其左右前后。擅离署，戮。门尉昼三阅之，莫，鼓击门闭一阅，守时令人参之，上逋者名⑤。铺食皆于署⑥，不得外食。守必谨微察视谒者、执盾、中涓及妇人侍前者志意、颜色、使令、言语之请⑦。及上饮食，必令人尝，皆非请也⑧，击而请故⑨。守有所不说谒者、执盾、中涓及妇人侍前者，守曰断之、冲之若缚之。不如令及后缚者，皆断。必时素诫之。诸门下朝夕立若坐，各令以年少长相次。旦夕就位，先佑有功有能⑩，其余皆以次立。五日，官各上喜戏、居处不庄、好侵侮人者一⑪。

【注释】

①术：战场。

②奉：同"俸"，俸禄。

③十人：当为"士人"之误。

④公乘：一种爵位，有乘坐公家之车的权利，故名。

⑤逋者：擅离职守者。

⑥铺食：饮食。铺，当作"铺"。

⑦请：通"情"，实情。

⑧非请：情况异常。请，通"情"。

⑨击而请故：当作"系而请故"（孙诒让说）。

⑩佑：同"右"，古时位次以右为尊。

⑪一：当作"名"（孙诒让说）。

【译文】

作战中迅速击溃敌人，并使敌人败退后不能再次组织进攻的，每队选出二名勇猛杀敌的士兵，给予上等俸禄。而打败敌人，冲破敌人防线的队伍，迫使敌人离开城邑一里以上，封守城将为关内侯，赏赐土地三十里；副将按法令赐予上卿的官职，丞、吏以及原来官职相当于丞的人赐给五大夫的爵位；其他官吏、豪杰参与谋划坚守的、士人和城上那些级别相当于五官的，都赐给公乘官位。参与守城的男子赐给爵位，每人二级，女子赏钱五千，男女老少参与防守的，每人赏钱一千，免除三年赋役，不必参与徭役，不必交纳租税，这些都是用以鼓励官吏和百姓坚守城池，战胜围城之敌的措施。守卫主将官署大门的士兵，每班岗不要多于两人。勇敢的在前行，根据队伍排列，让他们知道各自的左右前后是谁。擅自离开官署的人，杀头。门尉白天检阅三次，晚上击鼓关门后再检阅一次，守将随时派人巡察，记上擅离岗位人的姓名。吃饭都在官署，不许在外面吃喝。守将一定要谨慎、细致地暗中观察侍从中的谒者、执盾、中涓以及料理日常生活的妇人等的思想、心理、脸色、动作和言语的情况。每次端上饮食，一定要先叫人尝一尝再吃，若有异常情况，就立即抓起来予以诘问。守将对身边侍从中的谒者、执盾、中涓及负责侍奉的妇人有不满意的，就可下令杀掉、殴打或者捆绑他们，其他侍从不执行命令的或行动迟缓的,都要处罚。务必时时告诫他们。所有官署门前负责早晚警卫的人员,有的站有的坐,各以年龄大小为次序。早晚值勤时,有功劳和能耐的,居先站上位或坐上座,其余则按次序站立。官长每隔五天,将那些嬉戏、不庄重,喜欢侵犯欺侮别人的卫兵的情况分别予以上报。

诸人士、外使者来,必令有以执①。将出而还若行县,必使信人先戒舍,室乃出迎,门守,乃入舍。为人下者常司上之,随而行。松上不随下②。必须□□随③。客卒守主人,及其为守卫,主人亦守客卒。城中戍卒,其邑或以下寇④,谨备之,数录其署,同邑者弗令共所守。与阶门吏为符,符合入,劳⑤;符不合,牧⑥,守言。若城上者,衣服,他不如令者⑦。

【注释】

①执:执照,凭证。

②松:当为“从”(王引之说),跟从。

③必须□□随:此句因缺字,不译。

④下寇:被敌寇攻陷。

⑤劳:慰劳。

⑥牧:当作“收”(苏时学说),逮捕,扣留。

⑦他不如令者:此下当有脱文。

【译文】

所有人、外来使者入城,一定要有凭证。将领外出归来和巡行回来,一定要先派人告知其家属,家属才出来迎接,再向守城主将报告后才返家。作为下级要经常体察上级,时时注意随行。下级须跟从上级,上级却不必跟从下级。外来士卒为主人防守的,主人也要防备他们。

在城中防卫的外来兵卒,假如他们原来所在城邑已被敌人攻陷,尤其要戒备他们,要反复核查他们的名册,不要让来自同一城邑的人共同防守一处地方。负责守卫登城台阶的官吏要握有兵符,兵符相合者允许进入,并加以慰劳;兵符不合者,就将其扣留,并报知守城主将。上城的人,服装或其他方面不符合规定的。

宿鼓在守大门中。莫令骑若使者操节闭城者①,皆以执毚②。昏鼓,鼓十,诸门亭皆闭之。行者断,必击问行故,乃行其罪。晨见,掌文鼓③,纵行者,诸城门吏各入请籥④,开门已,辄复上籥。有符节不用此令。寇至,楼鼓五,有周鼓,杂小鼓乃应之。小鼓五后从军,断。命必足畏,赏必足利,令必行,令出辄人随,省其可行、不行。号,夕有号,失号,断。为守备程而署之曰某程⑤,置署街街衢阶若门,令往来者皆视而放⑥。诸吏卒民有谋杀伤其将长者,与谋反同罪;有能捕告,赐黄金二十斤,谨罪。非其分职而擅取之,若非其所当治而擅治为之,断。诸吏卒民非其部界而擅入他部界,辄收以属都司空若候,候以闻守,不收而擅纵之,断。能捕得谋反、卖城、逾城敌者一人,以令为除死罪二人,城旦四人。反城事父母去者⑦,去者之父母妻子⑧……

【注释】

①莫:同"暮"。

②执毚(chán):一种职守的名称(岑仲勉说)。

③文鼓:八尺长的大鼓。

④籥(yuè):钥匙。

⑤守备程：守城的章程。

⑥放：效法。

⑦反：同"翻"（岑仲勉说），翻越。

⑧去者之父母妻子：此下疑有脱文。

【译文】

　　晚上时大鼓设置在主将的大门之内。黄昏时派出骑兵和使者操着符节去传令关闭城门，所派者身份必须为执圭。黄昏时以鼓为号，击鼓十下，所有城门路亭一律关闭，违令的通行者要先抓起来问明原因后再论罪惩处。早晨时，敲响大鼓放行，所有管城门的官吏自官署拿得钥匙，开开门后再交还钥匙。有特别符节者不在此禁令之列。敌人前来进攻，城楼上击鼓五次，再敲响周边的鼓，再杂敲众多小鼓应和，表示各军须即刻集合。小鼓响了五下之后才集合的，斩首。命令必须严格到是以使人畏惧，赏赐必须丰厚得引人希求，有令必行，同时，号令一发出，立即派人随着省察号令可行与否。口号，夜晚有联络的口号，口号不合的，处斩。制定戒严章程题上标题就称"某某章程"，在街道、大路台阶和城门上张帖公布，使往来行人都能看到并照章行事。凡是谋害自己上级的官兵和百姓，一律按谋反罪处置；捉拿到谋杀长官之人或加以控告者，赏金二十斤，并可免罪。越出职权范围擅自拿取，和滥用职权办非法之事的，砍头。一切擅自闯入其他区域的官吏、士兵和百姓，都要由所在的都司空和侯将其拘留，由侯报告守将，不将其拘留而擅自放人的，杀头。对于能捉得一个谋反、出卖本城或越墙投敌的人，以明令规定可免除其家二人的死罪和四人的劳役。翻越城墙抛弃父母离开的，该人的父母、妻子、儿女……

　　悉举民室材木、瓦若蔺石数，署长短小大。当举不举，吏有罪。诸卒民居城上者各葆其左右，左右有罪而不智也①，其次伍有罪。若能身捕罪人若告之吏，皆构之②。若非伍而先知他伍之罪，皆倍其构赏。

城外令任，城内守任。令、丞、尉、亡、得入当，满十人以上，令、丞、尉夺爵各二级；百人以上，令、丞、尉免，以卒戍。诸取当者，必取寇虏，乃听之。募民欲财物粟米以贸易凡器者，卒以贾予。邑人知识、昆弟有罪，虽不在县中而欲为赎，若以粟米、钱金、布帛、他财物免出者，令许之。传言者十步一人，稽留言及乏传者，断。诸可以便事者，亟以疏传言守。吏卒民欲言事者，亟为传言请之吏，稽留不言诸者，断。县各上其县中豪杰若谋士、居大夫重厚口数多少③。官府城下吏、卒、民家前后左右相传保火。火发自燔，燔曼延燔人，断。诸以众强凌弱少及强奸人妇女，以讙哗者，皆断。

【注释】

①智：同"知"。

②构：赏。

③重厚：富厚（毕沅说）。

【译文】

全数查报百姓家的木材、砖瓦、石头等物的数目，登记其长短和大小。应查报而没有查报的，官吏有罪。所有居住在城里的士兵和百姓，要与其左右邻舍结成联保，邻舍犯罪而不知道的，同保的五家有罪。如能亲自捉拿住罪犯或将其报告给官府，都予以奖赏。不属于某保却预先知道该保中人有犯罪活动而报官的，都加倍给予奖赏。

城外守卫任务由"令"负责，城内的防守职责由守将负责。令、丞、尉等官，其部下有人逃跑，如果抓回俘虏的人数与逃兵数相当，那么功罪可以两消；逃兵数超过所俘敌兵数十个的，令、丞、尉各减爵位两级；逃兵数超过所俘敌兵数一百的，令、丞、尉就须被撤职罢官，充作兵士，担负防守。一定要是从敌军抓来的俘虏才能抵挡罪过。征募百姓的财物和粟米的,如百姓想交换种种器具,可按一定价格予以交换。城里居民的朋友或相识、兄弟有罪的,即便他们不在本城内但想用粟米物财赎罪出去的,法令都许可。上下传话的人员如此安排:每隔十步派一人,滞留或失职没传达到话的,要杀头。凡是可以便利办的事情应赶紧用书面向守城主将报告。官吏、兵士和百姓有要向上进言的,紧急通过传言人报知,官吏滞流或不代为传达的,要判罪。各县的豪杰、谋士、在家居住的大夫官员及富厚之家的人数,各县都要统计上报。官府城下官吏、士兵和百姓都要参加左邻右舍的火灾联保。失火烧了自家或漫延到了别人的家,都要判罪。凡是以强凌弱和强奸妇女的,喧哗打闹的,都一律交官府定罪惩罚。

诸城门若亭,谨候视往来行者符。符传疑若无符,皆诣县廷言,请问其所使;其有符传者,善舍官府。其有知识、兄弟欲见之,为召,勿令里巷中[①]。三老、守闾令厉缮夫为答[②]。若他以事者、微者,不得入里中。三老不得入家人。传令里中有以羽,羽在三所差[③],家人各令其官中,失令若稽留令者,断。家有守者治食。吏、卒、民无符节而擅入里巷、官府,吏、三老、守闾者失苛止,皆断。诸盗守器械、财物及相盗者,直一钱以上,皆断。吏、卒、民各自大书于杰[④],著之其署同,守案其署,擅入者,断。城上日壹发席蓐,令相错发。有匿不言人所挟藏在禁中者,断。

【注释】
①“里巷”之上脱一“入”字,当补。
②守闾:守卫里中之门者。缮:通“膳”,缮夫,即掌炊事的厨师(岑

仲勉说），代指一般仆役。

③羽在三所差：当作"羽在三老所"（苏时学说）。

④杰：通"楬"，揭帖。

【译文】

在各个城门和路亭，都要严格检查往来行人的凭证。凭证有问题和没有凭证的，要送到县廷，查问他们系谁派来。往来人中有凭证的，妥善安排其住在官府。他们想要会见的朋友、兄弟，就替他们召来，不能让他们进入里巷。如果他们想见城中三老、守间等人，可以让三老、守间先委托家中仆役代替应召。有其他事的人，身份卑微者都不得擅自进入里巷中，三老也不能进入一般民众家里。用羽书向街巷传令，羽书收在三老家中。向一般民众传令就直接传到他们家去，失职没有传送或延迟命令的，要砍头。三老家中有看家的备办吃的。对于官吏、兵士和百姓擅自进入里巷和官府而没有凭证的，如有关官吏、三老以及守门者没有及时盘问和制止，都要定罪。所有偷盗守城器械、财物以及私人财物的，价值在一钱以上就要判罪。官员、兵士和百姓要将自己姓名写在揭帖上，张贴在官署墙壁，守城主将案察时如发现有擅自进入者，问罪。城上每天都换发草席，规定可以彼此互相交换使用。若有知道他人私藏禁品却隐瞒不报者，判罪。

吏卒民死者，辄召其人与次司空葬之，勿令得坐泣。伤甚者令归治病家善养，予医给药，赐酒日二升、肉二斤，令吏数行间，视病有瘳，辄造事上。诈为自贼伤以辟事者①，族之。事已，守使吏身行死伤家，临户而悲哀之。

寇去事已，塞祷②。守以令益邑中豪杰力斗诸有功者，必身行死伤者家以吊哀之，身见死事之后③。城围罢，主亟发使者往劳，举有功及死伤者数使爵禄，守身尊宠，明白贵之，令其怨结于敌。

【注释】

①辟事：逃避战事。辟，通"避"，逃避。

②塞祷：报答神灵福佑的一种祭典。塞，通"赛"。

③死事之后：牺牲者的遗属。

【译文】

若官员、兵士和百姓战死，赶紧召来死者家属，同司空一道将死者埋葬，不得久坐哭泣。受伤很重的让回家疗养，妥善照料，供医送药，每天赏其两升酒、两斤肉，并经常派官员前往探慰，如病情好转，就赶紧归队效力。故意自伤以逃避战斗的，灭族。战死者埋葬以后，守城主将要派官员亲自到死者家中，表示哀悼。

敌人退走，战事结束，举行"赛祷"祭典。守城主将下令奖赏城中力战有功的豪杰，并亲自到死伤者家中慰问凭吊，看牺牲者的遗属。城邑解围之后，君主应迅速派使者前往慰劳，查举有功者及死伤者，给予爵禄尊荣，给予守将本人以尊崇，公开彰显其高贵，使其与敌人结下仇恨。

城上卒若吏各保其左右。若欲以城为外谋者，父母、妻子、同产皆断。左右知不捕告，皆与同罪。城下里中家人皆相葆，若城上之数。有能捕告之者，封之以千家之邑；若非其左右及他伍捕告者，封之二千家之邑。

城禁：使、卒、民不欲寇微职和旌者①，断。不从令者②，断。非擅出令者，断。失令者，断。倚戟县下城③，上下不与众等者，断。无应而妄喧呼者，断。总失者④，断。誉客内毁者，断。离署而聚语者，断。闻城鼓声而伍后上署者，断。人自大书版，著之其署隔，守必自谋其先后，非其署而妄入之者,断。离署左右,共入他署,左右不捕,挟私书,行请谒及为行书者,释守事而治私家事,卒民相盗家室、婴儿,皆断,无赦;人举而藉之⑤。无符节而横行军中者,断。客在城下,因数易其署而无易其养。誉敌:少以为众,乱以为治,敌攻拙以为巧者,断。客、主人无得相与言及相藉。客射以书,无得誉⑥;外示内以善,无得应,不从令者,皆断。禁无得举矢书若以书射寇,犯令者父母、妻子皆断,身枭城上。有能捕告之者,赏之黄金二十斤。非时而行者,唯守及操太守之节而使者。

【注释】

①使:当为"吏"字之误。不:此字疑为衍文。职:当作"识"。和旌:军门之旗。

②非:疑为衍文。

③倚戟县下城:下城不走阶梯,而是靠着戟悬身跳下,这是一种无纪律的行为。

④总:当作"纵",放走。

⑤藉:抓捕家属、抄没家产。

⑥誉:当作"举"(俞樾说)。

【译文】

城上兵士和官吏也组成联保。有人在城内替敌人出谋划策,其父母、妻子、儿女、兄弟都要杀头。左邻右舍知情不捉不报者,与犯人同罪。城内里巷居民也都结为联保,法规一如城上。能够捉拿罪犯并向上报告的人,封给他一千家的食邑;如果能举报捉拿别的联保联防组的罪犯,就封给他二千家的食邑。

守城的禁令:官吏、兵士和百姓仿效制作敌人的微识和军门旗帜的,杀。不服从军令的,杀。擅发号令的,杀。延误军令的,杀。靠着战戟悬身下城,上城下城不与众人配合的,杀。不响应号令而喧哗叫嚣的,杀。放走罪犯遗失公物的,杀。长他人威风灭我志气的,杀。擅离职守,聚众交谈的,杀。听到城墙鼓声却在应鼓击过五次之后才赶往办事地点的,杀。每个人都要将自己的姓名写在板上,挂在各自的办事处墙上,守城主将必须亲自验查他们所到先后,对非本署人员而擅自进入办事点的,杀。带领手下人离开自己的办事处进入别处,而该处办事人员不予捉拿的;挟拿私信,替人请托或代人送信的;弃城防去干私事的;军民之间诱骗他人妻儿的,均斩,无赦;并将其家属、家产尽数藉没。没有凭证却在军中乱窜的,杀。敌人近在城下,需要多次交换防守人员,但交换炊事人员。故意美化敌人:敌人兵将少而说成多,军纪混乱却说整肃,敌人进攻办法愚蠢却说巧妙的,杀。守军不得与敌人交谈或相互借物。敌人用箭射来书信,不得去捡拿;敌人向城内故示伪善,不得有人响应,不从禁令的,杀。禁令规定不得捡拿敌人射来的信物,城内也不得将书信射给敌人,触犯这条禁令的,父母,妻儿都要杀头,尸体还要挂城示众。抓获并报告有人向敌人射信或捡取敌人信物情况的人,赏黄铜二十斤。只有守城主将及操有主将授予的符节的公差,才能在禁止通行的时间行走。

守人临城,必谨问父老、吏大夫、请有怨仇雠不相解者①,召其人,明白为之解之。守必自异其人而藉之,孤之,有以私怨害城若吏事者,父母、妻子皆断。其以城为外谋者,三族。有能得若捕告者,以其所守邑小大封之,守还授其印,尊宠官之,令吏大夫及卒民皆明知之。豪杰之外多交诸侯者,常请之,令上通知之,善属之,所居之吏上数选具之,令无得擅出入,连质之②。术乡长者、父老、豪杰之亲戚父母、妻子，必尊宠之③，若贫人食不能自给食者，上食之。及勇士父母、亲戚、妻子，皆时酒肉，必敬之，舍之必近太守。守楼临质宫而善周，必密涂楼，令下无见上，上见下，下无知上有人无人。

【注释】

①请：当作"诸"（孙诒让说）。

②质之：扣押为人质。

③术乡：如今天所谓"乡镇"（岑仲勉说）。术，同"遂"。

【译文】

守将进入所守之城，务必谨慎查询城中父老、官吏和大夫，以及互相有仇怨且无法消除的人，召见他们双方，讲明道理和利害，消除前嫌，一致对外。主将要将他们的名字专门记下，不让其居住在一起或安排在一起共事，如果因私仇私怨而妨碍守城公务的，父母、妻子和儿女统统杀掉。那些身在城内却为城外敌军出谋划策的，灭三族。对于那些事先发觉或捉拿罪人上报的，赏封他同该城邑一样大小的城邑，守城主将还要授他官印，给他尊宠的官职，并让官吏、士大夫、士兵、老百姓都知道。要经常召请那些与诸侯有广泛结交的豪杰之士，使上级官吏都认识他们，妥善存恤他们，所在地方官要经常安排宴请他们，叫他们不得擅自出入并取他们作为人质。乡镇中的长老、父老、豪杰之士的亲戚、妻儿一定要给予尊重和爱护，假若他们属贫苦人，难以维持生活，官长要给予吃的。对于那些勇士的父母、亲戚、妻子、儿女，要经常赐给酒肉，敬重他们，将他们的住宿安排在靠近守城主将官署的地方。守城主将的官署楼居高临下对着人质居住的房舍，要周密防卫，楼务必密密地涂上泥，使得署楼上看得清署楼下，而署楼下却看不见楼上，不知道楼上是否有人。

守之所亲，举吏贞廉、忠信、无害、可任事者，其饮食酒肉勿禁，钱金、布帛、财物各自守之，慎勿相盗。葆宫之墙必三重，墙之垣，守者皆累瓦釜墙上。门有吏，主者门里，筦闭必须太守之节①。葆卫必取戍卒有重厚者，请择吏之忠信者、无害可任事者。令将卫，自筑十尺之垣，周还墙，门、闺者非令卫司马门②。

望气者舍必近太守，巫舍必近公社，必敬神之。巫祝史与望气者必以善言告民，以请上报守③，守独知其请而已。无与望气妄为不善言惊恐民，断弗赦。

【注释】

①筦：同"管"，钥匙。这里意为以钥匙开门。

②非：疑当为"并"（孙诒让说）。司马门：守将官署中最靠内的一道门（岑仲勉说）。

③请：通"情"，实情。下"请"字同。

【译文】

守将身边亲信，要选用正直廉洁、忠诚可靠、对人无害且胜任事务的官吏，不要限制他们的饮食酒肉，金钱、布匹等财物各自保管，谨防互相盗窃。葆宫的围墙一定要修三道，在围墙的外垣上守卫应堆上破瓦烂锅之类的东西。城门设主管官员，负责城门和里巷的门，开锁和上锁都必须有主将所给的凭证。葆宫的守卫一定要选拔忠厚的卫兵担当，官吏也须挑选忠诚可靠、公正而又力能胜任的人。像令、将一级的官长要自行护卫，在官署和住处四周要环绕十尺高的围墙，守大门闺门的卫兵，同时也守卫司马门。

供占望吉凶者居住的地方务必要靠近守城主将的住所，巫师所住一定要靠近神社，必须当神灵一样敬重。他们务必将吉利的话告诉全城百姓,把占得的实际情形报告给守城主将,让守城主将一人知道就够了。若巫师和望气者胡编不吉利的话使百姓惊恐不安,杀无赦。

度食不足,食民各自占家五种石升数^①,为期,其在薄害^②,吏与杂訾。期尽匿不占,占不悉,令吏卒微得^③,皆断。有能捕告,赐什三。收粟米、布帛、钱金,出内畜产,皆为平直其贾,与主券人书之,事已,皆各以其贾倍偿之。又用其贾贵贱、多少赐爵,欲为吏者许之,其不欲为吏而欲以受赐赏爵禄,若赎出亲戚、所知罪人者,以令许之。其受构赏者令葆宫见,以与其亲。欲以复佐上者,皆倍其爵赏。某县某里某子家食口二人,积粟六百石;某里某子家食口十人,积粟百石。出粟米有期日,过期不出者王公有之。有能得若告之,赏之什三。慎无令民知吾粟米多少。

【注释】

①五种:即五谷。

②薄害:当作"簿书"。

③微得:秘密侦查得知。

【译文】

估计到粮食不足,就让百姓自己估算能缴纳用作军粮的五谷数量,规定缴纳日期,登簿记帐,官吏偿付相当价格的钱物。若过了期限还隐藏不缴,或者还未全部交清,就派官员和兵士暗中搜求,如果搜出隐粮不缴者,给予判罪。有能知情举报的,官府赏给所藏粮食的十分之三。征收好的粟米、布帛、金钱、牲畜,都要公正估价,给主人开具征收证明,写清征收的数量和价值,战事完结后,一律按原价值双倍偿付。想作官的,还可根据应征财物当时的价格和数量赐给官做;不愿做官的人,依法还可准允其接受爵位，或赎出犯罪的亲戚、朋友。那些接受赏赐的人，让他们进葆宫接受接见，表示对他们的亲信爱护。能把偿付给他的财物再度捐献帮助官长的，就加倍赐予爵禄。缴纳单的格式如下：某县某里某人家里人口两个，存积粟米六百石；或某里某人家人口十个，积存粟米百石。缴纳粟米财物有确定的日期，过期不纳的没收为王公所有，有知隐藏不交实情上报给官府的，将查出隐粮的十分之三赏给他。要小心谨慎，不可让百姓弄清我军存积多少粮食。

守入城，先以候为始①，得辄宫养之，勿令知吾守卫之备。候者为异宫，父母妻子皆同其宫，赐衣食酒肉，信吏善待之。候来若复，就间②。守宫三难③，外环隅为之楼，内环为楼，楼入葆宫丈五尺为复道。葆不得有室，三日一发席蓐，略视之，布茅宫中，厚三尺以上。发候，必使乡邑忠信、善重士，有亲戚、妻子，厚奉资之。必重发候，为养其亲若妻子。为异舍，无与员同所，给食之酒肉。遣他候，奉资之如前候，反，相参审信，厚赐之。候三发三信，重赐之。不欲受赐而欲为吏者，许之二百石之吏，守珮授之印④。其不欲为吏而欲受构赏，禄皆如前。有能入深至主国者，问之审信，赏之倍他候。其不欲受赏而欲为吏者，许之三百石之吏者。扞士受赏赐者⑤，守必身自致之其亲之所，见其见守之任。其欲复以佐上者，其构赏、爵禄、罪人倍之。

【注释】

①候：谍报人员。与下文作侦察兵的"候"不同。

②间：实"问"之论讹（岑勉说）。

③难：当为"杂"（孙诒让说），匜。

④珮：同"佩"。

⑤扞（hàn）士：捍卫城池有功的战士。

【译文】

守将一入城，就开始挑选侦探，物色到充当侦探之人就把他接到宫里养起来，但万不可让他了解我方守卫的设施装备。侦探要互相隔离居住，他们的父母、妻儿同他们本人住在一块，赐给衣服、食物、酒肉，派人好好招待他们。侦探回来交差，要接受问询。守城主将的住房有三道围墙，在外围墙的四角筑楼，内围墙也建楼，楼与葆宫相接一丈五尺修成上下复道。葆宫不砌内室，每隔三天发放一次垫席垫草，大略检查一下，把茅草铺在宫中，厚三尺以上。派侦探出城，一定要派乡镇中忠实可靠的厚重之士，其家中父母妻儿要多资助，侦探出城要供给足够的钱，安排供养好他们的家人。对于侦探要隔离居住，不要与众人同住一屋，同时供给他们好吃的食物。派遣别处的侦探，所给予的钱物须与前一个侦探相同，侦探回来后，对前后二人提供的情报参照核实，如果确实可信，要优厚地奖赐他们。如果三次派出侦察，所获情报无出入，都确实可信，就要加重奖赏。不愿受赏而愿做官的，给予二百石的官阶，守城主将授给官印。不愿做官而愿受赏的，爵禄同前一样。能够有能力深入敌人国都去探察情报的，如果确系确实可信，对于该侦探的赏赐要加倍。若他不愿受赏而愿做官，赐三百石的官阶。对于那些保卫城池功劳卓著的勇士，守城主将一定要亲自将赏赐品送往勇士父母住的地方，叫他们亲睹主将对他的恩宠。对那些把赏赐再度捐献给国家辅助长官的，所给奖赏、爵禄或赎出罪人的数量分别加倍。

出候无过十里①，居高便所树表，表三人守之。比至城者三表，与城上烽燧相望，昼则举烽，夜则举火。闻寇所从来，审知寇形必攻，论小城不自守通者②，尽葆其老弱、粟米、畜产。遣卒候者无过五十人，客至堞，去之，慎无厌建。候者曹无过三百人，日暮出之，为微职③。空队、要塞之人所往来者④，令可□迹者⑤，无下里三人，平而迹⑥；各立其表，城上应之。候出越陈表，遮坐郭门之外内⑦，立其表。令卒之半居门内，令其少多无可知也。即有惊，见寇越陈表，城上以麾指之，迹坐击正期⑧，以战备从麾所指。望见寇，举一垂⑨；入竟，举二垂；狎郭，举三垂；入郭，举四垂；狎城，举五垂。夜以火，皆如此。

【注释】

①候：巡逻兵。

②论：考虑。守通：守卫交通要道。

③微职：当作"徽识"，徽章标志。

④空队：当作"空隧"，幽僻小径。

⑤迹者：查勘行人踪迹的巡逻兵。

⑥平而迹：每天清晨巡行察看。平，平明。

⑦遮：当作"斥"，指留守城内的警戒兵，参见《杂守》篇。

⑧迹坐击正期：当作"遮击鼓整旗"。

⑨垂：通"燧"，烽烟。白昼用烟，夜晚用火。

【译文】

派出巡逻兵不要超出十里，在地势高而方便处树立标竿，每个标志安排三人看守。从最远处到城墙共树立三个标竿，同城上烽火相望，白天烧烽烟，晚上就举烽火。弄清了敌军所来的方向，审查形势知道敌军必将进攻，若考虑到城小守不住交通要道，就将老人小孩、粟米、牲畜尽数护运入城。派出巡逻兵不超过五十人，当敌兵攻到外城城堞时，立刻撤回，不要滞留城外。巡逻兵总数不超过三百人，天黑时派出城,戴好徽章标志。派人到幽僻小径和要塞察看行人踪迹。派出善于查勘行人踪迹的巡逻兵,一里地不少于三人,清晨就进行查勘。每人都树立向城上报告情况的标竿,城上根据情况作出反应。巡逻兵出城设置标杆,城内警戒兵坐于郭门内外,也树立标竿以与城外联络,命令士兵一半在郭门内,一半在郭门外,使敌人无从知道我军人数多少。一旦情况危急,看到敌军已越过城外标竿,城上就用旗号指挥士卒,警戒兵击鼓、整旗,跟随着城上旗号的指挥作好战斗准备。望见敌军,燃一堆烽烟;敌军入境,燃两堆烽烟;敌军接近外城,燃三堆烽烟;敌军攻入外城,燃四堆烽烟;敌军逼近城墙,燃五堆烽烟。夜间就用烽火,其他都相同。

　　去郭百步,墙垣、树木小大尽伐除之。外空井尽窒之,无令可得汲也。外空室尽发之,木尽伐之。诸可以攻城者尽内城中,令其人各有以记之,事以①,各以其记取之。事为之券,书其枚数。当遂材木不能尽内②,即烧之,无令客得而用之。

　　人自大书版,著之其署忠③。有司出其所治,则从淫之法④,其罪射⑤。务色谩正⑥,淫嚣不静,当路尼众⑦,舍事后就,逾时不宁,其罪射。喧嚣骇众,其罪杀。非上不谏,次主凶言⑧,其罪杀。无敢有乐器、弊骐军中⑨,有则其罪射。非有司之令,无敢有车驰、人趋,有则其罪射。无敢散牛马军中,有则其罪射。饮食不时,其罪射。无敢歌哭于军中,有则其罪射。令各执罚尽杀。有司见有罪而不诛,同罚;若或逃之,亦杀。凡将率斗其众失法,杀。凡有司不使去卒、吏民闻誓令⑩,代之服罪。凡戮人于市,死上目行⑦。

【注释】

①以:通"已"。

②当遂:当路。

③忠:同"中"。

④从:同"纵"。

⑤射:军中以箭矢贯穿耳朵的刑罚。

⑥务色:当作"矜色"(苏时学说)。

⑦尼:阻碍。

⑧次主:为"恣出"之讹(岑仲勉说)。

⑨弊骐:弈棋。

⑩去:当作"士"。

⑪死上目行:句意为:陈尸示众三日。死,指死尸。上目行,当作"三日徇"。

【译文】

距离外城百步之内,墙和树木,不论大小全部拆除、砍伐。城外的井全部填塞,使敌人无法打水。城外空屋全部拆毁,树木砍光。一切可以用来攻城的东西都运进城内,令物主做好记录,战事结束,按各自的记录领取。事前写好收条,写清件数。当路木材不能全部运进城的,即刻烧掉,不要让敌军得到并使用。

每个人各写好自己名字木牌,放置于官署中。当局公布刑罚条例:纵淫欲的,用箭穿耳。骄矜无礼地欺压正直者的人,喧闹不休的人,在道路上有意阻碍大众的人,对分派给他的任务不积极,到岗位迟到,过了很久还不安宁的人,也用箭穿耳。喧哗叫嚣惊忧百姓的人,判死罪。非议上级却不当面进谏的人,随意发表不利言论的人,判死罪。军中不准有乐器,不准下棋,有此行为者,用箭穿耳。没有当局的命令,军中不准驾车奔驰或徒步奔跑,违者用箭穿耳。不准在军中放散牛马,违者用箭穿耳。不按时饮食者,用箭穿耳。军中不得唱歌、号哭,违者用箭穿耳。命令各官吏按刑罚条规执行,该杀则杀。官吏见到有罪者却不诛杀,与罪犯同罚,如果让罪犯逃走了,也杀掉责任人。率兵作战不得法的将领,杀。凡官吏不能使兵士、百姓知晓军中禁令的,出现犯法情况时,官吏代犯法者受罚。凡是斩首于市曹者,一律陈尸示众三天。

　　谒者侍令门外①,为二曹,夹门坐,铺食更②,无空。门下谒者一长,守数令入中,视其亡者,以督门尉与其官长,及亡者入中报。四人夹令门内坐③,二人夹散门外坐。客见,持兵立前。铺食更,上侍者名。守室下高楼候者,望见乘车若骑卒道外来者,及城中非常者,辄言之守。守以须城上候城门及邑吏来告其事者以验之,楼下人受候者言,以报守。

【注释】

①谒者:卫兵。

②铺:通"铺"。下同。

③令门:守将官署之门。

【译文】

　　守卫在主将的门外的卫兵共两队,夹门而坐,要安排好吃饭时的轮班人员,不能有空缺。门卫设一头领,守将经常派他巡查脱逃士兵,以此督促门尉及其官长,并报告脱逃者的姓名。四个士兵夹坐于守将门内,二人夹坐于散门外。有客来见主将,卫兵手持兵器站在前方,吃饭时进行更换,要报告卫兵的姓名。守将堂下或高楼中观望敌情的人,一望见有乘车和骑兵从道外而来,以及城中有异常情况,立即报知守将。守将等候城门上观察兵和城邑官吏中来报告此事的,参验情况。主将楼下的人听取观察员的话,报给主将。

　　中涓二人，夹散门内坐，门常闭，铺食更；中涓一长者。环守宫之术衢[①]，置屯道，各垣其两旁，高丈，为埤堄[②]，立初鸡足置，夹挟视葆食[③]。而札书得必谨案视参食者[④]，即不法，正请之。屯陈、垣外术衢街皆楼，高临里中。楼一鼓、聋灶[⑤]，即有物故，鼓，吏至而止。夜以火指鼓所。城下五十步一厕，厕与上同圂[⑥]，请有罪过而可无断者[⑦]，令杅厕利之[⑧]。

【注释】

①术：道路。

②埤堄(pì ní)：女墙上的窥视孔。

③食：当作"舍"。

④参食：当为"参验"（王念孙说）。

⑤聋：当作"垄"。

⑥圂：粪坑。

⑦请：为"诸"之误（孙诒让说）。

⑧杅：清扫。利：当作"罚"。

【译文】

　　任命两名"中涓"，夹着散门内坐，门平时常关，要安排好轮班人员。中涓中要有一位年长之人。环绕守将宫室的大路要修筑夹道，两边分别砌墙，高度为一丈，设置窥视孔，像鸡脚一样高立，以便监视葆舍。每收到文书都一定要认真与其他情况参验，不合军法之处立刻呈请上级。夹道、墙外大路、街道都建高楼，居高临下立于里中。楼上备有一只鼓、垄灶，有事即击鼓，待官吏赶到时停止。夜间用火光指明鼓所在地点。城下每五十步建一个厕所，上下厕所共用一个粪坑，让有过失又不必判刑的人去打扫，作为惩罚。

杂守

【题解】

　　本篇是有关墨子防御战思想的最后一篇，可以视作《备城门》以下诸篇的补遗，有部分章节与前面诸篇曾出现过的段落内容相似，可以参考阅读。

　　由篇名即可看出，本篇主要讲解进行守城战时的若干零碎但不可忽略的细节。这些细节包括如何派遣侦察队、如何根据敌军动向燃举不同数目的烽火、如何安排城内口粮分配乃至如何收集、存放城外乡郊的金属器皿和木材等等。可以说事无巨细，一无所遗，延续了墨家防御战思想一贯的谨慎、稳重以求立足于不败之地的主张。除此之外，本篇还有另外两个闪光点：一是"葆民"思想，提出将城内官室、官署都用来收留战时城外逃难的民众，这是墨家防御战的正义性所在，又是墨家"兼爱"思想在战时特殊环境下的具体体现；二是"使人各得其所长"的用人思路，作者认为这不但是取得防御战胜利的条件，同时关乎"天下事当"、"天下事得"、"天下事备"的重大因素，这一观念背后，回响着墨家"尚贤"主张的强音。

　　禽子问曰："客众而勇，轻意见威，以骇主人；薪土俱上，以为羊坽①，积土为高，以临民，蒙橹俱前②，遂属之城，兵弩俱上，为之奈何？"

子墨子曰：子问羊坽之守邪？羊坽者，攻之拙者也，足以劳卒，不足以害城。羊坽之政③，远攻则远害，近城则近害，不至城④。矢石无休，左右趣射，兰为柱后⑤，望以固。厉吾锐卒，慎无使顾，守者重下，攻者轻去。养勇高奋，民心百倍，多执数少⑥，卒乃不殆。作士不休⑦，不能禁御，遂属之城，以御云梯之法应之。凡待烟冲、云梯、临之法⑧，必应城以御之⑨，曰不足，则以木樟之⑩，左百步，右百步，繁下矢、石、沙、炭，以雨之，薪火、水汤以济之。选厉锐卒，慎无使顾，审赏行罚，以静为故，从之以急，无使生虑。恚懘高愤⑪，民心百倍，多执数赏，卒乃不怠。冲、临、梯皆以冲冲之。

【注释】

①羊坽：用薪土堆积成的高地。

②蒙橹：大盾牌。

③政：当为"攻"字。

④不至城：当作"害不至城"，意为无法对城造成危害（孙诒让说）。

⑤兰为柱后：兰（蘭），与"藺"音形皆相近，即《号令》篇之"藺石"及《备城门》篇之"絫石"，大石也。柱，即"拄"，撑持也。柱石，犹今说"后盾"，谓碎石之后，继以大石也（岑仲勉说）。

⑥少：通"赏"。

⑦士：当作"土"。

⑧烟：通"堙"，填塞。

⑨应城：临时在城上加筑的城。

⑩樟：打木桩。

⑪懘：当作"愿"（毕沅说），意为"勇"。

【译文】

禽滑釐问道:"敌军众多且勇猛,纵意逞威,来威吓守城者;进攻时木头土石一起堆积,筑成名叫'羊坽'的高地,堆积土石筑成高台,居高临下威胁守军;手持盾牌前冲,迅速接近城头,兵器、弩箭一起攻杀过来,该怎么对付这种情况呢?"

墨子说:你是问对付"羊坽"进攻的防御法吧? 羊坽,是种笨拙的进攻法,只会使进攻方士卒疲劳不堪,不足以危害到对方的城池。对付羊坽进攻法,敌人在远处进攻就在远处杀伤他们,在近处进攻就在近处杀伤他们,城池不会受到威胁。箭和擂石不停地投射,箭矢从左右两边交叉急速射击,小擂石之后又是大摆石,希望能以此固守。激励精兵,谨慎地不使他们心生顾虑,守城者有不能轻易被攻克的信念,而进攻者的心态还是比较容易选择撤退的。要培养士兵们的勇气和斗志,民心百倍加强,擒敌立功多的人要多次奖赏,士兵们就不会懈怠。若敌军无休止地堆土成台以进攻,无法有效地加以阻止,终于接近我城,我军就用防御云梯的办法来应对。凡是遇到敌人填塞护城河、冲车攻城、云梯爬城、筑土为山以高临下等进攻法,需要加高加固城池来抵御,如果来不及加固完善,就用打木桩的方法来提高防御力,范围为左边百步,右边百步,将弓箭、石块、沙、炭如暴雨般向敌兵倾洒,再用火把、开水加以辅助。挑选精兵,加以激励,千万注意不要使其有所顾虑,公正严明地执行赏罚,以平稳静定为常态,以雷厉风行为辅助手段,避免一切可虑之事。培养军士的同仇敌忾精神,使民心百倍增强,擒敌立功多的人要多次奖赏,士兵们便不致懈怠。对付冲车、高临、云梯等等,都可用冲机撞击以摧毁它们。

渠长丈五尺①,其埋者三尺,矢长丈二尺②。渠广丈六尺,其弟丈二尺③,渠之垂者四尺。树渠无傅叶五寸④,梯渠十丈一梯,渠、荅大数,里二百五十八⑤,渠、荅百二十九。诸外道可要塞以难寇,其甚害者为筑三亭,亭三隅,织女之,令能相救。诸距阜、山林、沟渎、丘陵、阡陌、郭门若阎术⑥,可要塞及为微职⑦,可以迹知往来者少多及所伏藏之处。

【注释】

①渠:一种以金木做成的守城器械。

②矢:渠露出地表的部分。

③弟:通"梯"。

④叶:通"堞",城上如齿状的矮墙。

⑤里二百五十八:"八"字下当有一"步"字(孙诒让说)。

⑥距:通"钜",大。阎术:这里泛指里巷街道。

⑦职:通"帜",这里指作为标志的旗帜。

【译文】

渠柱长一丈五尺,其中三尺埋在地下,地表以上的长一丈二尺。渠宽一丈六尺,梯长一丈二尺,渠下垂部分四尺。建渠时注意不要和城堞相靠,要保持五寸的距离,梯渠每十丈设一梯,渠和荅的范围大约是一里二百五十八步,渠、荅共一百二十九具。城外各道口,可以筑起要塞,为敌人进攻设置难障,在最为要害的地方筑三个瞭望亭,构成三角形,按织女三星的位置排列,使彼此间可以互相救援。在每处大土岗、山林、河沟、丘陵、农田、城郭门户和里巷街道,可筑建要塞并设立旗帜,可用来了解侦伺敌人踪迹,判断敌军往来人数多寡及隐蔽埋伏之处。

葆民①,先举城中官府、民宅、室署,大小调处。葆者或欲从兄弟、知识者许之②。外宅粟米、畜产、财物诸可以佐城者,送入城中,事即急,则使积门内。民献粟米、布帛、金钱、牛马、畜产,皆为置平贾,与主券书之。

使人各得其所长，天下事当；钧其分职，天下事得；皆其所喜，天下事备；强弱有数，天下事具矣。

【注释】

①葆民：给从城外进入城内的百姓安置住所。

②知识：相识的人。

【译文】

妥善安置入城民众，先取城中官府、民宅、宫室、官署，按大小分派一定量的百姓居住。被安置的人如果有希望携带兄弟、朋友同住的，批准他们。外面的粮食、牲畜、财物等一切有助于守城的，均送入城中，一旦情况紧急，就堆在城门内。百姓献纳的粮食、布匹、金钱、牛马、牲畜，都要公平核价，为其开写书券写明。

让人们得以各自发挥出其长处，天下事就能处置妥当；各尽其岗位上应尽的职责，天下事就办得合理；各人都以喜悦的心情致力其事，天下事就能处理得样样完备；强弱各有定数，天下事就万事俱备了。

筑邮亭者圜之，高三丈以上，令侍杀①，为辟梯②。梯两臂长三尺，连门三尺③，报以绳连之。楬再④，杂为县梁，聋灶⑤，亭一鼓。寇烽、惊烽、乱烽，传火以次应之，至主国止，其事急者引而上下之。烽火以举⑥，辄五鼓传，又以火属之，言寇所从来者少多，且异还去来属次烽勿罢⑦。望见寇，举一烽；入境，举二烽；射妻⑧，举三烽一蓝⑨；郭会，举四烽二蓝；城会，举五烽五蓝。夜以火，如此数。守烽者事急。

候无过五十⑩，寇至叶⑪，随去之，唯弇逮⑫。日暮出之，令皆为微职⑬。距阜、山林皆令可以迹⑭，平明而迹，无，迹各立其表，下城之应⑮。候出置田表，斥坐郭内外⑯，立旗帜，卒半在内,令多少无可知。即有惊,举孔表[17];见寇,举牧表[18]。城上以麾指之,斥步鼓整旗,旗以备战从麾所指。田者男子以战备从斥,女子亟走入。即见放[19],到传到城止[20]。守表者三人,更立捶表而望[21],守数令骑若吏行旁视,有以知为所为。其曹一鼓,望见寇,鼓传到城止。

【注释】

①侍:通"倚",倾斜。

②辟:通"臂"。

③连门:当作"连版"(孙诒让说),即连接木板为梯级。

④槧:通"堑"。

⑤聋:通"垄"。

⑥以:通"已"。

⑦弇:同"淹",淹滞。

⑧射妻:应作"射要",意为敌军快速进袭紧要之地。

⑨蓝:系"鼓"字之误(王引之说),谓击鼓。下"蓝"字同。

⑩候:侦查兵。

⑪叶:当作"堞"。

⑫唯弇逮:当作"无厌逮"。逮,通"怠"(孙诒让说)。

⑬职:通"帜",标志。

⑭距:通"钜",大。迹:侦查。

⑮"平明而迹,无,迹各立其表,下城之应。":应作"平明而迹,迹者,无下里三人,各立其表,城上应之。"(王引之说)

⑯斥:警戒兵。

⑰孔:当作"外"。

⑱牧:当作"次"。

⑲放：为"寇"字之误。

⑳到传到城止：前一"到"字，当为"鼓"（王引之说）。

㉑捶表：即"邮表"（俞樾说），烽燧守望之所。

【译文】

　　候望敌情的邮亭要建造成圆形，高度在三丈以上，上部砍削作倾斜状，设置有扶手的梯子，每梯两边都有扶手，间距宽三尺，每级梯板相距三尺，将梯板和两边扶手用绳子捆结。堑壕修成内外两圈，架起悬梁。要安置好垄灶，每亭配备一面鼓。再准备三种烽火：报告敌人来袭时的"寇烽"，形势紧急时的"惊烽"，情况迫在眉睫时的"乱烽"，烽火一亭亭次第相传，直至国都为止，遇到极端紧急的情况，要牵引烽火一上一下，以示警戒。烽火点燃后，就击鼓五通以传递军情，再以烽火报告敌军的来向和人数多少，不可迟误，如敌军往复来去，烽火不可熄灭。初望见敌兵时，举一堆烽烟；敌军已入境，举两堆烽烟；敌人突进紧要之地，烧三堆烽烟，擂鼓一通；敌人攻至外城，烧四堆烽烟，击鼓两通；敌军若聚集城下，则烧五堆烽烟，击鼓五通。夜间以火光代替烽烟，数目依旧。守候烽火者事情很紧急。

　　侦查队每次不要超过五十人，若敌军已到达城墙边，即迅速离开，切勿滞留。天黑派遣出城，每人备好徽章标志。大土山、山林等地都加以侦查，平明时分进行探察，每里派遣的侦查兵不少于三名，各自树立标记，城上根据标记作出相应的反应。侦查兵出城，在野外设立标志，城内警戒兵分坐郭内外，竖立旗帜，将士卒的半数留在郭内，使外敌无法得知确切人数。一旦情况紧急，就举起野外的标志；敌人进入视野，举距离更近的旗帜。城上用旗帜指挥，警戒兵击鼓竖旗，全军进入迎敌状态，一切行动跟从城头旗帜的指挥。城外农夫要持武器跟随警戒兵作战，女人便急速入城躲避。见到敌军，即可击鼓，直到传到城上为止。专派三人守在标志边，还要设立更多的烽燧守望之所，守城的主将多次派骑兵和官吏各处巡视，以了解他们的行动。守标志者配备一面鼓，望见敌军,依次击鼓,直到传到城上时为止。

斗食,终岁三十六石;参食,终岁二十四石;四食,终岁十八石;五食,终岁十四石四斗;六食,终岁十二石。斗食食五升,参食食参升小半,四食食二升半,五食食二升,六食食一升大半,日再食。救死之时,日二升者二十日,日三升者三十日,日四升者四十日,如是而民免于九十日之约矣。

寇近,亟收诸杂乡金器若铜铁及他可以左守事者①。先举县官室居、官府不急者,材之大小长短及凡数,即急先发。寇薄②,发屋,伐木,虽有请谒,勿听。入柴,勿积鱼鳞簪③,当队④,令易取也。材木不能尽入者,燔之,无令寇得用之。积木,各以长短、大小、恶美形相从。城四面外各积其内,诸木大者皆以为关鼻⑤,乃积聚之。

【注释】

①左:通"佐",帮助。

②薄:逼近。

③积鱼鳞簪:像鱼鳞一样平面散放。

④当队:当路。

⑤关鼻:可以穿绳而拖拽的环钮。

【译文】

每天吃一斗粮,合计一年则三十六石;每天吃三分之二斗,合计一年二十四石;每天吃四分之二斗,一年共十八石;每天吃五分之二斗,则一年吃十四石四斗;每天吃六分之二斗,一年共十二石。每天吃一斗,则平均每餐五升;每天吃三分之二斗,则每餐吃三升又一小半升;每天吃四分之二斗,则平均每餐吃二升半;每天吃五分之二斗,则平均每餐吃二升;每天吃六分之二斗,则每餐平均吃一升加大半升;每日吃两餐。艰难维持生存的时期,每人每天按二升吃二十天,每天三升吃三十天,每天四升吃四十天,如此一来,靠着这九十天的节约,百姓就不致饿死。

　　敌兵逼近,赶紧收集各乡的金属器或铜、铁以及其他可用来帮助守城的物品。先收取官吏、官府中无需急用之物,合计木材大小、长短及总数,赶紧先运入城。敌军将近,就拆除房舍,伐尽树木,即使有人求情,也不要批准。运入城的柴草,不要像鱼鳞一样散置,要堆放在当路,好方便取用。不能全数运进城的木材,就地烧光,勿令敌军得以取用。屯放木材时,分别按照长短、大小、好坏来堆放。从城外四方运来的物品,都堆放在城内,所有大木头都要安装环钮,然后聚存到一起。

　　城守司马以上,父母、昆弟、妻子有质在主所,乃可以坚守。署都司空、大城四人,候二人,县候面一,亭尉、次司空、亭一人。吏侍守所者财足廉信①。父母、昆弟、妻子有在葆宫中者,乃得为侍吏。诸吏必有质,乃得任事。守大门者二人,夹门而立,令行者趣其外②。各四戟,夹门立,而其人坐其下。吏日五阅之,上逋者名。

　　池外廉有要有害③,必为疑人,令往来行夜者射之,谋其疏者④。墙外水中为竹箭,箭尺广二步,箭下于水五寸,杂长短,前外廉三行,外外乡⑤,内亦内乡。三十步一弩庐,庐广十尺,袤丈二尺。

　　队有急,极发其近者往佐⑥,其次袭其处⑦。

　　守节出入使,主节必疏书,署其情,令若其事,而须其还报以剑验之⑧。节出,使所出门者,辄言节出时、掺者名⑨。

　　百步一队。

阁通守舍⑩,相错穿室。治复道,为筑墉⑪,墉善其上。

【注释】

①财:通"才",才能。

②趣:催促。

③池外廉:护城河外沿,靠近敌军的一边。

④谋:乃"诛"字之误(俞樾说)。

⑤乡:通"向"。

⑥极:通"亟",急。

⑦袭:接替。

⑧剑验:即考查验证。剑:通"参"。

⑨掺:通"操"。

⑩阁:旁门。

⑪墉:墙。

【译文】

　　守城官吏,职位在司马以上的,父母、兄弟、妻子和儿女中有人在主帅处做人质,才可以坚守。大城设置都司空四名,候二名,城池四面各任命一名县候,每亭任命一名亭尉、一名次司空、一名亭。在主将衙署中任职的官吏,要选择才能足备、廉洁诚信者。只有父母、兄弟、妻子、儿女在葆宫中的人,才能担任侍吏。每名官吏必须要留下人质,才能获得委任。派两名卫士守卫衙署大门,分立门两侧,催行人迅速离去。另有四名持戟武士,也分列门两侧,而守门者坐在戟下。官吏每天巡检五次,报告逃离卫兵的姓名。

　　壕池外边岸上要害之处,若发现有可疑者,则命令往来巡夜的士兵射杀之,疏忽怠慢者斩首。城外的水中插上竹箭,插竹箭范围宽二步,箭的尖端在水面下五寸以上,长短错杂,前排外边三行,外圈的竹箭尖斜指向外斜,内圈的竹箭尖斜指向内。每隔三十步,建一间箭仓,每间宽十尺,长一丈二尺。

每一部队形势紧急,即刻派附近部队前往支援,派遣次近的部队去接替防务。

守将发放符节凭证,掌管符节的官吏须将详情记录在案,以便使之与其事相符,待其回报时予以验证。符节发出,使者持节出门,一律要上报凭证出门的时间和持节者的姓名。

每隔一百步远布置一支分队。

主将衙门的旁门通向守城主将的居舍,旁门、互相错置。修建上下复道,筑好墙,修缮好墙顶。

取疏①,令民家有三年畜蔬食,以备湛、旱、岁不为②。常令边县豫种畜芫、芸、乌喙、袾叶③,外宅沟井可填塞,不可,置此其中。安则示以危,危示以安。

寇至,诸门户令皆凿而类窍之,各为二类,一凿而属绳,绳长四尺,大如指。寇至,先杀牛、羊、鸡、狗、乌、雁④,收其皮革、筋、角、脂、䏶、羽⑤。龀皆剥之。吏樿桐卤⑥,为铁锌⑦,厚简为衡枉⑧。事急,卒不可远,令掘外宅林。谋多少⑨,若治城□为击,三隅之。重五斤已上,诸林木,渥水中,无过一茷⑩。涂茅屋若积薪者,厚五寸已上。吏各举其步界中财物可以左守备者⑪,上。

【注释】

①疏:通“蔬”,蔬菜。

②湛:水灾。岁不为:年成不好,没有收成。

③芫、芸、乌喙、袾(zhū)叶:四种皆是有毒的植物。芸,当系“芒”字之误。

④乌：当作"凫"。

⑤䐈：本"脑"字之讹（毕沅说）。

⑥檩：疑"椢"之误，楸。貟：未详。

⑦铁鈚(pī)：铁制的长而宽、薄而利的箭矢。

⑧枉：当为"柱"（孙诒让说）。

⑨谋：疑当为"课"（孙诒让说），征用。

⑩一茷：一排。

⑪左：通"佐"。

【译文】

贮存蔬菜，使百姓家贮存足够吃三年的蔬菜粮食，用来防备水旱灾害和荒年。要经常让边远县预种一些芫、芒草、乌头、椒叶等毒性植物，外宅的水沟、水井可填塞的就填塞，无法填塞的就将这些毒物投入其中。要和平安定时期，向百姓显示存在战争的危险，战乱时期则要令百姓得以安心而不致恐慌。

敌军来袭，每个门户都凿上两种孔洞，一种孔用以穿绳子，绳子四尺长，指头般粗。敌军到来，就先杀掉牛、羊、鸡、狗、凫、雁等畜禽，收集它们的皮革，筋骨、角、油脂、脑、羽毛。猪全部剥皮。官吏们选取檩木、桐木等制成铁鈚，厚的木料就用来做横柱。若形势吃紧，等不及远方木材运到，就命令采伐外宅的林木。征用多少木材，视需要而定，比如修缮城楼和建造三角形的"击"。木材重五斤以上的，浸入水中，不要多于一排。用泥涂抹茅屋顶，以及堆积的柴草，厚度五寸以上。官吏都要征收其辖区内可以辅助守御的财物，并上交。

有谖人，有利人，有恶人，有善人，有长人，有谋士，有勇士，有巧士，有使士，有内人者，外人者，有善人者，有善门人者①，守必察其所以然者，应名乃内之。民相恶，若议吏，吏所解，皆札书藏之，以须告之至以参验之。睨者小五尺②，不可卒者,为署吏,令给事官府若舍。

蔺石、厉矢、诸材器用皆谨部,各有积分数。为解车以枱,城矢③,以辎车,轮轱广十尺④,辕长丈,为三辐,广六尺,为板箱,长与辕等,高四尺,善盖上,治中令可载矢。

子墨子曰:凡不守者有五:城大人少,一不守也;城小人众,二不守也;人众食寡,三不守也;市去城远,四不守也;畜积在外,富人在虚,五不守也。率万家而城方三里⑤。

【注释】

①门:应作"斗"(苏时学说)

②睨者:身材矮小的人。

③城矢:为"载矢"二字之讹。

④轱:未详。

⑤率:大率。

【译文】

　　有谗佞之人,有贪利之人,有恶人,有善人,有独具特长的人,有谋士,有勇士,有巧士,有可以奉使之士,有善于容纳别人的人,有不能容纳别人的人,有与人为善的人,有好勇斗狠的人,守城主将一定要考察他们之所以如此的原因,名实相符的便纳用。百姓间有仇怨,诉讼于官吏,以及官吏为之做出的开解,都要记录在案存档,以备控告人到来时用以参考验证。身高低于五尺不能当兵的矮小者,让其在官府或守臣私宅中当差。

　　擂石、利箭等守城之物,都要谨慎部署,分别记清存放的数目。用枱木制造辎车装载弓箭,轮轱宽十尺,车辕长一丈,车轮三个,直径六尺,以木板造车箱,长度和车辕相等,高四尺,认真地给车箱上方加盖,清理好内部,使其适于装箭。

墨子说:防守不住的情形有五种:城太大而守城人数少,这是第一种;城太小而人口太多,这是第二种;人口多而粮食少,这是第三种;集市离城太远,这是第四种;储备屯积的守城物品在城外,富有者在乡村而不在城中,这是第五种。城中居民约一万家,城邑方圆三里,是比较理想的防守形势。

中华经典名著
全本全注全译丛书
（已出书目）

拾遗记

世说新语

弘明集

齐民要术

刘子

颜氏家训

中说

群书治要

帝范·臣轨·庭训格言

坛经

大慈恩寺三藏法师传

长短经

蒙求·童蒙须知

茶经·续茶经

玄怪录·续玄怪录

酉阳杂俎

历代名画记

化书·无能子

梦溪笔谈

东坡志林

北山酒经(外二种)

容斋随笔

近思录

洗冤集录

传习录

焚书

菜根谭

增广贤文

呻吟语

了凡四训

龙文鞭影

长物志

智囊全集

天工开物

溪山琴况·琴声十六法

温疫论

明夷待访录·破邪论

陶庵梦忆

西湖梦寻

幼学琼林

笠翁对韵

声律启蒙

老老恒言

随园食单

阅微草堂笔记

格言联璧

曾国藩家书

曾国藩家训

劝学篇

楚辞

文心雕龙

文选